瑞吉欧幼儿教育精选译丛

The Hundred Languages of Children
The Reggio Emilia Experience in Transformation

儿童的一百种语言
转型时期的瑞吉欧·艾米利亚经验

编著 (美)卡洛琳·爱德华兹 莱拉·甘第尼 乔治·福尔曼
翻译 尹坚勤 王坚红 沈尹婧

第 3 版

南京师范大学出版社
NANJING NORMAL UNIVERSITY PRESS

图书在版编目(CIP)数据

儿童的一百种语言:第3版:转型时期的瑞吉欧·艾米利亚经验/(美)爱德华兹,(美)甘第尼,(美)福尔曼编著;尹坚勤,王坚红,沈尹婧译.—3版.—南京:南京师范大学出版社,2014.3(2024.5重印)

(瑞吉欧幼儿教育精选译丛)

ISBN 978-7-5651-1595-0

Ⅰ.①儿… Ⅱ.①爱… ②甘… ③福… ④尹… ⑤王… ⑥沈… Ⅲ.①幼儿教育学 Ⅳ.①G610

中国版本图书馆 CIP 数据核字(2013)第 251164 号

Translated from the English Language edition of *The Hundred Languages of Children/ The Reggio Emilia Experience in Transformation*, 3rd Edition, edited by Carolyn Edwards, Lella Gundini, and George Forman, originally published by Prafer, an imprint of ABC-CLIO, LLC. Santa Barbara, CA, USA, Copyright©2011 by the author(s). Translated into and published in the Simplified Chinese language by arrangement with ABC-CLIO, LLC. All rights reserved.

No part of this book may be reproduced or transmitted in any form or by any means electronic or mechanical including photocopying, reprinting, or on any information storage or retrieval system, without permission in writing from ABC-CLIO, LLC.

本文简体中文版由南京师范大学出版社在中国大陆地区出版发行。著作权登记号图字:10-2011-670号

丛 书 名	瑞吉欧幼儿教育精选译丛
书 名	儿童的一百种语言(第3版):转型时期的瑞吉欧·艾米利亚经验
编 著	(美)卡洛琳·爱德华兹 莱拉·甘第尼 乔治·福尔曼
翻 译	尹坚勤 王坚红 沈尹婧
策划编辑	万 斌 张泽芳
责任编辑	张泽芳
出版发行	南京师范大学出版社
地 址	江苏省南京市玄武区后宰门西村9号(邮编:210016)
电 话	(025)83598919(总编办) 83598412(营销部) 83598312(邮购部)
网 址	http://press.njnu.edu.cn
电子信箱	nspzbb@njnu.edu.cn
印 刷	扬州市文丰印刷制品有限公司
开 本	787毫米×960毫米 1/16
印 张	25.5
插 页	4
字 数	405千
版 次	2014年3月第1版 2024年5月第13次印刷
书 号	ISBN 978-7-5651-1595-0
定 价	58.00元
出 版 人	张 鹏

南京师大版图书若有印装问题请与销售商调换

版权所有 侵犯必究

欢迎您——《儿童的一百种语言》中文新译本的读者们！

卡洛琳·爱德华兹

莱拉·甘第尼

乔治·福尔曼

我们是《儿童的一百种语言》的编者。在这里，我们和瑞吉欧·艾米利亚的同事们一起，向正翻开此书的您致以热情而诚挚的问候。同时，我们也向同心协力参与本书翻译工作的专业人员和南京师范大学出版社表示衷心的谢意。自瑞吉欧儿童教育在20世纪中期诞生以来，就受到国际范围内交流对话的重要影响。马拉古齐是该市属婴幼儿中心和幼儿园的领导者和创始人，他始终认为，教育工作者不该单独工作，而应有更多的机会分享教育观点与经验，在当地、全国，乃至国际范围内进行广泛的交流。本书的出版体现了对此种观点的支持。

《儿童的一百种语言》第3版问世后，有人询问关于编写此书的主要宗旨与动因。我们认为，本书主要是向全球的幼教工作者传达以下讯息：

首先，我们想为大家描述瑞吉欧·艾米利亚这座城市及其学校所经历的变迁。我们想要展示瑞吉欧教育方法其实是一种不断进化的、充满生命活力的体系，而不只是一个呆板不变的可以简单复制的模板。过去的10年对于这座城市而言，处于发生巨大变化的社会转型阶段，这种转变影响了社会各个方面，包括幼儿教育服务在组织形式上的变化、扩展，以及与世界各地教育同行们的交流。瑞吉欧·艾米利亚的市民们正在寻找将新的现代社会生活文化与旧的传统习俗相互转承的路径，伴随他们顺利迈进一个在政治和经济方面都充满未知和不确定的时代。我们知道中国也同样处于快速的社会变革时期，并且特别关注幼儿教育。因此我们希望展示瑞吉欧儿童教育所经历的有机的、动态的变化过程，以及在这种发展进程中，如何应对传统的教育力量，如何应对家长、社会和教师在教育需求方面的改变，以及社会生活中的种族文化和多元文化的快速发展。

我们在部分章节中谈到儿童的责任、城市的转型，以及教学中团队的作用。我们得知瑞吉欧市的市长和市政当局做出巨大努力，欢迎移民的加入并支持他们参与到学校和社会生活的各种活动之中。这使得我们感受到与世界各国同行们一起交流的重要价值。目前意大利的确处于一个充满挑战和机遇的时代，而中国也经历着同样的社会发展进程。我们希望与你们分享我们对希望的理解，即进步主义的教育工作者无论身处何处，都能尽可能地保持已经取得的成就，甚至创造更多优良的项目和机会，让社会中的各种团体和处于各年龄阶段的成员都参与其中。

我们希望您意识到瑞吉欧·艾米利亚幼儿教育成功的原因，并非仅仅是由于他们使用了先进的教育理论，而是有很多其他的影响因素。我们的社会中存在着互相支持的各种元素，包括意大利社会公共服务项目的传统历史，市长和其他由选举产生的官员的投入奉献，家长配合参与学校活动付出的大量时间，以及从世界各地来到这里参观访问的教育工作者们。在你们的学校和社区中，可能也存在一些类似的或不尽相同的机遇和优势。我们确信各种有利条件及优势其实就在每个人的周围，关键是能够发现它们！在任何条件下，教师们都可以履行其职责义务，只要他们观察并记录下儿童的学习过程，以及他们自己运用新策略应对预期之外的变化过程。这些观察和记录的手段和工具帮助教师回顾与反思儿童提出的各种假设、理论和预测，使教师们也能亲身体验儿童们进行高层次思维活动时产生的兴奋感。

其次，希望本书第3版的框架有助于您体验在对瑞吉欧·艾米利亚教育的探究中所获得的惊喜。在策划与筹备本书的过程中，我们对一些章节进行了修订并撰写了几个全新的章节。书中最精彩的部分莫过于对瑞吉欧教育工作者的采访。不管是曾在马拉古齐身边共事的资深教育工作者，还是年轻的新生代教师、教研员和行政管理人员，与他们的交谈对话、交流沟通对我们来说都是一段特殊的学习经历。我们近距离地接触学校系统中各个层面的工作人员，面对面地聆听他们完整地表达自己的观点与思想。多年以来，每次去瑞吉欧·艾米利亚的学校观摩和收集资料（莱拉·甘第尼更是从1976

年就开始了),都感受到那里的每个人都能敞开心扉,主动地、积极地交流,迫不及待地讲述最新开展的活动。当听闻亚洲、澳洲、南北美洲和世界各地区的人们对瑞吉欧兴趣日益增长,他们流露出由衷的喜悦之情。如今,瑞吉欧的教育工作者们依然根据他们的教育环境中的主要变化,一如既往地继续用心分析他们价值观中的优势。我们在对当前发生的显而易见的种种变化感到惊讶的同时,也见证了瑞吉欧一以贯之的核心教育价值观,和培养新一代行政管理人员、教师和家长的成功方法都并未改变。

最后,值得一提的是,新增章节的内容凸显出将"审美观"纳入教育目标的重要意义。我们知道审美教育在中国备受重视,因此这部分新增内容应能使中国读者产生共鸣。在编著过程中,我们逐渐认识到,这里所谓的审美,并不仅限于视觉上对美的感受,而是有着更加广泛的涵义,包括对作品内容和载体的共鸣,细细反思自我和作品完成过程中的相互关系,以及在创造过程中发现自我和群体的相互关系。当创作者能够清楚地表达自己与作品主题之间的关系时,该作品便具有了审美价值。把这种审美观传授给儿童,将为他们一生良好的社会性发展奠定基础。

我们十分期待能收到您阅读本书时的反馈意见、本书带给您的启发与反思,以及本书在您和儿童、家庭以及同事的共同活动中所产生的影响。

2013 年 4 月

"走进"瑞吉欧(译者序)

2006年,在深秋的季节里,我与江苏省40位教科研人员和园长踏着铺满黄、红、绿三色落叶的草坪,走进瑞吉欧的马拉古齐国际中心,热情的工作人员微笑着用双手递过一份"麦穗"欢迎卡,封面用中文等十种文字写着"欢迎",内页是蓝天白云下田野里一片摇曳着的麦穗,夹页上印着孩子关于"和平"的话语:和平,改变你的心灵;和平,是每个人心里的感受,也可以通过我们的语言表达出来,比如说"请……"和平,就是你必须使用最美丽的词,而且永远都不会忘记。孩子的话体现了儿童中心充分尊重儿童的想法与表达,给人以强烈的亲切、平实、深邃、和谐之感。

麦穗,是瑞吉欧地区传统的农产品,儿童中心将麦穗赠与大家预示着共同发展的美好未来。凝视成熟的颗粒,我仿佛感到迎面飘来的麦穗芳香,仿佛守望着田野里的无垠金黄。瑞吉欧·艾米利亚,一个意大利北部地区小镇,一个美丽而整洁、安静而有序、热情而友好的城市。它没有罗马的雄伟多姿,也没有佛罗伦萨的浪漫传奇,有的只是一种宁静与和谐,还有那独特的幼儿教育发展历史和文化背景。

理念:走进瑞吉欧,走进儿童中心,立刻会感受特有的文化传统和社区环境,感受市民乐意聚集和团结协作的生活氛围,会发现在这个城市里,儿童权益高于一切。在这里能够真正理解儿童强大的不可估量的能量,儿童有自己的能力、潜力,更有自己的权利!体验建立在儿童权益基础之上的崇高教育理念。

瑞吉欧的核心理念与教育目标是一切基于儿童权益!一切为了儿童权益!儿童是自由的,儿童,属于自己,属于整个世界!一切教育工作是为了保护儿童的权利,促进儿童的能力与潜力,让儿童共同享受机会。教育要关注每一个儿童，包括特殊儿童。在儿童中心，无论是幼教协会主席、马拉古齐国际中心主席的讲话，幼教专家的专题报告，还是幼儿园教师的经验分享，似乎反复传递着同样的信息：尊重儿童，保护儿童权益是瑞吉欧地区所有人共同的信念，不论是当地政府、教育专业人员还是普通市民都抱着这样的信念，并积极投身到幼儿教育工作之中。

政府：1963年，瑞吉欧·艾米利亚第一所幼儿园成立，为3—6岁儿童提供免费入学的机会；1971年，第一所婴幼儿中心成立，专为招收3个月—3岁的儿童。0—6岁儿童的保育和教育已经成为该城市一项重要的市政工程，政府始终参与并给予支持，享有12%的政府财政拨款，并且受到全社会的关注。

政府的积极态度产生了众多横向资源与合作，为教育提供了良好的经济支撑，著名的"儿童一百种语言"教育展览便是一批建筑师、设计师、家长、教师与机构共同合作的产物。政府与社会机构的影响产生了一批城市志愿者，他们充满热情，富有智慧，更有着不一般的生活经历，他们乐于奉献，在幼教协会的组织下通过制作纪念品（麦穗欢迎卡正是出自他们之手）、出版书籍、合唱团演出、书籍交换、聚餐、举办展览、教学招标、捐赠旧玩具等丰富的活动使得教育与市民生活和社会广泛地接触与交流，幼儿教育机构成为家长与学校交流互动，以及关心早期儿童教育的民众互相探讨教育问题的场所。孩子们的艺术作品高高悬挂在市政大厅的围栏上；中心的展览对全社会开放，吸引着各界人士关注的目光，各国来访的教育工作者，首先由志愿者们带领参观市区，领略小镇的风土人情。

社区：一碧如洗的社区环境，层林尽染的自然环境，热情友好的人文环境让外来者倍感亲切、舒适。全民参与早期儿童教育，教师、家长、市民相互尊重已经成为城市独特的一种内涵，成为这座城市亮丽的风景线。

当地自古以来就有一种重视参与的文化和精神，市民们尊重他们自己的文化传统和大众组织，不同社会阶层经常通过政治活动或经济合作解决问题，居民有强烈的民主参与意识和公共社区观念。在这样的社会背景下，瑞吉欧市民带着强烈的参与意识关注教育服务质量，早在第一所幼儿园创办之初就得到了社会各界广泛的欢迎和支持。另外，以社区为基础的管理模式使得瑞吉欧教育体系不仅仅存在于学校，而且存在于社区的公园、剧院和各个场所，与城市密切联系，相互往来，成为这座城市的一种精神。幼儿园是建立关系的地方,是一个完整的系统,与家庭、同伴、教室、学校、社区与社会产生着网状的密切的联系,父母有权利参与学校各个环节的事务,并自觉承担责任。教育为整个城市所分享成为一种社会文化,是这座城市为早期儿童教育提供了富有营养的历史、文化与社会土壤。市民们坚信通过教育能改变生活状况,把梦想变为现实。

我们轻柔触摸麦穗,掂量着劳动的艰辛与崇高,掂量收获的甘美与凝重。金黄、硕壮且籽粒饱满的麦穗,联想到泥土与田野,质朴与勤劳,开放与宽广,而这些正是瑞吉欧幼教专业人员朴素而独特的教育理念与工作实践的具体体现。我们感受到在早期儿童教育的领域里,瑞吉欧儿童为营造至高无上的幼教环境所做出的努力与贡献。

"瑞吉欧儿童":1980年,"瑞吉欧儿童"(Reggio Children)成立,1994年幼教协会成立,在瑞吉欧教育模式的创始人、领导者罗里斯·马拉古齐先生(Loris Malaguzzi,1902—1994)的带领和影响之下,一个经典的早期儿童研究机构在几十年的时间里,在幼教界积极的努力与贡献,收获了令人惊叹的成就:1984年"儿童的一百种语言"展览风靡全球,被欧美各国争相巡回展出;1991年,被一贯以保守态度著称的美国杂志《新闻周刊》评选为"世界十大杰出学校"。

"瑞吉欧儿童"成为世界范围内早期儿童教育的优质品牌标志,成为意大利乃至世界各国幼教工作者学习的典范。市幼儿园与婴幼儿研究中心的主要工作是向所属学校提供源源不断的教育教学研究的教育计划和方案,建构新的、更加丰富的知识,不断赋予机构以生命和活力。中心在推广瑞吉欧·艾米利亚市幼教机构发展的理论和实践经验的同时,运用适宜的方式促进教育理论和实践经验的提升。这种富有特色的教育经验多年来一直兴盛不衰,不断进步,开发并实施了一个又一个融合教育与文化的方案。同时这种教育经验也成为意大利和世界各地教师、教育家、学者、行政人员、政治界和文化界人士的兴趣焦点,促进了瑞吉欧·艾米利亚城市活泼、积极城市氛围的形成。

"瑞吉欧儿童"的可贵之处在于理论研究和实践操作在这里实现了完美的融合,教育观念和教师行为一体,教研员根据价值观、教育目的,把儿童、家长和幼儿园连成一个有机的整体。如同"熊猫"婴幼儿中心校长的真实感言:

理论和实践如同自行车的两个踏板,彼此互动,才能够持续保持平稳前进的状态。教育专家、教研员和教师们以极大的热情和儿童一起工作、思考、研究,始终关注着儿童的状态以及活动的进展情况,适时地、自然地根据儿童的兴趣和要求为他们提供各种媒介和帮助,创设问题情境,引发思考,促进主题的深化。每一个教育方案都是儿童、教师、家长、教育家共同研究的结晶。

"马拉古齐国际中心":2004年"马拉古齐国际中心"(The Loris Malaguzzi International Centre)成立。该中心的图标是长短不同的彩色色块,形成漩涡般的立体图形,象征着开放、流动、汇聚,也体现出该机构的核心精神:学术研究的充分自由与民主;实践工作的循环发展与创新;团队合作的共同认识与积极回应。

由马拉古齐先生倡议建立的国际中心具有前瞻性的发展战略意义,也得到社会各界的广泛欢迎和支持。每年,国际中心定期举办全球化的国际学习班、研讨会和各种交流活动,接纳来自各国的教育理论与实践专业人员,探讨、研究共同关注的教育问题,分享经验,促进共同发展。2012年2月,瑞吉欧举行了隆重的庆祝活动,为纪念马拉古齐诞辰100周年暨国际中心成立10周年,市长、国际中心与幼儿园代表,以及来自世界各地的幼教专家聚集一堂,分享共同研究的快乐,畅想美好的未来!

教师工作:瑞吉欧教师的工作是倾听、观察与档案记录,档案记录的作用在于把若干的碎片收集到一起,组合起来,再做一个精致的镜框,于是便构成一幅美丽的画。

倾听、观察与档案记录,是瑞吉欧教师反复循环、持之以恒的工作。看似相同的每一天的活动中,儿童都有着不一样的发展,教师通过各种能够接近儿童的方法去观察儿童,倾听他们的话语,了解他们的想法,只有理解儿童,教师所进行的工作和为儿童创造的环境才可能是合适的。因此,档案记录是教师的一项重要工作!记录旨在让教育和儿童的活动更具透明度,提供给教师、家长、社会了解儿童发展与学习的资料,加强彼此间的交流与沟通。记录的方式具有多样性,简单的文字、照片、图片、立体的雕塑作品都可以成为记录形式,也可以是丰富的展览。瑞吉欧的每个班级都有一本活页装订的"学习故事本",载有课程探究的内容和儿童的活动以及教师的理解、反思与建议。教师观察与了解集体中每个儿童的活动,记录自己的经验,教师之间相互阅读记录，共同讨论从家庭、社区收集到的各种信息，制定灵活的教育计划，制订具体方案。

瑞吉欧教师相当重视同伴之间的交流，每周的36小时工作时间里有6小时的固定时间用于教师之间的交流、讨论、专业发展以及与家长的沟通。他们习惯于教师团体的互动和相互依赖，习惯于协商解决教学实际中出现的问题，了解幼儿的兴趣表现，观看个人档案记录，争论各种教育问题。透过教师成员间的相互对话，使得个人的思想在团体中彼此交流、相互碰撞、共同激荡。

麦穗，一颗颗饱满颗粒的麦穗，是一种积累与汇聚，让人们感受茁壮与成长。仿佛回望田野上由小小禾苗长成碧绿再变成橙黄的过程，在培育者的汗水里灌溉，在土地粗糙的抚摸里酿造。如同孩子们健壮的成长需要丰富的教育环境与实践活动，需要教师的智慧思考和创造工作的孕育。

组织是瑞吉欧课程活动必要的、有力的和建设性的因素。教学协调小组统筹教育教学管理，承担婴幼儿中心与幼儿园的教育方案的计划与发展工作，同时担负着促进家庭积极参与，提供教育方案，提升教育服务质量的重任。

具备丰富教育经验的教研人员是该教育组织体系中的核心链，集教育家、教研人员、园长等多种角色为一体。他们中的每一位都担任2—3所幼儿园和婴幼儿中心的负责人，他们定期前往各机构指导教师进行观察、记录，指导教师分析观察记录的资料，与每位教师交流、沟通，及时吸取各类信息。这些研究人员还负责总结瑞吉欧地区的幼儿教育经验，将日常观察记录所得的资料加以总结、整理、开发，产生出源源不断、充满活力的方案主题和具有弹性的教学计划。

正如美国著名的教育家加德纳教授恰如其分的评价：毫无疑问，马拉古齐这位思想家的名字可以与他心目中的英雄——福禄贝尔、蒙台梭利、杜威及皮亚杰相提并论。世界上再也没有一个地方可以发现这种在革新性哲学理论与实践之间，能有如此紧密结合、共生共存的关系存在。也如同心理学家杰罗姆·布鲁纳所描述的那样：在瑞吉欧，你会发现一些"瑞吉欧式"的表现元素，一种原生态的礼貌待遇，一种相互尊重的珍贵模式。"主体间性"即人与人之间对彼此主体意识的相互理解，培育这种主体之间的相互理解，需要有一个相互尊重和相互支持的环境。正是这种有别于其他的尊重范式使得瑞吉欧·艾米利亚市幼儿园走向成功。

我们的幼儿，应该得到更多的尊重和保护，切不可以让形式的教育功能和潜能开发阻碍他们的健康与发展；我们的视野应该更为广阔，以更为现实和谨慎的态度去审视幼儿园教育理论和实践中所存在的问题。让我们在充满希望的幼教田野里努力耕耘，与儿童共同收获属于自己的麦穗！

2010年年底，一个大雪纷飞的冬日，在卡洛琳·爱德华兹博士（Carolyn Edwards）内布拉斯加大学林肯分校的办公室里，我们进行了美好而温暖的谈话，话题涉及美国、中国以及瑞吉欧幼儿教育的不同与相通之处，也谈到国际视野下幼儿教育的跨文化研究价值，她热情地推荐了这本书即将完稿的第3版。2011年秋天，爱德华兹与沈尹婧参加了江苏省教育科学研究院举办的"中美0—6岁婴幼儿早期教养高级学术研修班"，做了题为"意大利瑞吉欧教育实践的变化与进展"的主题演讲与工作坊，且饶有兴趣地参观了江苏城市与农村的幼儿园，与教师们进行对话，回国后还写来了热情洋溢的"致句容天王幼儿园的一封信"（发表于《学前教育》2012年第1期）。2012年初，在她的极力举荐之下，我们顺利地获得了此书的中文版权。在翻译的过程中，我们一直与其保持联系，并且得到她多次热情的鼓励。2013年10月，我们在杭州再次见面，她对本书的翻译及装帧给予积极的肯定。我在此表示衷心的感谢！

本书的编译工作是王坚红、沈尹婧与尹坚勤三个人共同合作与努力的结晶，王坚红长期在美国从事儿童健康与发展的研究工作，参与普渡大学的多个学前教育研究项目；沈尹婧有幸成为爱德华兹教授的在读博士，也曾前往瑞吉欧短期访问，就译文的相关内容与他们多次面对面商讨。隔着中美宽广的地域空间，或利用偶尔短暂见面的机会进行讨论，或借助Skype集体会话、Email传递译稿，我们就一个词反复讨论合适的中文词汇，就一段内容磋商准确的含义，或者就一段话三个人同时翻译相互修订，并且针对某个概念、某个机构的名称向原作者请教。这种讨论贯穿始终，一直延续到后期的编审过程。我们总是一呼齐应，乐此不疲。其中，第一章、第二章的内容在原有中文译稿的基础上，由江苏第二师范学院学前教育学院吴巍莹与徐群重新审定编译。全书完稿后,又有了编辑张泽芳的参与,她对于翻译文字的认真与执著,使得全稿的翻译精准性有了较大的提升,尤其对于一些细节的翻译提出了宝贵建议,我对她大量而辛劳的工作致谢。

翻译此书的过程是学习、理解"瑞吉欧儿童"的过程,也是一次珍贵的合作性专业研修之旅,我们沉浸在共同劳动与分享的快乐之中。

尹坚勤

2013 年 10 月

前 言

霍华德·加德纳

在近年出版的诸多关于教育的书籍中，极少有精品出现，然而现在你手中的这一本却可谓出类拔萃。《儿童的一百种语言》记录了在意大利北部瑞吉欧·艾米利亚地区发展了近50年的一个非凡的幼儿教育体系。同时，本书内容包括了对人类早期天性的深刻反思，以及在不同文化环境下这种天性被引导与刺激的方式。任何对幼儿教育感兴趣的人都应该阅读本书，读过本书的人都会被本书的描述深深感动。

在本书的前几页，你将读到关于罗里斯·马拉古齐（Loris Malaguzzi）这位聪明、年轻、优秀的意大利教师的卓越成就，看到他如何在第二次世界大战后开始对创立新学校感兴趣，以及如何由对建设新学校的青春与激情，转变为对幼儿教育事业的终身热爱。毫无疑问，马拉古齐（大家通常都这样称呼他）是瑞吉欧的天才领袖——这位思想家的名字的确可以与他心目中的英雄——福禄贝尔（Froebel）、蒙台梭利（Montessori）、杜威（Dewey）以及皮亚杰（Piaget）相提并论。然而，远超过其他教育家的是，马拉古齐为建立一个教育社区奉献了他的一生：他与家长（父母）、社区成员、数千名儿童，以及拥有各类专长的杰出的教师共同努力多年，建立了一个卓有成效的教育体系。

瑞吉欧的教育体系可简要说明如下：这是一个能够开发和指引幼儿的心智、情绪、社交以及道德潜能的多个学校组成的集体。其主要的教育方法是让幼儿在美好、健康和充满爱的环境下，长久地、专心地参与各种项目活动。杜威致力于"进步主义"教育数十年，但是他所设立的学校却维持不到4年光景。相比之下，瑞吉欧的学校社区，乃胜于任何哲学理念及方法。它是马拉古齐的重要成就，在世界上任何其他地方，都无法找到在革新性哲学理论与教育实践之间如此紧密结合、具有象征性意义的关系存在。

文字是一本书必备的主要媒介。本书诸位作者的杰作,重新营造了瑞吉欧·艾米利亚的特殊情境,还加上了各类照片及图表,使之增添了重要的视觉效果。而关于瑞吉欧·艾米利亚的各类展览,以及最近问世的几卷影片、录影带,都传达出这个教育体系独特的风格。当然,能够亲自前往瑞吉欧·艾蜜莉亚参观,更是一种无可取代的经历。毋庸置疑,本书的出版将促使艾米利亚·罗马格纳(Emilia Romagna)这个草木繁盛又充满现代化气息的地区交通流量的增加。即使对那些已经相当熟悉瑞吉欧的人来说,这本书也能提供更为丰富的资讯。就我本人而言,作为若干年前有机会前往参观瑞吉欧,而且此后仍与他们保持联系的专业人士之一,我几乎仍然能够从这本书中的每一页学到一些东西。

在阅读《儿童的一百种语言》时,许多讯息使我感受到内心的冲击,或者说是再次为之心绪激荡。其中必须提到并与大家分享的几个要点如下:有几处谈到关于教育"进步主义"的方式,然而"进步主义"的真正理想却很少能得以实现。也许原因之一是需要有一个愿意在几十年长期不懈地为了一个富有活力的理想而共同奋斗的团队;这个团队必须为提升教育质量而发展出一系列的程序,同时积极鼓励参与者的个人成长。有许多文章探讨幼儿心智的能量,却尚未能窥探它的全貌。而在瑞吉欧,教师们知道如何倾听幼儿、如何促使幼儿发起活动,以及如何运用有效的方式去引导幼儿。儿童无需盲目地去达到成人要求的标准,而是通过社区的集体贡献来确保其学习的品质。这些学习成果皆体现在对于儿童活动各个不同层面所表现出的无限关注中,如对由两三个幼儿组成小组的活动决策过程中,幼儿对刷子或颜色的选择中,或是因惊喜而产生的各种反应中。瑞吉欧成功地挑战了教育中诸多看似相互矛盾的两极现象:艺术与科学,个人与团体,幼儿与成人,游戏与学习,小家庭与大家庭;进而在这些相对的事物中,达到某种独特的和谐,并重新组合原本分隔而僵化的幼儿教育体系。

身为一位美国的教育者,我也情不自禁地感受到某些事物的矛盾冲突。在美国,我们对幼儿的高度重视令我们感到自豪,然而对于幼儿诚挚而真实的表达,我们却并未给予充分的关注;我们要求幼儿之间的合作性学习,却极少维持教师与行政人员之间的合作关系;我们倡导幼儿从事艺术活动,但却很少用心塑造一个可以真正支持并激发幼儿灵性的环境；我们要求家长的参与，但却不愿与家长共同分享所有的权利、责任以及成就；我们了解社区的需要，但却时常把社区分化为几个小的利益团体。我们欢迎探究的方法，但却没有信心让幼儿追随他们自己的嗅觉及预感；我们提倡辩论，却时常摒斥它；我们要求倾听，但却更喜欢表达；我们满足于自身的富足，却并未注意保护那些使我们维持现状，又能富裕他人的社会资源。而在这些方面，瑞吉欧均是如此地富有建设性。我们常常倾向于诉诸口号，而瑞吉欧的教育工作者却是不知倦怠地工作，去解决许多根本性的、而且在本质上十分艰难的问题。

这好像是试图美化瑞吉欧：它显得如此美好，运作得如此成功。其实不然。从这本书的文章中，我们可以清楚地知道，瑞吉欧在过去曾经经历过许多的挣扎，而且事实上，在任何一个活跃的动态系统所获得的成就之中，冲突是永远不可避免的。与天主教教会维持关系并不容易；与市、省以及国家各层级之间的政治抗争难以终止；甚至为年幼儿童取得美好开端的权利，而不被严重缺乏创新的教育体制所威胁和损坏等等。瑞吉欧之所以如此出色，并不是因为它已经找到能永久解决问题的良方，当然也的确无法找到，而是因为实际上它能够无所畏惧地面对矛盾，尝试持续不断地、严肃认真地、创造性地处理这些矛盾。

一种教育模式或体系，无论怎样地理想化，它总是立足于本土的环境之中。没有一个人能够把瑞吉欧的戴安娜幼儿园搬到新英格兰地区，也没有人可以把杜威的新英格兰学校搬到瑞吉欧·罗马格纳这个地区。然而如同现在那些能允许我们浏览世界各地艺术创作的"无围墙博物馆"，我们也可以有"无围墙学校"，让我们观察到在全球各地发展起来的幼儿教育实践。

我曾有幸参观过世界各地的幼儿教育中心，而且也从各个不同的幼儿学校中获益匪浅。与其他的教育参观者一样，许多地方令我印象深刻：美国大城市里的儿童博物馆、斯堪的那维亚半岛无竞争压力的学习环境、中国对艺术技巧的支持与缜密的训练、日本精心策划的集体解题活动，以及在其他许多地方为培养儿童对多种族和多民族的敏感所付出的真诚的努力。每一种教育环境必须用自己的方式，经历挣扎的过程，以期在个人愿望与团体需求、技巧的训练与创造性的培养、对家庭的尊重和对社区大范围的参与、关注儿童认知发展和关注个性情感及精神发展等相互关系之间，找到适度的平衡点。

  人类对冲击与压力有许多调节方式。在我的心目中，当今的世界里，没有任何一个地方能够像瑞吉欧学校一样如此卓越超众。当美国的《新闻周刊》(*Newsweek*)在1991年12月以其一贯保守的态度选举"世界十大杰出学校"时，瑞吉欧在幼教领域被提名是毋庸置疑的。在我看来，瑞吉欧是既有成效又颇具人性的教育之缩影，其儿童正经历着可持续的人性化训练——一个或许将持续终身的学习过程。

  感谢卡洛琳·爱德华兹（Carolyn Edwards）、莱拉·甘第尼（Lella Gandini）以及乔治·福尔曼（George Forman）等在编辑本书时付出的心力，使得关心当今世界幼教发展前沿的读者们，能对瑞吉欧这个著名的教育事业有更加深入的了解和更加有效的模拟。

瑞吉欧：一个彬彬有礼、充满好奇心和富有想象力的城市

杰罗姆·布鲁纳

小城市的和谐一致赋予了城市自身的魅力。这里，既不会庞大得让人难以捉摸而心存疑虑，也不会狭小到让人捉襟见肘而窒息。这样的城市富有想象力、充满活力和凝聚力。因此，当我受邀来到瑞吉欧·艾米利亚，参观世界上最著名的幼儿园和婴幼儿中心时，尽管我对于这个神奇的"小城"一直心向往之，充满期待，但是我对在这里所看到的一切毫无准备。事实上，早在20世纪70年代，我就听说过瑞吉欧，那时，作为牛津大学发展研究专业的教授，我作为领导人承担了一个为了提高英国幼儿园发展的课题，并负责在研究中遴选出欧洲的优秀（幼儿园）案例。当时对意大利幼儿园有过短暂的参观，也并没让我对瑞吉欧这样（优美的）小城市有心理准备。然而当我真正进入这个城市，真实感受到：是的，这是一致认同的事实！是我之前从未见过的早期儿童教育的最佳实践现场。如同在国际幼教会议上多次听到的对于他们的赞不绝口，也如同我内心所期盼的。在瑞吉欧·艾米利亚，我看到了儿童的想象力是如何被培养的，他们对于儿童潜在主体性的开发，更是让人怦然心动。而这些都深深扎根于这个城市长期传承的、一些非常"瑞吉欧式"的表现元素。在这里，你可以有幸受到一种原生态的礼貌待遇，看到一种相互尊重的珍贵模式。无论缘起何时，这个小城的礼貌通过漫长历史积累转化为这个城市内在的一种品质，并且反射到社会公共服务体系中而成为一种城市优势。

我更愿意对自己说：

培养想象力是人的发展中的首要事情，是想象力把我们从繁杂和平庸中解救出来，从普通的日常生活中解脱出来，但仅仅依靠童话故事是不足以培

养想象力的。想象力是把事实转变为猜想的方法，即使一个在地板上形成的影子也不仅仅是一个单纯的影子，而是充满了探究的奥秘。尝试着去画出一个影子，你就会产生深刻的体验。

一天，我在瑞吉欧市属幼儿园观察一些4岁孩子的活动，老师正在专注地组织关于"影子"的主题活动，并努力地吸引孩子们，但是更加让人惊讶的是在自由表达与交流活动中，孩子们的观点极具想象力。在讨论关于如何让影子变得更加神奇的时候，孩子们都在关注为什么影子有时会变得这么小，而有时又是如此巨大。此时，教师表现出像是与诺贝尔奖获得者在一起（讨论问题）那样的肃然起敬和认真。一个孩子问道："怎样才能够让影子倒过来呢？"当我们每个人都正在思考时，另外一个孩子问道："把影子倒过来是什么意思？"

此处讨论的并非儿童彼此孤立运作的个体想象力，而是我们大家所共同涉及的人类共性的东西，当今心理学家和人类学家称之为"主体间性"，即人与人之间对彼此主体意识的相互理解。也许这是人类进化中最重要的推动力，否则，人类文化便无从延续，所有的教学意图也无法实现。培育这种人与人主体之间的交互理解，需要有一个相互尊重和相互支持的环境。

正是这种独特（区别于其他）的尊重范式使得瑞吉欧·艾米利亚市幼儿园走向成功。

原书编写人员

- 西蒙娜·波尼劳利,瑞吉欧市立幼儿园和婴幼儿中心教研员
  Simona Bonilauri, *Pedagogista*, Instituzione Preschools and Infant-Toddler Centers of the Municipality of Reggio Emilia

- 杰罗姆·布鲁纳,纽约大学法学院心理学教授和高级研究员,瑞吉欧荣誉市民
  Jerome Bruner, Research Professor of Psychology and Senior Research Fellow, New York University School of Law, and honorary citizen of Reggio Emilia

- 保拉·卡利亚里,瑞吉欧市立幼儿园和婴幼儿中心教研员兼主任
  Paola Cagliari, *Pedagogista* and Director, Municipal Infant-Toddler Centers and Preschools, Reggio Emilia

- 玛吉·库珀,佐治亚州罗斯维尔创新实践早期儿童教育公司总裁
  Margie Cooper, President, Inspired Practices in Early Education, Inc., Roswell, Georgia

- 格尼拉·达尔伯格,瑞典斯德哥尔摩大学早期儿童教育专业教授
  Gunilla Dahlberg, Professor of Early Childhood Education, Stockholm University, Sweden

- 格拉齐亚诺·德洛里,瑞吉欧·艾米利亚市市长
  Graziano Delrio, Mayor, Reggio Emilia

- 卡洛琳·爱德华兹,薇拉·凯瑟,美国内布拉斯加大学林肯分校心理与儿童、青少年和家庭专业教授
  Carolyn Edwards, Willa Cather Professor, Psychology and Child, Youth, and

Family Studies, University of Nebraska-Lincoln

◇ 提茨安娜·费列皮尼,瑞吉欧市立幼儿园和婴幼儿中心教研员
Tiziana Filippini, *Pedagogista*, Instituzione Preschools and Infant-Toddler Centers of the Municipality of Reggio Emilia

◇ 乔治·福尔曼,美国麻州大学安赫斯分校教育系荣誉教授、Videatives 公司总裁
George Forman, Professor Emeritus of Education, University of Massachusetts-Amherst, and President, Videatives, Inc.

◇ 布伦达·菲弗,美国密苏里州圣路易斯市韦伯斯特大学教育系主任、教授
Brenda Fyfe, Professor and Dean of Education, Webster University, St. Louis, Missouri

◇ 爱米莉·甘贝提,瑞吉欧儿童中心学校与国际网络联络咨询处顾问
Amelia Gambetti, Consultant, Liaison for Consultancy to Schools and Co-chair International Network, Reggio Children

◇ 莱拉·甘第尼,美国普及瑞吉欧教学方法联络员、客座教授、访问学者
Lella Gandini, Occasional professor, visiting scholar, and US Liaison for the Dissemination of the Reggio Emilia Approach, Reggio Children

◇ 霍华德·加德纳,哈佛大学认知与教育专业教授
Howard Gardner, Hobbs Professor ofCognition and Education, Harvard University

◇ 埃琳娜·贾科皮尼,瑞吉欧市立幼儿园和婴幼儿中心教研员
Elena Giacopini, *Pedagogista*, Instituzione Preschools and Infant-Toddler Centers of the Municipality of Reggio Emilia

◇ 克劳迪娅·朱迪西,瑞吉欧市立幼儿园和婴幼儿中心教研员兼园长
Claudia Giudici, *Pedagogista*, President, Istituzione Preschools and Infant-Toddler Centers of the Municipality of Reggio Emilia

◇ 大卫·霍金斯,科罗拉多大学波尔得分校教授
David Hawkins (deceased), Professor, University of Colorado-Boulder

- 罗里斯·马拉古齐,瑞吉欧市立幼儿园和婴幼儿中心奠基人

  Loris Malaguzzi (deceased), philosopher and founding director, Preschools and Infant-Toddler Centers of the Municipality of Reggio Emilia

- 迪安娜·马吉尼,瑞吉欧市立幼儿园和婴幼儿中心教研员

  Deanna Margini, *Pedagogista*, Instituzione Preschools and Infant-Toddler Centers of the Municipality of Reggio Emilia

- 彼得·莫斯,伦敦大学教育学院托马斯·克莱姆研究机构早期儿童教育管理学教授

  Peter Moss, Professor of Early Childhood Provision, Thomas Coram Research Unit, Institute of Education, University of London

- 桑德拉·皮奇尼尼,瑞吉欧市立幼儿园和婴幼儿中心前任园长兼教研员

  Sandra Piccinini, *Pedagogista*, former President, Istituzione Preschools and Infant-Toddler Centers of the Municipality of Reggio Emilia

- 卡利娜·里那第,教研员,瑞吉欧儿童中心主任,瑞吉欧儿童与马拉古齐中心主任

  Carlina Rinaldi, *Pedagogista* and President, Reggio Children, and President, Foundation Reggio Children-Loris Malaguzzi Center

- 劳拉·卢比兹,瑞吉欧市立幼儿园和婴幼儿中心教师

  Laura Rubizzi, Teacher, Instituzione Preschools and Infant-Toddler Centers of the Municipality of Reggio Emilia

- 伊凡娜·桑茨尼,瑞吉欧市立幼儿园和婴幼儿中心心理学家

  Ivana Soncini, Psychologist, Instituzione Preschools and Infant-Toddler Centers of the Municipality of Reggio Emilia

- 瑟吉欧·斯拜吉利亚,瑞吉欧市立幼儿园和婴幼儿中心前任主任

  Sergio Spaggiari, former Director, Municipal Infant-Toddler Centers and Preschools, Reggio Emilia

- 维·维奇,艺术资源教师,瑞吉欧儿童中心出版与展览顾问

  Vea Vecchi, *Atelierista*, and Consultant for Publications and Exhibits, Reggio Children

Invece il cento c'è

Il bambino
è fatto di cento.
Il bambino ha
cento lingue
cento mani
cento pensieri
cento modi di pensare
di giocare e di parlare
cento sempre cento
modi di ascoltare
di stupire di amare
cento allegrie
per cantare e capire
cento mondi
da scoprire
cento mondi
da inventare
cento mondi
da sognare.
Il bambino ha
cento lingue
(e poi cento cento cento)
ma gliene rubano novantanove.
La scuola e la cultura
gli separano la testa dal corpo.
Gli dicono:
di pensare senza mani
di fare senza testa
di ascoltare e
di non parlare
di capire senza allegrie
di amare e di stupirsi
solo a Pasqua e a Natale.
Gli dicono:
di scoprire il mondo che già c'è
e di cento
gliene rubano novantanove.
Gli dicono:
che il gioco e il lavoro
la realtà e la fantasia
la scienza e l'immaginazione
il cielo e la terra
la ragione e il sogno
sono cose
che non stanno insieme.

Gli dicono insomma
che il cento non c'è.
Il bambino dice:
invece il cento c'è.

Loris Malaguzzi

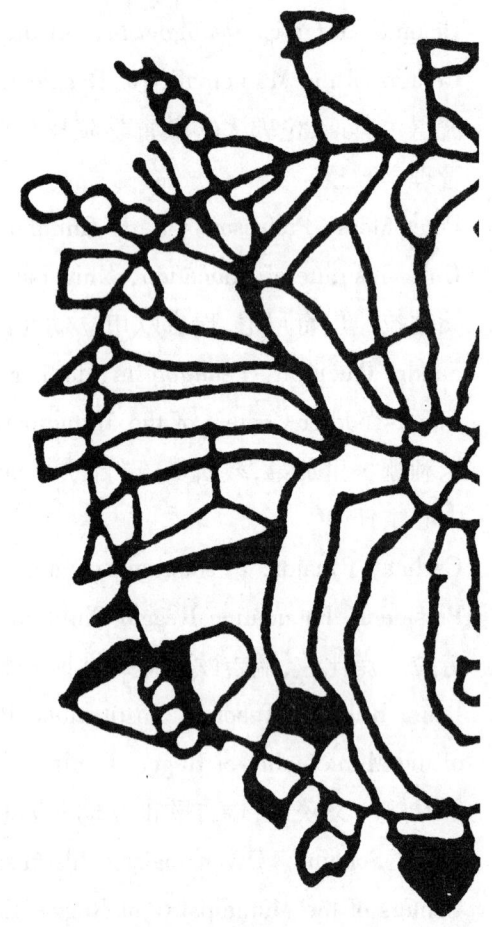

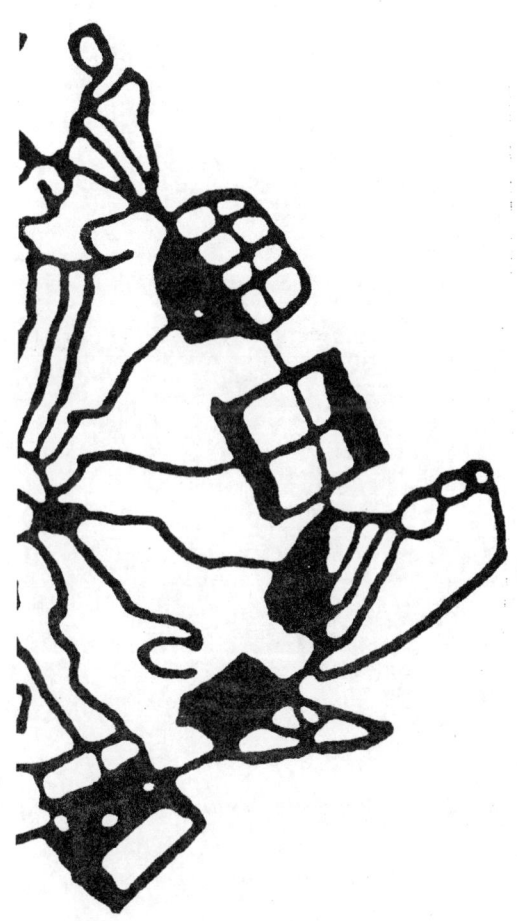

不,就是一百种

儿童
由一百种组成。
儿童有
一百种语言,
一百只手,
一百种思想,
一百种思维方式、
游戏方式、说话方式。
一百种,一百种方式
聆听、惊喜和热爱,
一百种喜悦
去歌唱和理解,
一百个世界
去探索,
一百个世界
去创造,
一百个世界
去梦想。
儿童有
一百种语言
(一百又一百),
但有人偷走了九十九种。
就是学校和文化
把他们身心分离。
他们告诉儿童:
不动手而思考,
不动脑而行动,
只听不说,
理解了也毫无乐趣,
喜爱与惊奇
只属于复活节和圣诞节。
他们告诉儿童:
在已知的世界里探索。
一百种中,
他们偷走了九十九种。
他们告诉儿童:
学习与玩耍,
现实与幻想,
科学与空想,
天空与大地,
理智与梦想,
都是
水火不容的。

因此他们告诉儿童
没有一百种。
儿童说:
不,就是一百种。

罗里斯·马拉古齐

CONTENTS 目 录

欢迎您——《儿童的一百种语言》中文新译本的读者们!
  卡洛琳·爱德华兹　莱拉·甘第尼　乔治·福尔曼 ·············· 001
"走进"瑞吉欧(译者序) ·· 001
前　言　霍华德·加德纳 ·· 001
瑞吉欧:一个彬彬有礼、充满好奇心和富有想象力的城市
  杰罗姆·布鲁纳 ·· 001
原书编写人员 ·· 001

第一部分　起点

第1章　介绍:背景与起点 ·· 003
第2章　历史、理念与基本原则:对话罗里斯·马拉古齐 ········ 027
第3章　马拉古齐的故事、其他人的故事以及尊重儿童 ········· 076
第4章　我们对儿童及其社区的责任 ································ 085
第5章　瑞吉欧·艾米利亚:一个转型中的城市 ··················· 093
第6章　微观主题活动和宏观教育政策:借助于关系的学习 ··· 105

第二部分　互动关系中的教与学

第 7 章　家长参与的学校管理体制 …………………………… 121

第 8 章　教学协调中心组和专业发展 ………………………… 138

第 9 章　教师和学习者，伙伴和指导者：教师的基本角色 …… 150

第 10 章　观察型教师：把观察作为职业发展的有利工具 …… 177

第 11 章　全纳型社区 …………………………………………… 191

第三部分　档案记录——观察、思考和交流的综合过程

第 12 章　教学档案记录：一种协商性的民主化教育实践 …… 235

第 13 章　倾听教学法：瑞吉欧·艾米利亚的倾听观 ………… 242

第 14 章　基于设计、档案记录和交谈的协商性学习 ………… 257

第 15 章　观察记录与评估的关系 ……………………………… 283

第四部分　儿童的一百种语言的理想及其演进

第 16 章　美是一种认知方式吗？ ……………………………… 303

第 17 章　艺术工作室：与维·维奇的对话 …………………… 312

第 18 章　联通关爱和学习的空间 ……………………………… 327

第 19 章　数码媒介在瑞吉欧·艾米利亚的运用 ……………… 353

第五部分　结论

第 20 章　最终反思与教学的指导策略 ………………………… 369

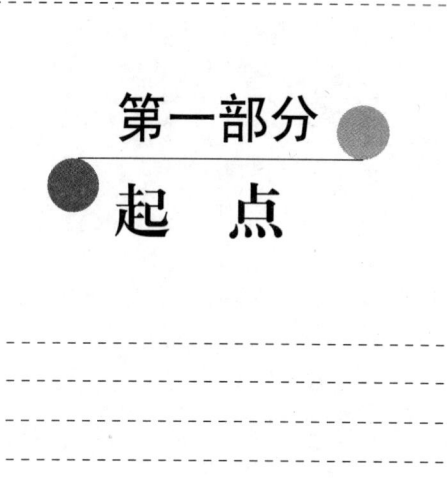

第一部分

起 点

第 1 章

介绍：
背景与起点

卡洛琳·爱德华兹

莱拉·甘第尼

乔治·福尔曼

瑞吉欧·艾米利亚这座位于意大利北部的小城市，正由于它在早期儿童教育领域中所取得的成就与地位而闪耀着光芒。在过去 50 年里，居住在这个地区的教育工作者、家长与社区居民齐心协力，建立了一个在欧洲长久以来被赞誉为创新中心的公共早期儿童保教系统。目前该系统正逐渐被美国本土以及世界各地的教育工作者视为参考资源与激发灵感的来源（Edwards & Rinaldi, 2009; Mantovani, 2001, 2007; New, 2003; Organization for Economic Cooperation and Development [OECD], 2006; OECD Review Team Italy, 2001）。这个系统的课程设计结合了社会服务的教育理念，让来自于不同社会阶层、经济地位、教育背景的儿童均可入园；而且依据意大利的法律，有身心障碍的儿童享有接受主流教育的优先权。市政府用于支持瑞吉欧早教系统的财政预算超过14%,该系统目前包括30多个幼儿园和婴幼儿中心以及许多其他附属幼儿园,其服务对象为6岁以下儿童。

图1-1 意大利地图和瑞吉欧·艾米利亚市所处的位置

瑞吉欧·艾米利亚经验

在过去 50 年中,瑞吉欧·艾米利亚教育体系已经发展了自己独特创新的哲学和教育学、组织方法和整体环境设计原则,我们称之为"瑞吉欧·艾米利亚教育经验"(the Reggio Emilia experience)。瑞吉欧·艾米利亚教育经验强调通过系统的符号的呈现,来促进儿童的智力发展。教师鼓励儿童通过多种途径和他们自己的语言来探索周围环境和表达自己。这些语言表达有强调性的、沟通的、象征性的、认知的、道德的、隐喻的、合乎逻辑的、富有想象力的和关联性的,以此培养儿童在使用口语、手势、绘画、建构、黏土和线材雕塑、皮影戏、拼贴、戏剧、音乐和初步书写(emerging writing)等方面的能力。而对于一些技能较为熟练的儿童来说,教师们则注重对他们在个人表达、表现和思维方式的培养,而不是较早培养阅读能力。例如教师们会培养儿童对话和多方面的交流能力,让他们在小组中发挥作用。相对于长时间地练习某种技能,这种经验更强调的是建立儿童与某种事物(或是事物的内容)有意义的情感联系。这样更多的是通过很多手段表达符号意义而不是仅仅把文字、数学符号或是乐谱翻译成指导性的语言,去执行类似算法或者是小提琴演奏。儿童的"书写"有很多方式包括运动的、绘画的和电脑动画的。尽管瑞吉欧强调了培养儿童掌握技能习得的能力,但这并不是为了培养成人模式的绘画表演或是音乐演奏的技能,而是为了给予儿童更多表达自己思想的途径。

图 1-2 在郊游时参观了一个传统的洞穴之后,儿童用戏剧的形式扮演他们的经验:有灯的安全帽;低矮的通道;凸起的钟乳石和石笋;发现水洼的惊喜,还有一只友好的蝙蝠
("儿童的一百种语言"展览,1996 年)

此外，瑞吉欧从一开始，家长、教育者和儿童三者之间就确立了明确的合作意识。教室成为合作解决问题、共同进行学习的场所。其重要特征还包括通过小组形式进行项目学习，教师—儿童合作共同体（一个班级由两位教师合作，连续跟班3年）以及以社区为基础的管理方式。在瑞吉欧教育经验中，教育被视为一种公共活动和文化的分享，而这种文化的分享来自于儿童、成人之间共同思考与讨论各种主题的探索活动。这种教育经验带给人们崭新的思路去思考儿童作为学习者的本质，教师的角色定位，学校的组织和管理，教育环境的设计与运用，以及引导经验合作、开放式探究与问题解决的课程计划。也正因为这些特征，瑞吉欧教育经验是重要的，它使全球的教育家都为之振奋。

图1-3 瑞吉欧的一个中心广场

一个独特的城市与区域

瑞吉欧·艾米利亚早期儿童教育经验的建立是独特的、一以贯之的，是由四种重要的传统思想发展而来的教育思想与观点：以欧美为主流的进步主义教育；皮亚杰的建构主义和维果斯基的（Vygotsky）社会历史心理学；意大利战后的左派改革政治；欧洲后现代哲学。这四种传统的思想与观点，与社会发展的过去、现在的历史文化紧密结合，例如强烈的全民民主的地方传统——市民的联合是为了团结和合作。在瑞吉欧的教育中,有一个经常被提及的词就是"市民",他们认为儿童有权利成为礼貌、文明、具有公民意识的人(参见本书第3章)。

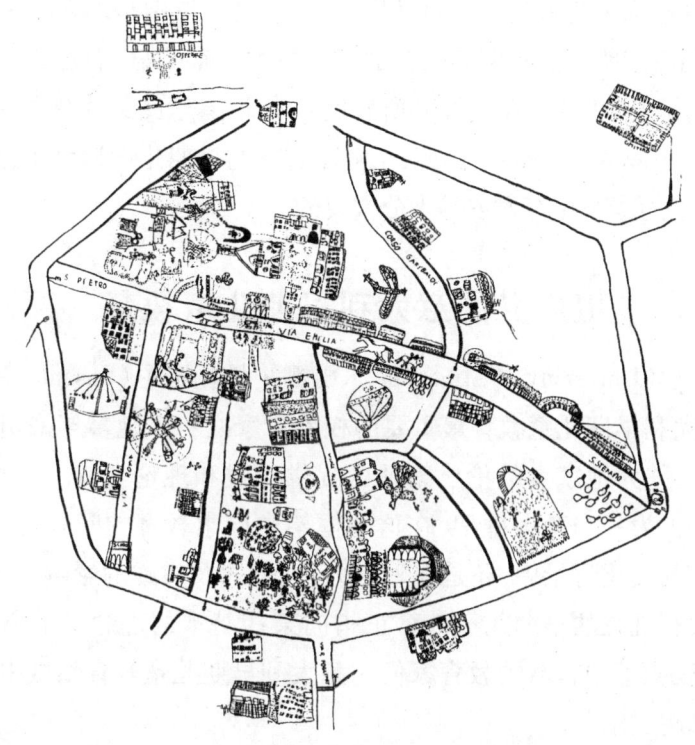

图1-4　儿童画笔下的瑞吉欧市中心(老城)

瑞吉欧·艾米利亚及其周边地域环境较为独特,是意大利闻名的适宜居住城市,它的特色包括低失业率、低犯罪率、高收入、诚信有效率的地方政府机关以及高品质且充足的社会服务(Bohlen,1995)。瑞吉欧所在地艾米利亚·罗马格纳(Emilia Romagna),是一个高品质的社区,两者是附属的垂直关系,瑞吉欧的市民呈现为一种团结、互助、合作的平等关系(Putnam,1993)。根据资料显示,在意大利的20个地区中,艾米利亚·罗马格纳地区的民众具有最高程度的市民责任感,对地方机关与企业拥有者具有基本的信任(由高得票率、报纸读者群及各组织协会会员所得的证据显示)。全民民主这个普遍的概念,植根于他们的经验及意识层面,主张每个人都可以且应该代表他们自己以及他们隶属的团体,以"主角"的身份表达他们的心声(Heltman,1987)。市民崇尚他们的民间组织传统,来自社会各阶层的人们通过政党及经济合作的方式(农业、商会、信托、劳工、制造业以及消费者联盟与合作社)共同解决社会问题。这种集体主义的态势并非起源于近期,它可以追溯至14世纪中期的工艺协会和共和政治。一般来说,这些都是艾米利亚·罗马格纳地区人民,特别是瑞吉欧·艾米利亚市的居民,用以表明身份及感到荣耀的重要资源。很明显,瑞吉欧·艾米利亚教育工作者所具有的教育眼光及其所肩负的使命中,全民民主及全民社区是最根本的概念(Edwards,1995)。因此,了解瑞吉欧的早期儿童教育在意大利什么样的社会历史背景下生存发展是十分重要的。

更广义的意大利早期儿童教育

米兰大学(University of Milan)的苏珊娜·曼托瓦尼(Susanna Mantovani,2007)是意大利早期儿童教育最重要的权威专家之一。她多年来担任国家的领导者角色,并为她家乡的伦巴第地区提供实践和理论支持。在她看来,教育学可以被视为一个基本框架,在这个框架中探索教育的问题,使其不论是在自身特有的文化背景中,还是在外界力量、范式及实践的影响下不断发展。她认为意大利现在的早期儿童教育正指向某些基本的理念。本书也讨论了这些话题,表明了瑞吉欧的教育家们为意大利早期儿童教育领域中的重大理念做出的卓越贡献:

- 以一种全面的建构主义的方式理解儿童和他们的发展。
- 多元智能的理解(瑞吉欧·艾米利亚的一百种语言)。
- 教育环境的设计和审美的重要性。
- 家庭、公民、决策者参与的重要性。
- 全纳和融合各方面的多样性。
- 努力为所有儿童和家庭提供和普及教育和医疗服务。

曼托瓦尼(2007)也总结了当代幼儿教育专家谈话中的主流思想。这些关键语句也无数次重复出现在教学法的讨论中。所有这些关键语句的介绍都能在本书的瑞吉欧教育工作者的观念中得到详细的解释:

- 教育的幸福(*pedagogia del benessere*,即 Pedagogy of well-being):儿童身体和情感上感到幸福的教学法或儿童在保教机构感到快乐自在。

· 教育的高品位（*pedagogia del gusto*，即 Pedagogy of good taste）：教学的材料、装饰、图案的质量和品位能帮助儿童欣赏、喜爱并尊重环境。

· 教育的关系（*pedagogia delle relazione*，即 Pedagogy of relations）：把人际关系和社会关系用作培养自主性、归属感、个人和小组学习的手段。

· 教育的连续性（*pedagogia della continuità*，即 Pedagogy of continuity）：程度极高的连续性，儿童和教师连续多年共同参与一个相关的课程。

· 教育的参与（*pedagogia della participazione*，即 Pedagogy of participation）：一种家庭与学校密切联系的框架，以及家长和公民在治校方面的参与。

· 教育的档案记录（*pedagogia della documentazione*，即 Pedagogy of documentation）：记录儿童以及他们所做的事，让儿童和成人重读过去的经验，重温记忆，并重新思考。

· 教育文化（*pedagogia culturale*，即 Cultural pedagogy）：关于儿童和教育想法和做法中的文化意识的考虑。

展览的启示

《儿童的一百种语言》的书名构想，源于1981年开始的瑞吉欧教育经验故事并不断更新的持续的巡回展览，此展览以视觉的方式记录罗里斯·马拉古齐及其团队着手进行中的一项教育项目及该项目对儿童的影响。这个展览自1987年起在美国巡回展出，其最新版本"学习的奇迹：儿童的一百种语言"展览从2008年开始巡回展出。"学习的奇迹"是一个由美丽而有趣的教育故事汇编而成的经验，并将所有的经验、反思、探讨、理论前提，以及代表教师、幼儿及家长不同时代的社会道德理念编织在一起。通过此展览瑞吉欧·艾米利亚的教育理念与方法得以展示，通过照片捕捉出教与学的瞬间描绘，通过解说文稿和展板（许多出自于儿童自己的语言）、儿童的彩绘、涂鸦、美劳拼贴以及建构和视听材料等予以传达（Cooper, 2008; Gambetti, 2008）。

就传达媒介的功能而言，这个展览非常适合会议、研讨会、工作坊等场合，人们面对面敞开心扉，以一种全然、密集、专注的态度去认识瑞吉欧的教师们所要诉说的故事。这些由瑞吉欧教育工作者所筹划的展览，以不同的方式,对普通民众及专业领域的人士阐释教育的本质和方法。

首先,展览表现了丰富性和多样性,重点突出,而非单一呈现。这个展览吸引参观者进入一种多重层次与多元模式的学习形式。展板宽大,内容详细,上面密集地嵌入文字、图片、手工艺品,思维与感官瞬间被各种感官通道倾泻而来的讯息与印象所淹没。"一百种语言"给予参观者切身的体验和直接明了的学习经验,如马拉古齐(1984)所说,这个展览是一个"聚集千百种主客观经验而相连贯的精华浓缩"的地方,在这儿,"我们希望获得一股兴奋的情感之流,通过观看图像、交流互动,理解和领会其中的实际意义和潜在真谛"。(Reggio Children, 1987, pp. 22—23)。

第二,展览展现了螺旋式的形式。当参观者在展览会场漫游、回顾及不断返回他们喜欢的展板或主题时,他们会发现自己正绕圈而行,然而每一次的折回都会对项目有更深刻的了解。同样的,瑞吉欧的教育并非直线式的架构,而是一个永不终止的循环式的发展脉络。幼儿不会从一个活动被赶到另一个不同的活动,相反,教师鼓励幼儿去重复重要的体验,观察再观察,思考再思考,呈现再呈现。

第三,展览体现了可视性的重要价值。展览作为沟通的一种形式,它的发展直接来源于瑞吉欧教育者的档案记录。在早期(参见本书第2章),教育工作者们认识到系统性地记录下他们的工作以及与儿童一起活动的过程和成果,能够服务于儿童、家长和教育工作者。这样做的价值在于:可以给儿童和成人提供具体可视的"记忆",让他们看到自己的言行,并以此作为下一阶段学习的出发点;提供给家长与其他人员认识幼儿园的详细信息,作为获取大众反应与支持的途径;同时也提供给教育工作者一个研究与不断改善更新的重要工具。这项大胆的创意使记录转变为瑞吉欧·艾米利亚特有的专业化艺术形式:包括了幻灯片演示、海报、书籍,及逐渐增加的CD/DVD录影带,以记载幼儿的活动经验。

第四,展览呈现了团队合作的重要性。这个展览的创作和设计并非出自于个人,而是集体合作完成的。罗里斯·马拉古齐,瑞吉欧市幼教系统的创始人和多年的领导者,精心组织展览的准备工作来呈现团队的力量。市政行政人员及教师们共同奉献时间、劳动、想法和成果的记录(由此证明展览的质量来自于团队的合作努力)。正如我们从许多细节中发现的,瑞吉欧的教育工作者深信成功教育的核心来自于互惠、交流与对话。

第五,展览的价值还在于这个展览的不完整性,即开放性。它永远没有完成的时候,也绝不可能达到瑞吉欧教师们所认为"十全十美"的标准。相反,它历经一系列的转变,新的展览版本不断涌出。1981年开始一项命名为"当双眼越过高墙"(L'occhio se salta il muro,即When the Eye Jumps Over the Wall)的展览首次开幕,并且在欧洲进行巡回展出,其后的展览标题为"儿童的一百种语言"(I Cento Linguaggi dei Bambini,即The Hundred Languages of Children)。而后来全面修订的2008年北美版展览,主题为"学习的奇迹:儿童的一百种语言"。由此我们注意到各个不同版本展览的演变。例如,与早期的展览相比,"学习的奇迹"让观众通过展板上详尽的阐释和生动直观的DVD光盘更加全面地看到教学活动的全过程。此外,教育工作者们还把及时补充相关资料作为一项长期任务来做,并把"学习的奇迹"所包含的单元摘要小故事进行单独印制形成单行本,以方便购买、浏览及后续研究。事实上,参观展览已经形成了一种经验:人们从站着阅读各类信息转变为坐下来潜心研究数据。这些变化并没有体现教学理念的哲学意义上的根本变化,而是充分发挥信息交流和沟通的功能,努力提高展览的有效性,并邀请大家和展览对话,共同参与进一步的研究。

正是基于这样一种方式,瑞吉欧的教育工作者从来没有真正定案或将其视为例行公事,而是不断地进行检查再检查,实验再实验。为此,瑞吉欧教育工作者谈及方法时,拒绝使用"模式"这个词,而总是以"我们的项目"与"我们的经验"来替代。

最后,展览表现了勇气的价值。当时,第一次展览准备在1981年开展,维·维奇(Vea Vecchi)说,她觉得自己是一个先锋战士,她为此而自豪和兴奋,如同一个勇敢的小乐队通过创新的、不同寻常的美妙的方式来呈现作品(Vecchi, 2010, p. 170)。2008年,维奇回国,将展览主题修订为"学习的奇迹",并有意识地组织了一个机构庞大、功能多样的跨学科的工作委员会。她发现问题并努力和她所创建的这个复杂的组织机构达成一致意见,她认为,新的展览需要一个全新的、独特的学术勇气,因为他们不会因为罗里斯·马拉古齐(1920—1994)的辉煌成就的导向而影响自己的选择和决定。在她心里,展览自筹备开始持续发展的瑞吉欧经验已经发生了本质上的变化:从最初建立的原始而模糊不清的系统到建立一个全新的、共同承载重任的、高度合作的、具有内在规律性的瑞吉欧教育体系。

本书的必要性

展览并不是万能的,不像书籍那样能让人带回家仔细研读、反思,也无法回答所有关于这个课程的理念、计划、实施,教师行为,家长的参与(包括那些有特殊需要儿童的家长),行政组织与结构。因此,这本书应需要而诞生,它能让读者对瑞吉欧·艾米利亚教育经验的不同层面进行更深入、更广泛的分析。这本书同时也为意大利和北美洲两地区的人们提供了一个平台,在这个平台上可以讨论他们所认识的瑞吉欧·艾米利亚教育经验。

图1-5 马拉古齐,瑟吉欧·斯拜吉亚利(Sergio Spaggiari),卡利娜·里那第(Carlina Rinaldi)和作者莱拉·甘第尼共同翻阅《儿童的一百种语言》的第1版

1993年本书第1版问世,意在开创一个起点,它成功地激发了一些讨论,将瑞吉欧·艾米利亚教育经验的基本内容介绍给读者,同时也描述了这种教育经验一开始如何在意大利这个国家生根并茁壮成长。它在当时就强烈地激起美国一些人士的兴趣与深刻的反思。于是在1998年,第2版应运而生,它增加了为适应美国本土环境的精确成分,同时在两版书问世间隔的几年中,我们意大利的同事一直回应着美国方面的联系和交谈。

第 2 版出版已有十余年,当时这个城市处于巨大变革的时期,也是瑞吉欧·艾米利亚的早期儿童服务及其在国内外的影响发生重大变革的时期。瑞吉欧教育工作者的工作一直十分专业,许多出版物都阐述了瑞吉欧教育理念在不同文化和教育背景下的实验和创新。与此同时,教育的进展促进了瑞吉欧城市的不断发展。像世界上的许多社区一样,在这一段时期,瑞吉欧·艾米利亚市经历了快速的社会变革,人口增加,种族和语言多样化,以及由此而产生的复杂的社会背景和公民之间日益增加的政治争议。这些变化提出了更新公民的理念以及对政治的适应性和应变能力的要求,以此来促进社会稳定和持续发展。此外,新一代教育工作者,继承和拓展了老一辈的传统思想,引申出专业发展和专业指导等新理念。最终,进行持续的、互助合作的研究和交流,和所有教育工作者进行对话成为公众的强烈愿望,而使意大利在教育方面成为国际交流的重要聚集地。在这种转变过程中,城市逐渐走出传统,趋向日新月异。

鉴于瑞吉欧·艾米利亚的教育工作者对自己经验和理论的继续发展和不断拓展,同时考虑到网络对话交流和多国教育交流的需要,本书的更新和再版时机已成熟,而第 3 版则更加关注教育过程和变化。在此,我们将阐述瑞吉欧的教育经验是有机的、动态的,它充分考虑顺应历史的积淀和不断变化的社会需求,诸如因种群增加而致的人口多样性、大批新一代教育工作者的涌现等等。正如霍华德·加德纳(Howard Gardner)在 2010 年的一次采访中告诉乔治·福尔曼,当时教育工作者的关注点主要集中于 30 年前的学校。随着社会经济的发展和人口的变化,教育工作者关注的焦点扩大到学校和社会政治,包括与民营部门的互动、基金会以及教育机构。当今,瑞吉欧·艾米利亚教育经验集中关注这些方面,以及瑞吉欧市与广阔世界的关系。

读者会看到,虽然瑞吉欧·艾米利亚教育经验已是闻名全球,它并未变成徒具形式的口号、公式、秘诀甚至是商品、新奇的时尚或流行,也没有(事实上也不能)被视为速成品,因为速成品在教育上是行不通的。再者,一种课程或教育模式,若没有经过大幅的改变与调适,根本无法原封不动地从一个文化背景移植到另一个文化背景。相反,正当我们与公立学校的现存问题诸如教育品质参差不齐、资源以及其他早教服务供给的欠缺进行斗争时,我们在瑞吉欧·艾米利亚的所见所闻已经成为能量和灵感的源泉。当我们发展属于我们自己幼教的共同语汇,以及用更富有成效的方式去探讨教育理论与实践时,对于瑞吉欧·艾米利亚经验的探讨已成为我们参考的来源,并形成一座强大的关键语词库(例如:知名度、背景、教学档案记录、方案课程、儿童形象、教学关系、重新审视、认知节点、共同参与)。

图1-6 马拉古齐与乔治·福尔曼、提茨安娜·费列皮尼(Tiziana Filippini)、卡洛琳·爱德华兹参观在麻州大学安赫斯特校区(the University of Massachusetts in Amherst)举行的"儿童的一百种语言"展览的场面

作者与本书章节

编者观点

本书参编者最初参与举办"儿童的一百种语言"的展览和会议,是1988年12月在安赫斯特的麻州大学。正是在这次会议后,卡洛琳·爱德华兹提议联合编写一本有关瑞吉欧·艾米利亚市幼儿园的书,各类人员彼此优势互补,相互合作去完成一本有价值且具有深远意义的书。卡洛琳曾协助主办1993年肯塔基州雷辛顿市的展览,她具有文化人类学与社会发展领域的丰富背景,同时在就读肯塔基大学前,在麻州大学的实验幼儿园有多年的指导经验。后来在林肯市的内布拉斯加大学致力于儿童早期发展和教育研究。莱拉·甘第尼可说是意大利文化与人民之间的桥梁,她在意大利、北美和世界各地从事关于早期儿童教育体系的咨询和调研,并且她在艺术教育及儿童发

展与教育方面具有杰出的背景。乔治·福尔曼自20世纪60年代晚期的皮亚杰运动便开始研究建构理论,他从麻州大学退休后,他创办公司,生产数字视频并剪辑,以帮助教育工作者"观察了解儿童的认知水平"。莱拉有超过20年的经验,卡洛琳自从1983年起,而乔治则是从1985年起,我们三个人很幸运地在多次的旅程中,共同观察和研究瑞吉欧·艾米利亚的早期儿童教育学校。

章节主题的整体呈现

本书的第3版为新老读者提供了一个瑞吉欧经验的概述以便他们了解和把握今天的理论基础和实践策略。因为关于瑞吉欧经验在其他国家应用的书已经很多,所以本书更加关注的是瑞吉欧·艾米利亚的具体工作变化,大部分章节由瑞吉欧的教育工作者撰写。本书开篇以杰出的心理学家霍华德·加德纳和杰罗姆·布鲁纳的反思来吸引读者,他们是瑞吉欧·艾米利亚的常客,更是贵宾。

第一部分,"出发点"。本部分首先以瑞吉欧·艾米利亚早期儿童教育体系的创始人罗里斯·马拉古齐的一首诗作为开始。接着为瑞吉欧教育经验提供必要的背景,把瑞吉欧早期儿童教育体系放在意大利范围内来探讨。然后呈现了莱拉·甘第尼对罗里斯·马拉古齐的采访。值得期待的是马拉古齐在本书的第一版中所写的他最初的思想和对自己毕生工作的审视,以及瑞吉欧·艾米利亚城市早期儿童教育体系的历史。本部分其他章节所要传递的重要内容是瑞吉欧·艾米利亚的背景和早期儿童教育体系的独特之处,以及它的领导者不断追求如何保持强大的公民社区,致力于在政治、经济和人口状况方面发生重大变革的情况下提升公民的生活质量。

第二部分,"通过关系进行教学"。本部分介绍了家庭教育系统和公民参与情况,提供了丰富全面的详细信息,并配以轶事和插图,阐述如何做到教师和教学管理人员携手合作,共同为所有早期儿童服务,并提高服务的质量。

第三部分,"档案记录——观察、反馈和沟通的综合过程"。书中对教学记录和倾听教学进行了详细的分析。在瑞吉欧·艾米利亚经验中,档案记录无疑是最重要的教育策略,本部分提供了围绕一个教学活动的档案记录,进行的理论和实践的国际对话。

第四部分，"儿童一百种语言及其演化的理念"。本部分描述了"儿童的一百种语言"这一概念及其演变。近年来，瑞吉欧教育工作者清晰地阐释了他们是如何把人类表达自己的不同方式喻为"语言"的，如何以宽广的视角看待每一个儿童所具备的非凡能力。本部分探讨"作为认知方式的审美"的概念以及这些认识如何推动和促进教师的工作，教师如何进行空间和环境的创设，如何运用数字媒体技术的创新手段来支持儿童的学习和教师的专业发展。本部分结尾讲述了罗里斯·马拉古齐的国际中心的故事，该中心的活动开展分别在 2006 年、2009 年和 2011 年三个主要阶段。国际中心以实体形式充分体现了瑞吉欧发展的未来远景。通过它，瑞吉欧儿童正在寻求实现进一步的理想：捍卫每一个儿童的权利，开发每一个儿童的潜力，促进每一个儿童的发展。

第五部分是"我们的反思和对新问题的思考"，对未来发展方向的展望。这部分还列举了教师—儿童互动的指导原则，内容凝练而全面，以飨读者。

瑞吉欧教育经验的历史背景

在讨论瑞吉欧教育经验之前，我们必须重点探讨使得这个教育经验如此成功的因素，了解哪些是意大利课程中共有的，哪些是艾米利亚·罗马格纳地区特有的，哪些成果是来自瑞吉欧·艾米利亚教育工作者的独到眼光与辛勤劳动。

在历史上，意大利的早期儿童教育一直深陷教会与州政府之间的纷争中。历史悠久的天主教会与新崛起的意大利州政府（成立于 1860 年）之间一直存在着剧烈的权力冲突，而这些冲突对现今各方面造成了影响，也包括早期儿童教育在内。

1820 年左右，慈善机构开始在意大利北部和中部地区崛起。这些慈善机构意在改善城市平民的生活，降低犯罪率，培育良好公民（Cambi & Ulivieri, 1988）。这些机构也成为现今意大利主要的两类公立早教服务的先驱：一类是婴幼儿中心，为 4 个月大的婴儿至 3 岁的幼儿提供服务；而另外一类是幼儿园，服务对象是 3 到 6 岁的儿童。

婴幼儿中心

现代婴幼儿中心的前身是"日间育儿园"(creches,即 presepi),旨在为外出工作的母亲照顾襁褓中或刚断奶的婴儿,一般是由雇主在他们的工厂内设置这些机构。例如在皮德蒙特区(Piedmont)皮内罗洛(Pinerolo)一个丝绸纺织厂内,婴儿睡的摇篮是靠纺织厂内的水力发电来推动的。其他类似的机构则是在意大利统一前,由当时境内各独立州政府所促成的,但仍有部分是靠私人捐献的协助而成立的(Della Peruta,1980)。

意大利统一各州之后,这些机构仍继续发展,但都遇到了困难。直到20世纪初,部分私人机构开始得到公共补助基金,其中大部分的支持来自于自治政府。目的是为了从原本只由私人分配的慈善协助方式,慢慢转变为一项由公私立各部门共同协作和补助的方式。例如,在日间育儿园或庇护所的隔壁,通常都设置一个专司医药教育与协助母亲的中心,教导她们幼儿保育和降低婴幼儿死亡率的相关知识。所有这些先驱运动,在1925年一项名为《婴儿的保障与援助》的全国性法律通过后,达到了巅峰。这项法律是由全国妇幼组织(National Organization for Maternity and Infancy,以下简称为ONMI)所通过的,而全国妇幼组织的目的是在内政部督导下创立、扩大婴幼儿中心。

法西斯政权在1922年主导了整个意大利,但此政权仍撷取这个创新运动的优点,与私人慈善单位保持良好的关系。全国妇幼组织采用了当时十分流行的一种医药卫生模式于幼儿保育上,这个模式实践了法西斯对母亲这个角色的意识形态,同时也与当时法西斯人口增长政策密切相关。在1975年,罗萨林·萨尔兹参观了位于罗马的隶属全国妇幼组织的婴幼儿中心,随即发表了一番评论:

如果这些中心的心理气氛并不严苛,如果幼儿没有很明显地处在痛苦中,如果保育员能够理性地疼爱孩子,那么我们可以认定,这些婴幼儿在心理—社会层面可以得到适当发展。(Saltz,1976, p. 130)

虽然在20世纪60年代至70年代初期间发生了社会大动乱,除了意识形态的一些变化,长达50年之久的全国妇幼组织仍屹立不摇。1971年12月,在劳工团体以及妇女运动的强烈支持下,国家立法机关通过了设立新型的婴幼儿中心的法律条文。到了1975年12月,在意大利境内已有604个隶属全国妇幼组织的婴儿中心正式将其管辖权转移给各市镇当局(Lucchini,1980)。

在为家庭提供适当的支持与协助妇女进入职场的双重目标下，新的1971年法令（第1044条法令）规定为3岁以下的婴幼儿提供社会与教育服务，第1044条法令更进一步声明家庭有申请服务的权益与支付部分服务费用的责任，相对于纯粹由私人补助，协助则属于公共福利之一。在20世纪70年代至80年代之间，意大利妇女的就业机会增加，为婴幼儿提供的服务开始被视为是每个工作家庭应享有的权利。事实上，在婴幼儿服务发展较好的地区，不单单父母是这项服务的受惠者，幼儿也同时享有高品质的福利待遇（Mantovani，2001）。

第1044条法令使得意大利20个地方政府进行立法，同时也让地方政府建立标准和规定，筹集基金，设立并组织管理婴幼儿中心。由于不可避免地受到政策选择、对妇女角色的看法、财务资源以及行政效率等影响，婴幼儿中心在意大利各地区的发展也良莠不齐。同样地，对法令的释义和实施在各个自治市政府之间也有差异。例如，如何制定收费标准，如何在母亲就业、家庭收入和对大家庭的支持这几项标准当中决定优先权。截至1986年，总共设立了1904个婴幼儿中心，服务于99 000位儿童（大约占全意大利3岁以下幼儿的6%），比例最低的是在南意大利的坎潘尼亚（Campania）地区（0.7%），而比例最高的地区是艾米利亚·罗马格纳（20%），而在瑞吉欧·艾米利亚市（1970年在第1044条法令通过之前，当地便设立第一所婴幼儿中心），3岁以下接受服务的婴幼儿人数比例达到30%。在随后几十年间，一连串金融财政危机影响了欧洲经济，例如大量的预算赤字、失业率及日益衰退的经济增长率，已经让欧洲的经济尝到苦头。在儿童福利资金短缺之际，开始评估儿童服务，以及政府和机构对家庭提供支持政策等方面的充分性与可行性（Ghedini，2001）。

同样，意大利的预算危机使得3岁以下的婴幼儿服务需要重新评估。1983年底开始，婴幼儿服务不再属于"服务于公众利益"范畴，而是"服务于个性化需求"，且这部分费用由消费者自己支付（Fortunati，2007）。教育工作者与政策立法成员注意到，尽管研究一致认为品质好的幼儿保育对幼儿与家庭双方皆有利，然而最新的趋势则一再显示，幼儿教养的重担仍由母亲肩负，而这些母亲同时还要为家庭创收。虽然负责的政府部门仍在采取措施保障他们的婴幼儿中心（事实上，一些自治市镇仍然继续设立新的婴幼儿中心），但这样的讨论在社会转型之际至少引起人们对家长之间不同的需求与公共开支合理化之必要性的考量。就过去所累积的知识与经验,教育工作者与行政管理者开始寻找方法以提供新的服务方式。从20世纪80年代中期开始,特别是在塔斯坎尼(Tuscany)、隆巴地(Lombardy)、艾米利亚·罗马格纳(Emilia Romagna)以及安布利亚(Umbria)等地区,出现了两种创新的兼具灵活性和参与性的儿童服务措施:(1)儿童的空间(*spazio bambini*,即children's spaces),为18—36个月的儿童服务,每天最多5个小时;(2)亲子中心(*centriper bambini e genitori*,即parent-child programs),设计了父母和子女共同参与的亲子活动计划,或者让父母和子女在专业人士的协助下一起参与中心的活动(Musatti & Picchio,2010)。

瑞吉欧·艾米利亚的革新举措在1987年促成了一个公共部门和一个私营部门的合作。在20世纪90年代,家长组成了市集协会(Agora Association),自主管理市内的学龄前婴幼儿班级,这样的"自主附属服务"在城市中不断壮大(Piccinini & Giudici,本书第5章)。

幼儿园

服务对象为3—6岁儿童的当代幼儿园在19世纪便已根深蒂固。在1831年,阿伯特·菲伦特·阿波迪(Abbot Ferrante Aporti)在奎莫纳(Cremona)这个城市设立了一个专收2到6岁儿童的杰出机构,该机构极其重视教学,而且原有的游戏活动也被小男孩的手工艺活动及小女孩的家务活动所取代(Della Peruta,1980)。1867年之后,福禄贝尔幼稚园开始在各地产生影响。而20世纪初期,意大利的工业化加上带有革新政策色彩的社会党崛起,对职业妇女及幼儿教育的需求便成为当时关注的焦点。进步主义教育工作者也投入早期儿童教育行列。根据皮斯蒂洛(Pistillo,1989)的描述,1904年至1913年前后是早期儿童教育蓬勃发展的时期。在此期间,一项国家法律的制定推动了幼教师资培训学校的建立。修女罗莎(Rosa)与卡洛琳·阿加齐(Carolina Agazzi)发展出新的早期教育的理念与方法,蒙台梭利在罗马也创立了她的第一个儿童之家。

然而,当时的意大利教育部对早期儿童教育的成长并无直接的协助,加上学前教育机构的设立仍依赖私人捐款,早期儿童教育逐渐被罗马天主教会控制和垄断。1922年之后,法西斯政权解散了蒙台梭利早期儿童教育,只支持与教会垄断和掌控相容的学校改革,阿加齐(Agazzi)的教学方式深受罗马天主教会的青睐,因而被正式宣布为官方的正规的早期儿童教育方法。在1933年法西斯政权的全盛时期,超过60%的幼儿园都是由宗教团体所经营(Olmstead & Weikart,1994)。

战后,法西斯政权彻底垮台后几年,人们开始寻求改变。1945年至1946年间,也就是第二次世界大战刚结束时,人们想方设法、自力更生,政府也在进行重组。在同一时期,受到地方上强烈的传统改革的影响,自然地兴起由家长团体自行运作的学校,如马拉古齐(第2章)生动介绍的瑞吉欧·艾米利亚就是其中一例。

罗里斯·马拉古齐,公共早期儿童教育系统的创始人,1920年2月3日出生于意大利北部艾米利亚·罗马格纳地区的柯雷乔(Correggio)(甘第尼,2007年)。1923年,在他父亲担任瑞吉欧·艾米利亚铁路站长的时候,他随家人搬迁至附近的瑞吉欧·艾米利亚市。1944年他结婚并有了儿子安东尼奥(Antonio),安东尼奥后来成为一名建筑师。马拉古齐年轻时,意大利正处在二战时期,他先后在索罗格诺(Sologno)小学、亚平宁村(Apennines)小学(1939—1941)和瑞吉欧·艾米利亚的中学(1942—1947)任教。在此期间,他完成了乌尔比诺大学(University of Urbine)(1946)教育,并把精力投入到二战后刚刚兴起的由家长团体自行运作的幼儿学校中。在接受莱拉·甘第尼(第2章)采访时,马拉古齐讲述了他是如何获得信息并参与创建了位于瑞吉欧外部城镇的别墅内的第一所合作学校,进而推动了城市婴幼儿中心的发展和早期儿童教育系统的完善,直到他于1994年1月30日去世。

公共幼儿教育的诞生。到了20世纪50年代,在意大利,许多教育工作者与家长便已意识到迫切需要更多更好的早期儿童教育,他们也认清势力强大的基督教派民主党并无意改革意大利早期儿童教育的事实。此时,新的教育思想进入意大利,如来自法国新进步教育家的"受欢迎的学校"运动,以及塞莱斯坦·弗雷内(Celestin Freinet)与约翰·杜威等进步主义教育学者们的意大利文版作品也相继引进意大利。狂热的辩论使得民众下定决心全面改革当时的教育。1951年,"合作教育运动"(Movement of Cooperative Education,MCE)成立,这个由小学教师们所组成的团体,有目标地运用了弗雷内的应用技术,通过一个意大利风格的关键性辩论,他们达成了合作协议。合作教育运动的领导人——布鲁诺·恰利(Bruno Ciari)是一位受人拥戴的教育家,曾经受波伦亚(Bologna)左翼政府之邀,组织并指导他们的城市学校系统。事实上,在20世纪60年代至70年代,只有在左派政府所管辖的城市,才有进步的城市早期儿童教育系统的建立。那些城市中间派的基督教民主党占主导地位,天主教教会垄断早期儿童教育的现象较为普遍。

在恰利(1961)个人的著作以及在波伦亚地区教师组织的会议中,阐述了许多教育的新观点,正如其他参与合作教育运动的学者一样,他坚信正确的早教方式可以使社会迈向更为公平的境界,可以通过儿童早期教育实现其权利。其著作也因此成为经典之作。

精力充沛、热忱以及周全的关切使得幼儿教育在意大利起步。恰利对教育的探讨启发了人们,同时也帮助他自己形成许多主要的教育观点。马拉古齐(本书第2章)曾参与这些充满活力的探讨,也因此认识恰利并深受启发。马拉古齐回想时,说这位朋友是"早教领域内头脑最清醒、最具热情和敏锐才智的人"。恰利所在团体组织的信念是:教育应该释放出幼儿的活力与才能,进而促进幼儿在社会性、情感各方面的发展,让幼儿的批判思维与科学思维完整和谐地发展。恰利呼吁教育工作者要与家庭建立密切联系,并且鼓励教师、家长以及市民们参与委员会工作。他认为每个班级应该安排两位教师而不是一位教师,而且教师与职员之间应不分等级分工合作。他更认为孩子们在一天中的某些时段,应依照年龄开展分组活动,但在某些时段则应进行混龄活动。他认为每班幼儿的人数应不超过20人。除此之外,恰利也极注重教育中物质环境的创设(Ciari,1972)。

在1967年,由洛伦佐·米兰妮(Lorenzo Milani)和斯库拉·第·巴尔宾那(Scuola di Barbiana)(1967)出版了一本颇具震撼力的小册子《给老师的一封信》。这份册子充满激情而且义正词严,公开谴责公立学校系统存在不公平选择权与社会阶级歧视。由于它受到广泛的引用,因而在教育改革过程中成为一篇重要的宣言。1968年,学生运动爆发,学生占据大学校园并走上街头示威游行。在接下来的一年中,劳工团体也举行大规模的动员,发起罢工,要求与国家劳工协会进行协调谈判。妇女团体也大声疾呼要求更好的社会福利、学校以及儿童保育。这些团体经常联合起来上街游行,一致给政党以及政府当局施加压力(Corsaro & Emiliani, 1992)。

在1968到1977这10年间,许多重要的社会法律条文制定并通过。同期,有更多的妇女进入职场,使得妇女团体的诉求更为有力。其中重要的新法律如下:

1968年——政府补助的早期儿童教育的设立。

1971年——产假中妇女带薪条款(12周的带薪休假按照80%—100%支付,另外再休6个月的假期按照30%支付)。

1971年——政府资助的市婴幼儿中心设立。

1975年——新家庭法律颁布:保护妇女的权利。

1977年——男女工作平等权的确立(男女同工同酬)。

嬗变的社会,加上广受瞩目的法律条文修订完成,这些促使教育工作者的视野因回应早期儿童保育的崭新局面而拓展。在20世纪80年代中期之前,幼儿园数量增长迅速,而这几年则日趋缓慢。总之,1988至1989年,州政府(国立)、地方政府或私立学校为3到6岁儿童所提供的服务比例达到88.8%,1992至1993年则已达到92.7%(Becchi,1995),2001年达到98.1%(OECD,2006)。

尽管1968年的法令对3到6岁儿童提供免费教育服务的承诺大部分都已实现,但就整个意大利地区来看,幼儿服务工作与教师在职训练质量不均的现象仍然存在着(Corsaro & Emiliani, 1992;Olmstead & Weikart, 1994;Pistillo, 1989)。此外,所提供的教育品质也良莠不齐,许多地方政府因拥有优秀的教育系统而闻名,例如,瑞吉欧·艾米利亚,皮斯托亚(Pistoia),摩德纳(Modena),帕尔玛(Parma),米兰(Milano),波伦亚(Bologna),热那亚(Genova),特兰托(Trento)和圣米尼亚托(San Miniato)。一些以强有力的理念与方法为基础的私立学校,例如蒙特梭利(Montessori)学校或鲁朵夫·史坦纳(Rudolph Steiner)学校,都可称得上是优秀的学校。然而,高品质的早期儿童教育并不存在于大多数学校,也许是因为这些强大且充满活力的教学法与大众所熟悉的传统教学方法融合得不是很好(无论是以家庭情感培育为主的教育方法,还是普遍常见的小学教育方法)。

创新的趋势总是与传统的理念、方法并存,新理念的产生也引发了一番辩论。例如,结合1968年与1991年设立的优良早期儿童教育实践的国家标准(*Orientamenti*,即 Guidelines,1968;*Nuovi Orientamenti*,即 New Guidelines,1991;和 *Indicazioni*,即 Indications,2004),以及1974年以社区为主导的管理方式;残障儿童回归主流教育的逐渐发展以及来自于欧洲经济共同体国家以外的移民家庭与幼儿数量日益增加。近年来,目光的焦点已经转移到如何让州立的幼儿园系统确保持续的高质量、高水平。

20世纪80年代中期起,在相当长一段时间内,由于意大利政府机关的保守倾向使得与教育相关的新法律和政策举措难以实施,因而影响了儿童保健和教育(Fortunati,2007)。然而,尽管有这些障碍,教育工作者和公民一起努力,在意大利进步城市以及北部和中部地区的城市和区域,继续他们的教育实验和改革创新,以创建新的服务方案和质量评价方法,筹集教育服务费用的途径,以及推广和宣传来适应越来越复杂、多样的人口变化教育形式。

师资培训与专业发展。我们曾经描述过,大多数时间,教师的培训是教育工作者在幼儿园和婴幼儿中心通过传统的途径参加特定的高中课程学习。但早在20世纪80年代,许多教育工作者就已经超过这些最低要求并参加了大学的专业学习(Nigris,2007年)。1998年,意大利立法建立了新的幼儿教师标准。对幼儿教师的要求提升为:必须进行4年初等教育学培训并获得学位,该培训是面向幼儿园教师和小学教师的。1999年,意大利大学制度进行了改革,此改革与欧洲协议保持一致,其中一项是为期3年学习后达到学士学位水平(*laurea*,大致相当于北美学士学位),另一项为进行2年的研究生层次培训达到硕士学位水平(*aurea magistrale*,大致相当于北美硕士学位)。自2007年始,在所有其他级别教师编制的要求中,幼儿教师4年制的课程学习被延长至5年。在意大利的大部分地区,对婴幼儿教师资质的要求是要学习3年课程。大学课程的目标是提供多学科的研究,是与合作学校共同研讨,形成理论和实践相结合的教育方案(Nigris,2007)。摩德纳和瑞吉欧·艾米利亚大学(University of Modena and Reggio Emilia)就提供了这样一个独特的大学课程。

总之,这些最新的发展对那些在世界各地寻求和期望深入认识瑞吉欧幼儿教育工作的教育工作者来说,提供了许多了解瑞吉欧·艾米利亚并获得自身发展的机会。瑞吉欧教育工作者与市民通力合作所付出的承诺与毅力、研究与实验、更新与开创,通过经年琢磨的交流与记录的技巧,更加强了它的成果、强化了教育成效。现在就让我们来看看瑞吉欧的故事,以期了解其运用的方式、形成的影响与教育的可能性。

参考文献

Becchi, E. (Ed.). (1995). *Manuale della Scuola del Bambino dei 3 ai 6 anni* [Handbook for the school of the young child, 3 to 6 years of age]. Milan: Franco Angeli.

Bohlen, C. (1995, March 24). Tell these Italians communism doesn't work. *New York Times International*. Available at www.nytimes.com/1995/03/24/world/reggio-emilia-journal-tell-these-italians-communism-doesn-t-work.html.

Cambi, F., & Ulivieri, S. (1988). *Storia dell'infanzia nell'Italia liberale* [Childhood history in liberal Italy]. Florence: La Nuova Italia.

Ciari, B. (1961). *Le nuove tecniche didattiche* [The new teaching techniques]. Rome: Editori Riuniti.

Ciari, B. (1972). *La grande disadattata* [The great maladjusted]. Rome: Editori Riuniti.

Cooper, M. (2008). Anticipation and reflection of the exhibit. *Innovations in Early Education: The International Reggio Exchange*, 15(2), 14-20.

Corsaro, W. A., & Emiliani, F. (1992). Child care, early education, and children's peer culture inItaly. In M. E. Lamb, K. J. Sternberg, C. P. Hwang, & A. G. Broberg (Eds.), *Child care in context* (pp. 81-115). Hillsdale, NJ: Lawrence Erlbaum.

Della Peruta, F. (1980). Alle origini dell'assistenza alla prima infanzia in Italia [At the origins of early childhood assistance inItaly]. In L. Sala La Guardia & E. Lucchini (Eds.), *Asili nido in Italia* [Infant-toddler centers in Italy] (pp. 13-38). Milan: Marzorati.

Edwards, C. P. (1995). Democratic participation in a community of learners: Loris Malaguzzi's philosophy of education as relationship. Invited lecture, Nostalgia del Futuro, symposium honoring the contributions to education of Loris Malaguzzi. University of Milan, Italy. Available at http://digitalcommons.unl.edu/famconfacpub/15.

Edwards, C. P., and Rinaldi, C. (Eds.). (2009). *The diary of Laura: Perspectives on a Reggio Emilia diary*. St. Paul, MN: Redleaf Press.

Fortunati, A. (2007). Italy: Quality. Public policies. In R. S. New & M. Cochran (Eds.), *Early childhood education: An international encyclopedia*, Vol. 4: The countries (pp. 1122-1125, 1150-1154). Westport, CT: Praeger.

Gambetti, A. (2008). *The wonder of learning: The hundred languages of children*, a new exhibit from Reggio Emilia, Italy—North American version. *Innovations in Early Education: The International*

Reggio Exchange, 15(2), 1-13.

Gandini, L. (2007). Loris Malaguzzi. Biographical entry in R. S. New & M. Cochran (Eds.), Early childhood education: An international encyclopedia (Vol. 2, pp. 497-499). Westport, CT: Praeger.

Ghedini, P. (2001). Change in Italian national policy for children 0-3 years old and their families: Advocacy and responsibility. In L. Gandini & C. P. Edwards (Eds.), Bambini: The Italian approach to infant/toddler care (pp. 38-48). New York: Teachers College Press.

Lucchini, E. (1980). Nasce l'asilo nido di tipo nuovo [The birth of the new type of infanttoddler centers]. In L. SalaLa Guardia & E. Lucchini (Eds.), Asili nido in Italia [Infanttoddler centers in Italy] (pp. 191-286). Milan: Marzorati.

Mantovani, S. (2001). Infant-toddler centers inItaly today: Tradition and innovation. In L. Gandini & C. P. Edwards (Eds.), Bambini: The Italian approach to infant/toddler care (pp. 23-37). New York: Teachers College Press.

Mantovani, S. (2007). Italy: Pedagogy and curriculum. Infant/toddler care. In R. S. New & M. Cochran (Eds.), Early childhood education: An international encyclopedia, Vol. 4: The countries (pp. 1113-1118, 1137-1141). Westport, CT: Praeger.

Musatti, T., & Picchio, M. (2010). Early education inItaly: Research and practice. International Journal of Early Childhood Education, 42, 141-153. Available at www. springer link. com/content/124m17l73033nq10.

New, R. S. (2003). Reggio Emilia: New ways to think about schooling. Educational Leadership, 60(7), 34-38.

Nigris, E. (2007). Italy: Teacher training. In R. S. New & M. Cochran (Eds.), Early childhood education: An international encyclopedia, Vol. 4: The countries (pp. 1145-1150).

Westport, CT: Praeger. OECD Review Team for Italy. (2001). OECD country note: Early childhood education and care policy in Italy. Available at http://www. oecd. org/dataoecd/15/17/33915831. pdf.

Olmstead, P., & Weikart, D. P. (Eds.). (1994). Families speak: Early childhood care and education in 11 countries. Ypsilanti, MI: High/Scope Press.

Organization for Economic Cooperation and Development (OECD). (2006). Starting strong II. Early childhood education and care. Paris: OECD Publishing.

Pistillo, F. (1989). Preprimary education and care inItaly. In P. Olmstead & D. Weikart (Eds.), How nations serve young children: Profiles of child care and education in 14 countries (pp. 151-202). Ypsilanti, MI: High/Scope Press.

Putnam, R. D. (1993). *Making democracy work: Civic traditions in modern Italy*. Princeton, NJ: Princeton University Press.

Reggio Children. (1987/1996/2005). *The hundred languages of children: Narrative of the possible* (exhibit catalog). Reggio Emilia, Italy: Municipal Infant-Toddler Centers and Preschools of Reggio Emilia.

Reggio Children. (2010). *The infant-toddler centers and preschools of Reggio Emilia: Historical notes and general information*. Reggio Emilia, Italy: Municipal Infant-Toddler Centers and Preschools of Reggio Emilia.

Saltz, R. (1976). Infant day care Italian style. In M. L. Hanes, I. J. Gordon, & W. F. Breivogel (Eds.), *Update: The first ten years of life* (pp. 128 - 144). Gainesville: University of Florida Press.

Scuola di Barbiana. (1967). *Lettera a una Professoressa* [Letter to a teacher]. Florence: Libreria Editrice Fiorentina.

Vecchi, V. (2010). *Art and creativity in Reggio Emilia: Exploring the role and potential of ateliers in early childhood education*. New York: Routledge.

第 2 章
历史、理念与基本原则：
对话罗里斯·马拉古齐

莱拉·甘第尼

当我们听到这个消息的时候

值得庆幸的是我可以通过这些图像资料来回忆那个记忆犹新的时刻。当时这个消息传到我所在的城市，我有一丝困惑、不敢相信（因为在那个时候，信息传播的速度很慢，而且不太准确。在刚刚经历了战争的伤痛和一片狼藉后，我们的知觉已经变得麻木）。消息说维拉塞拉（Villa Cella）的人们要为幼儿建立一所学校。他们从被毁坏的房屋中清理出砖石，用来建造学校的墙壁。当时战争刚结束没几天，一切仍处于强烈的混乱之中。我向其他人确认这个消息是否真实，但没人能确定。那时我们没有电话，塞拉似乎从地图上消失了。

这个消息让我有些疑惑和震惊。以我这样一名小学教师的逻辑判断能力，还不足以搞清楚那时的情况。但我觉得：如果这个让人出乎意料的消息真的属实（我非常希望它是真的！），那就太棒了！……游击队员艾维涅·派特里尼（Avvenire Paterlini）建议我稍作等待，也许会有塞拉方面的人员出来证实这一切。最终却迟迟没有结果。

因此，我骑着自行车来到了维拉塞拉。在村庄外遇到了一位农民，他向我证实了这个消息并给我指了前方那个地方。那里堆满了沙石和砖块，有一个装满锤子、铲子和锄头的手推车。在一个用来遮阳的毛毯窗帘的后面，两名妇女正在敲去砖块上的泥灰。

消息是真的，事实就在眼前，就在这个明媚的春天里，就在这两个妇女不均匀却顽强的敲打声中。其中一个妇女抬起头看着我，显然从我的头发和棕色的低帮鞋能看得出我是一个来自城市的陌生人，她说："我们并不疯狂。如果你确实想知道我们在干嘛，请周末再过来吧，那时所有人都在这儿。是的，我们要一起建一所学校！"

我回到家，内心充满了快乐、但更多的是惊奇和神圣的感觉。我曾经是一名小学老师，教了5年，还在大学里工作过3年。也许是职业束缚了我的思想，现在我大脑里已有的模式都被颠覆了：一所学校的建造者可以是妇女、农场工人、工厂工人和农民。这些人不计报酬，没有借助教育部门和哪个政党提供的技术支持、建筑许可、现场指导和检查人员，就靠自己的力量，一砖一瓦地建造了这个学校。

虽然它是不完美的或是不合常理的，但它是真的，我喜欢！我很兴奋，它推翻了人们既定的逻辑和偏见，推翻了教育学的陈规和旧文化，迫使一切从头再来并打开了全新的思想视野。

原先我以为重新定义秩序是不可能的事情，经历战后的一切，党派斗争、解放运动、"五月之春（May spring）"，让我对这个观点有了新的认识，也对重新定义秩序有了希望。原先我甚至喜欢嘲笑马克思所说的"人类必须依照自己的爱好创造自己的历史"。

我强烈地感觉到塞拉的这些农民和工人的这些想法、直觉以及将项目付诸实践的勇气是一个令人敬畏的人性和文化创举。这一创举会引发其他非凡的事件。我们所需要做的就是沿着这条路继续走下去。

我十分快乐地从塞拉骑车返回。

这仅仅是维拉塞拉"人民婴幼儿中心"的开始。我有幸经历故事的其余部分,经历它遇到的困难,还有它的顽强和热情。我从这些有完整的想法、认为历史是可以改变的人身上学到了很多东西。改变历史首先要参与创造历史,创造历史的起点是改变儿童的命运。

> 罗里斯·马拉古齐转引自伦佐·巴拉宗尼(Renzo Barazzoni, 2000):
> 一砖一瓦:4月25日,人民幼儿园的历史
> 维拉塞拉,瑞吉欧·艾米利亚,意大利:瑞吉欧儿童(英文版)
> 第13—15页,经"瑞吉欧儿童"许可重印

历史背景

"那太好了!"他们对我说,"如果是这样的话,和我们一起工作吧!"①

一切似乎都令人难以置信:这个想法、这个学校、一张只有坦克、几辆卡车和几匹马的清单。居民向我解释:"我们利用晚上和星期天的时间来盖这所学校。这块地是一个农民捐的,砖块和横梁是从被炮火轰炸过的房屋内找出来的,沙子直接从河里挖。我们的工作全靠自愿,没有报酬。"

"那维持学校运转的费用从哪里来?"

居民尴尬了一会儿,说:"我们会有办法的。"妇女、男人、年轻人、所有的农民与工人,这些历经了多次战争恐惧的居民对这件事情非常认真。

8个月的时间里,随着学校的建造,我们彼此之间的友谊也随之形成。维拉塞拉的这一切点燃了第一个火花。后来在附近及较贫穷的地区也陆续建起了由家长们修建和管理的学校。战后几近废墟的城镇只剩下哀悼与贫困,想要在这样的条件下筹集建校的经费是一场严酷的考验。当时的牺牲、奉献与团结,在今天看来是无法想象的。在维拉塞拉附近的贫困地区还有类似的7所"坦克学校",它们是由当地的妇女在全国解放委员会的协助下建立的。我们认为这是大势所趋。虽然有些学校将无法生存下去,但大部分学校展现出了强大的生命力,持续发展了近20年。当了7年中学教师之后,我决定辞职,去幼儿学校。幼儿学校让我收获很多,不过当时州立学校继续沿用自己的课程标准,坚持以那些愚蠢和令人无法忍受的冷漠态度对待幼儿,而且只

会对当局逢迎谄媚、投机取巧,自作聪明地将包装好的成套知识塞给幼儿。在此情况下,我决定到罗马的国家研究中心(National Center for Research)研读心理学。后来我回到瑞吉欧·艾米利亚,在政府的资助下创办了一个心理健康中心,为有学习障碍的儿童提供服务。从那时候起,我就过着两种平行的生活:上午我在中心工作,下午及晚上我到那些由家长独立经营的学校上课。

小学校的教师们有特别强的动力。虽然他们曾在不同的天主教学校或私人学校受过训练,使得他们各不相同,但他们都有着丰富的想法和旺盛的精力。我和这些教师一起与幼儿共同学习,教学相长。但我们发现其中有很多幼儿的健康状况不佳、营养不良。我们也注意到这些孩子的家庭世世代代都说方言,所以标准的意大利语对他们而言如同外国语。我们转而向家长寻求帮助,却发现很难找到一种让所有人都能有效合作的方法,并非因为缺乏毅力,而是缺乏经验。我们正在打破传统模式,没有先例可循。

图2-1 维拉塞拉学校的一组孩子和教师,摄于1950年

开始与这些富有勇气的家长一起努力时,我们热情高涨,却也有所顾虑。因为我们知道自己的力量还很弱小且准备不足。对已有资源的评估并不难,难在如何增加资源,更难的是我们如何将这些资源用到幼儿身上。我们可以预见这个巨大的挑战,却不知道自己以及孩子们如何应对这个挑战。我们告

诉那些母亲,我们自己像孩子们一样有很多东西要学。其中一个简单而有启发的想法让我们豁然开朗,那就是:只有我们从儿童身上学习,才能了解他们,帮助他们成长。我们知道这么做有时候是对的,但有时候又不对。可是我们需要这样的信念与指导方针,它赋予我们力量,同时也是集体协作智慧的核心。以上都是为1963年第一个市立学校诞生所做的准备工作。

1963年,第一所市政府经营的幼儿学校

甘第尼:你能谈谈当时的情况吗?

马拉古齐:当时这所学校只有两个教室,能够容纳60位小朋友,我们把它命名为"鲁宾逊",是为了纪念英国作家笛福的小说里的英雄人物。1963年第一所幼儿学校的创建是一个非常重要的里程碑,也是意大利人民第一次表明自己有权利为孩子建立一所学校,这打破了天主教会对幼儿教育的垄断。对于一个正在深度复兴的社会,民众与家庭对社会福利与幼儿教育的需求与日俱增。他们需要的是一种新型的学校,这样的学校有着更好的品质,不再依赖慈善机构,也没有任何监视与歧视。这样的改革很有必要。

这是一个决定性的成就,虽然校舍只是市政府所提供的一间小木屋。事实上,当时很难招到足够多的孩子,因为当时市政府经营的学校对民众而言很新奇。3年后的某个晚上,学校发生了火灾。城里所有的人都跑了过去,市长也去了,我们只能站在旁边看着一切化为灰烬。我们投入全部心血,只用了一年的时间就用混凝土与砖块修建了新的学校。市民们早期修建学校的坚定决心与热情所打下的基础,如今已逐渐扩展为民众意识的一部分。这期间所发生的故事我将一一道来。

从那些家长经营的学校里,我们拥有了第一批专业教师。我们很清楚自己所肩负的责任。那么多双眼睛正看着我们(虽然并非每一双都是善意的),我们必须尽量少犯错,必须很快地找到属于我们自己的文化定位,让大家认识我们,信赖与尊重我们。我记得在几个月之后,我们为了推广自己而计划实施了一项非常成功的活动。我们将学校搬到镇上,一周一次。用卡车载着教师、幼儿和道具,到户外、广场、公园或在市立剧院的廊柱下举办教学活动和展览。孩子们很开心,看到的人们都很诧异,并向我们提出各种问题。

我们知道这种新形式不仅需要打破许多过去的教育传统，而且需要继续维持下去。我们从过去的经验中总结出值得继续坚持的理念：人性的温暖与互惠合作，幼儿与家庭在各种动机激励下利用不同资源合作完成一项任务的成就感，以及将不同的活动组合为一个整体的过程中，每个项目和决定都有重要价值。我们想表明：每一位幼儿都是主角，要维持他们强烈的好奇心。我们也尽可能地从幼儿身上、活动中和家庭中不断学习，我们从不墨守成规，随时准备改变自己的观点。

那是一个狂热的年代，我们不断尝试新的理念、方案，并频繁地调整。大家不但期望这些方案与尝试能够顺利地实施并产生成果，还要在符合幼儿与家长的期待的同时，反映出我们的实力。记得有一次我们全身心投入一个名为"鲁宾逊漂流记"的项目活动。我们与幼儿一起重新设计故事内容、角色和这位英雄的冒险过程。最开始，我们阅读并复述这个故事，然后重新设计了剧情，使用绘画、彩图、黏土、木工等不同技能，花了很长时间重建了船、岛屿、山洞及其他器具。重建后的场景十分壮观。

次年，已成为专家的我们进行另一个类似的项目——重建"木偶奇遇记"。几年后，我们又改变了方向。我曾经在卢梭研究院和日内瓦的皮亚杰幼儿学校学习过。受皮亚杰的启发，我们进行了有关数字、数学与感知觉的相关活动。不管是当时还是现在，我们都相信幼儿的数字、数量、分类、大小、形状、测量、转换、方位、守恒及变化、速度或空间等概念都不是被动接受或人为练习的结果，因为这些知识和概念会自然而然地出现在幼儿的日常生活、游戏、协商、思考及表达的种种经验中。在意大利，借鉴国外的理论是一个全新的挑战，但我们的创新已开始获得回报。这代表着一个实验性阶段的开始，这一阶段我们尝试学习并验证国外不同的心理学理论，广泛借鉴国外其他的理论成果和研究结论。

回顾一下过去的经验，那时我们没有可以明确参考的对象，期望过高且不协调，而且自我反省的能力也很弱。当时整个城市，甚至整个国家的政策、习俗、人们的需求与期望都在不断地改变。1954年，意大利开始有了电视；南部的人逐渐迁移至北部，使农村地区没落；由于新工作机会的增加，妇女逐渐打破传统束缚，产生新的愿望和追求。婴儿出生高峰改变了一切，引发了大众对社会服务的强烈需求，要求将子女送进婴幼儿中心也逐渐成为一种社会风气。

上述这些变化需要我们提出新的教育理念和策略,还有部分原因是市政府决定设立更多的学校,以满足家庭与幼儿们不断增长的需要。此外,妇女团体、教师、家长、市议会和学校委员会开始与市政府一起合作,共同为幼教发展贡献力量。

在民众强大的压力与抗争下,1967年,所有家长经营的学校全部由瑞吉欧·艾米利亚市政府收回管理。从1960到1968年,经过8年的努力,整个意大利开始设立公办的3~6岁幼儿学校。这是国家的责任,也是每个幼儿应该享有的权利。在国会的对抗中,支持非宗教性民间团体的人数已经超过了支持天主教派教育的人数。我们的城市是改革的先锋:1968年,政府提供12个班级,到了1970年有24个班,1972年有34个班,1973年有43个班,1974年有54个班,1980年有58个班,散布于22所不同的学校。

现在,意大利88%的3到6岁幼儿获得上学的权利。家长可从三种不同类型的学校中选择——国立、市立及私立学校。不管这些看似微小却意义重大的往事是发生在偏僻的乡下还是市郊,我们有必要记住它们,因为是它们激发出一个关注幼儿与家庭的示范性政策。

1976年,艰苦的一年,也是美好的一年

甘第尼:您提到幼儿教育实际上是为天主教会所垄断,那么天主教徒对大众所建立的学校又有何反应?

马拉古齐:1970年以后,情况就已经改变了。学校与社会服务无可避免地会纳入国家发展计划中,与之相关的文化辩论在当时也变得更活跃,更大众化。1963年,我们举办一个以游戏为主题的"意大利—捷克"研讨会,当时情况还不是这样。1968年也非如此,一次是当时我们赞助一个探讨精神病学、心理学与教育三者关系的专题会议,这样的组合被认为是危险的、无法理解的;另一次是我们召集了生物学家、神经学者、心理学家以及教育专家,开了一次有关幼儿用图像进行表达的会议,这个会议因太重视生物与神经学领域,以至于受到批评,原因是太过于强调唯物主义。

很长一段时间里,我们都是凭借着经验在前进。在意大利许多地区,经验已经成为很多教育工作者的出发点。当时教育事业已由修女修道院所垄

断,新一辈的年轻教师更是如此。1965年左右,有两位传奇人物加入了我们。第一位是诗人姜尼·罗大里(Gianni Rodari),这位诗人翻译了大量儿童故事,并把自己最著名的书——《幻想曲的语法》(Grammatica della Fantastica,1973)献给瑞吉欧·艾米利亚市的儿童。第二位朋友是布鲁诺·恰利(Bruno Ciari),在幼儿教育领域里,他可以说是一位最清醒、最具热情、敏锐与聪明才智的人。他们两位是我们最好的朋友。1971年,我们怀着勇气策划了一个全国性的教师会议,计划有200位教师参会,结果却涌入了900位教师。这真是出人意料,激动人心!会后我们出版了第一部以幼教为主题的作品——《新式幼儿学校的经验》(Esperienzeper Una Nuova Scuoladell'Infanzia,Malaguzzi,1971a)。几个月之后,我们又出版另外一部作品——《社区式经营的幼儿园》(La Gestione Socialenella Scuoladell'Infanzia,Malaguzzi,1971b)。这两部作品对瑞吉欧·艾米利亚市与摩德纳市(我也曾在该处担任过顾问)的教师们所有的理念和经验进行了总结。

　　1972年,整个市议会,包括少数天主教人士一起投票,通过了我们所起草的幼儿学校管理条例。多年来我们都没有得到官方的认可,经过长达10年的艰苦争取后,我们终于获得了合法地位。我们在每一所学校都举行了庆祝活动。

　　1975年,我受邀为一个艾米利亚·罗马格纳地方政府举办的会议的主讲人,该会议的主题为"幼儿的权利"。此次会议是一个非常难得的机会。我刚从卢梭协会和位于日内瓦的皮亚杰幼儿学校回来,前文也提到,我在皮亚杰理论的启发下设计了一系列的计划。这些计划在会后不久便开始实施。

　　1976年是出乎意料艰难的一年。11月,意大利政府通过官方的广播电台为天主教会说话,开始抨击市立幼儿学校,尤其针对我们的学校。谴责我们的教育模式阻碍幼儿的发展,并给私立学校和教会学校造成困扰。经过7天的猛烈批判,我们觉得必须予以反击。我决定先暂停教师们日常教学活动,并邀请当地的神职人员到我们的学校进行公开辩论。这次公开辩论持续了5个月。随着时间的推移,之前严苛的反对声浪逐渐变得温和与诚恳。辩论中产生的想法使得双方开始朝着互惠的方向发展。这个危机结束后,苦恼也随之消失,而我们深信双方都已感受到矛盾消除的快乐,剩下的是充实与人性的光辉。

从历史的角度回顾这个事件，我们可以看到这次事件的根源在于一些天主教会的官员无法接受他们在教育管理方面的专有权力受到挑战。同时他们也面临一些其他的问题，如：越来越少的人选择从事宗教类职业，从而更多的人选择去世俗的学校当老师，这使得维持教会学校的成本增加。另外，因为意大利宪法禁止动用政府经费资助教会学校，所以教会想通过这样的方式来尝试获得地方政府的财政支持（之后的确也获得了补助）。

我个人认为，我们遭到攻击的另一个原因是我们的幼教经验所带来的文化影响力正快速地扩大。我们的成果、研讨会和出版物已经使我们的市立公办学校享誉全国。国立幼儿学校仍然存在，却增长缓慢，并受到中央政府的严格控制。教会学校的不足日益显现，却很少有学校能够在这种古老而又过时的教育模式中有所突破，我们的学校在此情况下宛如一道耀眼的光芒。

我们得到了政府机构的关注。国家教学中心（National Teaching Center）开始与我们合作，并且邀请我去参加他们的会议。至今我们仍保持着合作。另外，一个重要的出版公司委托我指导一本新的杂志《零到六岁》（Zerosei，1976—1984），之后改名《儿童》（Bambini，1985 年至今）。这本期刊主要针对幼儿教育工作者。目前我仍然参与指导工作。

1976 年的痛苦经历最终有一个美好的结局。这次经历使我们更加茁壮，更了解我们所建立的一切，同时也让我们渴望能更加长久地持续下去。20 世纪 80 年代，我们带着第一个展览——"当双眼越过高墙"，乘飞机前往瑞典。此后，我们的足迹遍布全球。

终身的职业

甘第尼：您似乎决定为幼儿教育奉献终身。您何时做了这个决定？

马拉古齐：以前别人问过这个问题，不想回答的时候我可能会说："你不问，我还知道答案，你一问我，我就不知道怎么回答了。"有些选择是在做出决定的那一刻，你才会有清晰的体会。然而，有些选择是慢慢进入你的内心，一点一滴显现出来的。一些细微事件与想法的混合，渐渐在你的内心发芽、成长。我做出这个决定的情况属于后者。任何一个在第二次世界大战或任何战争中经历过悲惨而又荒谬生活的人，都会想从事教育事业，并想要通过教育来帮助人们创造全新的生活和工作。战争终于结束了,当我们的生活中又重新出现了与战争时期类似的破坏性的暴力时,从事教育的愿望会再一次进入你的内心。

我不是很确定,但是我认为那是我投身幼教的一个起点。战争刚结束时,我的内心有一种想与儿童、大人、老兵、游击队员,以及所有在毁灭世界中受过煎熬的人在一起的感觉。在春季的某一天,当我意识到我们可以让未来变得比现在更加美好,所有的障碍都可以被我们一往无前的勇气所克服,全部的挣扎都烟消云散了。

这次强烈的体验源自于多种情感的交织、各种知识的相互作用,以及一种我还未察觉的足以创造未来的价值观。从那时开始,我不断重新评估我的位置,使自己一直留在幼教领域里。对我当初的选择,以及为此所付出的代价,我从未后悔。

甘第尼:当您回忆起这些项目时,您有什么感想?您如何看待这些经验?

马拉古齐:不得不承认,靠着那辆军用坦克、6匹马、3辆卡车建立一所幼儿学校,是一个伟大的创举。当时我们想,只要学校能生存下来并维持运转就够了。历史证明,如此微小的期待,却诞生了一种新的教育模式。

我们之所以要继续回顾这些了不起的创举,是因为我们仍然试着去理解从一开始以来便一直陪伴我们成长的直觉、想法和感觉。这些就如同杜威所说的"心智基础"(foundation of the mind),或是维果斯基所谓的"意识的负载"(the loan of consciousness)。我们常常会想起这些东西,特别是在我们必须做出艰难的抉择,或克服某些障碍的时候。事实上,这一创举给战争后人们的觉醒带来的第一个哲学启示是:平凡的人也要活得有尊严并知道生活的意义和价值;能够在理智和目标的指引下做出选择;对人类的未来抱有希望。

实事求是地讲,这一创举也带来了一些其他的东西。关心幼儿成长的父母提出了一些自己的要求。他们想要让自己的孩子在靠他们的双手建立起来的这所与众不同的学校里,能接受跟以前不一样的教育。母亲的这个愿望尤其强烈。这个很简单:假如幼儿有合法的权利,他们便应该获得发展才智的机会,为成功做好准备。这是家长的共同愿望,是扫清幼儿潜能发展障碍的宣言，同时提醒我们应当认真对待幼儿教育并坚信它的价值。这三个概念符合任何一本好的教育书籍的主张，对我们来说也很适合。这些来自家长的理念也能与所有懂得其深层含意的人分享。我们的努力可以持续这么多年，原因就在于这种集体协作的智慧。

理　念

灵感的来源

甘第尼：您的教育观受到哪些理论与学说的影响？

马拉古齐：当有人问到我们如何开始、从哪里来、启发我们的灵感是什么等等问题时，我们会列出一长串的人名。我们开始的实践微不足道同时又意义非凡。我们从一开始便从经验中总结出一些理论性的原则，这些原则一直指导着我们的实践。我们对此乐此不疲，却始终保持怀疑的态度。令人感到奇怪（但很正常）的是，大家认为教育想法与实践都应该来自既定的理论和已有的模式。其实这个想法是可以改变的。

然而必须说明的是，我们的经验产生于一个复杂的文化背景里。在特定的历史阶段，我们受到各种学说、政治观念、经济力量、科学革命及人类社会波澜起伏的影响，为了生存，我们一直在与这些力量博弈。因此，我们必须不断地挣扎并随时修正我们的方向。目前为止，我们还没有做出什么可耻的妥协或违背诚信的事。对教学法而言，不要墨守成规，而应该意识到理论的作用具有相对性，且很难与实践联系起来。皮亚杰已警告我们：教育方法的失败源于科学数据与社会应用两者关系的失衡。

说实话，我们并没有做好准备。我们寻求相关书籍；我们四处奔走，企图从其他城市凤毛麟角的珍贵经验中寻找灵感和建议；我们和其他朋友及全国教育领域中最活跃、最具创新精神的代表人物共同研讨；我们尝试各种实验；我们开始与瑞士、法国等地的同事们分享彼此的经验。第一个团体（瑞士）主张积极性教育和皮亚杰理论。而第二个团体（法国）深受弗雷内的合作性教育理念的影响。弗雷内教学法认为学生应该分组合作学习，并鼓励学生从错误中获得学习。他们的教育方式很特别：这个法国学校每隔三年便搬迁至另一个新的地点，将当地陈旧、废弃的农舍重新整修为校舍，以校舍的整修作为

图 2-2　孩子们和教师把幼儿园搬到公共广场上,让市民们观摩

对儿童最基本的教育。逐渐地,通过各种努力,我们的教育理念就这样形成了体系。

20世纪60年代的幼儿教育

甘第尼:大家都知道在20世纪60年代,意大利对幼教有了新的认识,能否介绍一下当时的文化背景?

马拉古齐:60年代,幼儿教育是政治辩论的重点。幼儿教育的需求是毋庸置疑的,最主要的争论在于学校是否应被纳入社会服务之中,其次是关于如何教育的问题。事实上,意大利的整个教育系统已经远远落后于其他国家。20年的法西斯统治使得社会科学的研究受到压抑,也使得欧洲其他国家与美国的理论和经验也被排除在外。但从60年代开始,约翰·杜威、瓦隆(Henri Wallon)、夏帕赖得(Edward Chaparede)、德克罗利(Ovide Decroly)、安通·马卡连柯(Anton Makareko)、维果斯基,以及后来的埃里克森(Erik Erikson)与布朗芬布伦纳(Urie Bronfenbrenner)等人的理论逐渐在意大利传播。另外,我们也阅读皮埃尔·波维特(Pierre Bovet)与费列尔(Adolfe Ferriere)所著的《新教育》(The New Education)以及学习法国弗雷内

（Celestine Freinet）的教学法、纽约的达顿学校（Dalton School）中所实施的"进步主义"教育实验和皮亚杰等人在瑞士日内瓦所进行的研究。

这些著作所传达的理念引导着我们的抉择；而我们的决心又成为推动我们实践的动力。我们要避免像先前一样，因为左派的政治理论家对于教育内容与方法之间关系的辩论，而使得教育停滞了十多年。这种辩论对我们毫无意义，因为它并没有考虑"差异性"是社会固有的组成部分，也忽视了积极的教育本身就意味着内容与方法的内在统一。随着家庭、幼儿、教师三者逐渐参与到项目中来，由此所带来的多元化意识增强了我们对积极性教育所持的信念。这种意识也使我们更尊重其他人不同的政治立场，摆脱了以往的狭隘与偏见。

回顾过去，我们对多元化的尊重，有利于我们自主设计教育方案，同时也帮助我们抵御反对的压力。

20世纪初以来，传统的意大利教育受到了阿加齐以及蒙台梭利这两位重量级人物的影响。一开始蒙台梭利备受推崇，但在后来的法西斯政权中，由于"蒙氏教学法"采取科学化的教育取向而被排挤；阿加齐的教学法则因为比较接近天主教派对幼儿所持的观点而被采用。我一直认为我们应该反省并超越蒙台梭利与阿加齐的理念。

当时的罗马天主教会几乎垄断了婴幼儿中心，但他们更多的是为贫困家庭的幼儿提供照看服务，很少回应社会及文化变迁对教育提出的要求。一间教室通常容纳了40到50位幼儿，由一名没有文凭也没有薪水的修女负责照看。以下的统计数据可以说明当时的情况：在1960年，大约只有1/3的幼儿接受婴幼儿中心照看，当时22 917位教师中的20 330位是修女。

更多灵感的来源

甘第尼：您已经提到一些早期影响你们的因素，是否还有一些想法与观念对你们也起到了重要作用？

马拉古齐：70年代，我们听到了另外一批学者的声音，其中包括威尔福瑞德·卡尔（Wilfred Carr）、大卫·谢弗（David Shaffer）、肯尼斯·凯耶（Kenneth Kaye）、杰罗姆·凯根（Jerome Kagan），以及霍华德·加德纳（Howard

Gardner）等心理学者；哲学家大卫·霍金斯（David Hawkins）、理论学者莫斯科维奇（Serge Moscovici）、查尔斯·莫里斯（Charles Morris）、格莱戈雷·贝特森（Gregory Bateson）、亨兹·芬·福尔斯特（Heinz Von Foerster），以及弗兰西斯科·维埃拉（Francisco Varela）等人，此外还包括一些在动力神经科学领域工作的学者。这些人的理论启发了好几代人，并一直是我们做决定时的重要参考。我们从这些资源里选出一些能持续很久的和不能持续太久的理念作为讨论的主题，去探寻哪些理念与社会变迁相符或相悖，以此来激励我们肯定自己的价值，扩大实践。总之，我们的体系海纳百川，博采众家之言。

我们不能只在教育文献中谈教育（包括幼儿教育）。还要从政治的层面，不断强调经济、科技、艺术、人际关系和风俗等主要的社会变迁或转型对教育产生的影响。这些更高层面的因素对人类（甚至幼儿）如何看待并处理现实生活问题产生巨大影响。而且不管在全国还是在地方，这些因素都决定了教育的内容与实践方法革新中出现的新方法，以及在探索教育灵魂过程中出现的新问题。

为幼儿提供受教育机会

甘第尼：4个月到3岁幼儿的集体养育在意大利发展得十分成功。这类婴幼儿保育工作在瑞吉欧·艾米利亚是如何开始的？

马拉古齐：1971年，关于设立幼儿服务机构的全国性法令获得通过。在此前一年，瑞吉欧·艾米利亚就已经成立第一个为3岁以下幼儿提供服务的婴幼儿中心。这项法令是意大利妇女在经过十年奋战后获得的成果。婴幼儿中心的成立使得妇女们在养育孩子与参加工作之间找到了平衡，也使得幼儿能够在核心家庭中顺利成长。

婴幼儿中心的支持者，必须面对由鲍尔比（John Bowlby）和斯皮茨（Rene Spitz）两人著作中所引发的激烈辩论。他们在第二次世界大战之后，研究了母亲与幼儿分离对幼儿导致的伤害。另外，他们也必须面对来自天主教会的反对，教会人士担心家庭成员的分离会导致一系列的危机与问题。这是一个非常复杂的问题。虽然我们对3—6岁幼儿的教育经验可以作为有用的参考，但却不是完整的答案。我们认为3岁以下的孩子需要的不仅仅是看护，还需要具有专业教育方法和养育知识的教育者精心设计教育环境,给他们提供适合其发展水平的教育。

我们有许多的担忧,而这些担忧是合理的,它们有助于我们成长,让我们用谨慎的态度与年轻的教师及家长一起共事。家长与教师也学会了更加温和地去处理幼儿所面对的一个重要转折——从家庭环境中对父母的依恋转变为学校环境中对其他大人的依恋。

事情进行得比预料中顺利,我们很幸运地拥有一位优秀的建筑师为我们规划第一个婴幼儿中心的环境。幼儿以超过我们预期的速度很快便知道,在婴幼儿中心跟在家里一样舒适和愉快。在这两个地方,他们能够表现出先前被忽视的渴望:想要跟同伴一起成长、想要获得控制感、被理解、体验惊讶、与他人形成情感联接、在嬉戏中赶走不安和恐惧。

对我们、幼儿与家庭来说,我们一起创造了婴幼儿中心和幼儿园这样一个大家可以长时间生活在一起的环境。这是一段 5 到 6 年相互合作,彼此受益的时间。这段时间对我们弥足珍贵,它能发掘教育工作者、幼儿与家长三者之间产生相互协作的潜能。

今天,瑞吉欧·艾米利亚市有 40% 的适龄儿童在我们的市立婴幼儿中心接受服务。倘若有足够的空间,这一比例可以再增加 10% 到 20%。我们从这些经验中学到什么呢? 20 年来的工作已使我们深信,即使再年幼的孩子也是一个社会人。个体的社会性是遗传的,一生下来就倾向于跟父母及其他的照顾者产生重要的关系(当然,父母并没有因此丧失他们特别的责任与特权)。

幼儿在与同伴的互动游戏中所获得的最明显的好处就是体验到了团体经验。这种体验对孩子诸多方面发展都有积极的潜在作用,但这种作用还没得到应有的重视。因此,我们同意美国心理学家,如艾伦·霍克(Ellen Hock)、布朗芬布伦纳(Urie Bronfenbrenner)的观点,他们认为一个母亲是家庭主妇还是职业妇女并不重要,重要的是她是否能从自己的选择中,从家庭、幼儿中心或者周围文化中获得支持并感受到自我实现的满足。亲子关系的品质比相处时间的长短更为重要。

基本原则

教育选择与组织结构

甘第尼：在你们的幼儿学校里，什么样的组织结构能让您去实现创新的想法？

马拉古齐：我们把幼儿园看作一个完整的生命有机体，是一个成人与幼儿可以彼此建立关系和分享生活的地方。学校在运转过程中持续不断地调整自己的结构。我们必须根据这个有机体的发展变化，随时调整组织结构。好比海盗船必须在航行的同时，修理好他们坏了的船帆。

将学校的生活体系扩大至家庭的生活圈，让家庭知道学校在做什么并参与进来，这对我们一直都很重要。而且我们还将学校教育系统扩展至整个城市。城市有其自己的发展模式、机构组织，我们也要求城市承认并重视儿童特有的基本权利。

创造一个充满爱的学校是可能的吗？

甘第尼：参观你的学校会有一种发现与宁静的感觉，是什么因素可以营造出这样的气氛与充满乐观、积极的状态？

马拉古齐：我们的学校在做一种尝试，那就是将组织与环境融入整个教育课程中，使得这些元素之间相互依赖和互动，从而产生最大的活力。我们的学校就像是永不懈怠、充满活力的有机体，它有很多困难、争议、欢乐，也有处理外在干扰的能力。重要的是对学校的发展方向有高度共识，并克服各种不利因素。我们一直追求的目标，是创造一个和谐的环境，在此环境中的每一位幼儿、每个家庭及教师们都感到自由和快乐。

先从环境说起。我们入口处有一个大厅，在那里通告、记录以及介绍有关学校的整个结构和组织形式。往里走是一个餐厅，可以很清楚地看见厨房。从大厅继续往里走是一个学校的中心地区，一个广场，这里是孩子们相互交流、形成友谊、进行游戏和其他活动的场所，一定程度上起到了教室的作用。真正的教室与其他活动室与广场有一段距离，但也都相互连通。

采用皮亚杰为数不多的关于环境设置的建议，我们将每间教室分隔成两个紧邻的空间。幼儿既可以独处,也可以与老师在一起。但是我们却让这两个空间能有更多的用途。除了教室的空间以外,我们设立了"工作室",也就是学校的操作教室和实验室。幼儿在那里可以运用单一或连贯的视觉材料,独自分开或结合文字叙述来进行操作或实验;另外在每一间教室的旁边都设立一个"小型工作室"(mini-atelier),可以让幼儿做一些项目的拓展活动。我们也有音乐教室和材料室,在那里放置由教师和家长所制作的大小、形状不一的材料。校园内所有的墙壁都是幼儿和教师们的作品临时或永久性的展示空间:我们的墙壁是会"说话"与"记录"的。

图2-3 儿童在一起学习对于早期读写能力的发展有积极的意义,图中的儿童在打字的时候试图同时也将字母读出来

每个教室配有两名教师,用协作教学的方式上课,并与其他的同事或家长共同制订教学计划。学校的所有教职员工一星期开会一次,互相讨论和丰富他们的想法,同时也一起接受在职训练。我们有一个协同教学研究小组,负责联络学校各成员之间的相互关系并将大家的想法汇总。家长可以通过个别会议、团体会议或校务会议与其他家长或教师进行交流。每所学校都有家长咨询委员会,每月开会2到3次。除此之外,整个城市、郊区以及附近的山区都可以作为额外的教学场所。

因此,我们把这些场所、角色和功能整合为一个机制,它们各自有各自进行的时间表,通过这一整合机制便可以相互交流,产生更多的想法与行动。整个合作的体系是为老师,但更重要的是为孩子创设的,目的在于能够让他们在这个真实而又充满活力的学校里体验到归属感。

以相互关系为基础的教育

甘第尼:您如何建立并维持学校这个相互协作的体系?

马拉古齐:在我们的系统中,最基本和最核心的是幼儿,但仅仅这样还不够。我们也认为教师与家庭在幼儿教育上扮演重要的角色。因此,我们将幼儿、教师和家庭作为协作体系的三个重要组成部分。

我们的目标是建立一所温馨的学校。幼儿、教师和家长在学校感觉就像在家里一样。这样一个学校对教学过程、动机和兴趣都会进行缜密的思考与计划,这些计划也必须包括一系列使得这三个核心要素相互关联、彼此强化的方法,并保证全部的注意力都放在教育问题上,同时还要激励更多的参与和研究。上述有效方法能够让幼儿、教师以及家长三者更团结协作并了解彼此的贡献。这也能够让所有成员在良好的合作中产生更高水平的成果。

任何一个人要开始一个行动项目,都需要考虑如何将目前的情况转变成理想的状态,我们的取向也是如此。开始的时候,我们对认知、情感及抽象符号等相关的领域进行了计划和反思,我们改进了沟通技巧,保持开放心态的同时主动与其他的参与者一起进行探索和创造。虽然我们一直有共同的目标,但最有价值的那一部分仍是在人际互动中所获得的满足感。

即使我们心目中的体系结构(以幼儿、教师和家长为中心)存在缺点和困难,且参与程度也不尽相同,但学校对大家所关心的事务提供了一种积极接纳的气氛。因为一直保持开放与民主的风格,鼓励彼此交流想法,学校也因此变得更加兼容并蓄。

疏离、冷漠和暴力愈来愈成为现今社会的一部分,这些东西与我们的教育取向相违背,也更坚定我们前进的决心。所有的家庭都有相同的感觉,即现代社会中人们相互的疏离成为我们更加渴望敞开心扉的理由。

上述现代社会的特征促使我们建构一种以关系和参与为基础的教育。在实践中,我们必须维护并不断创造新的交流网络。我们与家长开会,共同讨论课程内容,并要求家长与我们一起组织活动、布置场景、开展迎新活动。我们将所有幼儿和全部教师的地址、电话制作成通讯录分发给每一位幼儿,鼓励他们相互拜访,在家里准备点心接待客人,或参观幼儿家长的工作场所。我们也与家长组织体育活动,比如游泳或体操,与家长同心协力制作家具和玩具,一起讨论学习方案和研究项目,也在学校共同举办餐会或其他庆祝活动。

与家长共同合作的教育取向体现了我们的哲学理念与基本价值观,具体包括:互动与建构的取向、强调人际关系、注重合作精神,以及个人与团队在研究过程中付出的努力。我们非常鼓励个体在不同的情境中,通过社交互动发展认知能力并建立情感的联接。在学习双向沟通的过程中,我们学习有关婴幼儿的政策,促进幼儿与家长之间相互适应,并帮助父母提高教育水平。我们不认为幼儿完全是自我中心的,也反对只重视认知发展和物质环境的创设,而低估和轻视幼儿的感觉和情绪的教育价值。

关系与学习

甘第尼:你刚才说到幼儿在各种情境中与其他人建立丰富的关系,以此来获得学习经验,请问您是从什么角度来看这个问题的?

马拉古齐:在我看来,在积极的教育过程中,建立关系和学习是同时发生的。两者在幼儿的技能和期望、成人的专业能力,以及更广泛地整个教育过程中合为一体。

我们必须在实施中体现这一点,需要在某些复杂和决定性的方面反映出这种一致性:幼儿的学习并不会在教师教授后自动发生,而大部分是由于幼儿自己参与活动并利用自己的资源主动动手操作的结果。

我们必须考虑到幼儿入学前自己独立建构的知识与技能,这类的知识基础并不是维果斯基所讲的"史前知识"(prehistory,仿佛是完全独立的经验),而是幼儿社会发展过程中的一个阶段。在任何一个情境下,幼儿自己会自然而然地提出问题或形成思考的方法或感觉的策略。无论在什么地方,幼儿在知识学习与理解的建构中都扮演主动、积极的角色。正如心理学家尼尔森·古德曼(Nelson Goodman)所说,学习知识是一种令人满足的经验,理解事物背后的原理能让人体验到欲望、发现剧情和征服的快感。因此在许多情况下,幼儿面对挑战时能够自己找到通往理解的道路。一旦幼儿在成人的帮助下成为作者或发明家,体验到探索的快乐,他们的动机及兴趣便得以激发。他们期待发现事物的不同并体验到惊喜。作为教育工作者,我们必须理解幼儿对未知事物的不安,我们也一样(除非新奇感和困惑感已经逐渐淡化或消逝)。这个年龄阶段的幼儿的特征便是对未知充满了好奇,这种好奇会随着年龄减弱。如果这一阶段的好奇被压制,则在后续的发展中很难再将其唤醒。

但是,对幼儿的称赞并非希望回到70年代的天真行为,当时我们认为幼儿在建构活动中以及与成人互动过程中扮演主动的角色,这一观点使得成人的地位被严重忽视。我们也不是要过分夸大幼儿在互动中的价值。事实上,互动的双向性是一个很难忽视的原则。我们把这种互动想象成羽毛球运动(您是否记得在《创造性思维》(Productive Thinking, 1945)一书中,伟大的"格式塔"心理学家韦特海墨(Max Wertheimer)完美地叙述了两个男孩之间的羽毛球赛)。为了运动能持续到下午,成人与幼儿的互动技巧需要做适当的调整,才能帮助幼儿在技巧的学习中成长。

所有的因素都提醒着我们,我们与幼儿相处的方式将影响到幼儿的学习动机与所学到的事物。我们必须精心为幼儿设计环境以实现认知领域与社会关系、情感领域之间的协调发展。因此发展与学习之间、各种不同的符号语言之间、想法与行动之间、个体与人际间的自主性都必须相结合。应该从具体情境中、从沟通过程中以及幼儿之间或幼儿与成人之间建构更大范围的互惠体系中去评估关系的价值。

然而,成功的关键在于选择清晰而开放的理论,这些理论能够指导我们做出决策和实践应用、有助于我们的专业成长。

扩大沟通联络网

甘第尼:您已经很详细地介绍了各类关系在你们的教育取向中的重要地位,你们的取向只以关系为基础吗?

马拉古齐:当然不是,在我们的体系中关系主要是用来结合不同的组成部分,但是"关系"不应只被理解为一个温暖的外壳,而是一个在共同目标的引导下,让不同力量与元素相互联结的动态系统。我们整个体系的力量在于我们明确地设定了关系与互动产生的必要条件,并加以强化,我们支持社会交往,因为它使得儿童在认知、情感和表达领域里所有相关的期望、冲突、合作及所凸显的问题都能表现出来。

我们的教育目标是通过来自同伴和成人的尊重,来强化每一位幼儿的集体认同感,而集体认同感可以使幼儿在学校活动中充分地感受到归属感和自信心。我们通过这种方式帮助幼儿去建立更广泛的交流网络,理解并欣赏不同层面与情境中交流所使用的语言。由此幼儿发现了沟通是如何强化个人与团体的自主能力的。通过意见的交流和对话,团队形成了一个特殊的实体,这个实体有自己独特的思维方法、交流途径和行动方式。

以关系为基础的教学取向能最好地表现出教室是如何由独立个体、小团体加上不同的同质性关系和技巧的同盟所组成的。社交图景千变万化,我们特别留意那些很少与他人沟通的幼儿。教师作为参与式的观察者,通过问问题、发起面对面交流、重新定向活动、修正与特定幼儿的活动强度和方法,来对他们看到的幼儿行为进行回应。2—4名幼儿参与的小组活动,能够最大程度地保证交流的积极性与沟通效率。对以"关系"为基础的教育而言,这种小组是最理想的活动组织模式。它有助于产生积极的思维碰撞,促进幼儿进一步探究,并对先前谈到的与幼儿自我调节的适应能力相关的活动有所帮助。

也许从系统的角度能帮助我们分析"关系"所扮演的角色。关系在我们学校里既表现出现实的一面,但同时也具有抽象的属性。在这个系统内,每一个人与其他人之间有一个正式的角色关系。成人与幼儿的角色相辅相成:互相提问、倾听、回答彼此的问题。

这些关系所产生的结果,是让学校中每一位幼儿在通过彼此交流和具体的经验学习上,拥有特别的优势。关系体系的内部及其本身实质上已经具备了教育的能力。它并不是一个为幼儿提供安全感的大毛毯(D. W. Winnicott 所谓的"暂时性的东西"),也不是载着幼儿们到奇幻世界旅行的飞毯。这个体系应该是永久存在于教育现场,在活动过程变得越发困难时,我们对该体系的需求越大。

成功建立关系需要什么条件

甘第尼:你在谈到课程时我想到了很多问题,其中有一个问题是,你们如何成功地发起并维持家庭的高度参与？

马拉古齐:这是我们经常会被问到的问题。让我先不谈什么哲学、社会学及伦理学。家庭参与需要许多事情的配合,其中最重要是需要教师们不断地协调。教师必须对现有的状态保持质疑,提高对家长需求的敏感性,掌握研究的过程,不断更新关于幼儿的知识,对父母角色进行全面的评估,学会与家长进行谈话,倾听家长并向他们学习。

要满足这些要求,教师需要对自己的教学不断提出疑问,他们必须摒弃那种隔离和沉默的工作模式,找出一些方法来记录幼儿在学校的成长经历。教师需要给家长持续提供高品质的幼儿表现信息。这些信息对教师和幼儿都很重要。我们相信,这种持续记录给家长提供的信息可以帮助他们调整自己对孩子的期望。让他们重新审视自己关于养育孩子的一些看法,以及对孩子生活经验的观点,并以一个全新的、更具好奇心的方式来看待整个学校。

对幼儿来说,大量的档案记录如同再次创造了同样令人感到愉快的情境。当幼儿对过去的经验进行回顾的时候,他们变得更好奇、更感兴趣、更有信心。他们知道自己的父母亲在学校会感觉像在家里,与教师相处时会感到自在,也知道已经发生或即将发生的事情。当幼儿欣然接受家长对他们说"今天晚上,我要去学校和老师谈一谈"或"我要去参加学校咨询会",或当家长协助筹备学校远足和庆祝活动时,我们知道学校和家庭之间已经建立了稳固的友谊。

最后,有必要让家长和幼儿知道教师们为此付出了多少努力。家长必须知道教师们多长时间集中开一次讨论会。这些讨论会有时候气氛平静,但有时也很紧张。他们必须知道教师们是如何在研究项目和其他活动中相互合作;如何耐心细致地记录工作过程;如何熟练地操作照相机与摄像器材;如何隐藏自身内心的烦恼,友好地陪幼儿们一起游戏;如何尽到自己的责任。这些都会给孩子提供学习的榜样,并给他们留下深刻的印象。幼儿所看见的世界里,人们真诚地互相帮助。

教 师

教师的协同工作

甘第尼:你们的学校中,教师好像没有等级之分,是真的吗？

马拉古齐：两人共同教学，或更普遍的说法，协同教学代表着我们刻意打破传统意义下教师彼此在专业上、文化上的分离和孤立。这种各自为政的教师工作方式一度以学术自由的理由变得合理化。这是一种错误的做法，其结果只能是扼杀了教师的潜能并浪费了教师的资源，也使教师很难或几乎不可能达到高品质的教学。

我们最初开始实行两位教师负责一个班组的协同教学计划时，一个班级一位教师的观念还根深蒂固，老师们还没准备好接受这种两位教师合作带班的协同教学模式。一旦他们接受了这种能够有效缓解教师带班压力的模式，很快就会发现两个人合作具有显著的优势，从而消除内心的疑虑。不管在教育或心理层面，这种两位教师合作带班的工作方式给教师和幼儿都带来了极大的益处。同时，协同教学为我们走向社区式管理模式和家园合作奠定了第一块基石。

社区式管理成为我们发展历史中重要的一部分，也是支持我们工作的重要支柱。对我们学校的振兴与团结，同时对文化教育也起着决定性的作用。同时在市政管理部门与政府机构的相互较量中，它也起到了调节作用。这一模式也一直是巩固和加强我们影响力的重要基础。

这么多年来，无法提供足够多的男老师一直是我们与幼儿感到遗憾的事情。直到几年前，意大利政府还禁止男性担任婴幼儿中心教师。我们公然违背或忽视这项愚蠢的法规，因此受到来自意大利教育部的警告。现在这项禁令虽已解除，但要招到男性幼儿教师仍然困难重重。更糟糕的是，意大利也像欧洲其他国家一样，选择幼儿教师为职业的女性也越来越少。幼儿教师愈来愈容易转到其他行业。导致这种现象的原因很多，我们应该对其进行深入研究。但结果很明显：收入不高、靠孩子缴纳费用支付工资、教师的社会地位低以及文化因素的影响。

引发争议的师资培训

甘第尼：请您谈谈有关幼教师资的培训工作。

马拉古齐：我认为当时幼教师资的培训就像是法律许可的一场闹剧，实在有其难言之隐，因为它一直是由罗马天主教会所主导的。自 1923 年以来，意大利政府只办了6所幼儿教师培训学校,而且都坐落在小乡镇里,怀着天真、理想的观念,认为最纯真的幼儿教师应该来自未受大城市道德败坏所污染的少女。

1960年,在私人的天主教保护之下,有129所幼教师资培训学校,共有21 621位学生,而政府只有6所州立学校及2 531位学生。到今天,这种比例仍旧存在。这些虽属高中程度的培训学校,但与同属高中阶段的小学师资培训学校相较并不严谨,他们没有一套共同研读的课程。事实上,唯一相同的是期末考试。培训时间为期3年,学生在中学毕业之后进入就读,17岁时拿到文凭,若从文学或适当专业知识的角度来看,这类的培训毫无基础可言。因此,一个主要的改革是将幼教师资提升至大学培训阶段,但要达到这个程度则十分困难。

即使是在瑞吉欧·艾米利亚,我们的师资也来自这些高中程度的培训学校,因此你可以了解,为什么幼儿教师专业素养的形成与发展,必须在与幼儿实践活动的过程中持续发展。

师资的职前培养与在职培训

甘第尼:你们目前是如何协助教师们获得专业成长的?

马拉古齐:除了不断地促进教师专业发展,我们别无选择。脑子越用越灵活,同样,教师的角色、知识、专业和能力在教学应用中也会变得更强。教师像幼儿或其他人一样,有让自己能力变得更强的需要,他们想把经验变成理念,理念变成反思,再通过自我反思产生更多的理念与行动。他们也想要对事物有预先的把握、搞清楚事物的规律并解释现象背后的原因。而解释现象是最重要的步骤,教师必须学会解释工作过程中的种种现象,而不是等着评估结果。同时,身为教育工作者,他们必须将幼儿看成是知识的生产者,而不是消费者。教师只需要教会幼儿自主学习。教师必须了解幼儿对他们及其行为的想法。为与幼儿建立丰富多样、和谐及让人兴奋的关系,教师必须意识到过早下结论所存在的风险。幼儿的兴趣只出现在活动中相互协商的时候,教师需要在恰当的时间点介入。同时他们也必须了解倾听幼儿是多么必要和有用;必须知道经验类型如同钢琴琴键一样多,给幼儿提供多种类型的经验时,会激发幼儿各种智力行为。另外,教师必须体会到实践不能与目标或价值分开。专业成长一部分来自个人的努力,但更多是来自与同事、家长以及专家之间的讨论。最后,教师需要意识到对儿童成长经验进行长期观察和开展小型研究可能会遇到一些挑战。事实上,没有研究或创新的教育是毫无乐趣的教育。

这些要求已经够多了。如果教师不具备不同领域的教学内容的基本知识,他们便不可能将学科知识转换成一百种语言,以及与幼儿进行一百种对话。虽然目前我们教师培训的途径还很有限,但是我们会试着从自身出发,从我们做的事情中寻找促进教师成长的灵感。

工作坊是激发创造力的地方

甘第尼:你们是如何想到工作坊这个形式,又是如何运作它的?

马拉古齐:最初设立工作坊的时候我们寄予了非常大的期望。我们无法获得更多的资源,如果有的话,我们就可以进一步地建立一种新形态的学校,完全采用类似工作坊的实验室来运行。我们可能会建立一种新形态的幼儿园,园内所有空间都可以让幼儿的双手积极地"乱忙一番"(对于这种感觉,戴维·霍金斯接下来会有更好的说明)。在这里永远都不会无聊,身心都会获得巨大的解放和愉悦。这种愉悦来自生理和进化的规定。

虽然我们无法完全达成这些不可能的理想,但工作坊让我们迈向理想的脚步变得更快。工作坊的颠覆性十足,它能够为思维提供更新和更丰富的工具。它帮助幼儿通过多种方式将不同的(符号化)语言结合在一起,并激发更多的可能性。工作坊使我们不会采用冗长而令人生厌的演讲和教条式的理论(这些是年轻教师唯一受到的培训内容),同时也免除周围文化中的行为主义信念,避免将人类心灵降低为某种可灌输的"容器"。

工作坊也满足了我们其他方面的需求。最迫切的问题之一是如何与家长达成有效的沟通。我们想让家长随时都能知道学校进行中的每件事情;同时也建立一套交流系统,记录幼儿接收的全部教育内容;我们让家长了解幼儿们如何思考、如何表达、如何用双手和智慧创作出作品;如何与他人一同玩耍嬉戏、如何讨论假设、如何运用逻辑思维。我们希望家长知道幼儿拥有比一般人所认为的更丰富的资源和技能。我们也希望家长了解我们重视幼儿的程度，进而要求家长协助我们，与我们站在同一阵线。

工作坊是一个拥有丰富材料、工具以及具备专业能力人士的空间，它对我们的档案记录贡献甚多。工作坊的活动逐渐清晰地表达出我们与幼儿的相处之道。这是一种很美的方法，要求我们不断优化观察和记录的方法，以便让幼儿学习的过程成为我们与家长之间交谈的基础。最后，我们在工作坊的工作也为我们提供了诸多的档案，这些档案成为了幼儿活动成果和教师们学习与研究的珍贵资料。但需要指出的是，工作坊从来没有想成为一个孤立、拥有特权的地方，似乎这里是唯一可以创造表现性艺术语言的地方。

相反，这里的气氛愉悦、平和，是一个幼儿可以探索不同的语言、教师可以对这些语言进行研究的场所。在工作坊我们和幼儿用各式各样的技术、仪器和材料，让幼儿探索自己感兴趣或者成人指定的主题；集体完成一幅大壁画；或是用简洁的文字和图表制作一张海报；或是学习建筑技巧，在缩小的比例中操作小型方案……我们在所有这些活动中强调的是协助幼儿找到适合他们自己的方式，帮助他们与朋友交换彼此的才能和发现。

工作坊是我们开展研究最多的地方，但我们仍然觉得还不够。我们研究每件事情，从各种不同形式、颜色的相似性与相对性，到对复杂目标的阐述与争论；从文字，到符号，再到图像这一顺序的正向和逆向的转变；从大众媒体对幼儿的负面影响，到符号使用和表达偏好上的性别差异。在这里，我们可以用想象构造出很多奇幻的游戏：把罂粟花变成一个点、一束光、一只飞鸟、一个发光的鬼、绿色与黄色的麦田中一撮红色的花瓣。同时，这些积极的经验使我们希望扩大工作坊的用途，使之成为婴幼儿中心的核心组成部分。

创造力的根源与价值

甘第尼：许多文章都讨论过幼儿的创造性行为和成果，这是一个颇令人难以理解的主题，您对此有何看法？

马拉古齐：在20世纪50年代，"创造力"这个话题刚从美国传过来，我们当时知之甚少，毫无准备。我记得当时我们接触到吉尔福特（J. P. Guilford）和托兰斯（Paul Torrance）的理论时，内心所产生的渴望；我也记得后来这些理论被布鲁纳、皮亚杰认知心理学家、新弗洛伊德学派、勒温（Kurt Lewin）、格式塔心理学家、人本心理学家罗杰斯（Carl Rogers）和马斯洛（Abraham Maslow）等人重新进行了诠释。

这是一个艰难但令人兴奋的时期，我们认为这些观点充满了活力与潜能。关于创造力的研究似乎打破了许多（几乎太多）已有的观念，例如：关于如何从哲学的角度审视人类自身和生活以及创造性思维。这些观点进一步将感觉、无意识、可能性与带有情感的情绪等等事物相互联系起来。然而，尽管拥有这些耀眼的魅力，但坦白地说，经过这些年来的研究，加上我们自己的经验，以及对幼儿和成人的观察，让我们学会了在这个问题上更加谨慎，进行更多的反省。

我们与幼儿一起活动时，对于创造性的价值和用处，幼儿能做出最恰当的评估和最敏锐的判断。之所以如此，是因为幼儿并没有一味地执著于他们自己的想法，而是不断地建构并修正观念，幼儿乐于探索、发现、改变他们的观点，喜欢以各种形式与意义来转变自己。

因此，我们不会将创造力看得非常神圣和特别，创造力来源于日常生活中的经验。这种观点现今已得到普遍认同。我们的理念归纳如下：

1. 创造力不应被视为一种独立的心智功能，而是思考、认知和决策时所表现出来的特质。

2. 创造力来自于各式各类的经验。当个体想要获得自由感，或者想超越已知事物的时候得到全方位支持，创造力就会随之而发展。

3. 创造力借由认知、情感及想象过程表现出来，它们结合在一起使个体能够预测事物发展以及想到出人意料的解决方案。

4. 培养创造力最好的方法是人际交流，不论是对冲突中的协商，还是在做决定时对关键的想法与行动进行反复的比较和考量。

5. 在孩子遇到问题的时候，成人若较少地受到已有教学法的束缚，而将自己转换成观察者和解释者，这样更有利于孩子创造力的发展。

6. 创造力是否让孩子受益，取决于教师、学校、家庭、社区及社会的期望，也取决于幼儿如何看待这些期望。

7. 当成人更重视幼儿在不同领域的学习活动和认知过程，而不仅仅是看重结果时，创造力会变得更形象具体。

8. 教师坚信智力活动与表达活动具有多重性与整体性，而想象与幻想能激发出创造性。

9. 创造力要求"求知的学校"（the school of knowing）与"表达的学校"（the school of expressing）相结合。我们的口号是：向幼儿开启通向一百种语言的大门。

我们试着去修订上面这些理念，同时避免被一种错误想法误导，即认为创造力是"自然而然就会产生"。我们深信基本智能与创造力之间——一个受到美国研究者喜爱的主题，并不是对立的，而是相辅相成的关系。游戏的精神也可以增进幼儿思考。

当人们来观察我们的幼儿时，时常问我们到底使用了什么神奇咒语。其实，我们也有同样的疑问。创造力？当创造力披上日常生活的外衣，时隐时现时，很难让人注意到它的存在。我们关于创造力的任务，也就是协助幼儿攀登创造力的高山，越高越好。除了协助他们，我们无法替他们做更多的事情。我们受到自己意识的束缚，认为不应该把对创造力的期望过多地放在学校身上。随着创造力功能的加强与扩大，学校在培养儿童创造力上将扮演无法取代的角色。

童年意象

将童年扫到地毯下

甘第尼：现在儿童面临诸多问题，也有很多著作探讨这个问题，您怎么看这个问题？

马拉古齐：这种剧烈的矛盾已成为当代儿童教育的特征之一。我一直也在思考这个问题。我会谈一谈关于儿童我们知道什么，不知道什么，以及我们即便知道也无能为力的事情。这个问题依然太大了，涉及整个人类及其智力和人性的浪费。不管在群体组织进行抉择，或者在建立学习和知识之间的关系上，整个教育体系均无法代表人类能力的本质与潜能。

所有的人——投身幼儿研究工作的学者、研究人员和教师，并没有发现幼儿存在太多的限制与弱小，反而发现他们令人惊讶和非凡的能力，以及对表达和实践自己想法的无穷欲望。

这些发现描绘出在实际运用、伦理和哲学等方面关于儿童发展的新画卷，同时也为实践提供了诸多启发，但它们却并未有效地被教育工作者们采用。相反，在这种滞后的情况下，两种描述童年的极端现象再度出现：将儿童比喻为一块白板、没有任何能力、完全由成人塑造；儿童不需要教育就能自动掌握成人世界所需要的生存能力。我们尚未确立一种正确的童年文化，而这一缺失的负面影响在社会、经济、政治决策以及投资之中到处可见。这是一个冒犯、背叛人类资源的典型而可怕的例子。

在欧洲及其他西方国家中，这样的例子清楚可见：预算的削减、缺乏计划和政策指导、从事幼儿教学或研究工作的人越来越不受尊重，导致儿童教育领域里年轻人才流失，虐待儿童问题日益严重。孩子要面对这么多不利因素，除此之外还有战争和传染疾病，它们仍在毁灭着我们的星球和良知。

这是一个令人痛心的故事。本世纪初，杜威曾面临相同的处境，他因此受到激励而发展出一种新的教育方式。这种方式结合了实用主义哲学和新的心理知识，在教学上让幼儿通过探究和富有创意的经验来精通知识内容。杜威很早便设想了这一教学方法，并开始寻找教育与社会文化研究之间的新关系。我认为最后一部分可能是民主过程中尚未完成的一部分，但却代表着我们的孩子以及未来的子孙可以期待的真正的文化成就。正如杜威所言：人类制度的好坏应该通过其对教育的影响大小来进行评判，看其是否扩展了人类知识与能力。

当科学、历史及大众良知一致认为幼儿天生被赋予美德、资源和天生具有权利时，这一切在当下就可以发生。但在造物者手中，事物总是辩证统一的，这些孩子同样可以使哲学、科学、教育及政治经济都陷入瘫痪。如果面对这类幼儿时我们的社会表现得力不从心，会使得对我们有关幼儿的崇高动机抱持怀疑的态度。

其他人也隐藏真正的兴趣，甚至欺骗自己。伊丽莎白女王是一个伟大的收藏家[沃坡尔（Horace Walpole）在他的《绘画轶闻》（Anecdotes of Painting）一书中提到过，1762—1771]，然而并没有证据可以证明女王热爱或喜欢绘画艺术。但可以完全确定的是，女王会真心喜爱描绘她本人的画作。

幼儿之间的差异

甘第尼:参观过你们学校的人,会有一个困惑,你们如此重视社会关系和团队合作,那你们如何对待每一位幼儿不同的能力和需要?

马拉古齐:我们当然意识到幼儿之间的差异,而且这些差异可能因为环境的是否有益而增加或减少。但是我相信幼儿具有一种共同的天赋,也就是我们前面提过的潜能与能力。这个观点适用于出生在地球上任何文化、任何地方的幼儿。然而,了解幼儿潜能的共通性引出了新的问题。这些问题在瑞吉欧还没遇到,但是这个时代多元文化的交融令我们感到这一问题的迫切性。

我们会非常仔细地区分儿童认知风格和策略上的差异。人们有时太急于认为这种差异产生于生命中的某个阶段,特别是婴儿期,这一时期婴儿的心智发展进行着许多快速的重组与变化。我们所观察到的认知风格都是个人行为的客观表现。然而,除此之外,这种风格也有历史和文化情境的印记。

我们给孩子提供选择的可能性越大,幼儿就有愈强烈的动机和愈丰富的经验。我们必须扩大我们的题材范围和目标类型、创设更多的情境、调整结构的难度、提供更多的资源和材料的种类与组合,让幼儿有更多的机会与物品、同伴、成人互动。再者,提供更多的可能性同时也会对其他人产生影响。教师必须对孩子的表现更加地留心和敏感,更加容易观察和解释幼儿的言行举止。由此,教师更能对幼儿的反馈予以回应,更能掌握他们对幼儿所做出的回应(避免过分单一或过于激动),更能与幼儿进行个别的互动。这些都能帮助教师轻易地暂停一下教学,做一些自省。

我们越是能够摒弃速成的、暂时的解决方案,不以急躁的方式回应儿童的个体差异,我们就会有更多样的选择。我们越是抵制住将幼儿分类的诱惑,便愈有能力去灵活地改变计划并提供更多不同的活动。这并不会减少我们一视同仁地对待幼儿的责任和益处。反而让我们仔细将幼儿的共同之处加以考察,对其保持适当的注意,并在实践中保持谨慎,学会在不用层级或分数的情况下更好地对儿童进行观察和评估。我想再说一点,在有关评价的文献里,我尚未发现任何文献以正确的态度看待时间因素。费尔迪南多·佩索亚(Ferdinando Pessoa,1986)曾说过时钟测量是一种错误的做法。以时间衡量幼儿的发展就更加错误,不仅是因为产生真实的教与学具有情景性,也因为童年时期的经验具有个体差异。我们应该尊重幼儿成熟与发展固有的时间表,尊重他们思考和实践的那些心智工具出现时间的差异,以及随着时间推移幼儿各种能力全面的、缓慢的、过度的和不断变化的显现。这种时间观念所评估的是文化和生物智慧的因素。

在所有的动物中,人类有着最漫长的婴儿期,这是大自然的安排。如托尔斯泰所说的,人类的婴儿期之所以看上去是那么的长,是因为大自然知道人类在成熟之前需要跨越多少河流,需要重新走过多少曲折的路。大自然给幼儿(成人也一样)提供了

图2-4　孩子们在探究自己影子的大小

足够的时间去更正错误、克服偏见,让幼儿可以调整自己的节奏,逐步形成关于自己、同伴、家长、教师和这个世界的形象。假如今天我们发现自己处在一个由机器和利益的节奏所主导的年代,那么我们会想:学习心理学、教育和文化可以对这种现象起到什么样的作用呢?

学习理论

意义的建构

甘第尼:在教育的争论中,对于成人在幼儿学习过程中所应扮演的角色似乎从未定论,您是怎么看待这个问题的?

马拉古齐:我不愿意贬低成人在给幼儿提供语意结构上所起到的决定性作用,这种结构使得儿童的交流获得了系统的意义。同时我希望强调幼儿本身的参与:他们自己能够通过计划、想法整合、抽象概念等心智过程,从日常

生活经验中生发出意义。请记住,意义不是静止的、单一的和终极的,而是不断地与其他的意义相结合继而产生新的意义。成人行动的重点也就是去启发,尤其以间接的方式,启发幼儿创造意义的能力,以此作为所有学习的基础。成人必须尝试抓住正确的时机,找到正确的方法,将这些经验对儿童的意义整合进与幼儿的对话中。

我们的皮亚杰理论

甘第尼:您已提过皮亚杰对你们的影响,同时,您也提到您的观点与皮亚杰在几个地方又有所不同。您能谈谈皮亚杰对你们的影响和你们之间的差异吗?

马拉古齐:我们对皮亚杰充满了感激之情,如果说卢梭(Jean Jacques Rousseau)从来没有接触过孩子就提出了关于儿童的革命性观点,那么皮亚杰则是第一位通过长期观察和与幼儿交谈,来深入分析幼儿发展并建立发展阶段的心理学家。

加德纳称皮亚杰是第一位认真对待幼儿的人;霍金斯则形容皮亚杰用非凡的语言描绘了幼儿成长;而布鲁纳对皮亚杰赞赏有加是因为皮亚杰向世人呈现了幼儿内在逻辑的发展原则,这一原则与科学家探索事物的逻辑原则相一致。事实上,在瑞吉欧,我们知道幼儿可以将创造力当成一种工具,去质疑、要求,甚至超越意义既有的图式(皮亚杰晚年认为,即使更幼小的婴幼儿也有此能力)。在这个充满需求及可能性的世界中,幼儿也可以将创造力作为自我进步的工具。

我们这些简单又贪婪的教育工作者常常摘录皮亚杰的心理学观点,但可能他这些观点在教育中并不适用。他可能会猜想他的发展阶段、守恒等等这些对教师有什么实际的用处。实际上,在皮亚杰学派思想中,其最具潜能的地方在于哲学认识论的领域,详见皮亚杰的名作《发生认识论》(The Biology of Knowledge,1971,芝加哥大学出版)。然而,从皮亚杰的著作中我们可以直接或间接地得出一些教育建议,并用于反思和优化我们的教学。

英海尔德(Barbel lnhelder)是皮亚杰最忠实的门徒,在这位大师过世后,她告诉友人:"(我可以)自在地论述有关皮亚杰的作品,修正错误,试着更清晰地诠释他的思想,然而,要推翻他精妙的理论架构,对我们而言却并非易事。"在瑞吉欧,我们也曾经想这样做。当我们了解哲学认识论才是皮亚杰的专注所在,同时他的主要目标是找出普遍存在的智力结构的起源,我们对他的学说就更加感兴趣。皮亚杰在这一大胆的研究中耗费了大量心血,同时,他也涉足其他研究领域,例如他还做过道德判断的研究。虽然没有深入探讨,但却延伸出许多其他的研究方向。有些方向被随意放弃,却在后来又被重新发现。

现在我们可以清楚地了解皮亚杰的建构主义如何将幼儿隔离。这使得我们对他的部分观点持批判的态度:低估成人在提升幼儿认知发展上所起到的作用;对社会互动和记忆的不重视(相对于推理);思考与语言之间联系不够密切(维果斯基对此提出反驳,皮亚杰于1962年做了回应);建构主义将发展看成线性的过程;认知、情意和道德发展被视为是独立、平行的过程;过于强调结构式阶段、自我中心思想及分类技巧的理论;对部分能力缺乏清楚的认识;对逻辑数学思考能力的过度重视;过度使用生物科学和物理学的研究范式。虽然列举了这些批评,但我们要指出现在许多的建构主义学者已经将注意力转移到认知发展中社会互动所起到的作用上。

教与学的两难

甘第尼:教与学并非总是同时发生,但是在你们的课程里,你们已经找到协助幼儿自主建构学习经验的方法,你们如何平衡两者呢?

马拉古齐:既然我们已谈论到幼儿.我们必须更深入地讨论幼儿在建构自我与建构知识中的角色,以及在这个过程中得到的来自于成人的帮助。在教与学两者之间,我们更重视后者。但这并不表示我们排斥教,我们会说:"站在旁边等一会儿,给孩子留出学习的空间,仔细地观察幼儿在做什么,然后,假如你了解的足够多,你的教法也许与从前大不相同。"

皮亚杰在其著作《理解即创造》(1974)中警告我们必须在以下两者之间做一个决定:是直接教授基础知识与结构,还是只提供给幼儿丰富的问题解决情境,让幼儿主动从探索过程中学习。教育的目标是要为幼儿提供更多的机会去创新和发现。语言文字不应作为获取知识的捷径。与皮亚杰一样,我们同意教学的目的在于为儿童提供学习情境。

在关于教育的讨论中，有时将教和学当作是同义词。而实际上，教授者的目的与所处的情境，与学习者的目的与情境并不一样。如果教只是单向灌输或是依据某些"科学"的规律而变成死板的程序，它将会变得无法容忍并带有偏见，同时对教与学双方的尊严都会产生损害。即使教师认为自己的教学是民主的，仍然在很多时候会被不民主的教学策略主导。这些策略包括：下命令、程序化、有多套评估系统（本杰明·布鲁姆认为评估系统应该适当受到教育模型的指导），过于死板的认知课程资源包，完全依靠现成的讲课稿或者过分重视临场应变。这些策略制造了一个让人印象深刻的假象，认为成人在教学过程中可以不用思考，同时也为浪费教育资源和幼儿经受的痛苦找到了一个专业的合理借口。采用一个形式上包装精美的课程很容易，但这样的课程也存在诸多缺点。如果等到伤害已经发生的时候才意识到这一点，那就晚了。

总而言之，对于一种新的教学方式而言，学习是要考虑的关键性基础因素。学习可以为幼儿补充认知资源，提供多种选择、指导性想法，以及其他多种类型的支持。"教"与"学"不应该对立地站在河的两岸，看着河水潺潺流过，而应该相互结合，随着河水一同流淌。只有通过主动、积极、互惠的相互沟通，"教"才能使得学习者更会"学"。

我们的维果斯基理论

甘第尼：您提到教育者的重要能力之一是对幼儿在学习中准备好朝前迈进的时机有准确的把握，您可否详细谈一下这个问题？

马拉古齐：关于这一点，维果斯基的介入观点对于我们准确地把握教学时机（前面的段落有讲到）上很有帮助。当然，我们用的是自己版本的维果斯基理论。维果斯基的理论告诉我们思维与语言是如何相互作用，形成想法、制订行动计划，接下来是对行为的执行、控制、描述和讨论。这是非常难得的对教育过程的深入见解。

通过透彻的分析成人与幼儿的关系来观照教与学，这位俄罗斯心理学家（1978）向我们描述了"最近发展区"（the zone of proximal development）这一概念的优势所在。最近发展区是指幼儿的实际发展水平与幼儿潜在的、可能达到的水平之间的差距。儿童可以在成人或发展水平更高的同伴的协助下跨越这一距离。

这个概念有些模棱两可。一个人能把自己的能力给另一个没有此能力的人吗？这样的观点会让我们重新承认我们曾经试图摒弃的教学观。但是只要我们掌握了"循环"（circularity，这个词汇并没有出现在维果斯基的著作中）的基本原则，我们就可以避免重蹈传统方法的覆辙。简单地说，就是我们在探索一种教学情景，在这种情景里，让幼儿能够理解那些大人已经理解的事物。成人与孩子所理解的事物有少许的差异，这种差异是可以弥补的。幼儿已经掌握的技能和好奇的本性会使之对更高的认识水平产生期待，并准备好跨越这一差距。在这样的情况下，成人可以，也必须用自己的判断和知识给幼儿提供帮助，但是这种帮助的条件是幼儿在未来要有所回报。

我们总是说要观察到幼儿是否做好准备太难了。这是没用的，因为我们可以观察到！观察之前必须做好周全的准备，因为我们总是倾向于只注意我们所期望的事情。但我们也不要太匆忙。现今的我们常成为时钟的奴隶，这个仪器所表达的整齐划一的客观时间误导了我们。让我们忽视了儿童和成人的发展有自然的时刻表，而且这一时刻表具有个体差异。

维果斯基的观点在肯定教师对幼儿学习的广泛介入上有其价值。在瑞吉欧，维果斯基的方法契合了我们关于教与学之间的两难境地的看法，符合个人知识获取的社会生态学观。

从理论到实践

志存高远的事业

甘第尼：您如何将自己提出的或遇到的许多理念和灵感用于指导实践？

马拉古齐：理论经常给我们带来启示，但同时也可能让我们感到棘手。特别是当我们卷起衣袖，开始进行教育实践的时候更是如此。我们首先感到害怕的是无法将理论与日常教学中的目标问题相结合。这个问题会因为行政、法律及文化现实的影响而变得更加复杂。

我们有更深层的担忧。例如,迷失于盲目的经验主义而导致理论、理想和道德原则之间的必要联系产生断裂;新的理论和方法与自己的选择和培训相冲突而对我们提出了挑战;最后很重要的是,我们担心自己会背离自己的承诺,学校没能竭尽所能给幼儿提供最好的教育,没能达到所有家庭的期望与需求。这些担心无法避免,因为我们在工作中不会满足于大致的结果,也因为我们立志于建立一所有批判和创造精神的学校。我们不想成为让人不愉快的看护者。

图2-5 马拉古齐在参观戴安娜幼儿园时蹲下来为一个孩子系鞋带

我们的理论来自不同领域,我们对这些理论进行谨慎思考的同时也认真考察了自己正在进行的实践,发现没有(未来也不会有)哪一种理论可以统领一切教育现象。然而,我们在瑞吉欧·艾米利亚方案中有一个坚实的理论核心,这个核心直接来自积极教育的理论和经验,并体现在幼儿、教师、学校、家庭以及社区等方方面面。这些元素共同创造社会和文化,并由此将个人成长与社会发展积极地、有创意地结合起来。

费列尔、杜威、维果斯基、布鲁纳、皮亚杰、布朗芬布伦纳,以及霍金斯等人的理论都带给我们许多启示,除此之外还有凯耶(Kaye)对于成人在教学指导中的角色提出的建议,谢弗(Shaffer)关于语言与社会互动两者关系的观点,莫斯科维奇和马格尼(Gabriel Mugny)两人对于表征的起源和人际交往对认知建构的重要性的论述,以及加德纳关于智慧形式与开放心智的理论。同时,我们也参考社会语言学关于成人与幼儿如何共同建构意义情境的研究,以及建构理论主义者、符号互动主义者和社会建构学者们对认知发展研究的结论。以上这些理论都反对行为主义,认为行为主义将人类的创造性和主体性,降格为简单、可观察的行为。

理论的成功源自于实践

甘第尼:但是这些理论如何与幼儿园的实践联系起来呢?

马拉古齐:众所周知,在实践的过程中我们都会大致依据一个或多个理论。教师也是如此,不论他们知道与否,他们的思想与行动都是基于个人的教育理论。关键在于如何把这些个人理论与幼儿教育活动、与学校里的各种关系,以及与工作的组织实施相结合。通常当同事们亲密合作,并分享彼此的问题时,这就能促进教师行为的一致性并不断完善教师的个人理论。我们一直鼓励这种行为。

当我们谈到教育理论与实践时,可以一直不断地谈下去。我同意威尔福瑞德·卡尔(1986)的观点,他认为我们应该避免过度地讨论理论,因为这会降低理论的实践操作性。事实上,一个理论是否成立,取决于它是否能帮助教育工作者解决教育实践中所面临的问题。理论的任务是帮助教师更加了解问题的本质。从这个角度来讲,实践成为检验理论的标准。霍金斯对这个问题进行了进一步的思考,他写道:"实践者的个人知识比任何专家的论述都具有更深的意义,因此,不能把教师当作研究的对象,而要看成教育现象的解释者。"

教师实践工作的有效性,是唯一能帮助我们发展教育反思能力的丰富"教科书"。再者,当教师们的实践没有受到约束,且得到来自政府机构的支持和同事、家庭的协助,不仅能产生日常教育经验,也能成为批判性思考的主体和对象。

从研究到付诸行动

甘第尼:您曾说教师应该是研究者,您将如何帮助教师成为研究者?

马拉古齐:与幼儿一起不断地学习是我们的工作方式。我们认为不是经验塑造了幼儿,而是幼儿塑造了经验。我们可以通过两种方式更详细地了解幼儿的学习过程,并找到支持幼儿的途径:一种方法是幼儿参与活动,并产生出想法与行动的策略;另外一种方法是幼儿对客体进行改造。成人与幼儿的学习方式是有差异的:他们使用不同的程序、重视不同的原则、作出不同的推测,以及追随不同的发展脚步。

教师独自或与同事一起开展研究,开发出一些能够支持幼儿的活动,或供所有教师使用的教学策略。他们从研究切入实践,实践也反过来促进研究。当所有的教师达成一致,那么不同的工作方案、策略和风格便能交织在一起,学校就会焕然一新。部分教师在做研究时更有目的性,使用的研究方法也更加科学。教师在工作中努力完成的报告和记录资料超越了当时行为的需要,并成为研究的客观资料,可以引起更多人的兴趣。因此,教师们自己感受到了个人成长和提高专业能力的动机,同时也帮助其他人形成同样的感受。在这个过程中,教师要克制自己迫切想要让孩子对他们所知道的东西进行反馈的念头,相反,教师应该和孩子一样,对自己的发现保持惊奇感。

我们的整个教育体系都强调教师需要更多地了解幼儿。由此,幼儿更能敞开心扉去迎接挑战、更能与同伴在不寻常的情境下一起工作、更能坚持,因为他们能够尝试自己大脑里的各种想法。幼儿们知道他们在达成自己目标的过程中,可以自己做决定,这让他们觉得自由而且充满活力。这也是我们对幼儿、对家长,以及对我们自己的承诺。

我们的工作方式使得我们可以在不同的交互模式中进行灵活的选择。促进社会化、认知、语言及符号建构的小组活动在学校里随处可见。事实上,我们的幼儿有多种选择:可以在不同的场所进行独自活动、小组活动或集体活动;可以去有或没有教师在场的工作坊、小型工作坊或学校广场;或者,天气好的话,也可以在户外场地,那里有各种类型的游戏设施。不过,小组探究的方式让幼儿和我们自己都感觉很快乐。因此,我们将教室转换为一个类似有许多市场摊位的大空间,每一间有各自的幼儿、项目与活动。这种布置可以让我们更好地观察,并对合作教学以及孩子们交换想法等方面开展系统的研究。

我们喜欢学校的这种布置,我们生活在有广场和回廊的传统城市中。在面对各种议题时,形成了一种无法替代的会议、协商对话的模式。另外,市镇的中央广场则一星期两次作为设有上百种摊位的集市。这个集市具有布鲁纳所说的(1986)"公共论坛"的功能。我们学校实践的灵感便来自于这里。

没有计划,但有许多事先的考察

甘第尼:人们经常问,如果有的话,你们在瑞吉欧·艾米利亚使用何种课程规划?

马拉古齐:没有,我们以前和现在都没有行为主义所主张的那种单元或小单元的课程计划。这些会使我们学校的活动变成没有了"学"的"教"。如果我们信赖由出版社广泛发行的表格、复印材料和手册,对学校与幼儿便是一种羞辱。

相反,学校每一年都会草拟出一系列长期或短期的相关项目计划。这些项目主题成为学校教学主要的支持结构,但最后一切都是由幼儿自身、课堂发生的事及教师们来决定,比如是建一个小亭子还是一栋公寓。

当然,每一所婴幼儿学校或学前学校的教师们不会每年都重新开始。他们有先前的才能、知识、实验、研究、记录及显示成功与失败的范例作为基础。教学所依据的是儿童,而非计划。目标很重要,需要时刻记住,但更重要的是达成目标的理由与方式。

"事先考察"在我们的词汇中是一个强有力的词语。我们的教学以考察为起点,对全部的人力、环境、技术以及文化等资源做一个概览,接下来会对整个情景的全貌进行更多的考察,它囊括了学校内外的各种因素,如家庭与咨询委员会、整个教学团队、政府管理机构和官员。同时,教师与各个领域专家一

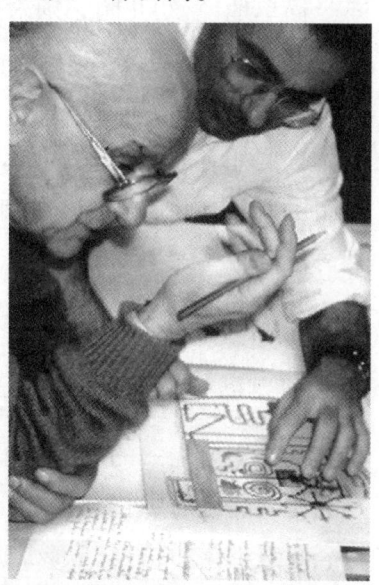

图2-6 马拉古齐和艺术资源教师乔瓦尼·皮亚泽塔(Giovanni Piazza)在"小鸟的乐园"主题活动中共同工作

起,对工作坊、研讨会和会议,展开了全面的考察。

教师通过讨论、提议和实施新构想,得到的不只是整套的专业教学工具,同时也包含着一种工作伦理。这种工作伦理更强调教师作为团队的一部分与他人协作的价值。来自"巡回考察教育"(itinerant reconnaissance education)的支持给了我们极大的力量和帮助。它的任务就是促使我们探究新的教学方法。这也是评估我们工作的最好方式。

如果我们在幼儿身上发现课程

甘第尼:幼儿塑造了自己的学校经验,而非被学校经验塑造。这个原则如何影响你们选择提供给幼儿的经验?

马拉古齐:假如幼儿园只是为小学教育做准备,那么身为教育工作者的我们便已经成为此模式的囚犯。这个模式好比漏斗,漏斗模式是一个令人厌恶的东西,幼儿们也不怎么喜欢。它的作用是把大的窄化为小的。这种令人窒息的发明违反了自然规律。假如把漏斗倒放,它便毫无用处。

简单地说,幼儿园必须对幼儿的行为予以回应:就像是一个广阔的竞技场,幼儿在那里可以学习如何驾驭一百匹马,不管是真实的还是想象的马。如何接近一匹马、如何抚摸它、如何站在它旁边,那些都是应该让孩子学习的艺术。假如有规则的话,那么幼儿将自己学会规则。假如幼儿从马上掉下来,他们将再回到马背上;假如需要特别的技术,那他们会仔细地观察那些更熟练的同伴,甚至会相互讨论或从成人的经验里寻求帮助。

我们确实没有课程或计划,但也不是随意的即兴表演。我们也不是机会主义者,因为我们深信我们也可以预测某些我们现在尚不知道的事物。我们知道的是,与幼儿一起活动,三分之一的事情是确定的,三分之二是新的和不确定的。三分之一的确定让我们理解或试着去理解孩子。我们想搞清楚学习自身是否随着数量、时间与地点的不同而不同;如何组织及鼓励学习;如何准备良好的学习情境;应该鼓励哪种技巧与认知图式;如何促进儿童文字、图像、逻辑思考、肢体语言、符号语言、幻想、描述及论证的发展;如何学会游戏和表演;友谊如何形成与消失;个人与团体的身份如何形成;儿童之间的差异性与相似性又如何出现。

这些智慧并没有弥补我们的无知。但正是这种无知促使我们不断寻找。这一点上,我们与幼儿处于同样的情境。我们可以确定的是,幼儿随时准备好要帮助我们。他们可以为我们提供想法、建议、问题、线索和方向。幼儿越把我们当成值得信赖的资源提供者,就愈能够帮助我们。儿童所提供的这些东西,加上我们在情境中准备的材料,形成一个完美的资源库。

最近这几年,我们进行了许多探索:5岁大的幼儿如何接触电脑、男孩与女孩画画的差异;儿童绘画作品所蕴含的象征意义;逻辑思维所反映出的建构能力(现在和乔治·福尔曼一起修订我们的档案材料);在沟通情境下习得的读写能力;在测量与数字学习中形成的思维能力;通过游戏的合作学习(与卡洛琳·爱德华兹、莱拉·甘第尼及约翰·尼莫共同合作);以及2岁幼儿在半结构情境中的行为模式。这些研究的结果指导我们开发出灵活的活动方案。但还有另一个理由促使我们实验与记录,也就是我们需要完整地呈现一个有能力的幼儿形象,以巩固我们的地位,去对抗那些诽谤者和故弄玄虚的官方课程。

目前正在世界巡回展出的记录、档案及展览中,我们描述了一个完整的故事,关于成人、项目、课程的历史,但最重要的是,关于幼儿。

恰当的期望

一个好的项目由什么决定

甘第尼:许多教师询问到瑞吉欧·艾米利亚项目活动中幼儿的杰出成果,您认为是哪些因素造就了一个"优秀"的项目?②

马拉古齐:使用项目是因为我们通过幼儿的能力与资源来表达我们的哲学理念。一个学校要么不断地改变自己去符合幼儿的需求,要么只能停留在原地打转。

为了试着策划一个良好的项目,最重要的是事先形成一个让幼儿们也可以感觉到而且较为恰当的期望,并在后续的过程中不断地改进。这个期望帮助我们集中注意力、做出选择和设计介入的方法,指导我们权衡了不同参与者的相互关系后知道应该做的事情。

甘第尼：能不能谈谈项目的决策过程，是以幼儿的经验作为依据吗？

马拉古齐：是的，我们的目标有时候是幼儿已经拥有的事物，但有时候又是其他新的事物。教师们只要观察、倾听幼儿，幼儿们不断告诉我们他们对什么感兴趣，以及他们想要更深入了解的是什么。最理想的情况是成人的兴趣与幼儿的兴趣恰好一致，这样的话教师就能很容易激发幼儿的动机与学习的乐趣。

一个优秀的项目有一些必要条件。首先它必须激发幼儿的动机，引起幼儿初步的兴趣。每个项目活动都有一个开场阶段，幼儿在这一阶段可以表达和分享自己的想法。这些活动帮助幼儿将他们的目的与成人的目的保持一致，形成最终的目标。

甘第尼：最初的时候一个讨论环节，让教师可以知道幼儿的记忆、想法和期望，似乎这是一个非常有效的开始。

马拉古齐：是的，因为这可以帮助我们对下一步将发生的事情做预测和假设，某些假设是错误的，但其他假设则会贯穿整个项目活动过程。此外，不只成人形成假设和期望，那些有能力做预测的幼儿也会有假设及期望。这对项目组织也有好处。幼儿会尝试许多不同途径，放弃其中一些而选择另一些。他们开始的时候形成的强烈动机能让他们从容地面对这些选择。他们为任务带来多种多样的智慧和态度，使幼儿萌生各种想法，通过协商使得这些想法不断地聚合，变得越来越敏锐。幼儿们对这些过程感到很自在，因为他们不怕犯错或推翻他们自己原有的想法。项目活动的目标就像是一个永远矗立在那里的灯塔，为幼儿们带来巨大的力量，因为它让幼儿知道终点在哪里。

项目进行过程中，成人应该尽可能少地介入，多创设情境，做出选择以协助幼儿的工作，同时也必须不断回顾已经发生的事情，讨论彼此之间的发现，用所观察到的东西去决定如何维持幼儿较强的动力、如何介入以及多大程度地介入。

目前有许多探讨学习动机的科学理论，但我认为教师们与幼儿一起活动的机会能够学到很多关于动机的知识。某些幼儿不用事先热身，便可以很快进入活动；有些在参加项目的第一个活动时热身；而有些幼儿则只有当他们的想法在交流的过程中受到挑战时,才开始热身。

从讨论到图像表现

甘第尼:通常幼儿在开始讨论问题时都是用图像的方式来表征讨论的问题,接着就讨论另一个去了,如此循环。您认为不同的表达方式之间是如何相互影响的?

马拉古齐:口头语言的讨论肯定是团体协商中的核心方式,在这里团体指的是小组,而口语讨论的方式使得大家可以协同工作。语言较弱的幼儿,可能较难积极地参与讨论,因此我们需要更多地关注这些幼儿。我们还必须非常注意交流中断的情况并考虑到幼儿的感受,例如,当幼儿觉得自己不属于这个团体的时候。

文字有很大的力量,因为它不但能传递想法,同时也促进想法的协商与转变。将文字表达的问题转换为图像表达并不简单,因为这需要做一些筛选。有时候幼儿在把自己的想法写在纸上给别人看之前,他们必须停下来,理清某些想法。

将想法通过图像表现出来可以让幼儿知道他们的行为是可以和其他人沟通的。这是一个了不起的发现,因为图像的方式可以让幼儿知道:为了充分沟通,他们的图像必须能让其他人理解。我们认为图像表征是一种比文字更简单且清楚的沟通工具。

甘第尼:我非常赞同您的观点,这解释了为什么幼儿感觉到需要将他们的想法画在纸上。我也看见你们的教师常常把这种过程作为与幼儿对话的基础,请幼儿解释他们图中画了什么和为什么要这么画,或要求幼儿两人一组或在团体中解释。

马拉古齐:这是我们一直以来遵循的程序。当我们要求幼儿按照这一程序进行时,幼儿与进行观察的成人都可以随时回顾先前的过程。成人应该是一名速记员,记下幼儿在这一程序中的言行细节。这样就可以利用笔记与幼儿交流并告诉他们:"你们今天已经完成这个工作,明天早上我们再从这里开始吧!"

甘第尼:可以再多谈一些图像表达的作用吗?

马拉古齐:图像表达的使用来自于对清晰性的要求。事实上,幼儿直觉意识开始出现,这种新的编码方式有各种用处。当幼儿从一种符号语言到另一种象征语言时,他们会发现每一个转换过程都能产生一些新的东西。这会使得情况变得复杂并提升幼儿的能力。当他们建构想法时,同时也在建构符号和多样性的编码体系。因此,绘画的时候,他们不仅是以图像的方式进行交流,同时也对想法进行筛选,去除那些过度的、不必要的或误解的想法。他们必须重新建立并阐明问题的架构或边界。每一步,都会让幼儿们走得更高、更远。就像是多级火箭,每一级都在推动太空船往宇宙的更深处前进。

幼儿喜欢通过图像表达的另一个理由是他们觉得图像表达可以巩固彼此的想法、行动或观点。我想说的是,图像表达更像是一个结点,可以促进幼儿的合作能力,使得那些允许幼儿发现的学习游戏一个接着一个继续下去,永远不会结束。

甘第尼:很清楚,您认为幼儿在表现方式或不同的象征语言之间来回转换,是值得肯定的。从一种符号系统到另外一种符号系统是否能帮助幼儿彼此交流?能让他们和周围其他人感到满足吗?

马拉古齐:对我而言,象征符号是一个文字或一个形象,代表着某些其他的东西。我认为这可以成为操作性定义,也是我们选择和掌握事物次要层面的核心。符号与情绪、感觉以及许多在观察中无法量化的事情之间,有很深的关系。

甘第尼:符号语言呢?

马拉古齐:因为现在谈的是学校,所以我们所说的符号语言指的是幼儿用符号的方式来获得文化、成长和进行沟通。我不想将符号语言的范畴局限于读、写和数字。符号也可以是音乐家、说故事的人以及其他人使用的语言。

甘第尼:当您提到幼儿所使用的不同语言时,您说幼儿使用不同的方式改写了概念。他们改写了情绪或他们思想所感知的事物。因此,他们在从一种符号语言到另一种符号语言之间建构了多条路径。

马拉古齐:符号可以使幼儿用经济高效的方式来表达自己。通过符号,幼儿可以将自己手头上的概念在另一种情境中表达出来。幼儿有惊人的能力在同一时间将不同的符号语言相互联系起来。幼儿能同时看电视、玩布偶或火车、翻阅书本、离开房间再回来,并能用惊人的逻辑能力准确地建构出刚才发生的事情。

集体是最好的环境

甘第尼:考虑到幼儿之间的协作,幼儿组成小团体来一起活动的意义是什么?

马拉古齐:在这样一个社会和文化都使得人们逐渐相互疏离的时代,让幼儿能在一起相处数年,一起活动,就如同给他们一艘紧急救生艇。这是一种新型的关系,与家庭,或者一般传统学校里的同伴关系不同。对于幼儿这种合作的关系,其教育潜能还没有人做过仔细的研究。团体关系为幼儿提供了解彼此想法的机会,让他们知道自己的想法是独特的。同时也让幼儿知道这个世界是多元化的,可以通过交流知道其他人的想法。除了通过彼此的感觉和相互的友谊进行互动之外,幼儿还会发现交流想法是一件令人感到满足

图2-7 马拉古齐在麻州大学,安赫斯特市,"儿童的一百种语言"的开幕式上,甘第尼为翻译

的事情。他们所处的社会也因此而改变。

然而,幼儿发展的差异不要过大,只有维持一个适当的差异范围才能产生交流和协商,且同时也不会失衡。因此,先前的诸多经验一再表明,团队活动中不同的幼儿在发展水平上最好有所差异,但这种差异不能太大。

幼儿意识到到彼此之间的冲突可以通过相互协商的方式化解。他们在受到来自同伴的压力时,会比受到成人的压力更加愿意改变自己的想法。当幼儿一起游戏或活动时,有些时候他们只是想要建立同伴之间的良好关系,从小组活动中发现乐趣。即便彼此意见不合,他们也会保留各自的意见。

甘第尼:您是说幼儿在相互交流中产生不同意见的时候,能知道其他人可能跟自己持有不同的观点?

马拉古齐:当我们观察幼儿相互协作时,我们注意到一个规则:幼儿会尽全力维持情况的稳定和持续进行。有些幼儿的能力比其他人强。这些能干的幼儿提出建议或方案容易被其他幼儿接受。许多幼儿意识到他们自己的想法具有相对性,所以他们会以巧妙的方式表达自己的想法。他们会说"我想",或"我觉得",或"我不知道我的想法对不对"。

当然,冲突是有的,原则与想法的冲突很多,但没有必要用正面冲突的方式表达。有时候,幼儿知道彼此的想法冲突,但他们会各自退一步,以维持小组的和谐稳定。稍后,观点的冲突还会出现。认知的冲突并非总是表现为当面对抗,也可以是爱的行为,温和、平静地相互接纳。在这复杂的发展过程中,社会化情绪扮演着一个非常重要的角色。

以上内容都表明了记录与转述幼儿之间对话是多么重要。成人应该加强自我培训,对这些记录内容的不同层次的意义有更强的敏感性。让幼儿思维中大量模糊的想法变得更加清晰。通过仔细的解释,我们发现幼儿在不断地尝试找出不同事物之间的关联,并由此学习和成长。

所以,对幼儿来说,身在团体中能带来极大的益处,就像身在一个巨大且不断变化的实验室。

图2-8 一个孩子在新的婴幼儿中心外,探视着教师演奏小提琴

总　结

甘第尼:我们的访谈已经差不多了。您给了我们很多启发性的想法,我们很想进一步地了解。我们渴望将来有机会再与您以及您身旁这么多具有能力和热情的人相互交流。您在瑞吉欧·艾米利亚带给幼儿的充满希望的想法与经验,现在它们已经在世界范围内产生了影响。

马拉古齐:瑞吉欧的经验和我的观点都远没有结束。我的谈话是向美国及其他对儿童教育感兴趣的朋友致敬。这些朋友使得我们在文化上受益良多。

如果在结束之前还要说点什么,那就是反省。我还没搞清楚成人的世界到底是什么样子。我知道在富有者的世界里隐瞒了许多事情,贫穷者的世界则不知道如何隐瞒或隐瞒什么。而其中隐瞒得最严格与最麻木不仁的事情是儿童的生存状况。我并不会太多地谈那些死亡和令人绝望的数据。虽然这是一种"奢侈"的想法,但这种观点很重要,因为我提到的这些幼儿生活在富有的世界里。

欺骗、讥讽、暴力在这个世界依然持续存在,有时装饰着虚伪和偏激,变得越来越精细和复杂。甚至幼儿教育机构也被欺骗所污染。事实上,推动我们持续工作的力量,是企图通过温和的方式,与欺骗的行径做抗争,并为童年的新人类文化寻找希望。这是一种从过去美好文化中为人类未来寻找出路的力量。

最后,请允许我说一句题外话。我想举杯为加德纳夫妇的小儿子本杰明致敬。我刚读完加德纳(1989)所写的《开放心灵》(To Open Minds),其中讲到有一次到中国内地的旅行。为什么是本杰明呢?因为他拿着钥匙,非常认真地尝试插入锁孔里,他所使用的方法是我所谈到的每一个孩子都用的方法。让我们再离孩子近一点,观察他的活动并加入他的探险。这不只是他自己的,也是我们大家共同的希望。

注释

① 这个访谈所涉及的内容大多发生在1989年到1991年这3年间,但最后一部分内容发生在1992年。当时我们和乔治·福尔曼在记录"小鸟的乐园",马拉古齐很少为自己的思想跃然纸上而感到满足,他总是在不断思考,深入研究尊重儿童的童年文化和教师的角色,这些思考都以他创办幼儿园的丰富经验为基础。他多次打电话给我,告诉我要深刻挖掘谈话录音,因为他要重新回顾。每次我都照做了,我们的谈话不断继续着,所以这里的访谈才得以成形。事实上,1991年我是在等待这个确定的结果,而非惊喜地接受。卡利娜·里那第来到美国,带来了马拉古齐为访谈撰写的大纲,我和莱斯特·里多(Lester Listte)和卡洛琳一起合作,转写了录音。

② 这部分访谈内容发生在1992年4月,莱拉·甘第尼和乔治·福尔曼观察并参与了"小鸟的乐园",马拉古齐喜欢这个访谈但没有像对待其他访谈录音那样,对本部分内容进行转写和编辑。

参考文献

Barazzoni, R. (2000). *Brick by brick: The history of the "XXV Aprile" people's nursery school of Villa Cella* (J. Costa, Trans.). Reggio Emilia, Italy: Reggio Children.

Bruner, J. (1986). *Actual minds, possible worlds*. Cambridge, MA: Harvard University Press.

Carr, W. (1986). *Becoming critical: Education, knowledge, and action research*. Philadelphia,

PA: Falmer Press.

Gardner, H. (1989). *To open minds: Chinese clues to the dilemma of contemporary education.* New York: Basic Books.

Hawkins, D. (1966). Learning the unteachable. In L. Shulman & E. Keislar (Eds.), *Learning by discovery: A critical appraisal* (pp. 3 – 12). Chicago: Rand McNally.

Malaguzzi, L. (1971). *Esperienza per una nuova scuola dell' infanzia.* Rome: Editori Riuniti.

Malaguzzi, L. (1971). *La gestione sociale nella scuola dell' infanzia.* Rome: Editori Riuniti.

Pessoa, F. (1986). *Il libro del inquietudine.* Milano: Feltrinelli.

Piaget, J. (1962). *Comments on Vygotsky's critical remarks.* Cambridge, MA: MIT Press.

Piaget, J. (1971). *Biology and knowledge.* Chicago: University of Chicago Press.

Piaget, J. (1974). *To understand is to invent.* New York: Grossman.

Rodari, Gianni. (1996). *The grammar of fantasy: An introduction to the art of inventing stories* (translated and with an introduction by Jack Zipes). New York: Teachers and Writers Collaborative. (Originally published as *Grammatica della fantasia* by Giulio Einaudi Editore, Torino, Italy, 1973.)

Vygotsky, L. S. (1978). *Mind in society: The development of higher psychological processes.* Cambridge, MA: Harvard University Press.

Wertheimer, M. (1945). *Productive thinking.* New York: Harper and Row.

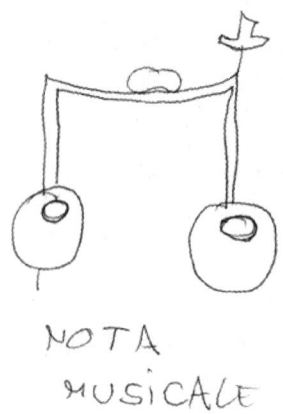

第 3 章
马拉古齐的故事、其他人的故事,以及尊重儿童

大卫·霍金斯

大卫·霍金斯(David Hawkins)(1913—2002)曾为美国科罗拉多大学波尔得分校(University of Colorado at Boulder)哲学系杰出教授。他是推进20世纪60年代美国激进式学校改革运动的学者之一。那曾是一个动荡而激动人心的教育辩论和革新的时期。他妻子是一位著名的早期儿童教育专家。他

本章内容介绍由艾伦·郝尔(Ellen Hall),霍金斯学习中心的成员和爱德华兹共同准备,中心位于科罗拉多的波尔得,收藏了霍金斯的许多成果,包括霍金斯夫妇的作品和照片。本章内容节选自霍金斯为本书第 2 版撰写的前言,也有霍金斯 1998 年在波尔得的重要演讲,其后记(由郝尔和爱德华兹稍加整理)发表于弗朗西斯·霍金斯 1997 年的自传《与儿童同行:一位教师的自传》并由科罗拉多大学出版社与霍金斯学习中心共同批准引用。

们两人一起在 Mountain View 创立了环境教育中心,以推动小学自发的智力探索和科学教育。在霍金斯的一生中,其渊博的知识涉及政治、社会理论、经济、数学、物理、生物以及哲学。这些为他赢得了很多荣誉,也影响了教育理论界的其他思想家。

霍金斯对学习的哲学观包含两个基本概念(Hawkins, 1974)。第一是教师作为学习者的重要性。教师参与调查探究的过程,并和他们所教的儿童一样用好奇心、兴趣、惊奇感和质疑来迎接这个世界。第二点与第一点紧密相关,强调学习环境的重要性。学习活动应当充满"日常"材料,这些材料可供儿童和成人开展探索调查活动。用霍金斯的话来说,儿童可以和这些材料"胡闹"。

霍金斯启发了许多重要的思想家,其中包括罗里斯·马拉古齐。两人于 1988 年经莱拉·甘第尼(Lella Gandini)介绍而认识。从那以后,霍金斯曾两次访问瑞吉欧·艾米利亚。第一次在 1990 年,他前来参加一个国际性会议;第二次是在 1992 年,他专程访问学校。这两次访问都是名副其实的"头脑合作"(meeting of minds),给马拉古齐和瑞吉欧的教师们留下了深刻印象(Gandini, 2008)。正是这些互通关联的观点与传播使得本章得以引用一些霍金斯思想的示例。

一个不同寻常的故事和一次会面

在接受莱拉·甘第尼访谈时,罗里斯·马拉古齐讲述了一个非同寻常的故事。这个故事让霍金斯想起和他的第一次会面。那是 1990 年 3 月在瑞吉欧·艾米利亚的儿童教育大会上,马拉古齐的发言极其到位,针对大会关于"儿童的潜能和权利"的主题展开论述。他的故事也让我联想起其他的故事,这些故事发生在不同的时代和场景中,已经或可能已经被讲述过。这些故事都谈到创造新型教育手段的努力尝试并获得成功,这些手段证明至少与幼儿的多种禀赋相匹配,也有些成功案例受到规模的限制,或者中途停止。然而,将它们放在一起,仿佛可以看到一根前后贯穿的红线,将几十年来被成人忽略的和被其他事物占据头脑而搁置的事件串联起来。尽管教育是最古老和最重要的人类实践之一,但成功的教育往往只被少数人依据他们的传统来支

图 3-1　孩子们密切关注罗里斯·马拉古齐和大卫·霍金斯在拉维拉塔幼儿园中进行的下棋比赛

持,而常常被社会主流所忽略,甚至包括主流领域中的科学兴趣和科学研究。这恰恰是一种自相矛盾的真实反映。像瑞吉欧·艾米利亚如此美妙绝伦的教育改革属于例外,因为在实践过程中始终伴随着一种愉悦感。

其他的故事:欧美进步主义教育的发展

　　我认为有必要提到一些其他的故事。马拉古齐提到其中一些故事时,主要提到了那些教育理论学家。那么我就来谈一谈其他的人。教育界也如同很多其他专业领域一样,一个好的专业理论往往是一种季节性的丰收,是一次对成功实践的反思。理论源自过去的实践,然后再去指导新的实践。充分把握理论与实践两方面关系的一个典型代表人物是美国的杜威。

　　在大约一个世纪之前杜威的时代里,美国的儿童教育已经建立了优良的实践传统。接着,那种传统随着福禄贝尔幼儿园的发展历程而逐步变化。我的母亲就曾于19世纪70年代间在福禄贝尔幼儿园得到她教育生涯中最早接触的早期教育。当时这样的学校在美国以两到三个数量级的速度增长。坚强的女教师虽然得到福禄贝尔对于学习过程的基本教育理念的支持,但她们也遭到这个先驱"系统"的特殊严格制度的限制(后来蒙台梭利的影响也有着相似的情况）。在这个发展体系中的先驱教师们寻找新的理论支持和指导。她们在杜威那儿找到了。当时他已经是个敏锐的哲学家和心理学家。但一开始，她们要先教育他，一个极富天资的学生！杜威担任一所大学的讲师，相当会反思，但却是一个枯燥的人，除了对于那些已经分享了他一些精神和洞察力的人们。尽管很多同时代的人受到他清晰思想的深远影响，但在美国他的影响由于儿童教育本身的局限而大大削减。我很庆幸马拉古齐这位伟大的教育哲学家依然健在，并在意大利充满着生命活力。回顾更早时期，福禄贝尔将他自己的理论与哲学家黑格尔的相结合；在实践运用方面，他将自己的教育经验与他的导师，约翰·裴斯泰洛齐（Johann Pestalozzi）的相结合。约翰·裴斯泰洛齐生活在瑞吉欧·艾米利亚北面的苏黎世。在两百多年前的1798年，裴斯泰洛齐在拿破仑战争之后拯救了悲惨的孤儿，并对教养儿童和培育天赋不断有更深入的探索。

　　回顾历史，这段长时间发展的成效并不具代表性。其实践方面的影响也在加拿大和欧洲大陆有所发展，在德国、比利时和荷兰等国家的发展有所不同，在法国和斯堪的纳维亚的发展也不同。在美国，它曾一度颇具影响，但很大程度上被学校教育吸纳整合，原先那些激进的观点，比如"幼儿园"或"儿童的花园"，大都名存实亡。这一时期在国际范围内发生的教育事件是有待拯救的幼儿教育。

　　这里，有必要提到英国，因为它的主要发展历程和美国的颇为相似。19世纪受福禄贝尔等人的影响而小规模地开始早期儿童教育实践，接着受到杜威和麦克米兰（McMillan）姐妹，即玛格丽特（Margaret）和瑞秋（Rachel）的影响。第二次世界大战后，美国的早期儿童教育发展进程被忽略或受到阻碍，英国的早期儿童教育发展却蒸蒸日上。在一些地区，大部分幼儿园（5岁到7岁以上）和小部分的小学（7岁到11岁以上）被彻底转型。参观那些优等教室的人会发现很多值得高兴和反思的内容。当今的政治思想家压抑或者是忽视了这些向前的脚步。但是教与学的新方法并没有被全盘逆转，它们是成功的，它们坚持实践，人们依然能从中学到有价值的东西。

　　我谈论经历这段共同历史中的英国教育发展，其原因是，"英国幼儿园"吸引了美国遗失自己最佳传统的人们的极大关注，纷纷想方设法效仿，成为流行的早期儿童教育模式。而这种模仿忽视了那段漫长的发展历史，就好像一棵根深蒂固的大树不可能被轻而易举地架上飞机运往别处。我们有自己强大的传统，要做的是去拯救我们自己的文化和教育传统。

礼貌：严肃的社区成员资格

历史上美国是一个新型社会，有越来越多来自世界各地的移民。我们的口号是，"生活、自由和对快乐的追求"，但我们似乎从未宣称，"以及严肃的社区成员资格。"关于"社区"这个概念在某种程度上与个体自由相违背。我对备受崇尚的传统有一些批判的观点。虽然这些传统在很多地方广为运用，但当涉及共同制订未来计划的能力时，我们有时并不那么擅长。我们称其为教育政策规划，一个我们中的很多人试图回避的内容。

从我去瑞吉欧·艾米利亚访问以来，意大利和美国关于社区概念的差异性在我心中存留已久。我想谈谈"二战"结束以来我们和意大利北部共同分享的历史。这阶段发生了两件事，一件是整个社会的实际平均工资逐渐减少，另一件是女性解放运动。这两件事的结果不仅使得更多女性进入职业的、商业的职场，经历朝九晚五的工作生活，而且使大部分女性参与工作成为社会必然趋势。在意大利，特别是北部地区，通过人们讨论当地盛行的儿童保育的顾虑，这些趋势汇集起来形成影响社会的力量。在美国，效果却相当不同，因为虽然家庭之外的幼儿看护并不在我们的计划之内，但仍有很多儿童需要被照看，而唯一可行的儿童保育系统服务又实在有限。

这是个相当明显的反差。如果你认真研究意大利的历史，你会发现他们有很长一段时间用来学习这种集体制度的存在。让我用另一个我们更能顺畅表达含义的词来形容，那就是：谦恭，"让我们成为文明人"——这通常意味着，"让我们做有礼貌的人。"

但如果你回顾历史，就会发现文明的真实意思是指部落族群或者家族中的人，曾经是相隔遥远、独立居住的狩猎者或早期文明，他们开始群居的地方也就是今天所谓的城市。城市对应的拉丁词是 civis，从这个词里，我们得到礼貌（civility）等一系列相关的词意，类似于市民的、公民和文明。不同的族群需要学习彼此如何相处，他们需要联系很长一段时间才能使礼貌成为社会现实。所以我认为必须看到我们所处的地区和这个世界上类似艾米利亚·罗马格纳等地区之间根深蒂固的区别。他们从古至今在那儿恒久定居并在那里深深植根，而我们的社会更加松散，更多样化，更具移动性。

所以，礼貌不仅意味着礼仪上的谦恭，同时还有人们共同相处的能力。当你和他人在一起时，不用一直保持谦恭的姿态，但你确实需要聚集一种核心思想，你确实想要交换什么，做什么，需要大家形成共同的文化与生活观念。①

在美国的相似情况：通过项目活动来学习

讲述完这段循环迂回的历史，我们再回来翻阅瑞吉欧·艾米利亚和其他意大利社区的精彩历史。在那里早期儿童教育经历了相似的发展和繁荣的过程，我们就是在早期儿童教育的葡萄园中耕耘的园丁，而瑞吉欧的历史和至今仍在发展的实践活动对我们相当受用。这种由公共支持促进发展而取得的成就，尤其值得美国人认真学习。但如果我们像曾经模仿英国婴儿学校那样，简单地认为总有办法引进瑞吉欧的教育经验，那将是个天大的错误。我们是出了名地习惯于寻找捷径快速解决问题。然而这种态度恰恰诋毁了那些我们大加赞赏的成就。两个国家存在体制上和文化上的各种差异，美国人并不理解这种团结，一种维系持久的共同社区感，它用马拉古齐描述的方式塑造着自己，也为儿童提出对更高教育质量的诉求。

尽管我们中的很多人对极其丰富的瑞吉欧教育实践仍然不甚了解，但我可以断定，我们这些来自美国、英国和其他各地的人，在瑞吉欧既得到了丰硕的收获，也给予了各自应有的贡献。特别是发展"项目活动"促使儿童探究和创新的实践行为，这与几年前在加利福尼亚州的一项发展完善的教育策略很相似。我的妻子，弗朗西斯·霍金斯（Frances Hawkins,1977）曾在那儿执教并对那项教育策略有所贡献。该项目比以往枯燥乏味的"每日一课"②要好得多。

由于这些项目活动部分建立在从儿童的嬉戏和交谈中揭示兴趣基础之上，所以活动中包含了儿童的决心和激情。然而，这里需要解决一个本质的问题，那就是这些激情到底支持了多少在其他儿童身上隐藏的和未发展完全的天赋，或者可以认为这恰恰阻碍了这些天赋的发展。要充分认识和鼓励这些语言表达有限又发展各异的孩子，这始终是个挑战。

我们领悟到，这些疑问和挑战必须时常渗透到对早期学习有更多理解的

图 3-2 霍金斯夫妇

求知欲望之中。我们渐渐看到发展课堂实践的必要性。这种实践支持更广泛的、可同时发生的活动的多样性，比我们用项目活动的手段轻而易举地维持最大数量的活动还要多。身处这种更多元化和丰富的氛围中，想法和创造可以随时随地（尽管可能不那么频繁）分享给所有人。通过这种分享，项目活动确实取得极富活力和生命力的进展。不过，对这些项目活动的定义和持续时间的长短总是有赖于和受制于其他因素的变量。

之所以提到项目活动这个特殊的话题，是因为当我读到罗里斯·马拉古齐开放且富有魅力的实践反思时，我不仅联想到儿童教育更为广泛的历史，也包括其中的细节、辩论，以及问题，如同在探寻贯穿于历史长河的每一个脚印。这就好像瑞吉欧·艾米利亚的教师们面对意大利传统教育实践行为时所进行的教育反思一样。我尝试通过案例来暗示，"项目活动"的源起和使用可能仍处在令人质疑的状态中。为了我们自己的利益，我们需要对这场辩论、回顾性的评估，以及不断尝试的实践有更多的了解。我们必须参与到这场辩论中来！

同时,对全身心投入的理论家罗里斯·马拉古齐、全体教师和全心全意参与早期教育社区的不同凡响的故事,以及故事中揭示的成就和奉献表示深深的敬意。

从单单爱孩子到尊重孩子

就让我以尊重儿童这一理念作为本章的结束,因为这是马拉古齐和我的哲学观认同之根本。

对儿童时期做过恰当严肃的研究之后可能会引发一些问题,我想这些问题可能涉及我们中间普遍存在的一个倾向性。由克里斯托弗·莫利(Christopher Morley,1922)编写的一部叫做《蓝色开始的地方》(Where the Blue Begins)的科幻小说中,一群孩子决定派他们中一个如魔法般长大的孩子作为间谍或密使去到成年人的世界。我也曾提议,我们成年人也应该用同样的精神,发送密使或信使去到孩子们的世界。我们总是易于领会我们准备好要去接受的东西。在行使我们的使命时,我们对待孩子的制度化方式所带来的典型程序模式和索然无趣成为反作用力,迫使我们中的很多人寻找和营造可以进行温情有爱的双向交流的联系方式作为应对。如果这是故事的一半,那么,当另一半故事也讲述出来时,已有的一半就成为需要重新定义的部分。

美国心理学家布鲁诺(Bruno Bettleheim)编写过一部远近闻名的著作,书名叫做《仅有爱是不够的》(Love Is Not Enough,1950)。书中讲述了对情绪障碍儿童的治疗。其实,在这本书出版前,康德(Kant)这位伟大的德国伦理道德哲学家就已经给出极大的支持,声称在人际及更多一般化的方面,爱不足以成为全部。更加神奇的赠予并不是爱,而是如同尊重自己一样尊重别人,这种尊重成为他们在学习和做事以及生活中实际存在或者潜在的技能,接着进一步对他们学习做事带来独特的贡献。

对幼儿尊重并不意味着采用被动或袖手旁观的态度,而是让我们进一步促进他们发展,甚至可以经常提出反对或干涉的意见。就这种隐性的促进作用的目标而言,尊重和爱相类似,但没有尊重的爱会遮蔽双眼而成为束缚。爱是自发的私有行为,但尊重则蕴含于与他人交往的所有道德关联之中。

尊重儿童不仅仅是在理论上肯定他们的潜能,而是要发现和重视他们的思想与行为,不管这些思想与行为在成人常规标准下显得多么微不足道。如果我们跟随这种思考轨迹,有一件事就显而易见了——必须给儿童提供那些可以引发他们兴趣和天赋,并增强他们实践和思考的环境。由一群与世隔离的"有爱的成年人"组成的环境只是一个真空的教育空间,处在人类世界和自然环境里的成年人应该将真实的世界展现给儿童,虽然在呈现时需要有所界定且确保安全,但决不可因此失去世界丰富的含义和对创新的承诺。

注释

① 参见卡洛琳·爱德华兹对马拉古齐的关系教学理念中文化社区的定义的深入论述。

② 指方案教学及生成课程,这是早期儿童教育者所熟知的,1989 年丽莲·凯兹和西尔维娅·查德,1994 年贝蒂·琼斯和约翰·尼莫都有论著。

参考文献

Bettleheim, B. (1950). *Love is not enough: The treatment of emotionally disturbed children.* Glencoe, IL: Free Press.

Edwards, C. P. (1995). Democratic participation in a community of learners: Loris Malaguzzi's philosophy of education as relationship. Invited lecture, Nostalgia del Futuro, symposium honoring the contributions to education of Loris Malaguzzi. University of Milan, Italy. Available at http://digitalcommons.unl.edu/famconfacpub/15.

Gandini, L. (2008). Meeting of minds: Malaguzzi and Hawkins. In L. Gandini, S. Etheredge, & L. Hill (Eds.), *Insights and inspirations from Reggio Emilia* (pp. 36–37). Worcester, MA: Davis.

Hawkins, D. (1974). *The informed vision: Essays on learning and human nature.* New York: Agathon Press.

Hawkins, F. P. (1997). *Journey with children: The autobiography of a teacher.* Boulder: University Press of Colorado.

Jones, E., & Nimmo, J. (1994). *Emergent curriculum.* Washington, DC: National Association for the Education of Young Children.

Katz, L. G., & Chard, S. C. (1989). *Engaging children's minds: The project approach.* Norwood, NJ: Ablex.

Morley, C. (1922). *Where the blue begins.* Garden City, NY: Doubleday Press.

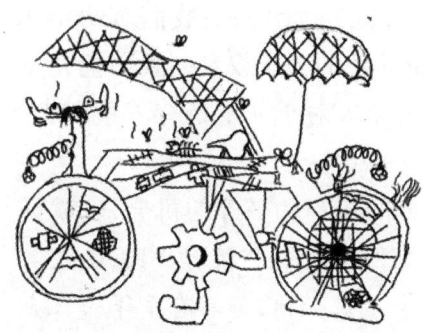

第4章
我们对儿童及其社区的责任

格拉齐亚诺·德洛里

2004年以来,格拉齐亚诺·德洛里(Graziano Delrio)一直担任瑞吉欧·艾米利亚市的市长。他是一位内分泌学专家,在蒙迪那和瑞吉欧·艾米利亚大学兼任教授。作为一位充满爱心的丈夫和父亲,他认为:"做九个孩子的父亲谈何容易,然而每当回想起自己在23岁初为人父时是多么的不成熟,我便学会了不要严责于人而应富有同情心。"他在连续两届的市长任职期间,始终

本章第一部分的前一版本在2010年6月芝加哥举办的第六届北美瑞吉欧·艾米利亚联盟年会上宣读(早期教育的创新 Innovations in Early Education: The International Reggio Exchange, 17[4], 1-5),并在密歇根州底特律韦恩州立大学教育学院出版。第二部分是基于2009年与莱拉·甘第尼的书面访谈,经许可再印。

专注于服务社区和市民。第一届任期的特点可以这样描述：瑞吉欧·艾米利亚，一个集体利益的体现；一个宁静、安全、团结的小城镇。而第二届任期适逢世界性经济危机，可以概括为"强壮的社区，安全的未来"，致力于教育、知识和革新，以此作为发展更为国际化城市的基点。

今天，我们要集中谈论对于我们来说很重要的一个问题：我们对幼年儿童肩负的责任。对于我们来说，这意味着谈论儿童的公民权利。我们把儿童视为具有本市未来权利的公民。我们相信，成年人对于儿童持有三重职责：民事责任、道德责任和政治责任。

我们认为，民事责任是指保护儿童受教育的权利和平等的机会，也就是说，排除人类发展的所有障碍。意大利《宪法》第3条阐明：所有公民，不论其性别、种族、语言、宗教和政治见解、个人与社会地位如何，都具有平等的社会尊严并在法律面前一律平等。公众的责任是排除限制公民自由和平等权利，排除阻碍人的充分发展和有效参与国家的政治、经济和社会组织的那些经济和社会制度障碍。

这正如杰斐逊（Thomas Jefferson）在1776年的《独立宣言》中所言：我们确信这些不言而喻的真理：所有人都是平等的，都被赋予不可剥夺的权利，包括生命、自由和追求幸福的权利。

我们瑞吉欧·艾米利亚人相信，我们应该本着建设平等社区，争取公民福祉和保证尊严、平等权利的目标来管理我们的城市。虽然目前意大利的一些学校尚未能认识到儿童的学前教育权利，但我们断言，教育是儿童与生俱来的权利。在意大利的许多地区，幼儿教育服务的提供仍然有限，特别是对于0到3岁的婴幼儿早期教育。

在瑞吉欧·艾米利亚，我们正努力地满足尽可能多家庭的服务需求。尤其值此经济危机期间，学校当局和政治家们更应致力于推进满足这一需求的进程。学前教育服务是社会需求链中的薄弱环节，如果父母中一方失业，那么学前教育经常是家庭首先放弃的服务项目。

然而，这样就剥夺了儿童受教育的权利和与集体中的同伴建立关系的机会。因此，我们市政府降低了用于维持正常开支的早期儿童服务的收费标准，以支持那些受到经济危机影响的家庭。

我们对儿童的责任不仅是房舍的建设，还涉及我们向儿童及其家庭提供的教育质量,教育工具与资源的质量,特别是教学方法的丰富性,我们的学校并非只面向富人。瑞吉欧·艾米利亚模式在贫穷落后的地区也是可能施行的,只要那里拥有尊重、倾听和时间。这在意大利比在对教育质量的重视已扩展到小学和中学的美国更重要。杰罗姆·布鲁纳说过:"当今的瑞吉欧·艾米利亚需要找到一条道路,竭尽该市全方位整合的力量,来影响其教育体系各个层面。"去年,我们在马拉古齐国际中心开办了一所小学,我们还会继续为学校投资,因为我们相信,每个儿童,无论男孩还是女孩,都拥有接受高质量教育的权利。

图4-1 雄伟壮观的石狮子守护在瑞吉欧·艾米利亚的小广场上

我们对儿童的第二种责任是道德责任。对儿童的道德责任意味着承认儿童作为本市公民的社会尊严,儿童是有能力的公民。他(她)有能力承担对城市的责任。我经常引用美国第二任总统约翰·亚当斯(John Adams)的这句话:"公众的幸福存在于当公民能够负责任地参与公众事业与公众生活之时。无论在哪里,无论是男人还是女人,年老还是年轻,富裕还是贫穷,高或矮,聪明或愚笨,每个人都强烈地渴望被周围的人们发现,被倾听,被承认和被尊重。"

在当前这个历史时期,关于公民的意识强烈地影响着婴幼儿中心和幼儿园的形象特征——从属感,乐意彼此关注,希望参与将世界变得更为繁荣的过程,并向往成为其中的积极分子。婴幼儿中心和幼儿园是几代人共同生活的地方,是以社区成员面向未来、共同参与、一起生活、相互关照、共同成长为公众目标的公共场合。我们相信,有关怀才能产生护理;有关注才能生成注意力;感受到信任的孩子才会信任别人。关心其他人和关注公共场地,是社会从属感的表现。学校所做的一切均为社会要求的反映,然而学校也能够孕育崭新的社会。一个充满关爱的学校能培育人们相互关心的情意。

加德纳在2007年接受《哈佛商业评论》(Harvard Business Review)的采访时说:

我最喜欢提起伦理社会的范例,是意大利北部的一个叫瑞吉欧·艾米利亚的小城。除了向公民提供高质量的服务和文化利益之外,该城市还提供优秀的婴幼儿中心与幼儿园服务。儿童们能感受到社会的关怀,因此当他们长大以后,他们就会以关怀他人来回报社会,成为优秀的工作者和良好的公民。(Fryer, 2007)

我们理解,教育的目标并非仅与"你"有关,而且与"我们"——与社会、与其他人都相关。是什么鼓舞我们在瑞吉欧·艾米利亚的所做所为?是我们的信念。我们坚信人的本性是美好而独特的。

我们的第三种责任涉及政治责任,这里我要特别提到各种文化并存的问题。我们对于儿童的责任也有其政治性质。步美国多年前的后尘,当今欧洲各国也正在经历移民潮这个公众舆论的热点问题。对处于移民现实之中的家庭和孩子们来说,无疑会存有诸多的困难。一些全球性问题即刻成为了当地政府无法解决的问题。瑞吉欧·艾米利亚是意大利唯一的属于"跨文化城市网络"的城市,该网络是由欧盟各国选派一个在跨文化并存方面有所成就的城市组成。我相信,我市入选的原因乃是由于我们为婴幼儿中心和幼儿园,为儿童及其家庭所做的工作。

当今的时代精神向我们显示,文化团体之间的差异是一个问题,而我们面临着两个选择:连接或搭桥。我们可以保持在自己原本的人际团体之中,建立相互之间的团结一致,并强化团体成员的从属感。或者我们也可以激励各种团体相互开放,了解彼此的差异,从而获得知识并激起对彼此的好奇心,以便不断地充实自己和促进积极的改革。这就是所谓的搭桥模式,一种多方位的连接,可使得我们的知识翻倍地增长。该搭桥模式的含义表现在瑞吉欧孩子们的图画作品中,并发表在北美瑞吉欧·艾米利亚联盟(NAREA)的网站上。

儿童欣赏多样性并为之所激励。孩子们相信,差异不是问题而是才智,在这一点上,他们是我们的老师。加德纳认为:"儿童具有此消彼长的基因和包容差异的能力。"众所周知,无论在哪个国家,做妈妈的对孩子都有相同的恐惧、担忧和希望。关系到儿童的未来和社会的未来,在于对多种智能、对儿童的一百种语言、对跨文化并存以及对跨领域合作等问题的关注。在瑞吉欧·艾米利亚的婴幼儿中心和幼儿园里,人人都能体验到对其他文化的开放性。纽约大学的卡罗拉和马塞洛·苏瑞兹-欧罗兹寇(Carola and Marcelo Suárez-Orozco)告诉我们说:"来自其他国家的家庭通过在开放地关注儿童未来发展的学校所产生的对社会的理解,可以视为是多元文化共存和多元文化公民的非同寻常的经验,一种对共同利益的集体性理解的真实体验。"

我们所希望的儿童文化环境,应该是一个不把他人视为问题,而把对方视为机会的环境。这里所说的别人,是指"波光粼粼的生命航程中的一个迷人的伴侣"(Joseph Conrad, 1907/1997, p. 116)。我们对儿童具有与他们一起创设文化环境的道德责任。我们不要忘记约翰·穆勒在《论自由》一文中所言:"每个人都是自己健康的守护者,不论是身体的,精神的,还是心灵的。人类与其通过彼此折磨来求得自己更好的生存,还不如让每个人都为彼此的利益着想,这样获利会更多一些。"(Mill, 1869, p. 13)。

甘第尼:您刚才谈到了在你们城市中有许多新移民。你们如何才能邀请瑞吉欧·艾米利亚的这些形形色色的新公民参与进来呢?

德洛里:您说的对,他们的确是各不相同。对待形形色色的人,就要用不同的方法,并使用不同的方式和流程。瑞吉欧·艾米利亚所呈示的多样性体现在人类学、社会的和文化的多个层面。它源于意大利宪法,强调在平等、团结和自由的原则上建立民主社会的基本权利。在此基础上,瑞吉欧·艾米利亚从权利和职责做起,建立和尊重共同生活的共同规则,互惠合作,从而建立起自己的城市风格。

这种共同遗产越多,人们共同生活起来就越容易。瑞吉欧·艾米利亚希望成为一个跨文化的开放型城市,欢迎共同航程中的伙伴携手共进。目前常见的多样性源自于原居住地,尤其是对于第一代移民而言。我们的学前教育体系对有孩子的移民家庭进入当地社会开启了一扇特别的大门。这些孩子如同强有力的引擎,他们以十分原始的方式理解社会,他们期待一个公平的接纳社会,认为大家应该相互了解,共同生存,彼此不能相互抵制而只能互相帮助。瑞吉欧的学校所施行的教育方式全面实践着"一百种语言"的理念,并努力在学校中与不同时代的人和来自不同背景的人们之间建立联系。一个参与学校生活的移民家庭的母亲成了地道的瑞吉欧妈妈,因为她的心里不仅仅回应她自己的孩子,而且关心她所生活的环境。她完全地、轻松地、好奇地融入了这个城市。

图 4-2 妈妈们聚集在市中心的公园里

甘第尼:你们市政府优先开辟城市中的步行区,让市民们流连忘返,小坐休闲,享受瑞吉欧·艾米利亚的广场和喷泉。为什么这些很重要呢?

德洛里:您今天看到的正是我们的市民所赞赏的,这都是我们在决策原则的启发下,长期开展有目的的、专注而热情的研究与分析的结果。这个决策的原则是:社会应尽可能让人们拥有自己的空间,即公共场地。但是把空间还给市民是不易做到的事,很多年来,城市所做的事其实恰恰相反,使得空间越来越被私人占用,公共场地却越来越少——有时某些人只考虑到空间也是金钱而占为私有,有时让空间成为边缘地带,没有身份,充满停放的车辆、垃圾桶或标牌。

我们开始按照一种把城市看作社会的计划来做,把市民放在考虑问题的中心。我个人希望,我们的城市是一个欢乐的城市,是一个可以共同生活和以亲切自然的方式占据空间的地方。我们已经做了大量的工作,克服了许多困难和根深蒂固的弊端。必须改变以往运用空间的方式,而要赋予它们质量和价值。许多市民包括私营业主、店主和商人都曾提出了丰富的意见和建议。设法让儿童、老人、残疾人和其他弱势人群能够方便而安全地步行,并轻松地识别方向。我们要创设直观的、无障碍的、能邀请人们坐下来歇息的空间,或乘凉避暑的地方,或许还应该有个方便的咖啡厅,何不再放上一张会发出音乐的长凳呢?

最让我满意的莫过于看到一旦这些空间得以重建和改进之后,人们就立刻开始自如地生活于其中,就好像这些地方原本就是如此。每每看到市政大厅附近新建喷泉旁孩子们的尽情嬉戏,我都会觉得很感动。每当项目竣工之后,一个被重新征服的人气盎然的美丽场所出现在眼前时,看似简单而不起眼,其实却不然。就像诗里所描述的,越是美丽而简洁的事物,就越可能蕴含着更为深邃的思想和艰辛的努力。

甘第尼: 您如何看待把世界各国的人们都吸引到你城市来的教育发展趋势?

德洛里: 作为瑞吉欧·艾米利亚的市长和公民,我对于我们具有的杰出的高质量学前教育系统感到非常自豪。我也为那些致力于推进这个教育系统的人们感到自豪。他们是这个系统的中坚,同时肩负着培育新一代的任务,使儿童长大后能具备同样的动机和热情。

虽然曾遭到一些非议,但我相信自己的关于发扬光大该系统所作出的选择:"请注意,这是我们的首要任务。"我之所以这样做,是因为人们往往会变得习惯于已有的良好常规而不再去注意它,而这种想当然的倾向,却包含着失去这些良好常规的危险。我们的城市形象代表是闻名世界的教育系统,主张自由开放地接受差异和持续不断地开拓对话与交流的潜力。我相信,我们所有知识机构之间的关系可以变得更为密切,包括公立学校和大学。正因为如此,我们才开始创建一个称为"教育论坛"的共享环境,尽可能多地涉及本市所有的教育机构。教育论坛应在关注社区的密切关联、共同生活的同时,扩大所有社会阶层的知识获取量。

  我认为教育体系是我们这个城市最重要的社会资源,它能推进经济的发展,例如在旅游、出版、科研、建筑、设计和文化活动等方面,这些都会在儿童中心用一百种语言表达出来。当然,马拉古齐国际中心、瑞吉欧儿童,以及我们的婴幼儿中心和幼儿园等,都旨在开展永无止境的探索、对话。这是在该方法诞生时便产生的精神;这是罗里斯·马拉古齐想要我们所有人都达到的幸福港湾。所以,在其他人沉溺于现实之时,我相信一切拥有技能的人和热情的人们都会保持持续地学习,保持好奇并不断前行,使得这个方法得以持续下去,成为特殊而宝贵的人类财富。

参考文献

  Conrad, J. (1907). *The secret agent.* Online at Project Gutenberg Etext 1997.

  Fryer, B. (Ed.). (2007, March). The ethical mind: A conversation with Howard Gardner. *Harvard Business Review*, pp. 1-5.

  Mill, J. S. (1869). *On liberty.* London: Longman, Roberts & Green.

第 5 章

瑞吉欧·艾米利亚：
一个转型中的城市

桑德拉·皮奇尼尼　克劳迪娅·朱迪西

> 这座城市是大自然和人类的舞台，所有的市民都是演员：有男有女，有老有少，日复一日见证着城市景观的变迁。这个舞台充满活动、集市、宗教及民间庆典、研讨会、贸易和音乐。（Piccinini, 2002, p.13）

一段历史悠久且充满冒险的旅程将早期儿童教育与瑞吉欧·艾米利亚这个城市联系在一起。这段不同凡响的冒险活动的主角是一群妇女，当然也有男人，他们日复一日充满智慧和激情的工作使得冒险成为可能。由于社会

本章内容节选自 2010 年莱拉·甘第尼对克劳迪娅·朱迪西的采访，由莱拉·甘第尼翻译，同时发表于参考文献中所提及的出版物，由编者更新、整理。

发展的日新月异和关于儿童发展研究成果的推陈出新,这段经历不断被更新,延续至今。它有时让人因为种种困难而倍感挑战,但是更多的是给儿童带来愉悦和学习,给城市未来播种希望,同时在儿童和城市之间制造不间断的对话。

我们的历史充满刻苦努力和快乐,也充满冲突和持续不断的讨论。加德纳就曾注意到,"在一个动态实体内,不可能没有冲突",这理所当然是真实存在的。比方说,和天主教堂处理关系绝非易事,特别是一开始的时候(本书第2章)。市级多数派和少数派代表的政治冲突一直是件具有挑战性的事情,时至今日还是如此。

公元前2世纪,罗马人建立了瑞吉欧·艾米利亚,这里也是1797年意大利国旗诞生的地方。瑞吉欧·艾米利亚人总是具有一种极其独立的性格。在20世纪,瑞吉欧·艾米利亚的市民在抵抗法西斯纳粹侵略的运动中发挥了重要的作用,因此这座城市也因其英勇善战而被授予意大利国家最高荣誉勋章。城市里多处纪念碑就是为了共同缅怀这座城市历史上的这段重要时期。

瑞吉欧·艾米利亚位于意大利北部的波河流域,目前是欧洲最发达的工业化地区之一。但直到50年前,这个地方还是以农业为主。由于目前瑞吉欧·艾米利亚是一个高度工业化的城市(主要是时尚业和农产品加工业),它和意大利新的高速铁路网络相连接。该城市深受欢迎的烹饪和最重要的农产品,即帕马森(Parmigiano Reggiano)优质乳酪和蓝布鲁斯科(Lambrusco)泡沫葡萄酒,在全世界极负盛名。

和世界上处于发展时期的很多城市一样,瑞吉欧·艾米利亚也是一座转型中的城市,经历着快速的社会变迁。在发展进程中,这座城市从其固有传统转向推陈出新,那些崭新和陌生的事物不断出现。从城市景观和建筑的变化可以看到这种转变的迹象,但更为深刻的转变在于社会文化的变迁,而这往往是难以被人们所察觉到的地方。

一座快速成长的城市

瑞吉欧·艾米利亚是座成长中的城市,现在拥有比以往任何时候都多的儿童、老人和移民。1991年,那里约有13.3万居民;而在2009年,居民数字是16.7万。在过去20年,增长的人数突破了3.5万。增长的主要原因,第一是意大利以及整个欧洲人类预期寿命的延长;第二是瑞吉欧·艾米利亚有别于相邻城市的出生率增长;第三是由于经济原因吸引了来自意大利南部和很多欧洲以外其他国家的劳动力,由此带来了显著的移民人口增长。

让我们来深入探究一下这些因素。欧洲的人均预期寿命的延长意味着老年人数在整个欧洲大陆呈上升趋势,现代人的平均寿命女性为81岁,男性为75岁,而在意大利,女性平均寿命为83岁,男性为77岁。寿命的延长意味着我们城市越发趋向老年化社会,今天的意大利有26%的人口超过60岁,而16%的人口低于18岁。

图5-1 瑞吉欧·艾米利亚是一座有远见的城市,有很多新居民和新建筑

瑞吉欧·艾米利亚出生率的上升开始于1986年。曾几何时,瑞吉欧是意大利北部出生率最低的城市之一。事实上,意大利是以出生率低而著称的国家。意大利的生育率从1965年的2.67跌至1994年的1.22,进而降至1998年的1.19(意大利经济合作发展组织评审小组,2001)。这一趋势是包括瑞吉欧·艾米利亚在内的全国性的普遍现象,儿童出生率的下降覆盖着整个20世纪70年代和80年代的上半时期。然而,出生率有一度呈现上升趋

势,目前又重新回到70年代的水平。

　　2008年大约有1900名儿童在瑞吉欧·艾米利亚出生,超过了2007年已经居高不下的数字,城市呈现低龄化趋势。2009年,该市0到5岁幼儿占总人口的6%,比艾米利亚·罗马格纳其他地区要稍高一些。

　　和整个欧洲的情况一样,瑞吉欧·艾米利亚人口增长的主要原因是移民。在该城市,2009年14%的人为非意大利人,这一比例比周围其他城市都要高很多。总体上来说,移民比其他人口都要年轻,儿童的数量占据很大的比例。2008年,出生在瑞吉欧·艾米利亚的儿童中29%为非意大利籍公民。然而,接纳同化的社会现象一直在这座城市中发生。今天,大约三分之一的跨种族和跨文化婚姻,父母中至少有一位是非意大利人的现象比比皆是。在该城市定居的人群中,除了意大利以外最常见的外来者来自于阿尔巴尼亚、摩洛哥、中国、戛纳、乌克兰、图尼西亚、埃及、尼日利亚、罗马尼亚以及许多其他国家。对于市属婴幼儿中心和幼儿园中就读的幼儿,他们最常见的出生国包括尼日利亚、摩洛哥、戛纳、阿尔巴尼亚和图尼西亚。

一座转型中的城市的新机构

　　面临这些改变,这座城市正经历着一些重大的创新性变革。对于若干政府决策有很多需要考虑的问题,这些顾虑是否源于一种恐惧,害怕失去我们已经拥有的东西?像瑞吉欧·艾米利亚这样拥有良性经济体制和积极社会体系的城市或多或少存在保守自满的现象。我们相信我们的任务就是和所有倾向保守运动的势力作斗争。

　　现在比以往任何时候都更适合做的是,承认和肯定幼儿园和婴幼儿中心是家庭构建重要社会文化关系的公共场所。学校应该促进团结与整合,减少儿童和家庭的孤立现象,家长参与学校活动代表了一种市民奉献,通过这种奉献活动市民身份得到认同,从而稳定和加强了社会的凝聚力。

蒙迪那和瑞吉欧·艾米利亚大学

　　首先,我们必须为我们的每一个公民投入更多的文化投资。我们体会到,市民的人文和教育水平越高,他们就越有能力应对多样化、多元化社会的复杂性。在瑞吉欧的发展历史上，良好的公共设施和动态经济（每12个人干一种行业，1 business for every 12 people）保证了系统的社会凝聚力和发展。瑞吉欧·艾米利亚的失业率很低，然而，该城市也面临一个新的挑战，不仅因为大量的移民，也因为市民接受高等教育的水平不高，拥有高等大学学历的居民不到一成。

为了应对这个现实问题，瑞吉欧·艾米利亚市成为蒙迪那和瑞吉欧·艾米利亚大学的选址城市，受到当地经济团体的支持。这所大学同时面向两座城市的居民开放，开设了农业、艺术人文、生物科学、商业经济、公共交流、教育、工程、法律、数学和自然科学、医学和药学等专业，并配备各个领域的教职人员。

罗里斯·马拉古齐国际中心

从多方面来说，瑞吉欧·艾米利亚作为一座新型的城市而存在。这个新型的瑞吉欧将在接下去的几年里通过城市区域的开放变化而愈加突显城市特色，这些转变即成为转型的主要标志。主要的转变位于城市北部的大型传统工业区域。瑞吉欧·艾米利亚市政府买下当地一所陈旧的工厂并建造了一所"舞蹈之家"。他们也买下了洛卡泰里年代久远的乳酪工厂，改建为罗里斯·马拉古齐国际中心。世界上很多城市目前都在将废弃的工业场所转换性质寻找全新的用途。瑞吉欧·艾米利亚也试图为这些场所寻求一种全新的人文用途，使文化变成"有生产力"的影响。上一个世纪的工作场所转型成为今天幼儿教育工作与研究的场所，强调实践和思想同步开展。

对于我们这个城市和我们的学校，马拉古齐国际中心是保证幼儿教育质量和教育承受力的唯一正确选择。毫无疑问，质量和承受力的水平直接关系到其他学校的发展水平。国际中心的质量通过它所提供的人文科研机会和国际交流为儿童服务业不断注入活力。质量成为我们整个系统的保卫、防守，以及安全和拓展的源泉。比如在1991年的《新闻周刊》（Newsweek）杂志上，戴安娜幼儿园被评为"世界上最好的学校"，强有力地帮助我们有效阻止了政府机构试图减少为儿童提供服务的政治企图。我们一如既往地让在瑞吉欧·艾米利亚产生的教育性对话保持着国际化的维度，而今日的国际儿童中心赋予了国际对话更多的价值和威力，也为城市的幼儿教育系统注入持续的活力。

此外，幼儿园和婴幼儿中心的高品质为瑞吉欧儿童和马拉古齐国际中心提供双向互惠的教育活力。学校成为母体——好比"DNA"基因——使它们甚至影响到学前儿童阶段范围之外，学龄儿童的范围之外，甚至这座城市的范围之外。这些成就了早期儿童的文化，也成就了国际中心的信度，使来到瑞吉欧的访问者有确凿的理由憧憬一种非同一般的优质学校和高品质的早期教育。

重新定义这座城市对其最年轻公民的承诺

由于大量移民，瑞吉欧·艾米利亚有史以来第一次面临不同文化之间的碰撞。我们担心一些长久居住该市的居民对此碰撞会有害怕的反应，他们会害怕改变，害怕失去自己熟悉的生活标准和社会规范。我们也意识到，当人们感到被社区排除在外，产生冲突的风险也随之提升。出于这个原因，我们努力为我们社区的所有儿童创办教育公共服务——这一决议受到格拉齐亚诺·德洛里市长的极力支持。早在前一任市长安东内拉·斯拜吉利亚（Antonella Spaggiari）执政时，对人口转型的回应就已经开始。斯拜吉利亚市长认为要避免恐惧的情绪在社区中发展，重要的是加强与家庭的透明而公开的对话。她筹办了许多会面与访谈活动，地点就在婴幼儿中心和幼儿园里，活动的主题围绕瑞吉欧·艾米利亚的家庭和劳动力的变迁展开。

我们时常探索如何保持市民在该城市的深度参与。在这些伟大的变化中，有必要重新定义我们和市民的协议，因为我们不能将我们认同的价值观想当然地强加于他人身上。北美社会也曾经一度面临这样的现实挑战。然而我们知道世界上并不存在放之四海皆有效的管理模式与发展策略。每一个社区必须通过经验交流找到自己与其他社区相关联的独特方式。

要在一个发展中的城市里持续保持公民的高度参与是一个难题，如果期待这种市民参与活动能够带来对社会不断创新和更新的变化，那么参与的形式必须不断改变。20世纪70至90年代，市属婴幼儿中心和幼儿园的儿童及其家庭创立了家长参与幼儿教育和城市管理的有效策略。这些积极力量和有效做法可否延续下去？我们相信它们可以有效地延续，并且我们已经通过网络管理，更新了家长和市民参与学校的顾问委员会和跨际议会的名单。

在瑞吉欧·艾米利亚，0到3岁的婴幼儿中有41%（1830名儿童）接受早期教育，在意大利属于接受早期教育比例最高的地区之一。3至6岁的儿童中有90%（共4783名儿童）接受幼儿园教育。对于一个发展中的城市，最好的服务种类有哪些？多年以来，幼儿教育服务对社区的文化发展作出了巨大的贡献。今天在一个多种族社会，这些服务必须肩负全新的更为重要的社会任务。它们必须重视差异而不是恐惧差异，它们必须为所有人提供机会而不是拒之门外，需要提供更多设施，从而保障所有人都有权利接受教育而不会被排除在外。

当世界经济处在结构性危机的阶段，投资幼儿教育更加彰显我们决意为未来创建稳固的经济、文化和社会基础。这种投资的智慧与胆量体现在无数的全国性和国际性研究中。我们主张教育是一种权利，而不仅仅是一种普通的需求或兴趣。鉴于这种源自历史经验的主张，久而久之，瑞吉欧·艾米利亚市政府部门为0到6岁儿童创建了一种综合性的公共教育服务系统。这些服务不仅包括市立及合作性的婴幼儿中心，也包括市营的、全国性的、合作性的幼儿园，以及意大利联邦天主教举办的幼儿园。此外，市政府选择将教育作为这座城市的战略性任务，对经济、社会和文化的发展起到了至关重要的作用。

这种综合性的公共教育服务体系将其"公共性"体现在制定特殊的协议，责成各类相关机构参与幼儿教育。例如，这种协议可以是参与许可的标准，涉及性别、性取向、种族、宗教信仰，和文化社会根源等等。协议也可以涉及共享的质量参数，这些参数由社区构建，受制于城市议员中的权威人士和（通过委员会）参与的家庭。这个系统将来自本市和周边地区的各种力量和职责整合起来，通过合作建立协同的作用，在知识和经验的互动中对儿童受教育的权利作出响应，也将进一步提高婴幼儿中心和幼儿园的教育质量。

从历史上看，幼儿服务涉及多种组织机构。不同的是，我市选择创建一个综合性的公共服务系统以确保不同机构的参与，通过共同协议互相制约，各负其责。持续的社会性参与选择使得这种改革服务系统可以逐步满足来自各种层面的要求。通过对话和交换，也通过投入私有的、市政的和全国性的资金，大大提升了服务的数量和质量。我们也成功地协调了婴幼儿中心和幼儿园角色职责的相互冲突，建立了一种幼儿文化并促进了社会福利制度的完善。瑞吉欧·艾米利亚市的综合性公共教育服务系统建立在儿童受教育权利的原则基础之上,基于我们坚持的共享信念而繁荣发展,这种信念在今天依然至关重要。这些信念是现在和未来做出选择的价值观源泉。这些价值观包括:

- 儿童、家庭和教师的权利相辅相成。服务的存在及其质量有赖于合作的态度,为所有相关者赢取最大的福利。
- 市政府的角色。作为集体"技术策略"的诞生、社区传承,以及研究和创新的源头,市政府的角色及其责任是系统质量的基本保障。
- 教育组织。各种社会成员和家庭成员共同参与到教育服务中来,保证了教育在社会性意义方面的质量。
- 灵活应对儿童和家庭的需求。服务的时间安排灵活应对家庭的不同需求。然后,这种灵活性服从于儿童和家庭一体化的权利,保留足够的共享时间促使社区群体的诞生。群体中的人们懂得如何一同学习。社区是一种目标,也是为各年龄儿童从他们最开始的生命历程就赋予的一种价值观。

图5-2　为儿童和家庭提供的新服务对生活质量有重要意义,光线艺术工作室是罗里斯·马拉古齐国际儿童中心的一部分

机　构

2003年，一个公立兼私立系统正式建立，为我们社区中的儿童提供良好的教育。这个系统就是瑞吉欧·艾米利亚市属婴幼儿研究与管理机构——瑞吉欧婴幼儿研究所（Instituzione Scuole e Nidi d'Infanzia），它的建立宗旨是为0至6岁儿童教育机构提供服务，主要是进行规范管理和有效监督。在意大利法律中允许通过专业机构来提供公共服务，而瑞吉欧市属研究所的独创性在于是该市第一个参与学校具体事务管理的机构。

我们相信这种机构是最佳的组织形式，可以保证新诞生的学校实体的自主权和自收自支的义务，尽管市政府也需尽各种责任和义务。这种机构只为0至6岁儿童服务，至今，所有提供各类幼儿教育服务的学校都是通过这个机构来组织管理，其长期的目标是为保证每个儿童都在这些服务覆盖的范围之内，无一例外。为了达到这个目标，市政府领导必须意识到城市在不断转型发展过程中的本质特征，了解社区里人们的生活状况，也需要知道如何对我们共同的城市文化和社会的发展作出贡献。我们相信，理解历史对理解我们的现在和未来至关重要。市政府有责任为城市的新居民和新经济现状而服务。我们必须不断探索有关儿童和家庭的新策略，以保证社区的参与度始终不变。一直以来，这些都是作为城市的这段历史标志性的特征。

现在，我们的机构已经成为服务于80多所幼儿园，超过6 000名儿童的服务实体（研究所，2010）。

市立幼儿园和婴幼儿中心

这一机构直接管理21所幼儿园（为3至6岁儿童提供服务）和13所婴幼儿中心（为0至3岁儿童提供服务）（Instituzione，2010）。所有21所幼儿园和9所婴幼儿中心是全日制（早上8点到下午4点）。其中为大多数儿童提供下午延长服务（延至下午6:20）和早晨提早开门服务（从上午7:30开始）。这些服务面向那些出于工作原因有此需求的家庭。3所市属婴幼儿中心是半日制（从上午8点到下午1点）。学年从9月1日开始到第二年6月30日结束，其中圣诞节期间放假2周，复活节放假1周。7月份，幼儿园和婴幼儿中心还会设立特殊暑期班,为有特殊需求的家庭提供服务。

合作中心

研究所同时监管大约 15 家附属企业,而且这一数字还在上升。这是新创导的商业培训和家长管理的结果。首个公立兼私立风险投资合作组织于 1986 年在瑞吉欧成立。在 20 世纪 90 年代,这些早期的合作组织由具备商业培训经历的年轻女性合作小组参与而成。"瑞吉欧儿童"(瑞吉欧儿童组织)为意大利的年轻妇女开设一门课程,为她们提供在教育领域中的新工作机会。同时,也谱写了家长管理社会这一趣味盎然的经历。

为拓宽幼儿接受优质服务的机会,特别是针对 3 岁以下的婴幼儿,20 世纪 80 年代末到 90 年代在瑞吉欧·艾米利亚兴起的合作式早期教育项目是一项主要的应对举措(Gandini & Kaminsky, 2007)。这一机构下有十五个附属项目,由各种社会合作组织(比如 Coopselios, Pantarei, Sila 和 Totem)管理。有些是全日制,有些是半日制,一般的学制都从每年的 9 月至来年的 6 月。一般合作社均为合法的正规组织,是经过法律批准的,合作组织和机构之间的关系通过合同协议进行管理,同时这些合同协议也规定优质服务的要求和本质特征,比如校历、员工资质、师生比例、家庭支付的每月费用和家庭参与方式等等。瑞吉欧·艾米利亚市政府会投入部分资金给这些组织,但不会在经济上操控他们。职业发展嵌入教师每周的工作日程表中,教师的专业发展可以在组织中心内开展,也可以和来自市属幼儿园和婴幼儿中心的教师们一同开展。这一合作网络是一种功能日益加强的整合体系,增强了合作组织和市属中心学校的交流机会。参观者来瑞吉欧·艾米利亚的学习参观行程通常包括去合作组织中心进行观察访问。

多年以来,持续上涨的公立幼儿教育的费用是国家所担忧的一个问题。然而,同时又有更多的家庭寻求优质的 0 至 3 岁儿童看护服务。在意大利的一些城市中,进入婴幼儿中心的儿童约占总数的 25%(这和 2007 至 2008 学年瑞吉欧·艾米利亚区域的数字持平),但意大利半岛南部和北部的教育水平分化相当严重,因此在意大利全国范围内 0 至 3 岁的婴幼儿接受早期教养的平均比例仅为 10% 左右(Instituzione, 2010)。这就是意大利的基本现状。

由于这座城市延续了超前的激进式社区参与式管理模式,其优质幼儿教育闻名全球,并有着强大的合作服务和志愿者服务的传统根基,所以自始至终都存在对新型社会发展和转型期社会的强烈兴趣。最近,又有一项举措出台,寻求新的方式去支持和给予幼儿发挥创新潜力的机会。

总　结

当然,对于一座拥有如此庞大而组织严密的教育系统的城市来说,要维持所有管理网络的正常运作,确保幼儿教育质量全面均衡地发展,并保证其研究性和专业性的发展,同时对各类可能的多样化需求作出回应,这是相当具有挑战性的。我们面临困难的时期提出制定教育合约的必要性,以适用于涉及所有方面的问题,包括教师和员工、家长、行政人员、机构组织,以及国际化网络[①]。从理想角度说,这样一种合约将为服务体系保驾护航,并加强为全体儿童教育权利提供公共教育服务机制持续发展的保障。可持续发展不仅意味着保存经济资源,也意味着滋养现存的文化遗产,永久流传下去并为子孙后代所传承。

注释

① 2011 年 9 月 29 日,瑞吉欧儿童基金会——罗里斯·马拉古齐国际中心建立,通过国际交流、研究和参与改进自身质量元素,其宗旨是促进一种瑞吉欧·艾米利亚地区和世界范围内所有人的教育。

参考文献

Gambetti, A. (2002). The evolution of themunicipality of Reggio Emilia: An interview with Sandra Piccinini. *Innovations in Early Education: The International Reggio Exchange*, 9(3), 1 - 3.

Gandini, L., & Kaminsky, J., (2007). Cooperative early childhood education services in Reggio Emilia: An innovative solution for a complex society. *Innovations in Early Education: The International Reggio Exchange*, 14(1), 1 - 13.

Istituzione Scuole e Nidi d'Infanzia, Municipal Infant-Toddler Centers and Preschools of Reggio Emilia. (2010). Documents: (1) *Infant - toddler centers enrollment school year 2009—2010 for children born in 2007, 2008, 2009*; (2) *Preschools for children enrollment school year 2009—2010 for children born in 2006, 2005, 2004*. (3) *Historical notes and general information*; (4) *Scuole e Nidi* d' *Infanzia Istituzione del Comune di Reggio Emilia*: *Bilancio Sociale* 2008.

Organization for Economic Cooperation and Development Review Team forItaly. (2001).

OECD country note: Early childhood education and care policy inItaly. Available at http://www.oecd.org/dataoecd/15/17/33915831.pdf.

Piccinini, S. (2002). A city, its theater, the children: An ongoing dialogue. In V. Vecchi (Ed.), *Theater curtain*: *The ring of transformations* (pp. 12 – 15). Reggio Emilia, Italy: Reggio Children.

Piccinini, S. (2005). Projecting toward the future of a changing world with respectful consideration of the past. *Innovations in Early Education*: *The International Reggio Exchange*, 12(4), 1 – 9.

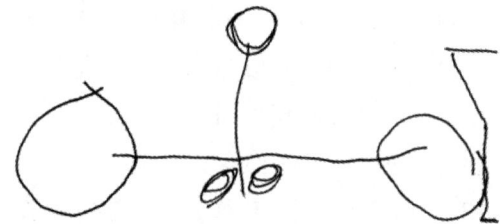

第 6 章
微观主题活动和宏观教育政策：
借助于关系的学习

彼得·莫斯

地方经验　全球影响

瑞吉欧·艾米利亚及其学校系统在早期保教工作与早期儿童教育方法的理论与实践方面做出了不朽的贡献。该教学法重视关系和倾听儿童的心声，基于"儿童的一百种语言"的理论，在教学过程中适时记录，以及重视发挥

笔者在本章使用"早期教育与保育"这一提法，因为它是目前国际上广泛用来表示从出生到5-6岁儿童保健和教育全方位服务的概念。笔者更倾向于使用幼儿教育这个词，它在最广泛的意义上作为一个整体概念，涵盖学习、保健和全面福祉的意思。诸如新西兰等国家，就是在此意义上理解幼儿教育的一体化（Kaga, Bennett, & Moss, 2010），在瑞吉欧，我相信也是如此，市政府已将早期儿童服务融合进综合教育系统之中。

艺术资源教师和教研员等专业人员的创新引领作用。所有这些使其形成的巨大影响远远超越了意大利这个中等城市原本的能力。世界上很多国家的许多人都因瑞吉欧·艾米利亚的经验而备受鼓舞并努力实践之。

有一些国家受到的影响尤其强烈。例如，一位瑞典资深管理人员在撰写瑞典学前教育史时曾提及瑞吉欧·艾米利亚方法在瑞典学前教育领域所引起的"崭新的思路"（Korpi，2007）。同样，由国际经济合作与发展组织（OECD，2006）编撰的关于20个国家的儿童早期教育和保育的最终报告，对瑞吉欧·艾米利亚的教学工作予以高度评价并承认其在全球的影响：

瑞吉欧·艾米利亚的影响目前在13个国家中形成网络，尤其是通过开展实验、研究以及对民主实践的教育反思而不断扩展。瑞吉欧幼儿园受到其社会和历史背景的强烈影响（意大利法西斯主义的后果），并关注"坚持认为儿童能自己思考和行动的观点"（Dahlberg et al.，1999）。为了儿童及其自由，瑞吉欧反对显性教育，例如将早期教育服务看作是产生某种预定结果的地方，不与教师员工和家长讨论，或者不关心幼儿的兴趣、经验和选择。瑞吉欧采用的"倾听教育法"尊重儿童理解自己经验意义的努力，与当前逐渐占主导地位的重视教育的传播性与繁衍性，或为入学做准备一样（Rinaldi，2006，p. 64）。

然而，我想，在本章除了进一步探讨令人鼓舞的高质量教学工作以外，还涉及瑞吉欧·艾米利亚所具有的更深层次的重要意义与缘由。我想辨明，瑞吉欧·艾米利亚是民主经验主义的重要范例，也就是说，这是一个愿意从事探索集体创新实践可能性的社区。我还考虑到，瑞吉欧·艾米利亚是否可能对国家与地方在教育方面的关系及其连贯性和多样性，以及对建立在参与性民主与教学实验基础上的地方政府微观建设与国家宏观政策之关系等方面，具有重要的参考价值。

现状：更多的服务，更高的标准

今天在许多领域中，早期儿童教育和保育已引起了政治家和政策制定者的普遍关注。2002年在巴塞罗那首脑会议上，欧盟提出的目标是到2010年，3岁至法定义务教育入学年龄儿童的入学率至少达到90%，而3岁以下的婴

幼儿入园率至少达33%。事实上,早期儿童教育和保育的增长目前已成为全球性的趋势:

学前教育在全世界的普及率一直稳步上升。2006年大约有1.39亿儿童进入学前教育计划,而在1999年仅有1.12亿。2006年发达国家入园率平均为79%,发展中国家约为36%。(United Nations Educational, Scientific and Cultural Organization, 2008, p. 50)

这种增长受到劳动力市场需求的影响和普遍的信念推动(我相信是社会基于过于乐观的对早期干预影响力的推测),即相信早期儿童教育服务可以解决很多国家所面临的社会经济问题,他们因为生存而挣扎在日益激烈的全球经济竞争之中,处于自20世纪70年代以来新自由主义回潮而引起的减少社会不平等的动荡斗争之中。其结果是早期儿童教育的高科技化,寻求发现和运用强大的"人的技术"(Rose, 1999),以确保预定成果的最有效的传递。搜索"何为有效"并未与公众讨论的关键问题相提并论,如技术解决方案,又如什么是教育的问题。正如格尔德·比斯特(Gerd Biesta)的观察:

一个民主社会的教育目的,恰恰并非确定不变,而总是成为讨论和审议的主题,目前在许多西方国家的政治气候已经越来越难以保持一个关于教育目的的民主讨论(2007, p. 18)。

关于民主的讨论,涉及知识和学习,教育本身的概念,以及儿童、教师和幼儿教育机构的形象等方面,其难度可能更大。

在日益成为主导优势的管理主义思潮支持下,过多地使用工具性和技术性的实践,导致越来越多的儿童在获得学前教育服务的同时,也伴随着不断增长的对教育结果的标准化处理方法。芬德勒(Fendler)描述道,在这个过程中,预定的结果成了高于一切教育活动的主导,当她观察到:

由于发展目标已定,因此,任何不同于特定的正常适宜发展的功能或特定的主题,也就不存在理论上的可能性。因而灵活性的概念便可能属于互动的过程。然而事实上有可能造成缺乏弹性或结果的多样化。(2001, pp. 133–134)

我们生活在一个超个人主义的时代,充斥着刺耳的说辞与"选择"和"多样性"。然而,其实我们的经验是无与伦比地符合通用规范,质量管理,精益求精,成果的规范语言表达,评估,基准,诸如此类等等。尽管世界具有复杂性、多样性和应变性,我们却把面临的一切归结到预定的类别之中,把"其他"都视为"相同",而对于其他不熟悉和非常规的东西,既然不适合这些既定的类别,要么被克服,要么被忽略。

瑞吉欧:一个地方性民主实验项目

在基于科学发现和管理都只有唯一答案之信念的标准化和规范化背景下,瑞吉欧当地的项目及其对全球的吸引力才显得如此重要。因为它充分体现了发展儿童早期教育的另一种方法,确信无疑,任何教育都是民主经验主义在当地的或微观(具体)的教育实验。必须补充说明的是,民主经验主义并非是我们首创,这里只是借用巴西社会理论家罗伯托·昂格尔(Roberto Unger)的观点,他认为:

提供公共服务必须是一种创新的集体实践……它不再发生在我们目前所理解的通过由上而下机械传输的生产效率创新,它只能通过组织一个由下而上的集体实验实践才能发生……民主并非只是主张体制创新形式之中的一种。它是最重要的形式。(2005a,pp. 179,182)

昂格尔认为,这种经验主义是"高能量"的民主,鼓励高层次的有组织的公民参与形式,从而释放与提高人的创造力,和"旨在加强我们的实验能力——尝试在我们之间寻求另辟他径的实施能力。"(Unger,2004,lxxii)。正如瑞吉欧的教学工作从丰富孩子的形象开始一样,昂格尔树立了丰富公民的形象:"承认普通男女公民的才干,是民主的核心原则"(p. lxxii)。

昂格尔的关于民主经验主义的讨论,是关于如何改革当代社会赋予人类权利的设想更广泛的项目的一部分。他提出了革命和改革这两种风格的政治革命,具有突如其来、暴力和全盘改变等特征,例如在国家危机时用全面管制替代体制秩序。改革,即对公众忧虑的问题采取某些边缘性的和非本质性的回应,他对之描述为"悲观的改良主义","我们保留的人性化必然"(Unger,1998,p.20)。相反,他认为"激进的"或"革命性的改革"采取步步为营的结构性变化,导致逐步累积的实质性变化:"激进的改革将解决和改变社会的基本安排:其形成的结构,机构和颁布的信念。这是改革,因为它每一次只涉及这种结构的某一个部分"(Unger, 1998, pp. 18 - 19)。他的理想核心是"在哪里"的问题,突显一个明确的方向性需求:"纲领性的信念",他建议,"是一个方向,以及随后的操作愿景"(Unger,2005a,p.164)。

在这个大背景下,民主经验主义被视为对改革作出贡献的一种方式,通过探索可能的"下一步骤",迈向美好的生活愿景,此愿景提供了方向,但自身还会作出修订;无论是手段还是结果都不是固定不变的,而是向新观点、新认识、新关系的开放。我的中心论点是,瑞吉欧的教育项目一直是这样的民主经验主义的持续的重要的例子。事实上,瑞吉欧本身一直强调以民主和实验作为其核心价值观,并一直通过民主和实验的实践加以表达。

民主是一种在各个层面的治理形式,不仅如此,这也是一种与其他人共同生活的方式,一种主体性的形式。瑞吉欧提供了许多方面的关于民主的例子,我将其概括为民主学习、民主决策、民主评价(关于民主含义的全面讨论,以及在早期教育中如何实践民主的问题,请参见Moss,2009)。举个生动的例子,马拉古齐的传记中这些民主的概念所作的教学文档记录写道:

图6-1 孩子们喜欢爬城市广场的石狮子

我相信,这种做法的背后,是一种透明的学校和透明的教育思想的道德观念……一个政治理念也由此出现,即学校都必须拥有公众知名度,作为"回馈"为之投资的城市……其所有不同形式的文件,都代表了交流与共享的对话工具。对于马拉古齐,它意味着进行讨论的可能性,以及与"每个人、每件事"进行交流。(Hoyuelos,2004,p.7)

卡利娜·里那第(2006)对这种做法作出类似的评论:"共享文档记录,意味着参与一种真正的民主行为,在校内校外维持儿童的文化和知名度:民主参与,或'参与民主'这是交流和知名度的产品(p.59)。"

这里所提及的与瑞吉欧有关的实验,不应与某种特定形式的严格控制变量和消除替代假说的实验方法相混淆。而实验的价值,在这里可以理解为生活中带来新的东西,可以是一种思想,也可以是知识,主题活动,服务,或有形产品。它表达了一种意愿或愿望,其实是一种发明,即从不同角度思考,想象,并尝试不同的做事方式。它是由愿望超越现实,冒险进入未知,而不受人们所熟悉的,预计的规范约束:"实验总是从过程中创造出崭新的,显著的,有趣的,取代表面真理的东西,并且比以往更为人们所需要。"(Deleuze & Guattari,1994, p. 111)。实验是开放的结构(避免封闭)、开放的思想(接受变化)和开放的心理(接受差异)。

这种观点标志着瑞吉欧的儿童教育实验,可以理解为通过基于主题活动和"倾听和互动关系的教育实践",集体共建本土化体系的一种城市学习形式,它引导着学校中儿童和教育工作者之间的相互关系。这种教学方法将儿童和成年人同等对待。

理解意为慎重的考虑给出解释,就是所谓的"解释性理论"即对世间的某些事物或事件的意义给出一个满意的交代,也就是具有满意感的理论……虽然也是暂时的。它不是一个简单的想法或一组想法,必须是令人感到愉悦的、有说服力的、能够满足我们的智能、情感和审美的需求。也就是说,它必须给我们一个能产生美感和满意感的整体意识。

在某些方面,如果可能的话,理论也必须适用于他人,需要听取他人的意见。这使得它可以从个人的观点转换成为一种大家共享的东西:我的知识和我的身份也是由其他人构建的。共享理论是对于不确定性和孤立性的反应。(Rinaldi, 2006, pp. 113 - 114)

因此,实验不能没有价值取向,它的方向便是对于"我们在哪里"这个问题的回应,涉及与现有的理论(在多种领域和多种方式的范畴,正如瑞吉欧充满热情地实践着的)有关的工作,同时也创建新的知识。这不是公式化,也不缺乏严谨性。个人的观察、解释与理论,应该受到他人的尊重,但理所当然会受到质疑、批判和争论。我们听取和遵循了埃德加·莫兰(Edgar Morin)的告诚,"在情景中思考和思考特定的情景,创建重新链接那种脱节和分割的思维,为了团结而尊重多样性,并尝试识别这种多样性的相互依存关系"(Morin, 1999, p. 130)。

瑞吉欧的整个教育项目是一个在多层次上运作的实验例子。在瑞吉欧,全市市民民主地决定着对幼儿教育的责任感,用这种方式来试验其和开展相关的教育项目,从"我们的孩子们的形象如何?"这个关键问题开始启动。在学校和团体的水平,该项目本身的价值受到评估,在理论联系实践的基础上开展教育实验。教育工作者在讨论知识和学习方法的同时广泛运用教育实验。例如,以下是艺术资源教师描述的有关瑞吉欧工作室的作用:

> 因为通过艺术工作室接触艺术、建筑和设计的世界,艺术资源教师往往具有对于现场问题的敏感触角,她的任务是接收,并把这些有趣的文化资源运用到幼儿园,并在可能的情况下,以适当的方式重复工作,以影响涉及儿童的实验地区。(Vecchi, 2010, p. 126)

当然实验并不需要是民主的。例如,有些实验可以由公司执行以谋求商业利益和提高利润,或由科学家实施以追求学科知识。因此,民主经验主义是非常特殊的实验形式,其实验的愿望和方向,是经集体审议的并来自于实验的效益,例如,已经创造累积的经验和归之于共同利益的本土知识。

民主经验主义是一种选择,一种许多国家、城市、组织和学校在当前所拒绝的或甚至完全不加考虑的选择。其结果是会把我们锁定在使用同一规定的手段,无休无止地重复产生相同的可预测的不成功的结果。民主经验主义看重并寻求结果,但承认这些可能会带来意外和惊讶,会产生新的理解和意义。可能会有一个预定的结果,应该用一定程度的质疑来对待自己的控制或使得创造和革新边缘化的能力。这样的结果表示:"我们对于真理的意志",可以首次被认为是对某些成果的意愿,正如维特根(Wittgenstein)所指出的,沿着现有轨道的交通,防止与开放式和实验有关的其他途径(Roy, 2004, p. 302)。民主经验主义必须学会两条腿走路!

微观和宏观

我一直认为瑞吉欧是民主经验主义具体体现的有趣而重要的案例,或者就像一本书的标题表达的那样,是另一个意大利城市创新的案例,"作为社区项目的早期儿童教育"(Fortunati,2006)。该案例非常丰富,并对教育领域和全社会有着广泛的吸引力,其中有三个典型例证:

工作室在早期儿童教育中的作用;

运用儿童通过一百种语言学习的理论;

把教学档案记录发展成为研究评估、专业发展、规划方案、民主实践的工具。许多被详细记录下来的复杂主题活动工作,已经被赋予有关儿童能力之概念的新内涵。

仅此而已,面对令人窒息的管理主义和标准化主义的现状,我们应该更进一步地发问:民主经验主义是否能超越地方微观策略而成为宏观政策的重要组成部分?或换句话说,在整个国家范围内是否可能促进民主经验主义,如果是的话,该怎样做?试图回答这个问题时,瑞吉欧的情况则具有较为有限的相关性,因为这只是区域性项目并不是国家项目的结果,甚至并没有受到国家政府的关注和支持。瑞吉欧以及已经执行类似项目的意大利其他城市和城镇(始终记住,瑞吉欧不是孤立的实验项目城市,请参见 Catarsi, 2004; Corsaro, 2005; Fortunati, 2006; Gandini & Edwards, 2002),都取得了可喜的成绩,尽管并未得到国家政府的支持。

一些作者提出了推进全国性实验的想法。例如,昂格尔指出,民主经验主义不仅只是宣传地方项目,偶尔通过自己的力量能够突破系统的限制,在我们身边也有很多这样的例子。他设想国家作为一个高能量的民主承诺的一部分,积极鼓励实验的可能性。国家可以用不同的方式和举措达成这个目的,包括"产生新的社会代理人",创建创新性服务;监督和帮助"传播最成功的做法,加速找出实验挫折的原因";最后,在当前情景下也许最令人惊讶的是直接提供这些服务,以帮助那些由于"太创新,太困难,或缺乏回报"而无力自行开展此类实验研究的单位——这便是"政府本身的试验"(Unger, 2005b, p. 179)。

近期国家层面政府支持实验的一个例证是,在新西兰,在过去20年间改变了的早期儿童教育服务,正在发展一种以综合的"早期儿童教育"概念为基础的被理解为"最广泛意义上的教育"的综合系统的国家,关心儿童的教育和保健,对父母的支持,和社区的可持续发展(Meade & Podmore, 2010)。其2002年10月发布的持续10年的"早期儿童战略——通往未来之路"项目的一个重要特征是：由该方案的创新中心提供资金和其他资源，使得选定的中心开展对教学行动和学习的研究与创新，以及与其他服务机构共享他们的创新工作和研究成果。选定的中心在3年内获得资助，使教师可以利用一些时间来做研究，从事专业发展及相关设备的工作，并提供研究助手以提供咨询和支持。每个连续被选的机构均专注于特定的主题，如毛利人服务项目；信息通信技术的课程项目；以及包容不同族裔的儿童和家庭（包括文化的包容性，并包括对有特殊需要的儿童和天才儿童）的全纳教育项目。

全国范围内开展实验的可能性，使得微型项目成为国家宏观教育政策的推动力，可能需要更进一步的思考、讨论和实验。我们需要一个国家级的（或区域性的）瑞吉欧试点，深入探索如何积极开展记录和评估实验。没有一种实验应该永远运行下去，也并非所有的创新项目都能够圆满结束，很多项目无法继续保持、发展和深化他们的实验工作。瑞吉欧区域性教育项目得以运行50年以上是一个例外，而不是规范，基于其长期可持续发展的能力，瑞吉欧业已开拓新的工作方向，跨入新的学科领域和理论，并呼吁更多的地区和机构开展进一步研究。

这样的研究将需要部署多种方法，包括量化的工作，如充分理解如何进入，劳动力和成本等的问题，以及定性的工作：重要主题的战略选择；将教学档案记录作为研究工具的广泛使用；明确研究在创造知识和评价中的作用等等。我相信，民主实验要求持有广泛研究的观点，在区域特定情况下产生的研究结果总是有其局限性，阶段性，有待于接受广泛的讨论、对话和解释。换言之，没有一项研究可以或应该解除有责任的公民思维和对其意义的决策权利。与丹麦城市研究者弗林夫伯格（Flyvbjerg）一样，我主张采用"社会科学的伦理模型"，其目的是：

促进社会实践的合理性，阐明当前现状和想要达到的目标，根据不同的价值观和利益来判断哪些是可取的……[和]社会价值的合理性讨论和行动的能力……[通过]结合一个具体的实证分析和实践的哲学伦理方面的考虑。(Flyvbjerg, 2006, p. 42)

我们关于儿童早期教育和保育的民主审议，还需要考虑一些伴随着对实验的积极追求和民主权力下放而引出的重要政治道德问题。例如，如何使得可能具有不同能力和意愿的社区和机构适应实验？不能由中央施加压力让他们坚持试验,而必须帮助那些希望实验的机构创造条件使得他们能够做下去。而那些不想进行实验的学校怎么办呢?在他们的邻居正在进行实验的同时,让他们停留在遵循标准化的教育"计划"阶段吗?或者有什么办法能够提高他们的实验潜力呢?

实验中是否应当设有任何限制呢?所建议的哪种方向,根据更广泛的社会和民主体制,将被视为道德或政治上不可接受的呢?假设对一个极端主义的行政管理团队,不管是哪一种类型获得管辖权,并表示希望从事教育理论和实践的实验。该从哪里以及有谁来划定区分界线呢?

再有就是多样性和连贯性之间的关系,称之为微型活动项目和宏观教育政策之间的关系问题。在同一个国家中,拥护民主实验的所有城市和中心有何共同之处?公民在一个国家的教育中有着怎样的身份?在一个国家的宽广层面中,其创造教育的框架便可见一斑,如确立某些共同的价值观、目标、权利以及所有城市和中心或学校要求达到一定的结构,但也为当地政府的解释和实验留有适当的余地。这里有一个重要的问题,不仅关乎国家与个别学校或中心之间的关系,而且还包括与行政辖区,即市民选出的地方政府及其对政见的表达之间的关系。一个民主的教育,要求国家、行政辖区和学校各自扮演积极的角色,以及他们之间相互支持的关系。但这需要更加重视行政辖区的作用,它在民主实验主义中可能发挥或者应该发挥的作用,以及如何很好地完成这个角色功能。

当然,多样性和连贯性之间的关系,不同层次之间的关系,从来不可能达到永久的平衡。这些关系应该永远保持紧张和不稳定,不断面对批判,审视和再创造。对于一些令人难以接受的细节,宽泛的原则在实际运用中究竟意味着什么?关系依赖于不同层次的有民主行动的能力和意愿,同时又对其他参与者予以支持和信任,并表现出开放性的学习态度。

可能受到宏观教育政策支持的微观项目活动,还取决于对民主的共同理解。英国政治哲学家约翰·格雷(John Gray)在他的自由主义的讨论中提出了一个有趣的和重要的区别。他认为有两股自由民主的思潮。其一,坚持"对生活最佳方式的理想之理性共识……[在]追求理想的生活形式之过程之中"(Gray, 2009, pp. 21-22)。这股思潮寻求和重视一般规律和原则,"一个普遍的处方适用于所有的政权"。另一种思潮,格雷说,是一个共存的项目,而不是共识,不可避免地需要接受一些不得不接受的意见。它寻求和珍视生活的多种方式和多种见解,与之共同生活,一起蓬勃发展,即为"自由多元主义的哲学或模式"(p.49)。

对于这两股思潮的宽容态度都很重要,但前者宽容的是犯错误者,那些未能把握或同意某种普遍的理想的人;而对于后者,它宽容的是合法的差异,不同的价值观念和观点所产生的差异。妥协(*Modus Vivendi*)不仅导致相互尊重,而不是蛮横无理,也是对多样性的容忍,即"不利于各种原教旨主义"(Gray, 2009, p. 41)。它拒绝那种声称是最终的完全的解决困扰我们的问题之办法的理论,无论是一种宗教或是政治信仰,如共产主义或者是一些其他的任何理论,如市场和竞争——新自由主义。如果采用妥协所基于的多元化的价值基础,则正如格雷所言,我们便是采用了"一个颠覆性的学说",它"破坏了有关所有物种的最佳生活的诉求"(pp. 40 - 41)。

关于早期儿童教育和保育的理性共识与协商修正

这些自由主义思潮即便在今天的幼儿教育领域也是显而易见的。前者,信仰与理性的共识,表现在"优质的服务"、"最佳实践"这些词语之中,根据有关手段和目的的普遍协议和可能存在的共同观点、共同问题,以及对问题正确答案的一致意见。后者,在像瑞吉欧这样的地方,开始从自己的价值观、形象和目标出发,参与实验项目,并拒绝接受线性的预定成果的想法。前者,需要服从和预见,而后者则想要感叹和惊奇。

卡利娜·里那第在描写有关瑞吉欧市立幼儿园的"主题活动"时这样写道:

它激发了动态过程的想法,一个涉及总是出现在与他人的关系中的不确定性和机遇的旅程。主题活动的工作没有预先定义的进展,在许多不同的方向生长,在旅程开始之前,没有决定好的结果。这意味着敏感地对待对儿童的调查和研究的不可预知的结果。因此,主题活动的过程,可以是短期,中期或长期的,连续的或不连续的,并始终是开放性地调整和改变方向(Rinaldi, 2005, p. 19)。

在我看来，这可能同样可以描述瑞吉欧自己的微观早期儿童教育项目，它本身也是许多由儿童、教育工作者、学校参与的微观项目组成的，他们一起共享着同样强大的实验性特征。这个艰巨而又令人振奋的前景，关乎其他社区是否可能以及如何释放出创造和发明能力，就像瑞吉欧当初决定开始教育实验一样。

注释

① 我用主题活动这个概念来定义一种工作方式，同样适用于广泛的行政辖区或者具体的教室范围之内，并对应瑞吉欧教育者常用的意大利语中的项目（progettazione）概念。不同于遵循预定阶段的线性过程，以达到预定成果的课程计划（programmazione）的概念，项目则是带着最初的开放性的调整和变化方向的假设，设定一个更加开放和便于查询的方法。我把主题活动项目视为实验的工具，适用于行政管辖区，学校，团体或儿童，或教育工作者。

② 我用的时态是过去时，因为政府在2009年，作为一般性行政经费削减计划的一部分，宣布终止了这个项目。

参考文献

Biesta, G. (2007). Why "what works" won't work: Evidence-based practice and the democratic deficit in educational research. *Educational Theory*, 57(1), 1–22.

Catarsi, E. (2004). Loris Malaguzzi and the municipal school revolution. *Children in Europe*, 6, 8–9.

Corsaro, W. A. (2005). *I compagni: Understanding children's transitions from preschool to elementary school*. New York: Teachers College Press.

Dahlberg, G., Moss, P., & Pence, A. (1999). *Beyond quality in early childhood education and care: Postmodern perspectives*. London: Falmer Press.

Deleuze, G., & Guattari, F. (1994). *What is philosophy?* (H. Tomlinson & G. Burchill, Trans.). London: Verso.

Fendler, L. (2001). Educating flexible souls: The construction of subjectivity through developmentality and interaction. In K. Hultqvist & G. Dahlberg (Eds.), *Governing the child in the new millennium* (pp. 119–142). London: Routledge Falmer.

Flyvbjerg, B. (2006). Social science that matters. *Foresight Europe* (October 2005 – March

2006), 38-42.

Fortunati, A. (2006). *The education of young children as a community project: The experience of San Miniato*. Azzano San Paolo, Italy: Edizioni Junior.

Gandini, L., & Edwards, C. P. (Eds.). (2002). *Bambini: The Italian approach to infant and toddler caregiving*. New York: Teachers College Press.

Gray, J. (2009). *Gray's anatomy: John Gray's selected writings*. London: Allen Lane.

Hoyuelos, A. (2004). A pedagogy of transgression. *Children in Europe*, 6, 6-7.

Kaga, Y., Bennett, J., & Moss, P. (2010). *Caring and learning together: A cross-national study of integration of early childhood care and education within education*. Paris: United Nations Educational, Scientific and Cultural Organization.

Korpi, B. M. (2007). *The politics of pre-school—intentions and decisions underlying the emergence and growth of the Swedish pre-school*. Stockholm: Ministry of Education and Research.

Meade, A., & Podmore, V. (2010). *Caring and learning together: A case study of New Zealand*. Paris: United Nations Educational, Scientific and Cultural Organization. Available at http://unesdoc.unesco.org/images/0018/001872/187234e.pdf.

Morin, E. (1999) *Homeland Earth: A manifesto for the new millennium*. Cresskill, NJ: Hampton Press.

Moss, P. (2009). *There are alternatives! Markets and democratic experimentalism in early childhood education and care*. The Hague: Bernard van Leer Foundation. Organization for Economic Cooperation and Development (OECD). (2006). *Starting strong II*. Paris: OECD Publishing.

Rinaldi, C. (2005). Is a curriculum necessary? *Children in Europe*, 9, 19.

Rinaldi, C. (2006). *In dialogue with Reggio Emilia: Listening, researching and learning*. London: Routledge.

Rose, N. (1999). *Powers of freedom: Reframing political thought*. Cambridge, England: Cambridge University Press.

Roy, K. (2004). Overcoming nihilism: From communication to Deleuzian expression. *Educational Philosophy and Theory*, 36, 297-312.

Unger, R. M. (1998). *Democracy realized*. London: Verso.

Unger, R. M. (2004). *False necessity: Anti-necessitarian social theory in the service of radical democracy* (2nd ed.). London: Verso.

Unger, R. M. (2005a). *What should the left propose?* London: Verso.

Unger, R. (2005b). The future of the left: James Crabtree interviews Roberto Unger. *Renewal*, 13, 173-184.

United Nations Educational, Scientific and Cultural Organization. (2008). *Overcoming inequality: Why governance matters* (*Education for All global monitoring report* 2009). Oxford, England: Oxford University Press.

Vecchi, V. (2010). *Art and creativity in Reggio Emilia: Exploring the role and potential of ateliers in early childhood education.* London: Routledge.

第7章

家长参与的学校管理体制
—— 与瑟吉欧·斯拜吉亚利的一次谈话

莱拉·甘第尼

社区化管理是一种组织与文化形式,如同我们每个人从曾经有过的拥抱过程中所感受到的参与、悦纳、分享彼此的那种回应。社区中的每一个机构都支持广泛参与、民主管理、责任共担、问题审视和决策制定的过程。(马拉古齐,被引入《城市与儿童联席会宣言》,2002年,第9页)

我所理解的参与城市与儿童联席会是一种责任意识的假设……这种意识

本章是基于《早期儿童教育的创新:瑞吉欧国际交流》(Innovations in Early Education: The International Reggio Exchange)(Gandini, 2009; Gandini and Kaminsky, 2007; Spaggiari, 2004)密歇根底特律韦恩州立大学编写者进行了更新,包含了最新信息,本章以甘第尼1995年至2010年在担任婴幼儿中心与幼儿园主任和教研员离职时的公众评论结束。

来源于瑞吉欧市民对社区—集体—社会的献身精神和归属感。(多梅尼克·吉安娜托里奥,家长,被引入《城市与儿童联席会宣言》,2002年,第9页)

对我而言,这是一种对成长的期待过程,通过分享反思的经验,教师同伴的交流沟通,不同观点的对比讨论,持续的循环反思,使我们自己的反思更加深入,这样,我能像父母一样与儿童走得更近,能和儿童共同成长。(引自安娜幼儿园委员会的会议记录,被引入《城市与儿童联席会宣言》,2002年,第25页)

这是一个市民论坛委员会,有人提出问题,有人回答问题,还有人进行演说,如同……议会一般,对,对,这里就是议会。(一个孩子的话,米开朗琪罗幼儿园)

甘第尼:在瑞吉欧儿童的课程内容中,最难以理解的组织化概念是"社区",请描述它的起源和基本背景。

斯拜吉亚利:说来话长,其中至关重要的是1970年开始,社区参与式管理的教育理念得到正式的承认。这是一种促进改革的全新观点的具体体现,有助于保护教育机构和学校抵御来自行政官僚作风的威胁;有助于促进家长和教育者之间的合作。这种社会参与逐步发展为两个方面:一方面是市立的婴幼儿中心和幼儿园内,以社区为基础的管理体制;另一方面是能广泛代表各类教育水平的公共学校——小学、中学和中等学校的管理委员会。这里所说的是前者。

婴幼儿中心和幼儿园的社会参与式管理有着很长的发展历程。这可以追溯到1945年第二次世界大战结束后的意大利北部地区(艾米利亚·罗马格纳和塔斯坎尼地区)的经验。当时的妇女联合会、"反抗斗士"委员会等各类合作组织与联盟机构纷纷采取行动措施,参与到社会恢复和城市的重新建设过程中,致力于教育质量的提升和福利性服务的提供。这种渗透于全社会各个角落的卷入式参与,从起初就高度重视合作和参与的重要价值。

甘第尼:事实上,你可能已经追溯到更早的时期,社会参与教育的根源。在你所提到的社会性的"合作联盟运动"中,人们共同合作,共同分享公共资源,彼此之间互相帮助,这种传统在意大利北部地区由来已久,并持续发展。

斯拜吉亚利:1883年,第一个最有代表性的乡村合作组织——消费者联盟,在艾米利亚·罗马格纳诞生,主要是针对经济大萧条时期,社会供不应求,人们极其缺乏食物的状况。在联盟组织内部,所有成员享有平等的权利。实际上,联盟组织的根基建立在有关经济发展的各种要素之上:生产者联盟;消费者联盟;商店;城乡合作银行等等。这些源于进步思潮的联盟组织在意大利,尤其是艾米利亚·罗马格纳地区非常盛行。在最初阶段,这些联盟组织无一不是基于各类需求应运而生,进行积极的、网状的社会支持性举措。然而,经历了如此的演变阶段使其成为一种基本法则之后,产生出属于社会文化的公共元素。

联盟组织运动历经几起几落,在法西斯统治时期遭到严重镇压,第二次世界大战结束后重新兴起,并且在接下去的十年里得到了进一步的发展。联盟协会在健康中心、职业发展、社会文化和服务行业等普遍出现。这些对于瑞吉欧早期儿童教育体系的发展是强有力的支持和支撑。

斯拜吉亚利:参与式的第一个范例是"幼儿园——城市委员会"组织,该委员会的成立是为了幼儿园的行政管理,为了儿童的民主平等,建立幼儿园和周边社区的联系。委员会的成立旨在创设一种美好的愿景,即"创建"一所家长、教师、市民、社区邻里小组都能参与管理的学校,这样不仅丰富了各类资源,确保学校的运作,同时也确保了儿童的权利。

而且,尽管这一积极的、有生机的参与模式是由进步政治力量和左翼分子领导的城市管理部门发起的,我们应该了解,这些模式与传统的罗马天主教支持的家庭、社区角色之间有着明显的相似性,所以参与也延伸到了教区的幼儿园。

甘第尼:确切地说,以社区为基础的管理模式的作用是什么?是如何形成和发展的?

斯拜吉亚利:1971年,随着一系列国家法律的通过,家长参与早期儿童教育的思想最终形成。这一概念经历了数十年的演变,最终使得以社区为基础的管理模式合法化。早期各种联盟组织和政治斗争中长期口号的具体实现,大部分可以追溯到很早以前。主要是由国家政府提供社会资金投入,地区政府关注整体方案的规划,市政府则负责进行具体的社区化管理模式推进。

以社区为基础的管理模式展示了一种能够适应新的文化和社会条件的真

实的功能与价值，例如应对新移民的涌入，应对有现代独立思想而不受政治与意识形态约束的年轻父母，以及应对新生代的教师、教研员、艺术资源教师等。

甘第尼：以社区为基础的管理模式中的观念如何应用于瑞吉欧整体教育方法之中？

斯拜吉亚利：以社区为基础的管理模式是我们的教育内容与方法的必要组成部分。这种模式对于瑞吉欧·艾米利亚的婴幼儿中心和幼儿园而言，是一种核心的教育经验。

在这些中心和幼儿园里，社区化管理模式已经促成了教师、儿童、家长与社区之间强大而牢固的互动与沟通关系。这种模式增强了教育方法的价值，无论是从教育的出发点还是最终目标，都实现了沟通与合作的原则。家庭的参与和儿童与教师的参与一样必不可少。

显然，这种三方合作也是社区的组成部分，而社区本身作为第四个组成部分，有其自身的影响力和价值。

简而言之，社区化管理模式不仅是一种教育实施手段，更是一种哲学理念渗透于整体教育经验的方方面面。

由此看来，参与是其理念根源，以社区为基础的管理模式是瑞吉欧教育经验的特色，也是核心的重要内容。事实证明，我们无法把这种管理模式从婴幼儿中心和幼儿园的教育体系中去除，它们对于所有儿童，特别是0—6岁早期儿童阶段的个体发展有着独特的重要意义。0—6岁阶段是儿童社会化潜在能力发展的关键阶段，也是儿童个性化发展的基础阶段。在这一时期的社会投入会令未来的社会回报获得更大的效益。

甘第尼：在意大利过去的30年里，人口出生率一直处于下降趋势，该现象对于家庭结构的年轻化有所影响，那么对参与式互动又有何影响呢？

斯拜吉亚利：人口出生率下降的后果，必然使得儿童成为越发珍贵和稀有的主体，也加剧了意大利的老龄化问题。一个孩子生活在颠覆性的成长环境里，如同一个外来闯入者一样，得不到应有的需要和权利保障。出于这些原因，幼儿缺乏同伴与之交流，使得教育任务十分艰巨，而完成此任务的巨大责任就责无旁贷地落在了家庭和学校身上，责任如此巨大，任何一方都不可能独自承担。

如今,教育孩子方面应尽的责任已经得到广泛的社会支持,家长的参与意识越来越强,给予了儿童教育很多稳定的支持,包括分享众多的想法和丰富的经历,融合不同意见等等。总之,他们各显身手。大概是因为只有一个孩子的家庭感到单一和孤立,所以他们有着强烈的参与意识,并主动迈出了合作的脚步。而来自参与以社区为基础的管理模式的群体支持,为这样的家庭提供了心理上的支撑。促进了家长和孩子之间、教师与家长之间、不同的教师和不同的家庭之间的对话,这种对话最终延伸至整个社区。正如意大利很多市政教育项目一样,这种集体寻求解决方案的思路颠覆了常见的家庭独自解决问题的观点。

甘第尼:当然,一切都在随着时间的变化而变化。所以有必要为社区管理确立新的章程,校本审议的命名从"咨询(顾问)报告"转变为"城市与儿童联席会",一个小组承担了一系列的关于校本审议的作用和原则的反思记录。新章程出版于2002年,该章程开篇就提出,任何社区小组在参与社会管理体系中进行教育服务时,要能够适应新的社会发展状况,并能不断自我调整。这样,它就能不断挖掘自身的潜力,并长期保持新的思想活力。

你可以具体描述什么是"城市与儿童联席会"吗?

斯拜吉亚利:据你所说的变化,是一个转变的关键结点。"城市与儿童委员会"的作用也在随着时间不断演化,除了继续支持城市的需求,其主要作用已经从行政管理(如入学登记、收费)与政治决策(如新的服务和中心)等传统职能中摆脱出来,转向真正服务于家庭和教师。

我们坚信儿童是独立的个体,在教育过程中儿童享有自己的权利,具备自己的能力和技能,有着自己的体验与感受,并且他们父母的观点、能力、知识和技能也伴随着参与其中。我们始终坚信家庭是教育过程中必不可少的要素。儿童教育工作不能缺少父母的支持和拥护。很多学校无视家长在儿童教育工作中的重要地位和作用,有时甚至责怪家长,这令那些无法参与到教育过程中的家长感到内疚和不称职。我认为学校有责任把提升家长工作作为一种发展战略,家长不参与的首要责任在学校。学校应该采取各种策略吸引家长和孩子一起参与体验,使家长获得参与孩子活动的经验。

甘第尼:"城市与儿童联席会"的创建以及基本构成是怎样的?

城市与儿童联席会简介

经过遴选的家长、教育者和市民提交描述教育目标的方案：参与、承担责任、敞开关系交流观点、给予回应、勇于冒险和关注可能的问题及变化……

城市与儿童联席会每三年公开选举一次，由个人通过无记名投票方式产生。投票会在公共场所进行，由特殊的选举小组操作。

婴幼儿中心和幼儿园的全体家长和工作人员有权利进行投票，出席选举聚会的所有市民也同样拥有投票权。公共选举在城市里有专门的宣传广而告之，公众都可以获悉。

所有的家长和市民志愿者可以成为候选人，所有的教职员工，无论合同期限多长，都有权利成为所在学校的联席会的成员。

由家长、教职工、市民组成的候选名单，每个班级一份，张贴在每个婴幼儿中心和幼儿园的信息栏里，还要在专门的家长会上宣布。

每位家长和教师为班级的选举名单进行投票，厨房工作人员、教学辅助人员、艺术资源教师、教研员和社区人员将不同的选举名单进行分类。有两个以上孩子的家长则有权利参加每个孩子所在班级的投票。

投票人可以为他们喜爱的候选人投票，也可以选择候选名单上的任何人。

不限制选举数量。

在非选举学年，如果孩子已经毕业，家长在联席会的位置仍可保留。新入学孩子的家长可以合作选择的方式加入联席会。他们可以通过信息栏张贴的信息，或者是家长会议上的介绍，公布志愿加入联席会人员的名单，也可以通过幼儿园里的宣传材料进行了解。虽然这种过程没有正式的投票程序，但可以使得新生家长有效成为民主选举主体的新成员。

每个联席会可以根据提案的重要目标与内容，自主选择选举组织构成。目标由联席会议确定，并且能够授权给不同规模和时间段的工作小组。

联席会议或者是工作小组可以服从婴幼儿中心和幼儿园教职工或者是"城市与儿童联席会"的部署和召唤，共同参与已通过的项目和方案。

——摘自"城市与儿童联席会"2002年报有关章节，第48—50页
转载于"瑞吉欧儿童"

斯拜吉亚利："城市与儿童联席会"的选举工作每三年进行一次。第一步，由家长、教师和市民从婴幼儿中心和幼儿园选出代表，组成"城市与儿童联席会"，每一个这样的服务机构组成一个"城市与儿童联席会"；第二步，"城市与儿童联席会"再派代表形成一个上级委员会，称为"联合委员会"（Intercouncil），并选举负责教育事务（Assessore）的官员——一般有婴幼儿中心和市立幼儿园主任（以前由我担任，现在是 Paola Cagliari），"瑞吉欧儿童"代表，瑞吉欧儿童国际协会和瑞吉欧市立研究所成员的代表。

近年来，有超过75%的家长参与选举活动，其中众多的父母成为有兴趣的、十分积极的服务者。例如2008年，5909个家庭参与了我们的地区性早期教育服务系统的选举，其中756位家长当选代表，意味着全市1/8的家长参与到了婴幼儿中心和幼儿园的活动之中。在2008年的选举中，有3058个选民，其中有431位市民代表和415位工作人员，这表明选举工作获得了广泛的社会参与。

在一个有75名注册儿童的幼儿园里，其"城市与儿童联席会"由19位家长，13位幼儿园工作人员和7位市民组成。每一个委员会都有一个志愿者小组负责行政事务：他们安排日程，制定紧急事件预案，负责家长事务和提案，等等。其他成员根据不同的目标参加不同的工作小组，如：组织主题会议——讨论儿童的睡眠问题或重新粉刷学校餐厅的必要性等，开展活动协助儿童从婴幼儿中心向幼儿园过渡，或从幼儿园向小学阶段过渡。他们还要协调学期会议，监督实施状况，评估工作的成效等等。

甘第尼：婴幼儿中心和幼儿园的家长参与的具体方式是什么？

斯拜吉亚利：首先，一切的讨论或者决定都是由每个幼儿园集体做出的，这给家长参与提供了机会。其次，要拓宽参与的范围，参与"以社区为基础的管理模式"的人员包括学校里的教师、厨师、助手等各种类型的工作人员，所有的人都必须共同承担责任。更重要的是，由不同家庭带来的思想观点和技能，以及家长与教师之间的交流，对构建新的教育方法大有裨益，同时能帮助教师正确认识家庭参与的意义——不是一种威胁，而是共同权利的内在要素和不同智慧的互相融合。

这种管理模式建构在全新的教育方式之上，有利于建设一个新的教育理

图7-1 父母到马拉古齐国际儿童中心的幼儿园里接他们的孩子

念,家长的参与不仅不会构成威胁,而是整合共同权利下的两种元素,形成整体智慧,也是幼儿园教育活动组成中不同智慧的重要体现。要想达到这样的效果,就要像马拉古齐所提议的(本书第2章)那样,在儿童入学之前,就要为儿童、家长和教师提供许多互动的机会。让儿童与家长可以更好地了解和适应幼儿园的环境。在开学之前以及学期过程中有许多此类的适应性活动。每学年一开学就会有很多机会:

1. 不同年龄班的班级会议。班级教师与父母共同讨论班上不同小组的活动情况,以及在理论与实践方面可以给予的指导,已经开展的活动(通过播放幻灯片,展览作品等形式)和关于教育经验的评价。这些会议通常在晚上进行,或者选择大部分家庭都方便的时间进行。会提前将工作程序表安排好,把系列活动时间提前通知到每一位家长。这种会议一年里会举行5—6次。

2. 小组会议。教师与班上的小部分家长进行小组会议。限定人数是为了使得参加会议的人员可以充分参加讨论,主要针对一些特殊需要的家庭和儿童。教师一般确保一年里每位家长都可以参加一场这样的小组会议。

3. 个别家长和教师的研讨会议。该会议一般是由于一个家庭或教育者的建议和要求而举行,以解决与某个家庭或者儿童相关的问题,或者为儿童提供更好的个体发展需求的机会、实现针对性的个人发展提供深入讨论的机会。

4. 主题会议。这种会议的提出、策划与组织均由家长、教育者操作,同时向所有的幼儿园和中心开放,所有有兴趣参与某一主题的讨论或期望在这方面开阔视野的人都可以参加。主题可以是"父亲的角色"、"儿童的焦虑"等。每个人都要参与分析讨论,或者是激烈的辩论,这样可以给每一个参与者提供交流思想和观点的机会。

5. 专家见面会。这种会可能吸引许多幼儿园的参与,见面会以讲座或圆桌讨论的方式进行,有针对性地为参会人员拓展对有关问题的知识或者了解日常有趣的事件提供机会,如童话故事、儿童性教育、早期儿童绘本和儿童饮食等等。

6. 工作会议。这种会议旨在为促进学校发展提供一种具体的、可操作性的途径。家长和教师聚在一起,构建用品与设备,重新创设教学环境,改善校园环境,维护教室里的材料。

7. "实验室"会议。在"做中学"的活动中,家长和教师可以获得能够发挥巨大教育潜能的技能。例如折纸技能、木偶表演、影子剧场以及摄影器材的使用等等,典型事例是"烹饪实习",厨师和新生家长一起根据菜单准备饭菜,让家长熟悉和了解幼儿园的膳食内容。

8. 节日与庆祝活动。这是一些由儿童、父母、祖父母、市民共同参与的小组活动,有时是整个幼儿园一起参加,有时只是一个年级组参加。庆祝的主题可以是:孩子的生日,一个爷爷的来访,一年的结束,季节性事件等等。

9. 其他可能的会议。诸如到市区,野餐,远足,在海边或者山区度假(通常在城市青年旅馆)等。代表性的事例是"幼儿园的一天",一位家长在其孩子的班上参与一整天活动,参观其他家庭也是经常开展的活动。或者全体会议成员在某些特别的地方聚会,如体育馆、游泳池、街心广场或者集市。

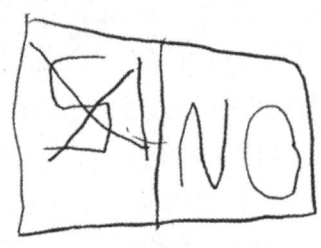

图7-2 一个5岁的孩子画的"投票",选票上"SI"("同意")上打了×,而没有选NO("反对"),本图由戴安娜幼儿园提供,1999年

甘第尼:在近10—15年里,家长参与情况有什么显著的变化吗?

斯拜吉亚利:简而言之,变化的重要方面体现为促进家长参与的原因和动机。这是一个思想与意识形态急剧变化的时期,这些思想与人们的意识聚集在一起,积累到一定程度,便成为社会、公众与社区约定俗成的信念和观点。今天,人们的参与,特别是在教育领域,如果没有那么多新产生出来的热情和政治信念,也就没有那么多的需求,有些家长参与是为了寻求个人发展的机会,或为了助益孩子的成长,积累对他们有意义的经验,得到丰富的体验和帮助。

追根求源,家长参与是有原因的,不只是表面的参与,而是密切关系到个人,通过与他人的认识和互动而实现成长的愿望,摆脱孤独与寂寞,体验在幼儿园里人际关系中的合作与互惠。

甘第尼: 你能给出近年来特别具有重要意义的家长参与的典型事例吗?

斯拜吉亚利: 自2001年至2006年,在瑞吉欧和其他城市里,出台了一些意大利国家法律法规,限制了对城市公共服务与学校进行投资和租用的服务。在此期间,我们的婴幼儿中心和幼儿园只好配备了一些临时性的兼职工作人员(教师、教研员、艺术资源教师、厨师、教学辅助人员等)。以前,当幼儿园里有教师或者工作人员退休时,经由公共管理中心通过竞聘的方式雇用新人,并与有资质的人签订长期合同,但是在那段时间却不能。

我们的家长和"城市与儿童联席会"非常清楚这种情况。2006年3月,我们的婴幼儿中心和幼儿园仅仅依靠约45%的临时工作人员运作,工作量很大。而根据法律规定,临时工作人员必须经常变动到不同的地方,导致大量的家庭和教育工作者产生不稳定感,对于在早教系统中需要保持的连续性、必不可少的师生关系、家长和教师的关系,这是非常不利的。教师作为婴幼儿中心和幼儿园的管理人员,属于集体组织团队,这个团体需要维持归属感和有组织性的工作。单凭说教式的计划可能无法开展正常工作,因为临时的聘任教师不知道会在幼儿园工作多久,也就难以建立他们对于幼儿园未来项目的责任感。

父母在抗议活动中变得十分活跃,他们收集了成千上万家长共同签名的请愿书,送到市政理事会(City Governing Council),因为这种不稳定的状况严重影响了教育质量。"不稳定就没有质量!(Non c'é qualitá nella precarietá)"是他们提出的口号。2006年6月,家长代表参加了艾米利亚的市政会议,向政府各方表达他们的要求,请市政府倡导国家政府修改法律,起码要在公共服务方面致力于为幼儿服务。市政府采纳了这项建议,并促成了有益的变化,最终国家政府通过了法律,再次使通过常规竞聘雇用工作人员来为幼儿服务成为可能。

在2007年和2008年之间,我们看到了黎明前的曙光。我们的努力变成了现实,可以通过举办竞赛、考试等方法来遴选聘用婴幼儿中心和幼儿园的教师、教研员、艺术资源教师、厨师和所有的教学辅助人员。现在我们的幼儿园和中心运作良好,自主聘请了很多新的人员。

甘第尼:我明白,这是非常重要的!

斯拜吉亚利:我相信,就这个维度的教育经验而言,或者其他任何需要人类做出奉献的事业,如果不坚持不懈地走革新之路,完善制度,就意味着走向衰亡。所以要持续引入新生力量与能量,这就需要系统内不断吸纳新成员来实行改变。

甘第尼:展望未来,围绕这种参与精神和分享经验的思想和行动的重点是什么?

斯拜吉亚利:这里有几个关键的概念。首先是主体性。毫无疑问,现代社会对主体性的需求不断提高,这似乎体现着人们现代生活的态度。主体性起源于新的个人主义(neo-individualism)思想,它掩盖了人们对个人身份认同的强烈要求,和个人权利受到尊重的强烈渴望。然而我们必须认真面对这一点:个人与集体的需要、权利、愿望之间达成一致的可能性,而非总是处于矛盾中。事实上,我们可以看到,这种参与和合作得到的最好结果是可汇聚许多不同个人的贡献,这恰恰是因为每个人(他或她)都各自参与活动的原因。此外,现在对个人身份的考虑是体现其参与价值的重要条件。任何需要参与和合作的活动,需要有吸引别人值得参与的理由,它必须是愉快的,有益的,对个人有意义的,而不是以牺牲个人为前提来实现。

婴幼儿中心和幼儿园的教育经验与父母的育儿经验存在多少共享的空间,取决于双方之间如何创建社会化和交流的机会,以及对个人期望的实现程度和对个人贡献的重视程度。

更重要的是,我们可以通过特定的方式把机构变为能带给幼儿独特经验的场所。我们已经注意到在"共享管理"的过程中,每所学校有着不同的风格和程序,有时甚至是非常与众不同的方式。这些差异给予每所学校的特别标签，显示出现实中每个单独"共享管理"活动过程的结果所运用的独立决策和解决方案。

甘第尼：第二个概念呢？

斯拜吉亚利：育儿。毫无疑问，现在的父母在育儿观方面发生了巨大变化。一般情况下，谁都不想像过去那样，毫无准备地成为孩子的父母。相反，一个孩子的诞生，通常是经过反复思考、无限渴望和周密计划的结果。一个家庭生孩子的决定通常是鉴于对几方面重要因素的仔细考虑，主要包括：经济情况，生活安排，稳定的夫妻关系，工作的稳定性，保障照料等等。因此，通常一对夫妇决定生孩子时，他们肯定希望能够给孩子提供最好的教养环境，这些父母对孩子承担了更多的责任，也同样对孩子抱有更高的期望，孩子的出现将大大改变家庭的夫妻生活方式和结构，尤其对于婴幼儿的父母，将是一种特殊的体验：有时是繁重而疲倦的，充满忧虑和担心，也让家长充分理解了承担教育儿童的责任和义务。

现在关于早期儿童教育对其终身发展奠基的积极意义已经被社会公众普遍认同。近年来，这种信念促使父母愿意在孩子早期发展过程中投入更多的时间和资源。然而，今天的父母往往都陷入:高度的责任感与沉重的教育负担的矛盾中，他们不仅没有做好准备，也没有相关的经验可以参考。他们认为凭借祖辈和父母的育儿经验是远远不够的，他们也很少使用为家长提供的普适性育儿知识手册，因为普识性的育儿材料无法顾及家庭与儿童个别情况的特殊性，也就不能满足大部分现代家庭的需求。这种日益增长的对孩子接受优质教育服务的关注，无疑成为许多婴幼儿中心和幼儿园及家长的教育信念。他们认为通过这样，可以更贴近孩子的需要，可以更好地处理教育的选择问题，这种信念使得家长不断提高和强化自己的教养能力。在此背景下，当地的学校成为社会交流和相互沟通的天然场所，成为学校工作人员、家长和儿童在日常的教育集体中，构建对话与合作的最佳场所。

甘第尼：第三个关键概念是什么？

视家长为平等的伙伴

保拉:作为教研员,能够谈一谈关于如何保障父母以同伴的身份进入学校吗?

卡瓦佐尼:如果婴幼儿中心和幼儿园希望家长到学校来参与实践,教师要在父母和孩子到来之前,对父母动员,并为个人和团体创设活动和交流机会。教师应该借助一些物化工具(笔记本、日记等),支持他们的观点和发展进程。教师熟练掌握如何组织、创设婴幼儿中心和幼儿园的空间,营造温馨的环境,适当保留当天和前一天的家长活动痕迹,来表明他们是学校活动的有机组成部分。

瑞吉欧·艾米利亚相信家长的强大力量和高尚的品质,这种选择让我们更加重视学校日常活动中家长的参与活动及其价值。同时,还意味着教师无须花太多的精力去寻找理想化的家庭和幼儿园关系密切的家长,只要关注家庭和家长本身,所以要倾听他们的问题、疑问、需求,调整自己的方法,并以此为基础更好地发挥幼儿园的家庭教育功能。

可能有另一种情况,当成人进入到教室里,家长和社区规模较大的支持团队成员确实在某些理念上能达成一致,但同时也会产生一些与幼儿园不一致的意见,或者是在了解和支持儿童学习的方式时,没有参与反思或具体介入。你如何看待教研员在这种情况下所起到的作用?

卡瓦佐尼:大部分成人是在无准备的状态下进入学校的,他们的理念会伴随着我们的整体教学目标而发生变化。我们能够感觉到,每一个目睹我们的教育过程的参与者,或者新生家长都是我们的重要伙伴,他们知晓我们的理念,了解我们服务的组织形式,并努力适应我们的教育理念。我认为,家长有权利就教学质量的指标与学校进行沟通,他们自然会判断学校所提供的积极经验的效果,如果他们对教学过程有不赞同或不理解的地方,也可以提出开展讨论的要求。

因此,讨论与表达不一致的意见是非常重要的,家长会表达他们的不同意见,因为这种表达与阐述是他们民主参与的重要方式。一旦他们感觉到他们可以这么做,就说明幼儿园认为他们的意见和质疑是合情合理的。至于如何面对上述问题中的情形,我想这是需要许多人共同做的工作,包括教师和教研员。由于家庭背景与家长职业的不同,所以需要按不同的方式安排好家长会,这是十分重

> 要的。有时,以比较私人的方式进行一对一的访问与谈话,对于解决个别家长的问题更加有效;有时,较大范围的开放式的家长会也许更为有效。不论采用哪种方式,幼儿园要达到的目的是培养和提高家长对特定社区的重视意识和归属感。
>
> ——摘自对保拉·卡瓦佐尼对甘贝提的访谈
> Sheldon-Harsch, & Kitchens, 2000, 第5-6页

斯拜吉亚利:沟通。在以不断壮大的社会互动与交流网络为基础的人类社会里,交流本身成为了整个参与系统中的重要载体。网络打破时空限制成为人们进行社会链接与彼此沟通的基础形式。而婴幼儿中心和幼儿园目前已成为复杂的社会体系中,将多样的、多元而又孤立的元素集中、紧密地联系在一起的中介。几年前,罗里斯·马拉古齐就用极富前瞻性的眼光,提出了"沟通教学法"(pedagogy of communication)的理论,他赞同沟通方法的重要性,并在此基础上设计和实施我们城市的早期儿童教育项目。

现在,有意义的和有效的沟通活动,已经被人们自觉地视为确定和衡量社会与教育经验质量的方式。深刻理解并清楚确定将"沟通教学法"的理论付诸实践的策略是更加紧迫的任务。我们都知道,积极的心理暗示有助于缓解沟通中的紧张和敏感,这种沟通注重个性化的人际关系、归属感与认同感、日常对话的精练、依附感和确定感。但是,我们也认识到创建一个整体的沟通系统,需要所有的幼儿园和婴幼儿中心各方面力量的参与。确定沟通质量的因素有:工作人员和家长之间的互动,集体决策,工作和工作场所的组织,日程计划,管理和儿童之间的关系,教育项目与材料使用,学校和社区之间的互动,家庭会议的时间与组织。在这个层面上,我们仍然要从我们的错误中学习。与以沟通为职业(报纸,电视,广告等)的人相比,我们还不够专业。在信息爆炸的社会中,也许我们会陷入沟通技术滥用和误用的危机中。

甘第尼:还有其他补充的吗?

斯拜吉亚利:我建议思考良好组织的价值。很少有教育或教学书籍讨论关于组织的价值。许多人认为组织只是学校的行政问题,但是,我们认为这是教育过程中的有机组成部分。这是决定性的因素,我们的项目在学校里实

施。组织本身就是一种教学理念的具体体现。

甘第尼：最后，你能概括一下维持一个成功的参与项目的关键要素吗？

斯拜吉亚利：一方面是为满足各种不同家庭的利益、需求和愿望而开展丰富多彩的活动，另一方面是重视把教室作为聚集地，供那些对教育经验感兴趣或在参与广泛的社区活动方面刚刚起步的人们互相交流、共同讨论。教室是志同道合的人们以教育经验为出发点，共同活动，并逐步进入更为宽广的社会生活的自然场所。

我们看到瑞吉欧·艾米利亚已经具备并继续维持的不平凡的教育经验。然而，更值得一提的是，这些存在了近半个世纪的教育经验，不是源自哪位圣人或英雄，而是每天在我们学校里工作的教师、厨师、教学辅助人员、艺术资源教师、教研员、父母和家庭等，这些参与者有着根深蒂固的信念，他们一视同仁地尊重和重视所有人的价值，并且意识到这样的尊重和重视是教育服务的关键基石。

2003年诺贝尔经济学奖得主詹姆斯·赫克曼（James Heckman）告诉我们，如果为弱势儿童和青少年提供一种使得他们得以变化的希望，必须符合三个基本条件：一是教育干预，要尽早在孩子们的生活中启动；二是教育干预必须是高质量的；三是学校必须保证家长的参与。这些条件加强了我们对社会参与的投入，并获得家长的完全支持。

参与不是可以轻易做出的选择。当然，也不是通过"参与办公室"的海报、宣传页、电话、短信、电子邮件或脸谱网（Facebook）等途径与家庭取得联系。相反，参与取决于创造一种全社会关注早期儿童教育的文化氛围。这种文化孕育和滋养我们的教育经验，使我们所有的人在构建人类尊严、传播希望、促进思想解放中发挥作用。当我们有足够的实力在工作中渗透市民意识，那么，正如同圣保罗·弗莱雷（Paulo Freire）所说，我们加入了解放人类命运的行列中。我们为儿童、家庭和社区提供了改变与成长的机会，从而使得婴幼儿中心和幼儿园成为实现和平和人权的实验室。

参考文献

Gambetti, A., Sheldon-Harsch, L., & Kitchens, H. (2000). The nature of professional development in the Reggio Emilia municipal infant-toddler centers and preschools: An interview with Paola Cavazzoni, part 2. *Innovations in Early Education: The International Reggio Exchange*, 7(4), 1-6.

Gandini, L. (2009). Renewal and regeneration of an educational community: An interview with Sergio Spaggiari. *Innovations in Early Education: The International Reggio Exchange*, 16(2), 1-6.

Gandini, L., & Kaminsky, J. A. (2007). Cooperative early childhood education services in Reggio Emilia: An innovative solution for a complex society. *Innovations in Early Education: The International Reggio Exchange*, 14(1), 1-5.

Scuole e Nidi d'Infanzia Istituzione del Comune di Reggio Emilia. (2009). *Bilancio sociale 2008*. Reggio Emilia, Italy.

Spaggiari, S. (2004). The path toward knowledge: The social, political and cultural context of the Reggio municipal infant-toddler center and preschool experience. *Innovations in Early Education: The International Reggio Exchange*, 11(2), 1-5.

Study Group on "Identities and Functions of the City and Childhood Councils." (2002). *Charter of the City and Childhood Councils*. Reggio Emilia, Italy: Documentation and Educational Research Center, Infant-Toddler Centers and Preschools, Municipality of Reggio Emilia.

第 8 章
教学协调中心组和专业发展

保拉·卡利亚里　提茨安娜·费列皮尼　埃琳娜·贾科皮尼
西蒙娜·波尼劳利　迪安娜·马吉尼

在意大利,专业教研员,或者称为教学协调员,出现在20世纪70年代。当时,一些直辖市如博洛尼亚、摩德纳、帕尔玛、皮斯托亚(Bologna, Modena, Parma, and Pistoia)等,纷纷开始创建各自的早期儿童保育和教育系统,最初是幼儿园,接着是婴幼儿中心。这个进程很快遍及整个意大利,不过各地的

本章是几个访谈内容的汇编,其中包括2010年10月保拉·卡利亚里和西蒙娜·波尼劳利接受记者采访的内容,由莱拉·甘第尼翻译整理;2009年10月莱拉·甘第尼、卡罗琳·爱德华兹、乔治·福尔曼对提茨安娜·费列皮尼的采访,2010年5月卡罗琳·爱德华兹和潘妮·法尔曼(Penny Fahlman)在彩虹婴幼儿中心与安吉利卡·里尤兹(Angelica Liuzzi)的对话内容,卡罗琳·爱德华兹2010年5月在安娜幼儿园学习之旅的部分访问内容,以及参考文献中所列章节的内容。

发展速度不均衡。最终,教研员的称谓与岗位在意大利北部被首次确立,在不同的地区其职责也有所区别。

在瑞吉欧·艾米利亚,教研员被嵌入一个与教师、其他学校职员、家长、市民、管理人员、公共官员以及外部人员的关系系统之中。教研员不能只与系统中的某一方互动,而撇开与系统内其他各方的关系,否则无法体现教研员在整个系统中的职能和价值。截至2011年,教学协调中心组(Pedagogical Coordinating Team)有13名工作人员(包括教师、指导教师、艺术资源教师、顾问教师、文化调解员、教学辅助人员、厨师和其他工作人员),负责与"集体"或工作组的协调工作,以及与每所学校的投资方——管理人员、行政官员以及在瑞吉欧·艾米利亚负责早期儿童教育"项目"的公共机构的协调工作。

目前,有10个"纵向联络"教研员,协调市属幼儿园和婴幼儿中心。我们每个人通常负责4个幼儿园(中心)(少数几个人负责的学校少一些,因为他们肩负着其他特殊任务)。此外,还有1个"纵向联络"教研员伊凡娜·桑茨尼,负责特殊儿童教育(参见本书第11章)。

教研员的专业指导工作纵横交错,全面协调教学综合系统。除了上述11位教研员外,还有2位"横向联络"教研员,负责协调整个教学体系。

提茨安娜·费列皮尼和埃琳娜·贾科皮尼负责瑞吉欧·艾米利亚市立综合研究院(Instituzione of the Municipality of Reggio Emilia)的教学协调和工作人员的专业发展。提茨安娜·费列皮尼还负责与新的市政教育部门的合作工作。埃琳娜·贾科皮尼负责艾米利亚·罗马格纳区的教学协调,"横向联络"教研员是系统中的新成员,对于整个系统的专业发展至关重要。

教学协调中心组

我们的教学协调中心组的主要责任是保证市政系统的早期儿童教育的服务质量,并确保其服务水平的均衡。瑞吉欧·艾米利亚市幼儿园和婴幼儿中心没有现场的指导人员(园长)。相反,行政管理和监督人员遍布于整个系统之中。这样的行政职能包括招聘教师和工作人员,招收儿童,收集家长费用等,类似这些职能都集中在系统的中央办公室。

各婴幼儿中心和幼儿园的教育工作者与员工共同提供高品质的服务。要做到这一点,制定教育活动的决策与家庭或公众机构的互动选择都必须依赖于指定的教研员和其他协调中心组成员的支持。

所有的教学协调中心组成员,经常深入幼儿园和婴幼儿中心开展工作,但每周我们会碰面,讨论与整体早期儿童服务工作管理网络相关的问题和决策。还要保持资讯与信息通畅;交流幼儿园里的新情况;探讨理论与实践方面的新发展以及政治方面的新动向。我们所有的人要保持灵活、敏感、开放且适应变化的心态,系统中的教师和其他工作人员也同样要做到。

我们感觉到,通过与别人交流互动,自己也在不断转变并获得专业水平的提升。我们不断努力,使一个又一个的问题变得清晰明朗,使之成为可以整合的资源。我们在工作中与城市管理者和各行各业的专业人员(官员、公共服务人员、文化与科学团体的代表)交流,并把他们的建议汇集在一起。此外,我们还活跃在幼儿园和婴幼儿中心,与教师一起支持和整合各方面的幼儿教育经验(例如,学习将传统理念分为独立的模块的经验)。

因为教研员团队所有的成员活跃在系统内的不同层面,我们的能力也必须是多方面的。我们以高度的灵活性和系统的眼光来工作。例如,我们市政府的政治和行政部门的同事一起工作,在行政和管理职能方面贡献自己的力量。我们的另一个重要职责是规划教师和工作人员的持续性专业发展。

近来,教研员个人与其他同行一起支持一定数量的幼儿园和婴幼儿中心,每个人还承担着系统内其他类型项目的责任。例如,有一个教研员负责联络城市里所有市立(国家的)幼儿园,另一个教研员要不断学习新的通信技术,等等。

然而,今天呼吁更多的是教师的专业发展,因为新类型的家庭和儿童,以及新的聘用教师、教研员和其他进入瑞吉欧·艾米利亚早期儿童教育系统的新成员逐年增加。新的市幼儿园和婴幼儿中心主任保拉·卡利亚里,和研究所负责人克劳迪娅·朱迪西(Claudia Giudici),密切合作,共同构思和指导教师的专业发展系统的开发,称之为拓展性教学体系(diffuse pedagogical system)。专业发展拓展体系的设计并非是自上而下的线性传播,而是创造出许多新的生长点以及大学层面的知识创新与交流,这样就提供了一个平台,使其能够理想地促进新老成员间、不同工作类型成员间围绕长期关注的教学与儿童学习问题互相学习,从而使他们的能力得以拓展和提升。这种体系加快了过去几年的发展趋势,突出了社会对早期儿童教育的关注重点,体现出教育对社会迅速发展的适应能力,更彰显了瑞吉欧早期儿童教育系统适应新环境和应对新挑战的能力。

专业发展的拓展性教学体系要求有新的组织形式和内容结点。在组织形式上,不再是单一的教研员对接每个幼儿园和婴幼儿中心,而是两个(或多个)教研员与多所幼儿园的教师或顾问教师在互动中创造专业发展的条件。这种方式可以增进新成员之间的紧密联系。他们工作的第一个结点是找到集体归属感,每一个教师都有权表达自己的观点,提供自己的经验,同时也要接受别人的观点,向别人学习。为了达到这个目标,他们彼此之间要反复进行面对面的活动,并相互了解,以建立诚信和友好的关系。

在内容方面,当前的专业发展关注的是"概念性的结点",作为结点的知识内容可以探索不同角色的协作问题。"结"是指那些每天持续出现的棘手的教学问题,比如:观察的对象和方式;儿童互动和学习的方式;如何发现儿童、家长、同事的最近发展区;如何参与教育活动并有助于教育活动的开展,等等。这些主题对于长期项目而言,意味着项目活动的开端线索,至少暂时是这样的。许多出版物和瑞吉欧教育工作者筹备的主题展览(例如,"雨中的城市"、"影子"、"跳远"、"关注自己的重要性"、"小鸟乐园"、"瑞吉欧 Tutta"、"幕布"等在世界负有盛名的出版物和展览的主题)中对此均有广泛的描述。然而,教育遗产类的文献标签和档案记录不会被丢失或者束之高阁,相反,它会继续在当前的研究中保持其鲜活的生命力,带领孩子重新审视那些过去的主题活动,通过探究保存在学校和教学研究中心(Documentation and Educational Research Center)的档案记录来获得指导。

最终目的是形成教研员团队和教学人员团队的互动研究,他们将共同实现专业发展,形成一个相互交流和学习的平台。其核心内涵不是教育者团队参与会面的时间、规模和构成,而是见面的方式和相互了解的形式以及使精神上获得满足。如果参与者具有真诚的态度和开放的心态,那么每次会议可以真正实现其价值,最大限度地收集所有的想法,吸纳每个人的观点或贡献。这是教研员的专职职能和价值体现,他们还要整合所有的思想。他们要自我调整以适应交谈中的不同对象，还要体现每个参与者的价值，对每个人的思想和贡献予以评价，并把这些贡献反馈给团队。类似的活动也适用于他们与儿童、父母和家庭进行沟通开展的活动。如果不这样，教育工作者会失去参与构建的机会。事实上，这正是参与的基础。

日常工作中的"关键事件"

我们在幼儿园的工作，通过与所有的成人（教师、职员、家长）互动，来支持和诠释整个教育项目的哲学与教育理念。我们深入参与每个幼儿园和婴幼儿中心的所有教育经验。我们重视交流和讨论，因为这有助于成人解决在学校需要面对的日常问题和事件。许多日常事务涉及基本操作和常规组织，这是有机的组织系统的"骨架"。举几个例子（Filippini, 1998），教研员可能更多考虑的是日程安排问题，工作人员的工作与职责，工作量及轮班安排。我们可能会考虑物理环境的问题，例如，反思父母和教师的要求与目标，然后与负责建筑物翻新的建筑师设计，准备添置新家具或设备的家长与教师讨论这些问题。我们还需要了解家长在孩子适应学校生活、与孩子互动过程中所关注的问题。在处理这些情况时，我们支持相互间的沟通，通过对日常工作、时间安排和空间设置等问题的处理，帮助教师建立有效的联盟和合作。

教师观察工作与档案记录

教研员采取合作的方式，密切参与婴幼儿中心和幼儿园的工作小组，关注所有与儿童相关的教育问题，以实现促进教师自主性发展的最终目的，而非代替他们解决问题。如同埃琳娜·贾科皮尼（2007）和保拉·卡瓦佐尼（Gambetti, Sheldon-Harsch, & Kitchens, 2000）描述的那样，教研员会被邀请定期"侦察"这些工作小组的活动，参与观察、解释和档案记录的过程。我们的工作是维持和培养群体或工作组的全体人员（教师、艺术资源教师、指导教师、文化调解员、厨师和教学辅助人员），包括在婴幼儿中心或幼儿园中能促进儿童学习的所有人。我们把儿童正在进行的与其相关的经验和调查及时反映给教师，诸如理论与实践的联系，如何正确地把调查的出发点与不断变化的儿童经验相联系。这些问题应该与儿童自己能阐明的经验和使用的技能相联系。这项工作的目标是共同发现儿童教育工作或教育经验发展过程中可能出现的限制和不协调问题,根据经验进行适当预测。

图8-1　教师们在为档案记录做准备

在共同的反思档案记录中,教师的角色不仅仅体现在最后的成果阶段,而是通过运用丰富的海报、小册子、幻灯片或其他形式的产品使教育经验直观呈现,延续在整个活动过程,以及通过倾听,促成儿童按照自己的预设开展项目建构和档案记录(Cagliari,2004)。比较而言,我们不是作为专家角色出现在幼儿园里,而是积极与老师讨论的人,站在一种支持教师的位置上,提出可能激发教师的潜能来叙述和解释与正在进行的项目相关的问题和批评性反思。这意味着,要与教师讨论正在进行的项目与其实现方式之间的关系,用图像(由教师选择并生成)的方式清晰呈现;选择有效的媒体手段来反思和阐释儿童和成人共同承担的项目研究活动的复杂性与重要性。不仅如此,我们还要激发教师与学习过程相关的交流和讨论,以丰富幼儿园的日常工作内涵。

促进与家庭的合作伙伴关系

在瑞吉欧,教育人士认为,有效教学必不可少的先决条件是建立教师和家长的密切关系。在职专业发展注重沟通的过程和策略,我们的教研员要提升教师和工作人员与家长之间,以及家长与家长之间的沟通能力,让他们愿意倾听别人的观点。

我们也敏锐地关注这样的问题:幼儿园和婴幼儿中心的环境是否如同家庭一样温馨和透明(Giacopini,2007)。保持这样的环境需要持续不断的努力,教研员团队有责任支持工作人员在学校探寻自己喜欢的沟通方式。反映儿童个人或小组整体的档案记录应该保持鲜活,而不能成为一堆干巴巴的没有人看的文件或照片,相反,它是重要的回顾交流的手段。有些学校保持每天写日记的传统做法,记录发生在教室或学校里的事件。在其他一些学校,有专门的主题系列日志,重点记录儿童和教师所发现的特别重要或有趣的事件。家庭有时把这些定期的日记带回家,贡献自己的意见。日记和系列日志是回顾幼儿园一年生活的有效载体,特别是对于想要探寻学校工作经验的新员工,有着不寻常的作用。开发这样的沟通途径需要一定的时间和精力,而教研员团队在这项工作中为教师提供了及时而有力的支持。

例如,我们注意到,部分教师认为父母向他们了解的主要是关于孩子们的日常事务,如在学校吃什么或者如何睡午觉。我们则帮助教师考虑提问和回答的方式,并为他们提供详细解释或与他们共同讨论不同的思考方式,从而使家长们能够共享关于孩子的有趣想法,并提出新的问题。在这种方式中,我们帮助教师和家长互相倾听、相互学习。

促进园所多元文化的工作

近年来,学校里的儿童和家庭日益趋向多样化,从而出现了一个非常值得关注的焦点,我们的教研员团队的一些成员表现出非凡的领导能力,帮助教师培养对其他文化的敏感性和跨文化的欣赏和尊重(Margini,2006,2010)。我们发现,每周与幼儿园和婴幼儿中心员工举行会议十分重要,因为这可以鼓励教师畅所欲言。我们可以询问教师关于某些家庭的情况,以及他们是如何参与幼儿园活动的。我们可以倡导教师描述孩子们的经验和共享关于如何发展与家庭间关系的心得。任何教师都会因为一些误会而深受影响,比如与家庭之间的信赖没有与日俱增,我们还应该鼓励这些教师讲述不愉快、不舒服的插曲,或者她无法理解的文化差异。有时,教师可能误解某个家庭成员的行为,因为那个家庭有着不同的国籍或文化。遇到这种情况时,教育工作者可以通过员工会议更好地理解人们的已有经验,更多地考虑教学人员在交流过程中可能会被误解或忽视的原因。

当教师因为家庭没有参与教育活动而失望时,我们可以帮助教师多角度地思考问题。如果一个家庭没有参与活动,我们可以开展相关的讨论(例如,家庭是如何被邀请的),目的是要让教师运用恰当的策略让所有的家庭参与,如告知家长参与的种种可能性是十分重要的,让他们及时知道这些邀请,使家庭可以准备好选择他们自己喜欢的时间和参与方式。我们记得一个特定的场合,在一所学校的班级会议上,当教师提到遗憾的是移民父母缺乏参与的时候,一位来自南美的家长也在场,她说:"别担心。如果我们不来,这意味着我们需要一些时间,但重要的是你永远不要忘记,继续邀请我们!"这些话对于重建信任是十分有效的。

近年来,瑞吉欧·艾米利亚的公共服务设立了文化调解员(cultural mediator)这一角色。早期儿童教育系统的6位文化调解员是各民族的移民妇女(来自家庭的最高代表),已接受过培训,他们对应个别的儿童和家庭或教育工作者,与他们密切联络,帮助提高教育工作者接纳多元文化的能力,这是一个新议题。

这里有一个例子,说明了文化调解员是怎样开展工作的。在一个幼儿园里,一位阿尔巴尼亚籍的文化调解员每周来一次。这位文化调解员并不是专为阿尔巴尼亚人服务的,而是为了提供语言和文化支持,让他们知道世界上有多种语言和文化,即使彼此的语言讲得不流利,他们也可以交流。有一次,她观察到一个孩子告诉他的母亲,不要说他是阿尔巴尼亚人,很显然,他为自己是阿尔巴尼亚人感到羞愧。文化调解员走进有7名阿尔巴尼亚儿童的教室,用阿尔巴尼亚语问好,然后说了些其他的话,但是没有人回答。文化调解员感到困惑,不知道孩子们是否懂得他的语言。然而,后来有一次她来到了幼儿园，所有的阿尔巴尼亚父母都在那里迎接她，告诉她，孩子们那天回到家很高兴地告诉父母："今天我们学校有一个人说阿尔巴尼亚语！"这件事为孩子们之间的语言交流提供了有利的经验。

鉴于跨文化的经验，我们瑞吉欧·艾米利亚的教研员团队的成员、文化调解员、教师和工作人员能够更好地理解移民父母的想法。例如，教师已经逐渐认识到，家长中有许多有识之士，他们非常有洞察力，当家庭开始展现他们个性，提供他们个人的和文化资源的时候，教师们逐渐意识到自己在这样的经历中获得了很多真知灼见——当单独面对每个家庭，这些家庭成员拥有个人或文化资源，他们谈论自己的生活：成为移民家庭的历程；个人的问题；是否在这里创建家庭的顾虑；与国内的家人的关系上存在的问题；意大利的法律和法律制度对于移民家庭日常生活的影响。总之，我们在创造真正共享的教育经验方面发挥了促进作用，多视角看待多元文化问题，运用尽可能广泛的共识去尊重他们的选择和决定。

图8-2　两位教师和一位教研员与家长们共同欣赏孩子们的作品

共同工作，促进专业发展

专业发展一直是教研员职能的重要组成部分。教研员团队对于在职人员的专业发展需列入既定的工作日程，而且在时间和模式方面要考虑如何才能充分尊重教师的个体需求和个人喜好（Filippini，1998）。例如，考虑到不同角色的复杂性。我们知道教师的收获来自不同的会议——关于教育理论、教学技巧、合理的社会关系与交流等会议。教师十分乐意得到持续的专业支持，以提高他们观察与倾听儿童、记录项目、开展研究等方面的能力。在一年的课程中，有专门针对幼儿园和婴幼儿中心教师举行的单独性会议，例如，讨论儿童发展过程中的问题及对不同年龄段儿童的指导策略。也有共同性会议。我们也有工作坊，帮助教师习得熟练的技能，评选教学能手。例如，通过档案记录的设计与准备，向家长及参观者展现和解释学校项目工作的组织和运作情况。再如，邀请其他部门的专家对大家感兴趣的话题发表演讲。另外，该系统可以使教师、工作人员、家长和公民共同参与关于当代科学和文化的讨论或论坛，通常安排在春季举行。

总　　结

教研员的专业指导与服务在瑞吉欧早期儿童教育体系中是一种理论和实践紧密结合的工作，全面支持学校的课程和各项教育工作（Vecchi，2010：54-55）。我们的角色是综合性的，因为我们每天需要对接系统中的所有各种利益的相关者，我们必须考虑各方面的需求——从最抽象的到最具体的。在与教师和家长交谈时，我们需要让他们知道比如市长的鼓舞人心的愿景和财政方面的限制。平衡社区各方面的要求、条件、梦想、希望，适应社会变化，真正将理论联系实际是非常艰难的工作。然而，儿童和家庭的福利要求我们，不能过于陷入日常事务，也不能过于陷入理论论证。我们必须平衡人们新颖的、个性化的坦诚的观点，并且进行换位思考，我们相信人们在批判性评价中将会不断提升愿意合作的信念。

成为一个教研员

安吉利卡·里尤兹是教研员协调小组最年轻的也是最新的成员之一。她的故事体现了每个人成为教研员的共同经历,以及瑞吉欧·艾米利亚教研员无论是个人或者整体团队所具备的典型奉献精神和充满热情的工作态度。

我涉足教育领域的路线比较曲折。我的母亲是贝莱利(Bellelli)婴幼儿中心的幼儿教师,所以,我从小和她一起在那里度过了很多美好时光。在我稍微长大一些后,经常在假期到中心和幼儿园去。不过,上中学的时候我发现自己非常爱好数学,计划将来从事工程方面的研究。然而,随着时间的推移,我越来越觉得工程不是我真正想学的,我迫切渴望寻找一个更有意义的方向。

家人很担心我这种心理变化,担心我是否会有一个美好的未来。做这样的决定是很不容易的,但我最终还是调整了自己的选择,并获得教育学学位。然后,我获得了一个在博洛尼亚市的教研员职位。在那里,我学到了很多东西,包括女性在意大利反法西斯运动中和在瑞吉欧·艾米利亚幼儿园成立过程中的重要作用。我曾作为一个教育工作者,教过不同年龄段的儿童、成人,还有年轻的母亲,我也曾在一家儿童书籍的出版社工作过。

当我听说瑞吉欧·艾米利亚要公开招聘新的教研员,为了通过选拔考试,我精心研究了瑞吉欧的各类儿童出版物。突然间,我发现自己能够把所有读到的东西融会贯通,甚至能与自己很久以前的记忆相联系。这令我感到相当诧异。以往的经验使得我能够以开放的心态接受新概念。参加考试的人很多,但我还是以优异的成绩通过了选拔。当时瑞吉欧·艾米利亚市幼儿园和婴幼儿中心研究院的负责人瑟吉欧·斯拜吉亚利告诉我,他是多么高兴地通知我关于遴选考试的结果,因为我是婴幼儿中心毕业生中极少数成为教研员的人。这次市政府一共聘用6位新教研员,我是其中的一员,而其他5位都是经验丰富的教师,而且是已经在从事教研员工作的人员。对我来说,这是一个全新的岗位。

能从事现在的工作我感到很幸福。我觉得自己已经找到了一直在寻找的岗位,作为瑞吉欧·艾米利亚市政府的幼儿园和婴幼儿中心的一名教研员,我会一如既往,继续我的专业学习。

参考文献

Cagliari, P. (2004). The role of observation, interpretation and documentation in understanding children's learning processes. *Innovations in Early Education: The International Reggio Exchange*, 11 (4), 1-5.

Filippini, T. (1998). The role of the pedagogista: An interview with Lella Gandini. In C. Edwards, L. Gandini, & G. Forman (Eds.), *The hundred languages of children: The Reggio Emilia approach, advanced reflections* (2nd ed., pp. 127-147). Westport, CT: Ablex.

Filippini, T., & Castagnetti, M. (2006). The Documentation andEducational Research Center of the Istituzione Scuole e Nidi d'Infanzia, Municipality of Reggio Emilia. *Innovations in Early Education: The International Reggio Exchange*, 13(3), 1-11.

Gambetti, A., Sheldon-Harsch, L., & Kitchens, H. (2000). The nature of professional development in the Reggio Emilia municipal infant-toddler centers and preschools: An interview with Paola Cavazzoni. *Innovations in Early Education: The International Reggio Exchange*, Part 1, 7(3), 1-3, Part 2, 7(4), 1-6.

Giacopini, E. (2007). Observation, documentation, and interpretation as strategies for knowledge. *Innovations in Early Education: The International Reggio Exchange*, 14(3), 1-8.

Margini, D. (2006). A difference in ethics or an ethics of difference? Interview with Lella Gandini. *Innovations in Early Education: The International Reggio Exchange*, 13(2), 1-11.

Margini, D. (2010). Social justice and multicultural aspects in the Reggio Emilia experience. *Innovations in Early Education: The International Reggio Exchange*, 17(3), 1-7.

Scuole e Nidi d'Infanzia Istituzione del Comune di Reggio Emilia. (2009). *Bilancio sociale* 2008. Reggio Emilia, Italy.

Vecchi, V. (2010). *Art and creativity in Reggio Emilia: Exploring the role and potential of ateliers in early childhood education*. London: Routledge.

第 9 章

教师和学习者，伙伴和指导者：教师的基本角色

卡洛琳·爱德华兹

我们关于儿童的印象，不再是孤立的、自我中心式的，也不只是限于他们在方案中的活动，不只是关注他们的认知能力和经验是否缺乏逻辑性，也不再考虑他们情感领域的矛盾性。替代我们印象的全新的儿童形象是：儿童有着丰富的潜能，强大的力量，可以胜任一切，儿童可以联结同伴以及成人。（Malaguzzi，1993：10）

我们需要这样的幼儿教师

我们的教师，
　是指导者，

是策划者,
有时在幕前忙碌,
有时仅仅是背景。

我们的教师——
充满温馨,
带有甜蜜,
又有着严格的要求。

我们的教师——
有时是电工,
有时是油漆匠,
有时还是观众,
认真地观看、热烈地鼓掌;

我们的教师——
是鼓励者,
有时保持安静,
有时充满感情,
有时是喜欢质疑的"评判官",
有时又为儿童热情喝彩!

(Loris Malaguzzi, quoted in Rinaldi, 2006:89)

马拉古齐说过,要给出一个定义来阐述关于幼儿教师工作的完整内涵与外延不是一件容易的事情。(1995, p. 18)事实上,瑞吉欧关于教师角色的定义,是综合的、多角度的、适时变化着的,随着社会不同发展时期的儿童、家庭和社会需求的变化而产生出新的内容。

教和学作为教育的核心内容,是讨论提供一种良好教育开端的最佳切入点。在瑞吉欧,教师在主题活动中协助学习的角色始终是早期儿童教育的中心议题,也是长久以来人们最为集中的兴趣点和关注点。在瑞吉欧早期儿童教育的50年历程中,教师和行政管理人员始终进行着讨论和思考:在公共儿童保育中心,教师们的工作职责和目标是什么?教师面临哪些困难和机遇?他们共同进入一种可以共同分享的课程;协调一致的思维路径;共同进行关于室内和户外活动的策略探讨……这种教师、工作人员与参与者的共同性和合作的协调性,都是基于他们有着统一的组织系统、环境创设,以及统合的教学理论和由来已久的文化传统,建立在明确的哲学思想基础之上,那就是:儿童作为学习者的特性——人类的早期学习活动,存在于和同伴的多种互动中,和成人的丰富接触交往中,儿童在他们的社区生活环境中得到自然的发展。比起儿童专注于探索自然,专注于发现每日生活的美好之中也能够产生同等的教育价值(参见本书第四部分)。这些教育的理念与表述,机构的服务与组织系统,集体引领着所有瑞吉欧早期儿童教育的参与者们进入一个共同的社区。

本章阐述了对教师角色的认识,呈现了关于教师和儿童行为表现的观察记录,讲述来自出版物的案例和"学习的奇迹——一百种语言"展览。其中,教师和儿童的语言传递出一种特殊的含义,传递出在瑞吉欧人们整合思想观点和与人交流的方式。那些师生共同记录的绘画、词汇等无不呈现出:那些独立而有个性的观点,一定是在与各类人员进行沟通的过程中,在对话和交流活动中产生的。

瑞吉欧教师角色的基本定义

在幼儿教室里,教师的角色是什么?要回答这个问题,一个很好的切入点就是分析和列举几个重要的维度。教师的角色主要包括以下几方面:

· 设计课程时需要关注并促进儿童在各个方面的发展;
· 设计方案并准备所需要的环境创设;
· 与儿童互动,促进儿童在游戏和适当指导中学习;
· 培养和引导儿童;
· 观察儿童并评价他们的进步状态;
· 教育家长并且鼓励家庭参与;
· 倡导与外界交流早期儿童教育的价值。

尽管教师们在谈论各自的个性化教学方法时能够发现彼此对于教师角

图9-1 戴安娜幼儿园的一对教师搭档和艺术资源教师的会议

色的内涵释义有着细微的差别,但这些共同的角色定义在瑞吉欧的幼儿园里处处可见。引用苏姗·弗雷泽和卡罗尔·格斯特维奇的话,他们是这样论述的(Susan Fraser & Carol Gestwicki,2000:51-53):

教师从课程的设计者转变为知识的共同建构者。

教师从方案的策划者转变为环境的创造者。

教师从促进游戏发展转变为促进游戏思维和理解的交流者。

教师从给儿童提供指导转变为儿童的支持者。

教师从观察者延伸为档案管理员和档案研究者。

教师从家长的教育者转变为家长的伙伴。

教师从与外界交流转变为一个倾听者、鼓励者和思想沟通者。

显而易见,作为一个专业的幼儿教师,无论是来自哪个阶层或拥有什么样的社会背景,对自己基本职能范畴的定义是一致的,但对于下面这些职能范畴的阐述却不尽相同:如何考虑它们的优先权,如何把它们体现在具体的工作任务中,讨论他们做这些事情的缘由。当问及他们关于教师角色的具体定义时,瑞吉欧的教育者与北美地区的教育者不同,他们没有从清单式的各种方法入手,而是全面地反复谈论一种理想化的景象,甚至是把教师和儿童作为一对理想化的形象。成人作为教师的角色完善了儿童作为学习者的角色。正如马拉古齐所阐明的那样:"你心目中儿童的形象,正是教学开始的地方。"(Malaguzzi,1994:52)。在对儿童的特性、权利、能力的共识基础上,社区成员也能够在教师为儿童提供哪种类型的教育和服务方面达成一致。

儿童和教师的形象

如何定义学习中的儿童？瑞吉欧的教育工作者经常说,年幼的儿童是自己成长过程中强大的、活泼的、有能力的主角。儿童是社会的主角,承载着被倾听和参与的权利,每个人都是小组的一部分,以个人特殊的经验和不同的理解水平与小组中其他成员共同行动。不能脱离具体实际而以一种抽象的、概括的方式去思考儿童。每一个儿童是独特的个体,与特定的时间和空间密切相关。他们的特定环境就是他们自己探寻和认识的个性,他们在小组中通过对话与互动表达自己,而成人只是他们的伙伴、资源提供者与指导者。

社会本身对儿童的观点——作为有独特个性、历史背景和文化背景的主角。教师也是主角——与儿童和家长在某个历史时刻的共同参与者。

对于教师专业身份的定义,不能抽象地去看待,而应该放在具体情境中,与教师的同事、与家长,更重要的是与儿童密切关联,同时还与教师的个人身份、个性、教育背景和经验密切关联。(Rinaldi, 2006, p. 41)

所以,关于教师角色的定义也并非可以简单地表述清楚,或是一下子就被接受,而是随着环境、家长和儿童的变化进行不断地调整,他们关注的焦点的变化和交流,对基本教学过程的深入理解。什么问题需要教师当场回答,什么问题需要延迟回答,或者有些问题需要的是没有统一答案的开放式回答,以及教师能做什么、应当做什么等问题很难给出答案,而必须回到起点:我们的儿童——那些在课堂上的真实个体——需要什么样的教师？

倾听儿童

卡利娜·里那第把倾听作为早期儿童教育的核心（本书第13章）。因此教师不能仅仅认为儿童是强大而有能力的，而是必须以这种方式来行动，让儿童深刻认同这种形象。倾听的意思是全面专注于儿童，同时把所观察到的现象进行记录和存档，然后以此为基础，做出儿童和家长都认可的决定。提兹安娜·费列皮尼是艺术资源教师，她在美国系列讲座中的第一讲这样描述道：

> 有时候成人介入儿童的小组中开展工作，有时候只是在旁边观察，所以成人有许多角色。其中最重要的就是倾听、观察和理解儿童在学习情境中所使用的策略。对于我们来说，教师的一个角色就是"时机的分配者"（dispenser of occasions）。一个重要的原则是，让儿童感觉到教师不是一个评判者，而是可以根据儿童的一个手势、一个词语就理解其需求并且提供相应回应的人。根据维果斯基理论，如果儿童已经从点a到达点b，并且非常接近点c，但在某些特别的关键时刻，他需要借助某种帮助才能够到达点c。我们清晰地感觉到作为教师必须参与到儿童的探索进程中去，一方面，教师要思考如何去组织和推进活动的发展，另一方面，教师必须成为儿童活动的合作伙伴。我们对儿童的期待应该是灵活多样的，我们应该能够像儿童那样经常去享受惊叹和喜悦。我们要能接住儿童抛给我们的球，然后再用一种合适的方式抛还给儿童，使儿童和我们的游戏继续下去，深入发展，也许我们要做的其他事情也是如此。（Filippini，1990）

所以，教师需要运用一种智慧对话的方式进入到儿童小组里，感受他们的激动和好奇。虽然学习是一个严肃的事情，但教师要以一种游戏精神和尊重的态度去对待它。"接住游戏中儿童抛给我们的球，然后再用一种可以促进游戏可持续进行的方式抛还给儿童"这个最为经典的比喻在瑞吉欧深受教师们喜爱。把师幼互动的关系比作羽毛球比赛，最初是由伟大的格式塔理论心理学家韦特海默[①]（Gestalt psychologist Max Wertheimer）向马拉古齐提起的，马拉古齐说明了为什么如此形容师生彼此的相互关系："如果要保持比赛的继续进行，成人和儿童的技巧都应该做适当的调整，以适应儿童在学习过程中不断提升的技能。"（见本书第2章）

关于回应教学（responsive teaching），在戴安娜幼儿园的小册子中，有一个"太阳是地球的朋友"的案例。案例档案中包括3岁儿童的画作和所说的话,以及教师日积月累的问题。针对儿童想要了解的内容,教师每天提出新的问题,回应儿童拟人化的想法,也表现出他们对其他任何事物的好奇。如:太阳在哪里?太阳干什么事情?太阳是如何停留天空中的?儿童思考太阳是否有朋友,谁是太阳的朋友。他们对比太阳和月亮的区别,晚上或下雨的时候太阳在哪里呢?我们是不是可以摸到太阳,能否到太阳上面生活呢?在讨论天黑了,太阳做什么事的时候,他们说:

"太阳到黑夜里去了。"

"它不见了。"

"它回家了,它是黄色的,离我们很远。"

"晚上它来到地球,到地球里面,到海洋里面,星星出来了。然后白天的时候,星星又到海洋里去了。"

"晚上,月亮会出来。"

回应教学的另一个观点是要为儿童提供新的时机,让他们按照自己的设想探究如何描绘操作方式,帮助他们更加明确其中的原理。所有这些来自成人的支持,都是建立在一个基点之上,那就是对游戏的自然节奏的关注和重视态度。教师旨在运用策略进行拓展儿童的智力、耐力和注意力的活动,提升他们的探究技巧,提高他们的注意力和努力程度,同时让儿童充分体验游戏的乐趣。

提升学习和共享控制

因此,教师的角色重点在于通过专注的、启发式的倾听,从儿童的对话、共同行动和共同建构知识的过程中得到启发,引发发现的时机。在北美,这种教学被理解为是一个复杂的、微妙的、多层面的任务,并且要具备丰富的专业经验和持续的自我检测。

卡利娜·里那第就教育者的角色提出了重要见解。在许多情况下,她强调教师的工作应立足于政治信念和政治立场。里那第的这一观点深受其政治信仰的影响——左派进步主义和理想主义,这种政治信仰在意大利地区和她所在的城市是很常见的。里那第引以为豪的是她所在地区的古代文化、农耕文化和传统的公共大型合作农社,而不是个人主义的企业(参见 Hellman, 1987;Putnam,1993)。她认为,公民有道义上的责任,也就是在儿童福利方面贡献公共资源和进行持续永久的知识创造,为所在城市的儿童和整个社会的进步做出贡献。她还认为,要整体地、全面地审视教师的角色,而不是分割地、线性地。这种迂回的——更准确地说是螺旋式的方式是学习过程中用于回顾的常见做法。教师不是按照一定的套路行动的,或者只行动一次,而是不断回顾与再现。

从这一观点来看,教师以较长的时间周期,如一周、一个月,甚至一年的时间,评估和评价儿童。这样螺旋式的,而不是线性的思维方式和过程是瑞吉欧教育者的特点——无论他们在描述儿童的学习和发展过程,讲述一个特别的课程项目,还是用理论说明实践,或是像此时此刻,思考教师的角色。

瑞吉欧教育工作者主张教师和儿童之间的共享控制。例如,教师通过收集个人的想法,架构小组活动的框架,带领一个学习小组开展学习活动。有时候,通过领导小组会议,并寻求"火花"——记录儿童表达的内容,阅读他们的意见与见解,以激励问题的深入研究和小组活动的进一步开展;有时候,教师通过倾听,提出有启发性的或有见地的意见,或是重复或澄清这些意见,帮助儿童继续他们的谈话或活动。马拉古齐经常强调倾听儿童(语言和非语言的表达)的重要性,这样,教师可以获得一定的想法并用这些想法指导小组活动,从而使儿童的讨论和行动更有意义。这是至关重要的,尤其是当儿童似乎无法继续进行时,因为他们的工作可能已经失去了所有的动力,或他们的兴趣已经完全消失。教师可以帮助儿童发现自己的见解或表达自己的疑问,因为也许一个儿童做出的只是一种试探性的或不完整的表达——不论这个儿童自己还是小组全体成员都不能完全明白。教师应关注和赞赏这些想法所蕴含的潜力以重新激励整个小组,以更加清晰、重点突出的表述逐步为儿童重新理清思路,进行深入的谈话和行动:

参与式游戏和沟通式游戏通过这种方式真正发生了。当然,没有教师的帮助沟通也会发生,但重要的是教师不应错过这样的情况。(Vea Vecchi,1990 年 6 月 15 日,小组讨论,戴安娜幼儿园)

在其他的一些时间里,特别是晨间活动结束的时候,教师的干预需要放在帮助儿童寻找好的主意——通过儿童间的探讨与争论产生的好想法,并将其形成一个有待验证的假设、一个有待实施的经验比较、一个有待尝试的表述，来作为下一次小组活动的基础。检验一个儿童提出的问题、假设或讨论可以成为所有儿童参与的提问与回答过程的一部分。在教师的帮助下，一个儿童的提问或观察可以引领其他儿童探索自己从未涉足，甚至从未质疑过的领域。这才是真正的儿童合作活动。

对于一个正在进行的项目，教师通过一起反思、探索、学习、研究和计划等可能的方式，运用材料、活动、参观、工具以及其他资源，来细化和拓展主题，然后让这些想法回归课堂，接受检验。在每一个教室，有两人一组的教师进行合作教学工作。合作教学的组织并不容易，因为两位成人之间的合作，需要不断调整和适应。但无论如何，它是一种强有力的方式，因为每个成年人要适应同伴协作，获取关于智力成长的社会性的价值观，从而在儿童（和家长）承担共同学习和决策时更有帮助。

教师与家长就当前的主题进行沟通，并鼓励家长成为儿童活动的参与者，通过寻找必要的材料，与教师共同创设物理环境，提供补充书籍，等等。在这种方式中，家长们对儿童的形象会有新的认识，他们通过更丰富、更复杂的视角理解童年生活。

教学团队与其他人（有时是艺术资源教师，有时是教研员）同样紧密合作，计划和记录所发生过的事情。档案记录的方式在不同的学校有所不同，但一般情况下，档案记录包括：书面笔记和录音备份文件，以及儿童的对话和小组讨论的文字稿；照片或幻灯片，或关键时刻和主要活动的录像带；儿童建构的各类产品（作品）。

通过项目（类似其他的日常工作），教师以小组的"记忆"角色与儿童讨论记录的结果。这可以让儿童重新系统地回顾他们自己的和其他同伴的感受、收获、观察和反思，然后进行更深层面的重建和重新解释。而重温较早时期的照片和录音带所记录的活动时刻，可以使儿童所付出的努力发挥更好的作用，促进儿童的关键记忆。

有时候教师参与到儿童的小组活动中，有时候只是在旁边，选择合适的角度观察并有选择地记录儿童的话语、动作、兴趣、经历和活动。教师也观察并记录他（她）自己的言行。这样的观察对于解释儿童正在做的事，预测与规划下一步的活动是十分必要的。在此基础上，教师进行适当的干预，加入儿童的经历和活动之中,促进或引发下一步的学习时机——始终要与儿童协商并达成一致。

当所有人一起挖掘一个特殊想法来引领工作,如果这个想法恰好被捕捉到并且工作结果良好,项目可以持续相当长的一段时间——甚至数周或数月。(Malaguzzi,1995:10)

教师不断密切关注儿童的活动。他们相信,当儿童处理自己感兴趣的问题时,他们自然会发现想要进一步调查的问题。教师的角色是帮助儿童发现自己的困难和疑问。

在这一点上,教师不会提供现成的解决方案,而是帮助儿童关注问题或者困难,并提出假设。他们的目标不是为了使得学习过程"更顺畅、更容易"而"协助"学习,而是通过使问题复杂化,具有参与性,具有激发性,来"推进"学习。教师会询问儿童在开展实验时的需要——即便教师已经意识到某种方法或假设本身就是"不对"的。教师会像伙伴一样为儿童提供服务,通过提供援助、资源和策略使活动持续下去,并在儿童遇到障碍时,帮助他们"重新启动"。通常,教师会鼓励儿童持续他们的活动,要求他们完成他们正在做的事情,或为他们在做的事情做些补充。教师不能单纯放任儿童自己去完成所有的任务,而是要尽量与儿童合作,共同实现目标。

在与一小组儿童共同活动时,每一位教师都做笔记,包括记录自己的言行,记录的方式应该尽可能让别人可以理解,能够沟通,因为这些记录要用于与他人进行讨论。这种讨论发生在不同层次的群体,参与的小组规模不一:与其他教师的一些讨论(合作教师、艺术资源教师、教研员);全校工作人员会议;特定类型教师参加的研讨会;综合性的全市教育工作者的集会等。这种讨论不仅涉及课程规划,而且还涉及教师专业发展的重要内容。这种分析与批判性的活动对于教师个体的发展是至关重要的,并最终惠及整个瑞吉欧·艾米利亚教育系统。系统性的档案使得每一位教师成为研究产品的生产者,也就是说,每一位教师都需要提供关于课程和学习的新思路,而不仅仅是固定的传统模式的消费者。

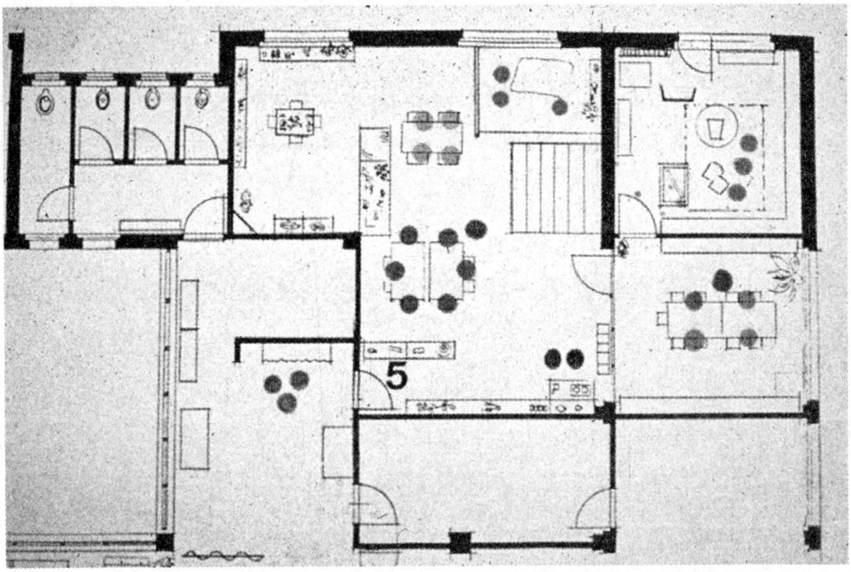

图9-3 戴安娜幼儿园5岁组晨间活动平面图。图中的圆点是儿童和教师可能在的位置。每一位教师与四名儿童密切配合,另外一位教师要四处走动(图中的教师正在一个6人小组旁边)

教师要面对的难题

瑞吉欧的教育者从来不认为教师的角色是一个简单的概念,或是有非黑即白、非对即错的指导性答案可以参考。他们确实对自己的教学方式充满了信心和安全感,在过去50年里与这种教学方式共同发展起来的还有他们的工作方式。正如劳拉·卢比兹(Laura Rubizzi)所说,"这种工作方式不仅是有效的,也是正确的。"(访谈,1989年11月11日)。她在戴安娜幼儿园的同事保拉·斯特洛兹(Paola Strozzi)也认为:"我们是项目的有机组成部分,与儿童合作是项目的基础,相信这是一个很好的学习方法。"(访谈,1990年6月14日)

寻找具有挑战性的、适合的问题

在日复一日的工作中,由于生成课程或"预设"课程的运用,教师时常要面临挑战和决定。对教师而言,有难度的任务是帮助儿童发现足够大、足够难的问题,让儿童花费足够的精力和时间反复思考。每天会发生很多的事情，只有某些事情可以计入这类问题。教师要探寻某个缓缓流逝的重要的或者值得期待的时刻，并帮助儿童吸纳到他们未来的生活之中。

确定"结点"

不仅是大的项目会包含引人深思的问题，即使是日常的阶段性工作也有令人纠结的地方，或者说"结点"。正如树木纹理中的(螺旋)瘤会阻碍锯刀的切割，正如线上的(混乱)结点会阻止缝纫针的穿走一样，任何阻止儿童或阻止他们行为的问题是认知结点。认知结点的产生可能是由于意见不一或者缺乏信息和技能。而这样的结点可能被视为比困惑或挫折更负面的时刻。事实上，我们应视其为认知失衡，其中包含了重新的可能性、测试假设和对想法的智慧比较。它们能够促进对新知识的社会化和建构的积极互动。教师的任务是留意这些结点并使它们成为进一步关注的中心点——成为下一次活动的出发点。

决定何时进行干预

瑞吉欧的教师并不是轻易就知道如何以及何时介入干预，因为这取决于每时每刻对儿童的思维分析。如教师麦戈达·邦达维利(Magda Bondavalli)和马利那·莫利(Marina Mori)所说的：

至于(在教学中)的难题，我们觉得这是贯穿始终的。我们对于儿童的事情提出的建议是保持事情的开放性，这也是与儿童在一起时不断调整的一种方式。没有什么事是确定的或者是绝对的。我们要通过儿童的姿态、语言和行动，以及他们在某次经历中的表现，并花费所有的时间去解读，然后从那里出发。这确实不容易！(访谈，1990年6月14日)

在美国也是如此，教师担心干预的程度、介入的时间，以及如何支持解决问题而不是提供解决方案。儿童"危险地处于他们想要的表现与他们不想要的约束的边缘"(Malaguzzi, 1996: 28—29)，因此，教师不应该干预太多，也不要错失宝贵的教学时机。

但是，你总是担心与害怕会错失那个关键的时机。这的确需要教师去把握行为的平衡点。我信赖教师干预，但我个人倾向于等待，因为我注意到儿童通常能解决自己的问题,而且并不总是运用我告诉他们的方式!儿童经常能发现我未曾想到的解决方案,但有时候等待确实意味着错失良机,所以教师必须快速做出决定。(Vea Vecchi,1990年10月18日,小组讨论,戴安娜幼儿园)

教师在这里所描述的是对于生成课程真正努力的心得,而不是对项目主题的虚假编造,在某个地方戛然而止。实际上,教师不知道小组活动会在什么时候结束。尽管这种开放性增加了教师工作的难度,但是也更加令人振奋:

我的工作处于一种不确定的状态,因为我不知道儿童会达到什么程度,但这是一种令人难以置信的经验!(访谈,1989年11月11日)

这仿佛是我们一起出发的航程,它可能是短暂的,也可能是漫长的,但我们有一种共同前行的渴望。(Laura Rubizzi,小组讨论,1990年10月18日,戴安娜幼儿园)

因此,项目工作提供了支持性的学习环境和意想不到的指导,在动态的过程唤起的新想法,卷入一种充满不确定性的,总是出现在与他人的关系中的过程。项目工作在多样化的指导下开展,没有预定的进展方向,在旅程开始之前没有预设目的地。(Rinaldi,2006年,第19页)

此外,除了令人振奋,这种工作方式的另一个优点是设置支持性结构。教师不会预计什么是她将探索应该获得的结果,一切凭由自己的活动进程,她始终与其他成人共同工作,这是这所学校真实的工作路径,我们所有的时间,都在反复进行教师笔记的比较,跟其他人交谈(Magda Bondavalli and Marina Mori,访谈,1990年6月14日)。教师和教师合作,教师和艺术资源教师之间,几乎每天在他们的午餐时间都会产生这种简短的研讨会议和非正式讨论(Strozzi,2001)。教师相信通过公开讨论,他们提供的合作和参与的儿童和家长模型,能有效促进开放和坦诚的沟通气氛。更多正式和扩展的分析产生于工作人员的会议中,以及一个人的学校或一些较大规模的会议,包括行政人员,来自其他学校的教师,也许甚至是外来游客或演说者。

深入的相互批评与自我反省

值得注意的是,有的体制为了避免感情伤害或想法的归属权问题,不提倡深入的反省和讨论。与之相反,在瑞吉欧,分析和反馈不仅有支持性意见,也有批判性意见。保拉·斯特洛兹(Paola Strozzi)说:"我相信,能就某件事的做法达成一致是令人愉快的。"(访谈,1990年6月14日)

讨论的要点不只是宣扬不同的观点,而是要坚持到确定每个人都有所收获,或者是他(她)的思路有所拓展。讨论应持续到有了解决方案或让下一步的做法变得清晰,然后让讨论的紧张情绪消失,一种新的共识成为未来共同活动的基础。

当然,教师和工作人员互相提供情感上的支持和鼓励,也提出具体的建议和忠告。除此之外,长期的、深入的相互批评和自我反省的方法深受欢迎,这也是瑞吉欧教师专业发展的重要组成部分。其中一个方法是若干教师、顾问教师、教研员、艺术资源教师的工作组,观察和记录一组儿童,然后一起进行深入的讨论、分析和对比他们的观点(Rubizzi, 2001)。这项工作说明了教师角色的第四个重要方面:给自己提出重要问题。(Malaguzzi, 1994)。

因为向外来人员描述这种过程很不容易,所以有时会以模拟的形式向学习小组展示。模拟有一个简单介绍:简介中,设计、实施和记录儿童活动的小组会向听众或参与者提供必要的场景让他们可以参与其中。他们也会提炼出反思阶段的模式和框架,接着呈现记录。然后参观者会参与到对这种记录的反思,认真倾听每个人,遵循其中的道德——每个人都有权参与(没有权利控制)。最后,每一位到场的教育者要评价或综合这些反思,提出最终的评价,同时要感谢那些提出新观点和新问题的人。

下面这个例子中,维·维奇(Vea Vecchi)(艺术资源教师)、马利那·莫利(顾问教师)和Loretta Bertani(教师)在2009年10月为骨干教师研究小组组织了一次模拟,他们播放27分钟关于罗宾逊学校孩子的小组活动的录像,作为档案记录的开端。在介绍阶段马利那提供了必要的背景,解释了为什么小组对于成人和儿童都是最有利的学习环境。接着是观看录像,参与者进行反思(参与者分为3组,每组一台录像机)。然后是分享小组内部的反思,最后是瑞吉欧教育者的反馈和总结。

这种对档案记录的教学与学习的批判性反思,已经在瑞吉欧·艾米利亚持续了许多年。根据教学协调中心组专业发展年度计划,组织形式的细节方面每年都有所不同,具体情况有所区别。小组反思是一种令教师不胜感激的方法，无论是新手教师还是拥有多年经验的教师。一个经验丰富的教师指出：

就我个人而言，我们（在小组中）已讨论过很多次，但我从来不觉得我是不够资格的，或者被贬低了。我认为如果没有专业的辩论，教师就不会成长。(Notes, "The Teachers Speak," feedback by teachers on working with a mentor teacher, Reggio Emilia, 2009)

在瑞吉欧所有知识冲突都被理解为是发展的引擎。因此，教师试图引发而不是压制儿童之间观点的冲突。同样，教师之间也欣然接受那些有分歧的观点，期待深入的讨论和建设性的批判。这被视为进步的最佳途径。教师对团队工作的热爱和对不同意见的接受态度也为儿童和家长树立了一个典范。

马拉古齐带领的一个工作组讨论教师的档案记录

我们研究团队的甘第尼、约翰·尼莫（John Nimmo）和爱德华兹研究儿童之间合作行为的发展，1990年10月在戴安娜幼儿园观察并为工作组录像。每次会议一般在三天以上，每天至少数小时，参加人员包括教师、艺术资源教师、教研员、教学辅助人员，还有马拉古齐。

马拉古齐在第一次会议上解释集体观看录像的好处，大家获得了一系列的解释（"主意圈"）然后达成共识。教师劳拉介绍了她剪辑的录像带，内容是关于三个4岁男孩一起用黏土做恐龙。劳拉还谈到她在活动反思中给自己提出的问题，并指出在她的心目中重要的教学内容与最有挑战性的问题：她错过了应该与孩子们一起讨论的机会吗？当一个孩子试图制作恐龙的颈部，但随后没有完成就放弃了这个任务的时候，她是否错过一个重要的"结点"？她应该怎样做来帮助孩子们获得更多的让立体的黏土结构更加稳固的技能和知识？

在第二次会议上，保拉提供了一个活动视频，是关于四个3岁孩子使用他们第二次接触的材料。保拉向我们解释她是如何把材料（线）呈现给孩子们的，她问了他们什么样的问题，她如何把个人意见反馈给小组。随后是对她的教学决策的漫长评论：她是否过度"引导"孩子们口头创造他们的构建意象？她是否提供了足够广泛的材料，使孩子能够比较和分析不同属性的线？第二天，他们重复了线的活动，提供了更多不同粗细的线供选择，来研究这种变化是否可以引出孩子们更多的实验和假设。

> 在第三次会议上,马利那提供了一个剪辑好的录像,是关于两个5岁男孩尝试在大纸上画出一个城堡,并使用计算机制作活泼的乌龟标识的行为分析。她创设了儿童行为代码,用图表呈现孩子们的整体互动情况。她的展示同样引发了长时间的讨论:孩子们是否充分具备了解决问题的能力?他们能够处理计算机的指令吗?他们手边需要一套尺子来激发测量想法吗?教师是不是让孩子自己独立处理问题时间过长,而没有提供及时帮助?马利那是不是让一个"趁热打铁的好机会"溜走了,或者是过长时间地"丢弃"了孩子?孩子们有频繁的参与性语言("让我们做这个","让我们试试这个","我们来看看","我们必须……"等)是否预示着富有成效的合作或不断增加的绝望?马利那最后问:"作为一名教师,什么是我应该做却还没有做到的?"但她没有给出一个确定的答案。显然,这次讨论的要点是对棘手问题进行批判性思考,而不是给一个封闭的结论。
>
> 我们的研究团队对这次讨论的深入程度和教师们毫不辩驳的态度印象非常深刻。在最后一次会议结束的时候,我们对工作组严谨的批判性反思方式做了总结和评价。马拉古齐对马利那充满感情地说:"是的,我们总是有两个口袋,一个用来承载满意,另一个用来承载不满。"(集体讨论,1991年10月16日)

教师行为的范例

为了将以上所述的抽象原则呈现得更完整、更具体,下面提供了几个简短的示例。这些例子说明了在瑞吉欧·艾米利亚常见的各种教师行为。[②]

教师开启一个共享争端的调查将争论转变为共同的调查

9月29日:被争夺的娃娃

劳拉(Laula)和西尔维娅(Silvia)都是11个半月的孩子。她们在彩虹婴幼儿中心(Arcobaleno Infant-Toddler Center)的一个小房间,紧挨着坐在地毯上。起先她们在玩不同的玩具。劳拉拿了一个可以发声的柔软的娃娃。

西尔维娅看到了也想要,并试图把它从劳拉那里拿过来。劳拉略加反抗,然后在不得已放弃娃娃后大声哭喊起来,泪水直流。西尔维娅对此没有反应:她看着劳拉哭,但仍然抓着娃娃。

这时候,我的干预对于让两个女孩之间冷静下来产生了一些作用,她们仍然挨着坐在一起,根据我的指令做指向布娃娃的眼睛、鼻子和头发的游戏。

这是劳拉第一次争抢玩具。

(教师的观察,Eluccia Forghieri, in Edwards & Rinaldi, 2008, pp. 39-40)③

一位教师观察儿童有目的的游戏,并且(儿童和教师)产生好奇心

10月12日:抽屉里的发现

办公桌的抽屉是半开着的,劳拉很好奇地走过去。劳拉已经努力尝试了几天,她接触到了桌子。她把抽屉多拉出一点,歪着头探索着,她抓住了一张纸。这是一卷用来粘标签的很长的纸,劳拉不断地拉,手臂的动作很大,直到所有的纸完全覆盖在自己的脚上,抽屉变空了。劳拉确认抽屉里没有纸了。然后,她看着脚下长长的纸条,捡了起来,但她并不认为这是非常令人兴奋的游戏。她发现重复"掏空"的游戏更有趣。她进行了关联(在我们看来很大胆):她打开另一个抽屉,但有些困惑,因为里面是空的,她不相信,她重新打开第一个抽屉,检查了一遍,然后她失望地离开了。

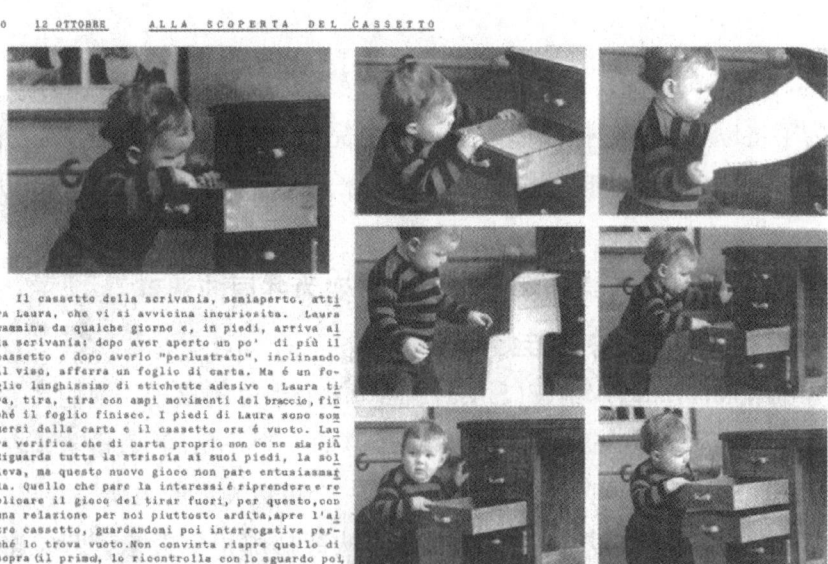

图9-4 《劳拉的故事》中的一页,关于婴儿探索与惊奇的故事

(教师的观察,Ivetta Fornaciari, in Edwards & Rinaldi, 2008, pp. 46-47)④

教师跟随儿童的兴趣

发生这件事的那一天，在戴安娜幼儿园开辟了 3 岁孩子的活动区域，这样两名班级教师可拍摄"合作片段"。教师准备了色彩温馨的有吸引力的积木、管子和其他可爱的建筑材料。然后，意想不到的事情发生了：孩子们发现一只虫子从积木上爬过来，教师没有中断虫子的爬行，而是按照孩子们的兴趣，继续录制而没有删除，让它发展为多个小组的儿童合作解决的问题。孩子们通过他们的言行间接地提出了许多问题，比如他们发现了哪些种类的虫子？是死的还是活的？是危险的还是无害的？怎样用最好的方式把它抓到？虫子会害怕吗？它有名字吗？虫子是弱小的还是强悍的？是益虫还是害虫？是丑还是美？是他还是她？这些问题可以在某一天继续进行讨论。即使小组里新来的孩子试图挽救虫子，他们也能很快回到原来的主题，围成圆圈合作，详细说明这些主题。

在观察的开始阶段，我们看到了比安卡（Bianca）和罗莎（Rosa）两个女孩。让她们吃惊的是，有一只虫子在积木上。她们的老师在附近（拍摄当时的场景）静静地看着。

比安卡说："太恶心了！这是一只真正的苍蝇。"罗莎回答说："这不是苍蝇，因为苍蝇会飞。"

比安卡观察了一下，说："你看，它已经死了。"罗莎不同意，说："不，它的尾巴在动。"

罗莎判断："它有刺！离远一点！"比安卡也担心，她说："不，不，让我们干掉它！"罗莎重复自己的判断："你看，它可以刺痛你。"比安卡美化她刚才的想法："是的，但我说，我们杀了它。在我的房子里有一把真正的枪。让我们杀了它！它动了！它没有死。帮帮我！救命！"罗莎现在喃喃地说："是的，它已经死了。我来试试看……你好，你好。"

比安卡命令罗莎："你来杀了它，因为你穿着裤子。"罗莎说："不，它会蜇我的。"但比安卡反驳道："不，你穿着衣服它蜇不到你。"罗莎说："它会通过我的裤子蜇我。"但比安卡说："它不可能透过裤子蜇你。"罗莎坚持说："它可以通过我的衣服蜇我。"

离她们最近的老师进行了干预："在我看来，它是想站起来。你们可以尝试翻动它的身体，因为它自己翻不动。你们为什么不尝试把它放在外面的草坪上呢？这样的话也许你们可以救它。"

孩子们接受这样的计划。罗莎说："不要害怕。它不会刺痛我们。帮我带它到外面去。这样把纸团在一起，我们就可以带它出去了。我们不必用双手直接抓它。"

她们的喧闹引起了其他孩子的注意。一个孩子说："我们想用纸抓它出去。你能帮我吗，艾格尼丝（Agnes）？"艾格尼丝说："好的，我来帮你。"

罗莎现在有了关于虫子的新想法，她大声说："哎呀，它是多么的美丽。"她对虫子温柔地说："不要害怕。我们正在帮助你。"孩子们尝试用一张纸把虫子裹起来，以帮助它出去。他们提出不同的意见："不是这样的。哦，可怜的小东西。抓住这张纸的边角，它就知道该怎么走！你不应该把它弄死！好吧，究竟发生了什么，我会帮助你的。你看，它走了！它能够走路了。你有没有看到——我是对的？它去哪儿了？它在纸的里面（用手指着）。在这里，还是这里？让我们来看看。让我们打开来（卷纸）。这是在哪里？哦，在这里。"罗莎看见了说："在哪里？太小了。哦，在这里啊！"

孩子们运着虫子，但接着虫子掉了下来。老师告诉一个孩子："你没能帮上忙（搬运）。"但孩子抗议说："我是在帮忙。"另一个孩子大声呼喊："帮帮我，拦住它，让它进来。快点，帮我。太好了，它被围起来了。"

现在，第二位老师说："确认一下，它好像离我们越来越远了。你们打算怎么办？尝试把它放出去吧。"

孩子们尝试着把虫子带到室外。许多孩子喊："哦，跌下来了。它受伤了。（虫子）还是好好的。虫子害怕了。不，虫子是不害怕的。哦，它害怕。它已经跌下来了。它很害怕。"有人断定："你把它弄死了。"这引起小组里更多的意见："你要相信，你能救它。瞧，你瞧，你不应该把它弄死。是的，它很美。它非常美丽、善良。我不想让它死。让我们把它放在这里。把它放在在这里。我们不能让它死。不要踩在它身上。"

一个女孩试图给虫子起名字："到这里来，美丽的虫子，美丽的虫子，到这里来，'大号的小老鼠'（Topolone）。"另一个孩子回应她说，"它不想来。小心一点，否则把它压扁了。"

孩子们检查虫子的状态。一个男孩宣称："它还活着。"第二位教师确认："它还活着。"她鼓励孩子们："好了，那么，让我们抓住它。"一个小男孩说:"它到桌子底去了。"第二位教师指导他:"好了,抓住它,把它放到室外去。"

孩子们得意洋洋:"我们抓住它了!我们抓住它了。它没有(从纸里)跌下来。我们抓住它了!我们是伟大的!"到了室外,他们把虫子放了,说:"它不会下来。让我们放开它,在那里,可怜的小东西。不要压扁它。它是美丽的。它在哪里?"

(录像带来源于爱德华兹、甘第尼和尼莫的合作研究,1994)

一位教师指导儿童使用工具和技术的案例

这是1988年5月的一个早晨,在戴安娜幼儿园的广场上,教师保拉·诺塔利(Paola Notari)正在与3岁班的8个孩子用黏土塑造艺术家的模型。她指导孩子使用合适的材料和工具进行构建活动,作为协助、支持和鼓励儿童活动过程中的一部分。被问及此事时,她说她试图提供儿童所需要的帮助和建议,让孩子完成有艺术性、有表现力的目标,而不会受限于材料。例如,她知道,如果孩子们卷出的黏土太薄的话,在烧制时就容易断裂,这会让孩子们感到沮丧的。

孩子们都围坐在一个大的长方形桌子旁,而保拉在孩子们中间站着或走动着。在每一个黏土工作区的前面,孩子面前都有一大块木板可以捏制黏土。保拉给每个孩子准备了一块厚厚的黏土:她撕下一块黏土,用一个圆棍把黏土擀薄,切去边缘,切成一个整齐的方形,然后分发给孩子们。她用的是切割黏土的专用刀,并说:"当黏土很厚时,我们可以用这个工具来切黏土,看上去不错,刀锋厚厚的。"

孩子们旁边有很多用来切和擀的工具。他们正在研究用小刀"在黏土表面上运动"的问题,他们可以切出一块黏土,然后把它折叠起来,在平板表面来回搓动。后来她解释说,一些孩子实际上并没能成功做出搓揉的动作。但保拉没有干预,并坚持她的想法。因为所有的孩子都沉浸在他们所做的事情中,她不想把她的想法强加给他们。然而,她会对孩子们进行技术指导——向他们展示如何滚动工具来均匀压扁和削黏土卷、切黏土。

刚开始,保拉用小铲子把一个新卷好的黏土给一个孩子,"你需要这个

图9-5 教师注意到儿童需要帮助,她先比划着说

吗?"她问。她告诉另一个孩子:"你按压得太用力了。如果你按得太用力就没法把它拿起来了,那就没法放到窑里烧制了,不要太用力。"接着另一个孩子转过来问她:"这样做对吧?""是的,对。"保拉回复说,"很好,如果你还需要我可以再为你准备一个。"

她注意到两个孩子之间产生了一点分歧。一个孩子要另一个孩子正在使用的切割工具,那孩子抗议道:"这是我的,我先用的。""这些工具都是一样的,"保拉说,她指着其他的切刀,"他们确实都是一样的。"她靠近孩子们。第一个孩子展示自己想要的切刀在黏土上切出的图案与其他的不同。于是,保拉改变了自己的看法,"哦,我明白了。如果你在工具箱中找一下,会发现还有一把切刀和这个一模一样。"这个孩子高兴地走开了。

她又开始为一个女孩准备一大块黏土。同时观察了一下她对面的孩子。"你在做什么?"她问。小男孩把自己的作品拿给她看。保拉说,"做得很好。"

她把完成的新黏土团放到需要的女孩面前。看到她捏的第一块黏土,保拉说道:"你做得真漂亮!现在,你必须思考下一步你想做什么?你可以在这

图9-6 她觉得孩子们需要她的示范

片(新)黏土上做上同样的印记。你可以把这些作品折叠,或直立起来。"她用一小条黏土进行演示。小女孩用她手里的切刀在黏土上来回移动,一句话也没说。保拉继续说:"你只是想用这个小轮子切,对吗?这样切出来会非常漂亮。"

保拉又走到桌子的另外一侧,一个非常小的孩子似乎遇到困难了。她问他:"要我帮你清理一下吗?"她用木条帮他抚平了他的黏土,并向他解释说,"这有点像橡皮擦。现在,我会告诉你如何使用这个工具(切刀)。你可以切成细条,像这样,把它折叠或把它捏起来。"她教那个男孩拿起细条的一头,然后把切刀放在他的手里,站在他的身后,指导他协调使用两只手。"这只手按住黏土,另一只手用力搓,再用力一点,就这样,可以啦!现在,你会了。"

过了一会儿,她询问所有的孩子:"你们还想要黏土吗?我可以给你们。"孩子们喊道:"我要!""我也要!""好吧,"保拉说,"我再去拿一些来。"她出去了几分钟,把孩子们单独留在房间里,她回来后以相同的方式继续观察。

一位教师鹰架儿童对概念的理解

维·维奇(2010)讲述了一个小故事,是孩子们在戴安娜幼儿园马利那·莫利的班上发生的事情。孩子们在以瑞吉欧的传统方式画他们的同学希瓦(Sewaa),他们分组坐在模特周围,这样每一个人可以从不同的角度进行观察。

一个叫劳拉的女孩,走来走去,然后停下来,与坐在希瓦侧面的玛蒂娜谈话,劳拉告诉玛蒂娜,她画的不对。她友好地表达说:"你画的好像是希瓦在你的面前,但是,你应该画的是她在你的侧面,在侧面画中,只有一只眼睛,一条腿,一只耳朵。"她向玛蒂娜展示自己画的侧面画,把它们并排放在一起比较。玛蒂娜的第一反应是吃了一惊,然后似乎渐渐地明白劳拉试图让自己明白的事情。

老师马利那走近玛蒂娜,温和地对她说:"你画的图形真可爱。"她停顿了一下,然后接着说,"但是,你要坐在什么位置才能看到这样的画面呢?"玛蒂娜指着可以看到希瓦正面的位置说:"那边,桌子那边。"

下面是维·维奇对马利那干预方法的分析:

教师不说绘画是有错误的,而强调是一个很好的作品,她不要求孩子重做,但是根据她的问题,孩子意识到了正面和侧面的两个观察点之间的差异。教师高度尊重孩子的感性认识,她并没有立刻以进一步的绘画来验证,因为,玛蒂娜的回答表明她首先理解了这不是一个简单的绘画问题,而是概念问题。她还需要更多的时间来提高这种意识。(Vecchi, 2010: 52)

(完整的故事,配有照片和孩子们的绘画作品,维·维奇,2010年,第51—53页。)

一位教师重新启动项目

在一次涉及数学思维的调查中,戴安娜幼儿园的孩子们面对一个现实生活中的问题:他们怎么能提供所有必要的测量数据给木匠,让他可以建造一个与他们喜欢的旧工作台完全一样的新工作台。5岁班里的5个男孩和一个女孩自愿共同来解决这个问题。

在他们最初的接触中,教师马利那·卡斯特尼提(Marina Castagnetti)邀请孩子们围站在旧工作台的四周,让他们说说如何来测量。艾伦(Alan)建议:"可以用手指测量。把一根手指接着一根手指计算,你数到5就换你的另一只手,然后能数到10个。"孩子们按照这样的想法,他们有的绘图,有的继续用自己的身体部位测量工作台。他们最终放弃了手指测量的想法,代之以拳头、手掌测量,最后用双腿测量。一个孩子甚至尝试用他的头测量。孩子们从一个测量单位转换到另一个,没有确定的测量单位。他们有点停滞不前了。

图9-7 孩子们在尝试用身体部位测量桌子的长度。他们用手指、手掌、脚,甚至是头,最后他们停滞不前了,教师该怎么帮他们呢?

马利那和维·维奇一起坐下来研究目前为止所观察到的情况,希望能找到支持孩子们的方法。她们重读笔记,提出一个假想——成年人需要"向前推进儿童,去跨越儿童自己创造的障碍",作为一种能突出他们思路中的矛盾的方式,也许会帮助孩子们逐步理解。

在接下来的会议上,马利那提议,孩子们可以尝试跳远,然后测量他们跳的距离。她问他们:"你怎么能测量自己跳的距离?"孩子回答说:"需要两个标记,一个是起点,一个是终点,然后可以用脚来测量。"

托马索跳了一次,然后测量距离,把一只脚放在另一只脚的前面,交替前进。他跳的距离是4只"脚"的长度。现在,马利那用她的脚以相同的方式测量,跳的距离是3只"脚"长。

马科(Marco)和丹妮拉(Daniela)接着跳,一共是2次,孩子们测量脚的数量总是多于马利那的。最后,孩子们找到了原因。他们告诉她说:"你的脚更大一些,占用更多的空间。我们是小脚丫。"

这个活动持续了好几次会议,孩子们用绳子,用自己的鞋子,最终用了他们自己绘制的纸质量尺。他们通过重复人类历史上的做法,建构了自己的知识,从而理解了标准化测量单位的必要性。

(完整的情节,配有照片和孩子们的绘画作品,根据马利那和维·维奇的描述,1997年,第19—31页)

总 结

在美国,对教师角色的预期与瑞吉欧·艾米利亚教师的角色有许多相似之处。在这两个地方,目标设定得较高——在实践中较难达到和维持,而且涉及多方群体(儿童、家长、同事、政府、公众)的合作,要通过良好的学校组织、物理环境、课程设置和教学方法刺激儿童的学习和发展。然而,在瑞吉欧·艾米利亚的婴幼儿中心或幼儿园,教师总是与合作教师一起工作,与其他教师、教学辅助人员、艺术资源教师联系,一起接受来自教研员、顾问教师、文化调解员和教学辅助人员,以及档案和教育研究中心(Documentaion and Educational Research Center)、REMIDA(处理中心)以及其他的实验室和资源中心的工作人员的支持。对于积极支持他们和参与学校生活的家长,教师会与之互动,并保持持续交流。

在与儿童的互动中,瑞吉欧的教师试图促进儿童的良好发展,并鼓励儿童在所有领域(认知、体育运动、社会和情感等)的学习,同时利用发展的关键时刻指导儿童使用更加复杂的工具和必需的材料,通过具有多重象征意义的艺术载体来表达自己。

在他们看来,教师课堂工作的重点是"激发时机"以真正促进某个或多个儿童的智力发展——特别是要倾听儿童的语言及其相互间的交流,并反馈给小组,再次促进和延伸小组的讨论和集体活动。他们认为这样的教学模式非常重要、复杂、巧妙,并且会不断演变,需要集体的努力和关心。他们与同事之间深入的相互批评和自我反省的倾向,也让瑞吉欧·艾米利亚的教育工作者脱颖而出。正如他们认为儿童学习的最佳途径是交流一样,他们认为教师的工作与成长也是在学校、社区和文化环境等共同生活环境下的公共活动,他们非常注重校内和校际的交流与合作。他们知道要实现这些想法是需要付出很多努力的,但却是值得的,更重要的是有助于社会进步和提升人类的福祉。

注释

① Max Wertheimer(1982)描述了两个男孩打羽毛球的著名案例。一个男孩的技能水平远远高于另外一个,而随着比赛的继续,这个大男孩一直可以轻易获胜,年龄小的男孩打得越来越糟。然后,他们决定玩一个新的游戏,其目的是看他们可以让小球在空中保持多久。现在,这两个男孩以互补的方式合作,年长的男孩不得不调整了他的打法,以协助年幼男孩的努力。年幼的男孩玩的水平逐步提高,两个男孩非常努力,也很享受。

② 更多关于教师行为的案例参见本书第二版"合作伙伴,教师和指导:瑞吉欧·艾米利亚教师行为的范例"("Partener, Teacher, and Guide: Examples of Teacher Behavior in Reggio Emilia")部分。网址链接http://digitalcommons.unl.edu/psychfacpub/503。

③ 经明尼苏达州圣保罗红叶出版社(www.redleafpress.org)许可,引自瑞吉欧儿童翻印的《瑞吉欧·艾米利亚市婴幼儿中心和幼儿园指南》(Edwards & Rinaldi, 2008, edited by Carolyn Edwards and Carlina Rinaldi, copyright 2009 by Carolyn Edwards, the Municipality of Reggio Emilia-Istituzione Preschools and Infant-Toddler Centers)。

④ 同注释③。

参考文献

Castagnetti, M., & Vecchi, V. (Eds.). (1997). Shoe and meter: Children and measurement. First approaches to the discovery, function, and use of measurement. ReggioEmilia, Italy: Reggio Children.

Edwards, C. P., Gandini, L., & Nimmo, J. (1994). Promoting collaborative learning in the early childhood classroom: Teachers' contrasting conceptualizations in two communities.

In L. G. Katz & B. Cesarone (Eds.), Refections on the Reggio Emilia approach (pp. 82-104). Urbana, IL: ERIC Clearinghouse on Elementary and Early Childhood Education.

Edwards, C. P., & Rinaldi, C. (2008). The diary of Laura: Perspectives on a Reggio Emilia diary. From a project originally by Arcobaleno Municipal Infant–Toddler Center, Reggio Emilia, Italy, in collaboration with Reggio Children. Minneapolis, MN: Redleaf Press.

Filippini, T. (1990, November). The Reggio Emilia approach. Paper presented at the annual meeting of the National Association for the Education of Young Children, Washington, DC.

Fraser, S., & Gestwicki, C. (2000). Authentic childhood: Experiencing Reggio Emilia in the classroom. Albany, NY: Delmar Publishing.

Hellman, J. A. (1987). Journeys among women: Feminism in fve Italian cities. New York: Oxford.

Malaguzzi, L. (1993). For an education based on relationships. Young Children, 49(1), 9–12.

Malaguzzi, L. (1994). Your image of the child: Where teaching begins. Child Care Information Exchange, 3, 52–56.

Malaguzzi, L. (1995). Introductory remarks. In The fountains (pp. 6–23). Reggio Emilia, Italy: Reggio Children.

Malaguzzi, L. (1996). The hundred languages of children: Narrative of the possible. Catalog of the exhibit "The Hundred Languages of Children." Reggio Emilia, Italy: Reggio Children.

Malaguzzi, L. (1997). The invisibility of the essential. In M. Castagnetti & V. Vecchi (Eds.), Shoe and meter (pp. 10–13). ReggioEmilia, Italy: Reggio Children.

Putnam, R. D. (1993). Making democracy work: Civic traditions in modernItaly. Princeton, NJ: Princeton University Press.

Rinaldi, C. (2006). In dialogue with Reggio Emilia: Listening, researching and learning. New York: Routledge.

Rubizzi, L. (2001). Documenting the documenter. In Harvard Project Zero and Reggio Children, Making learning visible: Children as individual and group learners (pp. 94–115). Reggio Emilia, Italy: Reggio Children.

Strozzi, P. (2001). Daily life at school: Seeing the extraordinary in the ordinary. In Making learning visible: Children as individual and group learners (pp. 58–77). Reggio Emilia, Italy: Reggio Children.

Vecchi, V. (2010). Art and creativity in Reggio Emilia: Exploring the role and potential of ateliers in early childhood education. New York: Routledge.

Wertheimer, M. (1982). Productive thinking. Chicago: University of Chicago Press. (Originally published in 1945.)

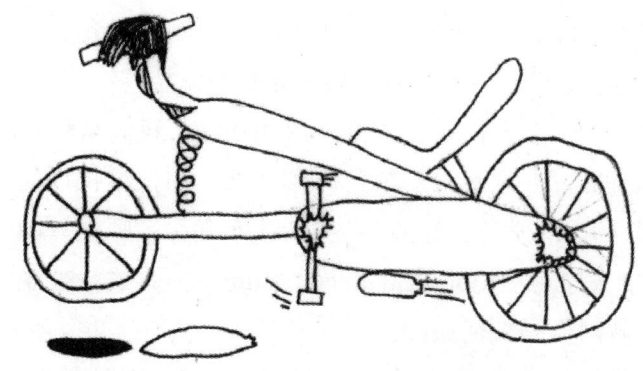

第10章

悉心观察的教师：
把观察作为职业发展的有利工具

——访谈爱米莉·甘贝提

莱拉·甘第尼

在瑞吉欧任教25年之后，爱米莉·甘贝提于1992年来到美国，开始通过参加专业指导工作和教育会议，以及支持那些选择以瑞吉欧精神培养儿童的学校，致力于教师发展的工作。她在瑞吉欧儿童学校时担任过国际交流协调员，这使得她有机会与北欧、亚洲、南非和中东的众多国家和地区建立合作关系。以下的访谈谈及她本人在教师发展生涯中的亲身体验，以及她如何将自己的学习经验转移到美国的特定环境之中，如何做一名会观察的教师，如何保持教师之间及师幼之间的相互学习关系。

甘第尼：请先谈谈您是如何开始接触那些到瑞吉欧参观教学的美国人的。

甘贝提：您在20世纪80年代就来过几次，所以正如您所知，很早就有人到我们学校来参观。后来，一批批来自欧洲和美国的参观者络绎不绝，经常到我班上来观察。还有些较长期的访问者，比如1989年—1990年间，巴吉·蓝金来实习了整整一年时间；1991年—1992年期间，路易斯·凯德威尔一直在这里工作。我们还记得1992年您和乔治·福尔曼一起观察了我们的主题活动"小鸟的乐园"。还记得我们一起分析了多少儿童的作品吗？

当时联络我们幼儿园的教研员是卡拉·里那第，准确地说，我们从她那里学到了许多的观察和反思的经验，理解被观察意味着什么。在拉维拉塔幼儿园，卡拉观察我们，我们教师之间学着互相观察，包括艺术资源教师也一同参与。这是共同学习和向别人学习更好地做好儿童工作的一种方式。被观察的同时，我们彼此观察了解对方是如何做的。

甘第尼：我能想象到，那时卡拉的基本意图是促进教师的专业发展，并让大家知道，教师如何通过互动互助来达到共同成长的目标。值得一提的是，她的意图后来竟成为了拉维拉塔幼儿园所有教师的共同意愿。

甘贝提：当然，这些活动都是与幼儿园每周的集体性专业发展活动同步发生的，并且经常组织其他幼儿园参加类似的专业活动，以增进大家对于工作目的的学习与认同。

当你接受别人的观察并理解其重要性时，你必须学会区分个人情感和专业角色，当然同时不能忘记自己的身份和人格。你应该假定观察者会站在一个独立的立场观察你和儿童一起活动的情景。同样，在你观看自己的录像时，你也应当以旁观者的超然态度来评判自己，就好像同伴和专家们对你做出评论一样。

最为重要的是，你必须学会接受有建设性意义的评价，因为这些评价可以改进你的工作质量。他人的意见还能增进你对自己行为的责任感。你必须学会接受批评并进行自我批评。其实有时在同事们向你指出来之前，你自己也许已经意识到某些问题了。

为了更好地观察，我们计划并运用了录像的方式。同事们一起共同观看录像，在观看过程中针对我们与儿童在一起时的工作状况展开讨论。很重要的是，大家在讨论中发表各自的观点和看法，共同分享对各种教学情境做出的评价。

甘第尼：我觉得这种通过录像相互观察并开展建设性批评的方法的确是一种有力的工具。这样做必然要求同事之间维持良好的相互尊重和相互信任，在活动起初的时候，需要有教研员的支持和指导。

甘贝提：利用录像讨论的方式还帮助我们理解如何在与同事的集体活动中，能够畅所欲言地表达自己的想法，也能够使得其他参与者有机会表达各自的观点。录像讨论还帮助我们理解自己思维的逻辑关系与发展路径是怎样的？该留有多少余地让别人发表见解？该如何更清晰地呈示自己的想法？如果在这种交流中你始终保持缄默的话，显而易见在交流过程中会产生消极的态度。

甘第尼：这便是您关注到的同事或您自己的态度倾向吗？

甘贝提：我想，我们每个人都在学习，而且大家把合作视为一种深层次的教育资源。

甘第尼：这是一种复杂的工作方式，在我看来，要花费大量的时间，还要经过多次会议讨论。

甘贝提：我并不认为需要花费许多时间，关键是有效地利用时间；并非只是增加工作，关键是改善工作。而且，这种工作方式也会发生在儿童中间，他们学着做相同的事情。一旦儿童熟悉了这种在集体中学习和讨论的过程，他们便会一个接一个争着发言，学会参考同伴的发言和想法。儿童集体的交流沟通能力越强，他们的表达就越是明白准确且生动细致。这种了解他人思维过程的学习方式通过教师传递给儿童，又通过儿童传递给家长们，让家长卷入其中并有所了解。

甘第尼：您能否告诉我们，这种观察和被观察的工作方式是如何发展起来的，是否需要周密计划或相关策略，这个过程持续多长时间？

甘贝提：卡拉总是提示我们，要在工作方式中渗透重视观察、强调理论与实践相结合的态度。她经常建议我们，每个人都各具优点与缺点，因此，在幼儿园里相互观察并讨论彼此的工作状况，能够向他人学到彼此不同的工作方法并了解其原因。所有这些都有助于教师形成一种合作的态度和集体讨论的氛围，而不是相互竞争的心态。

甘第尼：此刻，我回忆起一个情景，当时我和乔治·福尔曼一起在寻找近距离观察教师的机会，我们询问马拉古齐，能不能观察教师在主题活动中的教学行为，以描述和记录教师在教学过程中的作用。我意识到，选择拉维拉塔幼儿园并非出于偶然，因为当时在卡拉的指导下，该园已经建立起了相互观察的机制。

图10-1　爱米莉·甘贝提问一名儿童对于水如何进入喷泉这个问题的看法　源自"小鸟的乐园"

甘贝提：选择拉维拉塔幼儿园并非出于偶然。观察的过程几乎成为我们工作不可少的一部分内容，尤其是在制成录像片《给狮子画像》之后，观察已经成为较为正式的有目的的工作内容。拉维拉塔幼儿园的艺术资源教师乔瓦尼·皮亚泽塔和我一起经历了这一过程，在被卡拉·里那第和马拉古齐观察的同时，我们也相互观察。我们亲身体验到，主题活动的发展过程是可以记录下来的。需要强调的是，这种记录过程的方式，从那时候起至今，一直成为日常工作的主要部分。

那段经历（"给狮子画像"主题活动）让我们前进了一大步，因为针对当时出现的许多问题而精心选用的策略，实际上是一种具有建设性意义的、有效的学习过程，而且总是建立在理论与实践相结合的基础之上。我们的目的是成功地展示特定主题活动的整个发展过程，透过完整的记录使人们看到我们的工作过程——即借助录像与人们交流和沟通所发生的问题和我们所获得的各种优势经验。这些经验都与儿童的一百种语言的理论息息相关——在录像中我们可以看到，儿童通过多种方式表达自己，如讲述故事和探索试验。

关于被观察，我们还不会忘记，在"给狮子画像"完成之后，瑞吉欧又开展了一个大的主题活动，叫做"雨中的城市"，涉及多所不同的幼儿园。该主题活动也同样被记录下来，并在"儿童的一百种语言"展览会上展出。

甘第尼：我记得马拉古齐在那个主题活动中特别地投入。他提出了许多儿童可能想到的关于自然界的变化，关于下雨与城市的关系及其丰富的解释观点。当他1988年到麻州大学为"儿童的一百种语言"展览揭幕时，"雨中的城市"也是展出内容之一，当时他对这个主题发表了特别的演讲介绍，我们三位作者都为能在那个特别的场合听到他那深思熟虑的、富有造诣的分析感到特别荣幸。

甘贝提：和儿童在一起的时候被他人观察，也可以帮助你学习提问的策略，以及如何干预和发展儿童互动。在各种不同的干预策略中把握教育的平衡度是很不容易的，除非你很了解儿童，不过即便如此，你所面临的教育情景也是很复杂的。如果你很了解儿童，可以在听的过程中利用直觉来理解对话的背景，同时也会在适宜的时机加以干预。所以我认为，这种直觉基于对儿童的了解程度。我们要学习的是如何了解儿童，即使是尝试提出一些开放性的问题。形成问题本身就可能包含如何调整特定的声调语气，从而能维持谈话，也就是说"需要时间"，或者说在一段时间里保持开放的状态，以便让儿童有机会通过思考形成问题。有时儿童还会（可能是不经意地）伴随你或是引导你，让你知道最好该问哪些问题；有时他们的态度或语气语调本身也能建议你提出某个问题。

观察和被观察有很多不同的方式。你可能采用拍照或录像的方法来观察或被别人观察。例如，在"雨中的城市"主题活动中，我们在工作中一起通过拍照互相观察。并非每次都是卡拉·里那第或马拉古齐参与观察，因为他们需要跟踪观察许多幼儿园的同一主题活动。当乔瓦尼在拍照观察我和儿童在一起的情景时，其实此时我们就已经同时把儿童与教师两个层面的观察状况记录下来了。我们在一起观看照片时就意识到了这一点。我们看到乔瓦尼所拍的情景，会看到他拍照时所做出的选择，虽然那是从他的角度观察我如何与儿童互动的，但从中也能清楚的了解我所做出的选择。

甘第尼：比较各种观察方法：录像、拍照、录音、做笔记，您认为所有的方法对于你来说都很重要吗？有没有您比较偏向的方法？

甘贝提：根据我的经验，这些都是强有力的工具，因为在观察和被观察两个方面，它们都很有用。他们帮助我们理解在特定的背景中的儿童与教师行为方式。它们也能帮助我们了解一个人做出选择的动因是什么。

另外，这些工具还能帮助我们意识并关注到一个教师与儿童或同事及其他成人的工作方式的演变。能够意识到自己的工作风格是十分重要的事情，这种意识越强烈，就越能考虑到自己工作的关键点。在我看来，教育者必须要具备这种关键性的情感态度，因为我们有责任尽可能好地为儿童和家庭服务，以及与同事合作。它也促使我相信，那些观察我并批评我的人，既不是对我有意见也谈不上不喜欢我，重要的是展示出我在复杂的教育环境中尽力而为的教育行为。

儿童工作者必须始终竭尽全力地与儿童建立高质量的关系。因此，要做到竭尽全力，就要意识到并且了解自己行为方式中的每一个细节。我坚信，这种关注与倾听是所有教育者高质量工作的基础。

这种认识来之不易。我刚开始工作时就曾花费大量的精力来理解观察的重要性。有时，这个过程并非特别令人愉快，可它毕竟是一种教师角色建设中对工作态度有用的研究。例如，如果某人限制了儿童的活动，或者说了什么话使得活动中的儿童产生理解困难，只要他具有倾听的态度，那他就会知道问题在哪里；也就能知道如何以积极的方式进行调整沟通。我认为，这种态度能很好地帮助教师改善与儿童或其他成人的关系。

在我的职业生涯中，曾有幸多次以不同的方式被观察。我从很年轻时就开始工作，在工作中被观察使得我在个人成长和专业发展层面都得到磨炼。我的专业发展很幸运地能够在马拉古齐和卡拉·里那第的辅助下进展。他们两个都十分擅长分析教师的不同性格,并有目的地不断扩充教师们的知识。同时,我相信这种过程也增长了他们的知识。我是一个固执、顽强、有耐力的人,不会在困难面前低头。不过必须承认,专业发展的过程是复杂的,而且不会一帆风顺,而我是一个不断挑战自己的人,总想做得更好,做得更多。

马拉古齐和卡拉·里那第都了解我的个性特征,我想这也是他们为何投入这么多时间精力来帮助我专业发展的原因。

甘第尼:在一个教师的成长道路上,伴随着这些有才干、肯奉献、足智多谋的人,一定是一种了不起的经验。

甘贝提:在那些日子里,一旦他们看到我有消极的反应,就会告诉我说:"注意!你要倾听但不要太快做出判断。试着去理解,然后再接着观察。"这个办法帮助我学习评价自己,有时我会由于失误而对自己产生不满,由此也会让我觉得失望,但是继而会利用这种挫折感来改进自己的实践工作,并改善个人的教育行为。我真正地理解到,儿童甚至所有的人,都值得你为之提供最好的服务,有时你的收获远远超出你所提供的服务。

图10-2　当教师对爱米莉解释水车的转动原理时,一个男孩认为他必须修改他的设计,源自"小鸟的乐园"

我曾把这些想法和我的同事们分享,直到现在我仍然在与其他教育工作者会面和合作时习惯共同分享经验。作为教育工作者,我们不应该满足于浅显的目标,不能认为儿童的能力水平是有限的,理解能力是有限的。教育者不应满足于仅仅了解儿童的一部分,就会认为儿童只能达到粗浅的目标,从而低估了儿童的发展潜力。如果教育者通过学习更多地了解儿童的潜能,就会给儿童提供更多的机会和可能,而且也给自己开辟更宽广的专业发展空间。我总是把能让儿童做得更好作为自己追求的目标,我认为,如果一个教师不愿意尝试多观察儿童,就不可能真正地了解儿童所能达到的潜在的发展能力与水平。

甘第尼:我注意到,当与教师合作并总结他们专业发展时,您会赞赏他们的工作,但也会当场指出他们的不足之处。

甘贝提:是的。正因为如此,有着更多的事需要我们去做。我相信这里面还有一个关键点,那就是,当人们对自己的工作沾沾自喜时,就会开始减少好奇,不思进取。这使我想到我们在瑞吉欧·艾米利亚为全国乃至全世界的儿童利益所做的一切,如果我们满足于此,不再付出努力继续改进工作、研究和革新的话,那么我们就没有对自己负责,也没有对来自意大利以及世界各国的教育者尽责。为了儿童、社区和整个社会,我们有责任伴随着社会的变化而继续发展和前行。

现在,每当看到某些幼儿园,比如那个我们最近一起去参观的幼儿园,每天使用计划好的课程,每 15 分钟轮换一个必做的内容,而且活动空间中还排满了桌子,我感觉置身于一个不尊重儿童、教师、家长的地方,我知道他们和我一样都觉得难受和失望。然而我又会马上想起马拉古齐在类似地方说过的话:"我看到这样的幼儿园会很难受。在看到儿童和人类不受尊重时,我们再也不能无动于衷,我觉得,尤其是对儿童来说,不尊重无异于暴力行为。"

我理解并分享瑞吉欧继续从事研究和改革的决心和坚定意志。我知道这个工作有多么艰辛,然而我也越来越认定沿着这个方向继续前进是正确的选择。我们的教育系统中有许多新教师,他们很年轻,虽然对以前的历史不甚了解,但却是当前历史的一部分,他们会看到改革的优点。我认为自己是幸运的人,能够在马拉古齐和卡拉·里那第的指导下工作和成长。我们和这些年轻人一起，也和您一起，以改进工作为目标开展研究，而且我们有机会在工作的同时，对我们的行为赋予价值，并理解其过程的重要性。

甘第尼：就我本人而言，我也为自己因作为马拉古齐在美国的翻译得以与他一起工作过而感到幸运。请谈谈您在美国的经历。

甘贝提：我想在美国的实践经历，包括与瑞吉欧·艾米利亚对话的经历，我始终记得我在发源地的发展历程，因为我为瑞吉欧儿童工作，是该机构咨询委员会成员。我与教师的工作方式并非由我一个人决定，而是由一起工作的教师们共同决定的。当我在一个新的环境中工作时，我非常努力地把自己在瑞吉欧的教学经验及其生活与特定的新环境联系起来。与我合作的幼儿园可能实施不同类型的教育过程，如果其教育活动具有支持性环境，尤其是存在教师、儿童与家长相互交流的组织结构时，这种合作就会比较顺利，较少出现困难，这样就能支持并保持由合作带来的积极的高质量。有时，有些幼儿园尝试通过关系与其他进行改善性教学活动的幼儿园进行对话和交流，从而拓宽经验范围。

这正是我为何喜欢与在乔治和南卡罗来纳州的玛吉·库帕（Margie Cooper）一起开展专业发展的原因。我理解这项工作，我们做了大量的工作，我们的管理网络能容纳各种不同类型的幼儿园，并利用其各异的特色构建共同的和共享的教育资源。为提高幼儿园教育教学质量还有一项有效的工作内容，就是为教育者或家长们举办会议，呈现来自瑞吉欧·艾米利亚或教师的工作过程的教育改革信息。我认为这是一个建设性的选择和态度，是在提高幼儿园质量的过程中产生的。这里所说的优质教育经验，即充分尊重儿童和尊重社区及社会中的人。这种高质量也是通过持续地进行专业发展的结果。所有这些工作都不断地使得教育经验成长，而另一方面，我希望，也能够培育出具有良好品质的人。

在亚特兰大有一些与此类经验有关联的幼儿园。基于学习和研究项目，玛吉·库帕通过开展专业发展的工作，继续深入观察学习过程，以及各园如何学习获得更多的自主性继而发挥领导作用。

我深信，幼儿教师的工作有必要不断树立更高目标。我认为这样的工作方式可以向教师提供均等的机会，以形成为了达到优质教育的目标而继续学习的态度和意志。

我在美国的工作经验始于马萨诸塞州的阿默斯特,然后是华盛顿特区的早期教育示范中心,以及密苏里州圣路易斯的瑞吉欧-圣路易斯合作中心。随着时间的推移,在加利福尼亚州圣莫妮卡的第一长老保育中心,佛罗里达州迈阿密的欧莱雅学校和明尼苏达州圣保罗的麦当劳蒙台梭利学校等,我的经验在不断增长,这些无疑都是关注和重视教育质量的例证。我们一起工作的基础,是进行不断的对话研究和学习不同环境背景下的教育价值。我还想提及在伊利诺伊州芝加哥公立学校和芝加哥下议院,以及在科罗拉多州波尔得的旅行幼儿园的合作,在这些地方诸多的共同经历中,包含主办"学习的奇迹"展览的隆重开幕式;在加利福尼亚州的旧金山市合作开展的创新教师项目,该项目主任苏姗·莱昂(Susan Lyon)早在1990年就发起了圆桌会议。这些合作活动仍在进行之中,均基于幼儿园在瑞吉欧方法的启发之下的专业发展。最近,我已经开始接触俄克拉荷马州塔尔萨的河畔幼儿园;纽约市的蓝色幼儿园和起点幼儿园;华盛顿特区的圣约翰幼儿园;以及密苏里州圣路易斯的枫树林公立幼儿园,该校也在与韦伯斯特大学合作。

和具有不同特色的幼儿园合作是相当复杂的。支持学习的不同过程是很不容易的一件事情。我想,即使保持已经达到的质量水平也是有价值的,但要开启一个崭新的目标,就必须要有组织精良而充分开放的管理机构,以支持渐进的改革理念。因此我认为,追求高质量的幼儿园发展良机,是拓宽与那些有意向参与基于改革而成长的其他幼儿园的联系网络。这些举措不仅具有建设性,而且能维持新的互动,建立新的联系,并寄希望于教育者和儿童的共同工作。

甘第尼:我理解,创建国际之间的网络,以便同时分享和增进专业发展的质与量,是一种理想的策略。

甘贝提:当我开始参与和一群教师共同发起专业发展项目时,我尝试着不要引导他们的工作。虽然对我而言,不直接联系瑞吉欧的工作经验是有难度的,但我理解并坚信,必须尊重和我一起工作的这些教育者自己的工作节奏。这就是为什么与我互动的幼儿园都以不同的园本特色开展他们的工作。一些幼儿园已经能够通过分析自己的经验,并经过记录我们一起讨论工作的过程来构建与我的合作。遇到向公众开放的时机,所有的教育者都能够回答别人提出的问题,表现出高水平的专业意识,包括其选择背景之下的动机和经验。通过这样的方式,他们意识到自己所走过的历程,并表达和解释自己在工作中获得的成长。

当达到这些水平之后,教师自己就会有动机追求更高层次的目标。他们也会变得更加开放,以分享和接受不同意见,最重要的是,他们变得有能力,并毫无避讳地谈论自己的工作和思想。其实在此之后,教师们倾向于改变自己的态度,而变得能理解教学相长的重要性和必要性。

甘第尼:能否请您再说明一些关于您和玛吉·库珀一起在这些幼儿园的过程和经历?

甘贝提:在部分幼儿园和婴幼儿中心都经历了相似的过程,在尊重各个幼儿园丰富多样背景的前提之下,开始与之合作。许多教师都具备前往瑞吉欧幼儿园的亲身经历,在我看来,当参观瑞吉欧成为教师专业发展的重要步骤时,我们在各自背景之下的专业发展便会达到一个关键点。到经验的发源地去取经是很重要的,而这种过程目前正在进行之中。

甘第尼:我想知道,是否只有在具备一定的合作建设与学习经验之后,再去瑞吉欧参观,这样效果会更好些?如果在学习初期就过早地去实地考察,会由于过多的惊奇和疑问导致妨碍深层次的细致观察吗?

甘贝提:两种情况我都见到过。无论何种情况下,参观者都会出现强烈的情绪反应。有时,瑞吉欧会使来访的教育者意识到一些在自己幼儿园并不显著的重要生活价值,也许是因为机会难得之故,那些元素常与他们的工作环境相关。正因为瑞吉欧幼儿园彼此之间不尽相同,即使他们受到同样的哲学理念的启发,对这些理念的解释却互不相同,因此幼儿园所表现出的特色也各不相同。

在访问瑞吉欧之后,也有些教师并没有继续深入地工作下去,他们问我"怎样做瑞吉欧?"我每次都对他们解释说,他们应该首先注重理解自己幼儿园的特点和情况,然后解释给我听,至于在什么时间开始和如何开始与瑞吉欧的交流,正如加德纳教授所言,学习瑞吉欧不能像移植郁金香球茎那样简单照搬,如果人们想要改变自己的教育活动,他们必须首先开始观察并了解自己的环境和文化属性。

甘第尼：谈到观察能力，您所描述的是否能引导教育者在自己的环境中观察自己？

甘贝提：我呼吁教育工作者采取研究的态度观察自己，观察他们的环境。我们要反思长期而艰巨的改变自己工作态度的过程。有时，集体反思时，教师往往会发生变化，从而增加观察的难度。这里我特别是指美国。例如在迈阿密，在与欧莱雅学校合作的许多年里，我和主任西蒙内塔·西塔迪尼（Simonetta Cittadini）居住在一起，那时由于种种原因教师流动现象严重。然而，由于西蒙内塔是个决心追求高品质的人，他充分发挥了设法稳定教师队伍的教研员的角色职能。所以我也认为，如果在工作质量方面进行充分协作的话，则有些人事变动的状况是可以转变的。

甘第尼：我记得您说过，在与教师谈论他们的困难和问题之前，应该进行大量的观察，这是很重要的前提条件。

甘贝提：观察教室里正在活动的儿童和老师，是我进入幼儿园一段时间以后所做的事，这是在与教育工作者开展合作中做出的决定，因为这是一件微妙的事。观察时要非常尊重当时的情景，在报告观察结果时，要特别注意避免主观判断，并且鼓励教师在被观察时解读自己的态度。我总是采用这种策略，鼓励教师、园长和教研员们相互观察。

在观察时，面对周围所发生的一切，我始终保持倾听者的身份。有时我会预料为何有些做法没有效果，或如何才会做得更好些，但我会设法让教师们自己思考、分析与交流，以达成理解，而不是由我直接说出哪里没有做好。

甘第尼：从您的叙述中可知，您自己在瑞吉欧·艾米利亚和在美国的经验中，观察也同样经历了各种阶段。

甘贝提：我花了差不多20年的时间在各国进行学习与研究，对我也是有益的学习经历。我在错误中学习，在问题与困惑中学习，通过分析自己的工作来学习。开始时我有些急躁，过于直率地与他人分享我的观点与意见，也许是因为自己的英文词汇量不够丰富，找不出适宜的表达用语，所以用词总是太过于强烈。现在我越来越清楚地感觉到，在当时的一些情况下，与其说我在帮助教师，还不如说我仅仅是在对教师做出快速、简单的评价。在关注到自己的行为反应之后，我便有所转变，直到现在我一直都在实践中学习着把自己的工作状况记录下来。这样，我可以反复阅读自己写下的笔记，研究自己的观察日记，以及别人对我工作的反应。我时常发现：有时候，自己过度的干预其实对教师而言仅是评价而非帮助。尽管，我所观察过的教师总是正面地欢迎我的意见，从来不曾抵制我的观点。

我意识到，这种态度可能会造成一种印象，即我是唯一了解观察方法和与儿童成人互动行为方式的人，其结果是，我成了教他们如何工作的人。越是重新反思和观察自己，就越能成功地改变一些事情，越是理解当时的情景，教师们就能得到越多的机会从而理解得更好一些。于是，我们一起学习如何评估实际的教育情景。

甘第尼：我觉得在某种程度上，您在尝试让自己与同事一起工作的关系如同您和儿童们在一起一样的密切。

甘贝提：现在我的确尝试继续这样去做，以同样的真诚贡献来回报教师们所给予我的。我期待和要求和我一起工作的人分析情况和深入思考。在这种"放慢步子"的同时延续我们的关系，极大地增进了我们之间的团结，以及彼此的作用与互动的价值。当我在一所幼儿园工作时，身处属于别人的环境之中，首先要尊重对方。因此我尝试着谨慎地看待和理解问题，并在工作中尊重教师们。

甘第尼：如果从您在阿默斯特起步的多年美国工作历程与经历来看，人们已经理解了您与教师（以及与儿童及家庭）合作的工作方式，虽然并非所有的人都能把这种见解传达给别人。然而，您这种建立密切关系并尝试帮助别人的方式本身就能深入人心并帮助别人深切地理解。比如说，我想起首先和你一起工作的玛丽·贝丝·瑞克（Mary Beth Radke），现在是专职的快乐阅读学习法的教师；还有詹妮弗·阿沙瑞提（Jennifer Azzariti）和她用来帮助教师们利用材料的方式。她有办法带出最好的教师。

您播下了无数的种子，指导教师应该如何怀着强烈的意识去发掘教育儿童的方法并尊重儿童，这一切都会使得幼儿园成为一个高质量的教育改革研究的基地。

甘贝提：我在美国还与许许多多的人一起合作过,他们在工作中承担着领导角色并有能力创建高品质课程。在这些幼儿园里,人们都可以看到有能力的儿童、教师以及家长的形象。当然所有这一切都不会自动地发生,需要投入时间,需要重视所有参与人员的需要和权利,需要一种共同的道德感、诚信、严谨、责任、相互尊重,和持之以恒、坚持不懈地努力工作。

第11章
全纳型社区

伊凡娜·桑茨尼

　　意大利是公认的尊重和包容特殊群体和弱势群体运动的国家,包括那些精神和身体残疾的人群。自20世纪70年代中期,国际组织就高度关注意大利在特殊儿童教育方面所做的工作,其积极的表现居欧洲范围内所有国家之首(Begeny & Martens, 2007; Gobbo, Ricucci, & Galloni, 2009; Philips, 2001; Vitello, 1991)。这场整合与包容运动开始于20世纪60年代,由于当时意大利一些治疗残疾人和精神病患者的机构被关闭,健康与卫生服务系统重新划

　　这一章由卡罗琳·爱德华兹编译,根据采访和收集的材料编写。其中多次采访和引用的材料有:伊凡娜·甘第尼(Lella Gandini, 2010, 2009)、卡明斯基(Kaminsky, 2006, 1997),帕尔莎(Palsha, 2002),和史密斯(Smith, 1998)作为采访报道的材料。并得到内布拉斯加奥马哈市的凯茜·卡洛塔博士的批评与建议。

归到了每个行政区。在这场运动中，瑞吉欧·艾米利亚从未脱离，始终主动联系，并积极回应着运动的各项活动。精神健康领域的机构改革运动引起了教育领域反对把特殊儿童隔离教育的同步运动，如今在给予移民家庭和儿童提供全纳教育方面的思考已经步入了一个新阶段。

1971年，意大利议会通过了第一个有关残疾儿童教育的法律条文，并设立了关于残疾儿童有权利在公立学校接受全纳教育的专项规定。此法和随后在1977年再次通过的法律规定：6岁至14岁的残疾儿童有权利接受全纳教育，除非儿童的残疾程度严重到无法在普通班级进行正常活动。同时，卫生和教育部门认识到早期干预对于残疾儿童康复的必要性。因此，许多地区早已将早期干预与服务的对象确定为6个月至6岁的儿童（Cecchini & McCleary,1985；McCleary,1985）。根据有关统计，2004年—2005年期间，在意大利全国范围内，共有10 084名残疾青少年儿童在（联邦）系统的幼儿园入园，占全体学生总数的1.04%。它包括各类残疾儿童，其中有精神和肢体残疾（9 270名），视力残疾（299名），听力残疾（515名）（经济合作与发展组织发展，2006年，第363页）。另外有许多残疾儿童进入政府和私立幼儿园。

1971年意大利的法律定义，根据特定年龄阶段特征，在掌握技能和行为表现方面有持续困难的儿童被视为特殊儿童，包括确诊为唐氏综合征、脑瘫、精神发育迟滞（智商低于60）、失语、儿童精神病、有家族遗传史的残疾、有严重的学习问题的儿童、后天失聪、失明等残疾儿童也包括在内。由当地的卫生服务机构负责对于残疾儿童的筛查诊断。评估通常需要在可以进行神经和心理评估、标准化测试等的特定环境中开展。当地的卫生服务机构多年来持续不断地与儿童、家庭以及教师合作，服务人员长时间在固定的团队为儿童、家庭和学校提供连续性服务，协助这些儿童在不同年龄层次学校的过渡与衔接进行顺利的转衔，适应不同层次水平的学校教育。我们强调对待儿童要用综合的方式，但在大多数情况下，精神类药物治疗和严格的行为管理不容易被家庭所接受（McCleary,1985）。

1977年，另一项意大利法律规定在公立学校实施一体化的残疾儿童教育战略。实施全纳教育的综合班级规模限制在20名学生，每个班级最多可接受两个残疾儿童，各类课外活动也必须能够适宜于包括残疾儿童在内的所有学生。政府给这些带班的特殊教育教师提供足够的专业支持，进行特殊教育方面的相关训练，以更好地配合班级里的普通教师。班级的两位教师相互配合，有所分工，协调一致地开展工作。虽然没有具体的帮助轻度学习或行为障碍儿童的康复训练计划，但是在实践中，教师和医疗康复服务团队的成员会更多地观察与关注正常标准以下的儿童，给他们提供不带有残疾标签的学习环境（McCleary，1985）。作为这项立法的结果，意大利已经取得了较好的成效，义务教育年龄阶段的学生几乎都可以在居住地附近找到这样的综合性班级和教育环境，接受良好的全纳教育服务。近期的调研和有关报道表明意大利大部分家长和教育工作者都非常支持这样的结果（Vitello，1991，1994），虽然调研没有提供严谨的残疾儿童学习成果的研究数据。

意大利为残疾儿童提供的早期教育系统是由义务教育的整合模型向下延伸而来的。这两个阶段都存在两种整合模式，一种是物理整合的教育理念，即"主流"学校在每天活动的部分环节中整合残疾儿童；另一种是近年来逐步发展的更高层面的全方位融入的教育理念，包括让儿童参与课堂活动，成为教室里被接受的成员。意大利已经消除有缺陷的模型并且将首要重点转向改变教育环境的本质来服务所有的儿童（McGrath，1999）。

一些外界的特殊教育专业观察员认为，瑞吉欧幼儿园的友好的和尊重气氛以及这种氛围下的学习环境，在刺激儿童感官、洞察力和支持特殊儿童全方位能力的发展和社会的需求方面具有特殊作用（Nurse，2001；Palsha，2002；Philips，2001；Smith，1998）。这些观察员也提出自己的疑问，例如，用于监测特殊需要儿童进展情况的儿童档案所涉及的问题范围，如何为儿童制订适当的目标（Philips，2001），以及教师如何解决在意大利教育系统下无法确定的儿童的学习和行为问题，但这些问题却可以在英国更广泛的定义下被界定为特殊需要（Nurse，2001）。

能力丧失与特殊需要的儿童在瑞吉欧经常是被作为"有着特殊权利的儿童"看待。

我是伊凡娜·桑茨尼，是教学协调中心组成员，也是艾米利亚市直属婴幼儿中心和幼儿园研究所的成员。我负责在瑞吉欧市婴幼儿中心和幼儿园中关于有特殊权利的儿童的全纳教育。我有心理学的学位证书，这并不是统一的要求，工作人员可以通过训练获得另一个领域，如教育学或教学论的学位证书。我的具体作用是创建促进残疾儿童纳入瑞吉欧市政婴幼儿中心和幼儿园的教育环境。我的工作与所有的幼儿园和婴幼儿中心有关联,同时也和所有的残疾儿童及他们的家庭有关。我们的创始人,罗里斯·马拉古齐倡导:在我们学校包含有"特殊权利"的儿童是十分重要的。他认为,我们可以改善与提升我们的教学经验,去理解包括残疾儿童在内的所有孩子。

儿童之间的差异:创建一种综合的教育环境

我们必须认同而不能忽略儿童之间是存在差异的。我们希望遇到这些不一样的儿童,并尝试了解他们可以教给我们一些什么东西。马拉古齐坚信,学校纳入有特殊权利的儿童是一件有着积极意义的事情,可以刺激并促使教师深入思考,如何运用广泛的教学方法去适应所有的儿童,拓宽我们的理论视野去适用于所有的儿童。马拉古齐认为儿童的差异可以刺激新的思路和产生新的想法,你会发现不能使用同质化的教育方法来面对有所差异的儿童。特殊教育带来多种不同的情境,增强了教师工作的不确定性,促使教育朝着更加良性的方向发展。我们有必要对特殊儿童群体进行更加深入的解读、理解和给予更多的观察。在教育这些差异儿童的方面,应该培训教师采取积极的态度,运用促进所有孩子思维发展的新方法。

我们认为,残疾只是一个儿童所拥有的不同之处的一个方面。我们有兴趣去关注、寻找这个孩子如何在某种能力丧失的条件下生活以及他(她)所使用的策略。我们试图要了解他(她)的思想,生活的周围世界,以及他(她)的家庭。我们感兴趣的是,同样的事情发生在这个儿童和其他儿童身上会产生怎样不同的效果。我们希望提供一种机会让每个儿童都能够展现他(她)自己的个体差异和个性化的方面。倘若班级里有个拥有特殊权利的儿童,教师很有必要为所有的儿童提供更多的机会、可能和交流,而且可以推动教师创造一种更为综合化的教育环境。

筛查和鉴定:将服务贯穿始终

我们尝试尽快在我们的系统中包含关于儿童特殊权利的内容。我们力图与当地的有关部门密切合作,包括医疗卫生服务机构,完善对残疾儿童的筛查鉴定,使得适合于服务的儿童和父母及早进入机构。现在全纳教育在瑞吉欧已经形成全社会广为认同的强势文化,它真的成为改变特殊儿童家庭福祉的方式,也有助于提高社区的整体幸福度。在传统观念中,往往一个有残疾儿童的家庭意味着家庭平衡的破裂和远离幸福。例如,许多妇女辞去工作,照顾家庭中的特殊儿童。然而,当家庭得到足够的特殊儿童教育机会和早期康复的社会系统的支持,这种家庭平衡不再被打破。我们已经看到了特殊儿童的家庭得到的帮助,以及行使的一些特殊权利,同时他们又成为资源去帮助其他人。这些父母在受到社会支持时得到的不仅仅是幸福的感受,还有享有社会公平权利的满足感。

儿童的健康鉴定过程,通常是当儿童在医院出生时就开始了。当婴儿出生时,医生会进行常规检查,这些医生被称为家庭儿科医生。如果婴儿有任何可能引起残疾的问题,健康服务机构会提供相关的儿童残疾和需要特殊服务的证明。当然,也有一些如自闭症或其他条件限定的病状无法在早期阶段确定。在意大利,作为公共服务制度化建设的机构之一,医院的早期健康筛查与鉴定服务于所有家庭,包括非意大利公民的移民居民的子女也有免费享受该项医疗服务的权利。通过国家卫生服务机构为儿童提供的特殊服务,包括言语治疗、物理治疗、精神运动治疗以及心理和社会服务,等等。在瑞吉欧,所有这些健康服务和社会支持都属于公共服务系统,面向有需要的儿童和家庭。

在进入婴幼儿中心和幼儿园方面,这些享有特殊权利的儿童有着超过其他所有普通儿童的绝对优先权。此外,家庭只需要支付与普通儿童相同的注册费,不需要再支付任何特殊服务的费用,该标准适用于任何类型的残疾儿童。

为了促进婴幼儿中心和幼儿园全纳教育的发展,在每一年报名之前我们就着手相关的调研工作。每年,我要访问国家健康服务机构的医生,充分了解新生儿和婴幼儿的检查和筛选情况。由于国家卫生服务均使用网络化管理系统,只有一种情况下我们可能会有遗漏,就是那些没有公民身份的儿童。儿科医生也会鼓励更多的家庭进入到婴幼儿中心和幼儿园,让家长明白孩子可以进入婴幼儿中心和幼儿园,除非孩子存在非常严重无法适应集体环境的病情。当录取开始后,我得到一份经核证的儿童名单,确认名单上哪个儿童没有入园,这样就可以联系这些儿童的儿科医生,研究每个儿童与家庭的具体情况,我们鼓励家长参加会议,来讨论我们的服务和康复计划。因此,该项目中的密切关系和合作协调是至关重要的。

除了优先注册报名,有特殊需要的儿童家庭还有权选择进入任何一家婴幼儿中心或幼儿园。有时,他们根据家庭与学校的位置做出自己的选择,或者考虑有熟悉的朋友,或者考虑幼儿园的物理结构。但是也有例外,如一个盲童家庭选择了拉维拉塔幼儿园,而该幼儿园狭窄的楼梯并不适合盲童的生活。我们考虑到这种担忧,并就这一问题征询家长的意见,他们说:"我们觉得如果我们的孩子在工作人员细心的照料下,在同伴的精心帮助下,学会适应拉维拉塔幼儿园的环境,他会觉得更加有信心解决所有其他环境下的生活问题。"

图11-1 太阳和河流,作者Lorenzo,引自"Looking at Lorenzo",Girotondo婴幼儿中心提供(2003—2004)

图11-2 Lorenzo和我在校园后面玩球,作者Federico,引自"Looking at Lorenzo",Girotondo婴幼儿中心提供(2003—2004)

作为一名教研员还要发挥协调员的作用,我主要维护和协调学校、家庭,以及所提供的健康服务、治疗服务之间的关系。因为我属于教学协调中心组,我还要与其他教育家进行沟通与协调。我们为在中心或学校的儿童,在适当时候提供各类专家和治疗师的工作,所以这需要在日常生活的地方,而不是在一间特殊的办公室。当各种专家或治疗师到学校来,我们希望儿童这时候能展现他们的常态。因此,就算物理治疗师来,也使用幼儿园内已有的设备和家具。我负责联络,讨论决定需要这种疗法的频次,并协调医生的工作,同时也要考虑如何协调这些儿童在幼儿园里的其他活动。这种针对性的治疗对于幼儿园的工作也有着重要的参考价值,这种治疗是这部分儿童生命中重要的方面。

在我们系统中残疾的常见类型:每个儿童都是特殊的

在过去几年中,我们看到在早期发展时期的瑞吉欧,儿童残疾的最常见类型主要是唐氏综合征;肢体残疾,包括瘫痪;精神病;精神分裂症;自闭症;失明、耳聋;由于染色体异常导致的发育迟缓、情绪和心理问题(Smith,1998)。相比之下,今天的瑞吉欧幼儿园系统中,一半以上儿童残疾鉴定主要是自闭症或自闭症障碍,其他大部分属于智力/认知发展障碍,这两类障碍也是近年来最常见的类型。我一直试图弄清楚,意大利的健康卫生系统没有正式定义"儿童残疾"的所有情形,比如注意力不集中和语言发展迟缓(这与其他国家不同)。尽管如此,婴幼儿中心和幼儿园的实际工作状况是,我们确实对这些儿童在学习和情感方面的特殊需求有所回应。事实上,我们正在寻求对每个儿童的独特优势和需求做出回应。

今天,患有唐氏综合征的儿童人数已大大减少。麻痹性脑炎等严重病例的儿童也为数甚少。目前在瑞吉欧幼儿园里只有几个盲童,并没有诊断精神类病例的儿童。显然,自闭症障碍以及智力/认知障碍和情绪发展迟缓,是我们今天看到儿童最常见的障碍问题。目前在我们市的婴幼儿中心和幼儿园系统中,被确定的40名特殊需要儿童中有20人属于自闭症障碍。

小学适龄儿童中的自闭症障碍的数量是惊人的,这种发展趋势,不仅存在于瑞吉欧的小学儿童身上,而且在整个艾米利亚·罗马涅地区的儿童,甚至世界各地的儿童身上都存在。这是全世界都高度重视的问题。

当然,我更加关注的是具体的数字。在过去10年里,我们是如何发现从少数案例到如今数量巨大的特殊儿童的?我经常听到的回答是:因为我们充分准备好来关注和观察具有自闭症倾向的行为。但这样的解释对我而言并不充分,我观察到自闭症儿童种类繁多,而且个体之间的表现有非常大的差异,只在少数情况下,可以参考典型的自闭症行为的临床描述。通常情况下,每一个儿童都有其独特的行为表现。我认为这是应该进一步研究的重点。

转型的过程：循序渐进的漫长过程

在瑞吉欧·艾米利亚，所有进入到婴幼儿中心和幼儿园的儿童，都有着长期和循序渐进的发展变化过程。这个阶段让有特殊需要的儿童缓解分离焦虑并对机构产生依恋可能需要更长的时间。例如，在一个患有自闭症的孩子的案例里，在这个孩子进入中心、正式开始参加教育计划前，家长和孩子用了整整一年的时间对幼儿园访问、了解和熟悉。

我们也要做好各种相应的准备工作来安排新来的儿童和家庭，要特别注意他们的睡眠和饮食习惯。在与父母的会议中，我们力求减轻家长任何可能的担心，尽量缓和他们对于自己的孩子新入园的焦虑。我们必须仔细构建与家长的关系，在起步阶段，最重要的是与家长建立积极的关系。所有的安排都要优先考虑给儿童和家庭提供舒适的感觉，家长们汇报说，当我们问他们许多关于儿童的问题时，家长很安心，因为这可以让我们知道关于孩子的每一件小事，知道孩子的需要和要求，知道孩子喜欢什么，不喜欢什么。这让家长很宽慰，尤其是当他们的孩子还是婴儿的时候，如果把孩子留给其他人照顾，他们可能会有愧疚感或者不情愿。同时，这种提问题的方式给家长提供了一个很好的模式，可以鼓励他们深入了解自己的孩子。

特殊儿童工作是一项具有分享性的教育任务，它需要考虑家长、任课教师、婴幼儿中心和幼儿园的教育者和我自己。观察和档案始终是基本资料，它对保障特殊儿童的权益是极为有益的。

当一个特殊儿童第一次进入班级的时候，我们已经知道他（她）的残疾诊断，我们还需要在与家长进行直接访谈和系列观察中，了解有关儿童的各方面情况，然而，我们不知道儿童在幼儿园新的环境下可能产生的任何关系与变化，因此，我们需要更多地去了解儿童。学期初我们向儿童提供各种活动的可能性，因为我们需要了解他的选择及需求。在经过初期相当长的观察和档案记录之后，共同谱写"意向声明"（Declaration of Intent）——这是学校、家长和健康服务机构之间的书面协议，以确保协作关系。该声明的有关陈述包括：我们将可能使用的方法和材料以及任何关于如何开展工作的想法等。声明将重点放在儿童与人、与物体、与环境之间的关系上。在最后几页，声明写出了年度计划纲要和支持特殊儿童教育的健康服务小组。

意向性宣言对特殊儿童并不是正式的、制定好的文件,工作人员可以灵活地遵循它。事实上,当不断地了解儿童后,教师们会不断地修改和重新诠释计划,在过程中完善对于幼儿园教育者包括我自己在内的监督。该计划不仅仅注重孩子的残疾,而且注重他(她)发展的巨大潜能。重要的是,我们给儿童和家庭提供很高的期望与许多丰富的可能性。我们带着明确的动机和高度的兴趣开展工作,帮助孩子找到属于他们自己的发展方式。

你可能想知道来自健康或教育系统的期待是否可观察、可复制、可测量。在我们看来,医师和健康系统所收集的儿童数据是可测量的。在婴幼儿中心和幼儿园,我们倾向于避免运用标准化的评估,而是使用教育人员的标准工具去遵循孩子个体的发展。起初,儿童通过医疗健康系统鉴定其残疾水平和他们的进步,此类信息是很重要的,但之后我们做得更多。我们通过健康系统所做的统计是强有力的,而且我们尝试建立稳定持久的关系。

图11-3 有时大毛笔和鲜明的颜色会帮助儿童创作出令人满意的作品

与家庭的伙伴关系：交流儿童的形象

当一个家庭处于十分舒服的环境与良好的感觉之中，父母自然愿意与他人分享家庭的生活经验，他们一定有着强烈的愿望与他人分享在家庭关系中与孩子有关的兴趣爱好等事件。例如，多年前，特殊儿童一整天都留在学校里，我们发现越来越多的家长都希望自己的孩子早一些回家，有更多的时间与家人和父母在一起活动。我也看到了家长如何将策略付诸行动，利用令人意想不到的资源来处理自己的处境。我们需要改变环境条件，我们必须教给家庭新的东西，我们决不能忘记孩子是属于家庭的。往往孩子入园后的一年或两年时间里，也教给我们很多东西，让我们改变对家庭的习惯性态度，与家庭一起交流，提供不同的观点，为他们的特殊儿童共同建立一个整体的、针对性的教育项目。因为与父母相比，我们在项目中没有情感的参与，我们的观点更多是从教师角度出发，所以显示出更多独立而公正的思想。

来自教师和父母双方面的观点对于开展特殊儿童的工作都是有价值的。例如，许多较为严重的肢体残疾儿童将在幼儿园学习生活自理能力，而母亲往往可以教给我们很多方法，例如如何教孩子抓住勺子，教孩子正确的坐姿。但是，母亲也可能说："不要给她任何固体食物。她可能会被噎住。"然而，医疗健康服务机构可能已经告诉学校，这个孩子可以尝试吃固体食物，她有权利开始吃固体食物。因此，我们尝试给这个孩子增添固体食物，而添加的食物也许是其他母亲已经开始喂给孩子的食物。这个母亲看到我们的经验后，自然会尝试在家里给孩子固体食物。这是一种不断延续的交流。

很多时候，我们看到一些家庭难以在班级会议里与其他家长共同参与活动，即使出席也不是非常愿意参与活动。这使得我们反思：为什么会这样呢？我们需要制定相应的策略。因为这样的家庭，我们更加频繁地安排家长会议，我与家庭、教师共同参加。例如，我们可能会展示他们的视频，我们已经与他们的孩子做一些其他档案材料。视频对于特殊儿童而言是强有力的工具，可以更好地了解儿童的活动与发展情况，并便于与家长讨论。有了视频我们可以抓住儿童变化的最小细节。

除了每天的变化，我们更加密切地关注特殊儿童在家庭和在幼儿园里发展状况的信息交流,与家人共享意见。我们需要建立一种儿童教育背景下的影像图,了解、想象他们与同伴经常发生的关系以及如何提高这种关系的密切程度。很多时候,父母都害怕向教师询问他们孩子的某些事情,例如其他的孩子如何看待他们的孩子。然而,家长一般习惯于根据想象来断定其他孩子如何处理与他们孩子的关系,更多想象的是不利情况的发生,这也是他们不敢询问的原因。我们的目标是给家庭提供一种可能性,为他们的孩子建立一个新的影像图。家长带着一名有残疾的孩子从医院回到家里的时候,还会带上一份长长的备注清单,上面列着能做什么和不能做什么。但我们希望激励家长去想象一切都有可能发生,包括特殊儿童享有被提供教育条件的权利,享有成长和发展的权利,并且有权利受到外界对于他们改变和学习的尊重。

让我来叙述有关一个女孩的故事。她无法与同伴进行口头交流,只是用铅笔头不停地在纸上戳,一页又一页,用了无数的纸。如何让儿童注意并理解这种行为,对教师是极具刺激和挑战性的。一次,当我们拍摄这个孩子的时候,我问其他孩子:"你觉得她在做什么?"迹象表明,没有任何儿童看见这个儿童的独特行为。但是教师提出问题后,他们注意到了,并用理解的态度回答说:"她在做记号,她留下了痕迹。"一直观察这个女孩的心理学家完全同意孩子们的观点。这个女孩留下的痕迹,如同同伴们认同的那样,是她在表明自己,自己的身份,这是她与外界唯一的沟通路径。因此,我们改变了对这个女孩的教育计划方向,同时与家长共享了这些活动的档案材料。

在教室产生的所有儿童活动档案的经验中,可观察到的特殊儿童家庭的表现,与所有其他家庭一样精彩。我不认为,特殊儿童家庭在参加班级会议方面存在有难度或不情愿的现象,我认为这更多地取决于,这些家长是否可以放弃在他们的孩子出生前固有的美好印象,是否可以抛弃他们对孩子将来会变成怎样的想象。一些家长和我们讨论这一点,他们的困难也许是来自于他们不愿看到其他家长和健康孩子们在一起的情形。我们无法持续地帮助这些家庭面对他们的孩子幼儿园毕业之后的情况,因为这是一个情形很复杂并且很深刻的问题。

在当今时代,我们特殊儿童家庭及当地卫生服务的伙伴关系,已成为开展我们项目的重要支持途径和长久的基础。瑞吉欧·艾米利亚的专业人士医疗服务人员,不仅考虑医疗康复,也在进行教育方面的康复治疗,他们认为教育康复治疗对于特殊儿童的成长和发展是非常重要的。自闭症儿童每周两次接受卫生诊所提供的集中性言语治疗,同时还接受行为干预,我们称之为结构化教学法,其中涉及轻度和灵活行为矫正模式。

为自闭症儿童工作的模型已经成熟,我们赞成基于美国著名的丹佛模型的基本建构框架(Rogers & Dawson, 2009)。现在,我们拥有了"集体 DNA",一种以关系为基础的早期儿童护理和教育理念已经广泛流传,甚至影响到健康服务行业。我们的婴幼儿中心和幼儿园高度重视关系及关系的质量。同样也在临床治疗上,注意对于特殊儿童提供强化的成人与儿童的关系,一种爱嬉戏玩耍的关系,一种会将儿童作为独立个体看待的关系。例如,一个患有自闭症的孩子,从未被强行要求参加自己不愿参与的结构化互动或跟随别人。我们可以引导孩子做能够产生非常精确的因果联系的事情,加强支持儿童与成人之间的治疗性关系。

卫生健康专家还确信,我们所能提供的不应该只是这种正式的成人干预,因为孩子学习什么,往往临床示范无法推广到其他场景之中。他们意识到,学校还拥有强大的治疗效果和影响。因此,保健服务机构指定其诊所的一位专家,每周一次来到婴幼儿中心或幼儿园,会见每一个患有自闭症的儿童。这些专家准备与中心或学校的教师共同努力,在自闭症领域开辟新路径,专家向教师们展示如何选择合适的说话或行为方式与儿童相处。事实上,在我们瑞吉欧的婴幼儿中心和学校,现在使用丹佛模型的原则与特殊儿童进行教学互动,我们发现,一个非常有效的方法是倾听孩子的表达并给予一定的鼓励性语言。当然,我们运用的技术是有背景前提的,必须根据儿童的实际状况。可以运用马特奥(Matteo)的观察案例来充分说明。

总而言之,在特殊儿童循环式工作系统中,每一个参与实施的有关机构,与其他机构之间结为同伴关系。当地的医疗健康卫生服务机构,会聘请教育工作者共同家访每个残疾儿童的家庭,观察与了解孩子在他或她自己生活背景下的基本状况,为家长们提供有帮助的策略。这种共同家访与干预的工作涉及的一切费用均由政府财政承担,但经费仍然是不充分的。从 2010 年起,根据我们的要求,卫生健康服务计划会有更多的会议议题致力于家长教育,使得对家长的教育服务越做越好。例如,小组式辅导和治疗;支持在特殊需要方面体现更多的家庭个性化要求;以及关心特殊儿童的家庭环境问题,如有些父母似乎对孩子的残疾诊断难以启齿,无法告诉自己的亲人,甚至无法告知自己的父母。还有些儿童无法与他们的同伴和朋友走到一起。这些会议是给父母提供支持的关键！包括照顾到家长对于困难情绪及其处理难题的期盼。迄今为止，我们在瑞吉欧·艾米利亚还没有提供任何正式的服务小组，不像在美国，有特殊情况的儿童家庭是有专门辅导或治疗服务团队的，我们也没有心理学家或治疗师共同提供有组织的方案，只有一些带有自助性质的家庭彼此共同形成的团体和组织。

> 马特奥是一个被诊断为有自闭症障碍的5岁男孩。他已经进入拉维拉塔幼儿园3年了。刚开始他不说话，只是随意乱扔身体附近的物品，但是现在他有了很大提高。在点心时间里，"支持"教师准备了三把椅子和一张凳子，摆放在看台前面，大部分孩子都坐在那儿。马特奥也被鼓励坐在老师旁边，面对看台。他摸了摸罗西的脸。罗西用手指示意马特奥并引导他到厨房一起准备果盘。她拿着水果盘，马特奥跟随她。马特奥从盘子里拿出叉子，又从她那里拿走叉子，老师进行干预，阻止他的行为，而罗西问他："你要干什么呢？"他们一起回来站在前面的看台旁边，马特奥选择了老师和罗西中间的椅子坐了下来。
>
> 老师说："现在，我们来玩找朋友的游戏，招呼你的朋友出来吧。"她给马特奥提供了一组带有每个孩子照片的卡片。马特奥查看每一张卡片，然后喊出一个对应的儿童的名字，被喊到名字的儿童立刻走到前面来，用叉子从盘子里叉出一块水果，再回到座位上坐下。当马特奥喊一个孩子名字的时候，会把手中的卡片递给罗西，罗西拿着一个小盒子，摆放每一张用过的卡片。老师微笑着，每一个被喊到名字的儿童看起来也很高兴，因为他们可以获得一块水果。有时候，马特奥看上去有些走神，罗西会拍拍他的脸，提醒他集中注意力，他微笑着继续完成他的任务。其他孩子也很好地配合，每次他说一个名字，老师或一个孩子说："好极了！"老师或一个孩子说："Bravissimo. Tommaso! Bravo!（托马索！好极了！）"（以确认在马特奥所叫的是托马索）
>
> 有时候，罗西会示意他，用她的手指给他看老师刚刚递给他的照片，并告诉他："你瞧这一个！"有时在他说出名字之后，会补充说"在家里"等词语。有时候，几个孩子一起说："Bravissimo!"但是也有孩子说："他连看都不看他！"当马特奥看到他自己的卡片时，他说："这是我。"罗西轻轻地抚摸他，笑着把卡片放进一个小盒子里。于是马特奥用叉子叉了一块苹果。当找朋友游戏完成后，马特奥会和罗西一起离开，去扔掉多余的苹果块。

课堂组织和社区：朋友开始梦想未来

当我们的教室里有一位拥有特殊权利的儿童，教室里便会有三位教师，包含配备的第三位"支持"教师。她不仅是一位特殊教育老师，也有着普通教师的身份。事实上，我的一部分职责是对这些支持教师进行培训，因为他们还没有接受任何具体的特殊教育培训。这并不意味着教师存在缺陷，相反，可以为他们提供更加宽泛而积极的选择，我们认为把特殊儿童放在一个普通的活动小组内，可以满足其对同伴的需求。在小组活动中，我们将多视角、多层面地持续观察儿童的变化与发展。支持教师需要选择性地参与教师工作日程表中的常规教学。近期，他们并不需要立刻获取对特殊儿童开展特殊工作的资格，类似于现在大学水平的专业学位，但是，这样的情形不会持续很长时间，因为家长们会自学教师的准备工作。

约有三分之一的支持教师允许特殊儿童在人数较少的小组里进行活动。在范围较小的小组里，教师有可能更加近距离进行观察，更多地关注所有儿童。同时还能够与儿童建立一种亲密的友谊，巩固彼此的关系，严格遵守规则和更加重视所有儿童。这种小组活动还能够便于各方沟通，促使成人和其他儿童创造与特殊儿童的关系。我们已经发现，具体的生活场所，细小的日常行为，往往是教师与儿童进行奇妙交流、体现创新性的最佳途径。

一般情况下，在婴幼儿中心和幼儿园里，我们每个班级只纳入一个特殊儿童。有时可能纳入两个儿童，但不是同一类别的残疾，因为我们不希望在儿童之间进行比较。教师在课堂上无论是应急反应、刺激回馈和教学机智，都应该运用整体的、多通道的综合策略（包括发声、标志、手势、注视、表现、面部表情、身体姿势等）以便特殊儿童能够在这种环境中生活和学习。

教室里有特殊儿童也为班级其他儿童提供了其他教育的可能。因为这样促使儿童调整自己的行为来对同伴做出回应，甚至是与他们的身体接触方式等，这有助于儿童增长需要的知识，而且使儿童变得更加灵活。它使儿童认识到与特殊儿童共同活动是可能的。我观察到在教室里这些儿童与特殊儿童之间不寻常的的接触和进行的各种类型的共同活动，我从来没有发现任何儿童有心理伤害或肢体伤害的情况。我看到了许多令人印象深刻的关怀与爱护的例子。我也看到儿童使用一些肢体语言,为的是能够顺利地与口头语言有限的孩子进行交往。儿童根本不把这些差异作为负面影响,他们认识到特殊儿童与他们之间的差异,并且自然地将这些差异合理化。还有另外一个案例,说明教师又是如何向儿童学习的。每次我到学校去,始终会有儿童为我们提出关于特殊儿童工作的策略和方法建议,而这些策略和方法常常是我们不能够发现的。这就是为什么马拉古齐总是说:"有关孩子们之间的事情只能从孩子那里学会。"

一个重要的问题是,我们如何促进特殊儿童与他们周围的同龄人形成小团体,并提供一种归属感。通常情况下,小群体的形成是儿童自己在分享活动的时候进行的,如晨间集会。例如,"路安娜(Luana)教师今天上午将开展黏土活动,谁愿意和她一起工作呢?"很多时候,儿童会做出自己的选择,选择谁参与该组的工作,可以选择特殊儿童与普通儿童。当教师组织分组活动时,他们往往会把特殊需要儿童与技能熟练、有良好沟通能力的儿童放在一个组,他们彼此之间会建立非常深厚的友谊,我们尊重儿童通过自己的能力和共同活动建立的这些活动小组。

让我来讲述一个叫翁贝托(Umberto)的小男孩的发展故事。4年前,当这个孩子第一次参加我们的项目时,他不能坐起来,躺着度过了活动时间。我们发现,他的耐受力水平极低,刺激敏感性表现在他的手中,而不是脸上。老师曾在课堂上鼓励其他儿童与他进行互动,并形成与他的关系。有一次,我们发现在教室里,翁贝托和两个女孩之间发生了一种美好的互动关系。他们在一起听一些柔和的、梦幻般的音乐,女孩们在他的脸上抹了不同的颜色。她们还为他敲击钟声。翁贝托坐在地板上,当他跌倒了,女孩们会帮他坐起来。老师进来发现这些情况时,她觉得重要的是要鼓励孩子们与翁贝托进行谈话,同时建议女孩如何保持帮助他的方法。一次,翁贝托再次跌倒并抓住自己时,老师从别的房间跑过来并不停地喊着:"站起来,翁贝托,站起来!"翁贝托和女孩一起非常享受这段时间。他笑着拍手,并用他的嘴发出声音。女孩们都非常高兴与他在一起,她们摸他的脸,有时他会自己扯下身上的布,女孩就吹他的鼻子,照顾他,让他安静下来。

很多时候,其他的孩子给我们如何与特殊儿童交往的主意和建议(就像他们可能做的引起同龄人反应或抗议的行为)。例如,我们可能对孩子们说:

"我们已经与翁贝托做了这些事情,我们还能做些什么呢?"而他们经常运用我们没有考虑到的想法和建议,运用独特的交际信号,包括手势和其他非语言的方法与特殊儿童共同活动。

特殊儿童可以随时随地与其他儿童学习,即使他自己无法运动,仍然可以近距离地与其他儿童接触,因为这样他可以参与到儿童的活动之中,成为我们思想的一部分,成为其他儿童思想的一部分。对于这样的儿童这是重要的事情,随着时间的推移,这个儿童自然成为他们想法的一部分。他们会注意到这个儿童是否存在。他们在操作某些材料时会说:"卡特里纳必须来和我们一起做这个。"

婴幼儿中心和幼儿园的空间环境是不分隔的空间,但是又可以区分为不同的功能区域、会议和接触的空间等。教师总是运用信箱和意见箱,让儿童经常接收消息,很多时候,特殊儿童信箱里收到的消息最多。这些方式可以让特殊儿童处于小组之中,处于小组的想法之中。

当然,集体的精神,班级的凝聚力必须从开始就努力去建立。当一个特殊儿童进入幼儿园,我们首先要告诉其他儿童,并与他们公开讨论(事实上,任何新的儿童进入课堂,我们都会做些事情帮助他们找到新朋友,融入小组活动)我们如何与新来的儿童共享相关信息,可能会说:"你的新同学不能说话,你能做什么让我们可以与他沟通呢?"

同样,在学年结束时,如果有的儿童要升入小学,我们尝试与其他儿童讨论,有什么需要提供给他下一位老师的建议。在一个案例中,我们问儿童:有什么建议可以传递给弗朗西斯科未来的小学教师。这实际上是一个我们称之为"桥梁项目"的有机组成部分,全组儿童共同收集材料(整组的儿童从幼儿园到小学),回想起他们三年来在一起所有的事情,包括这个儿童微小的变化,认为弗朗西斯科有学习的可能性,即使他需要更长的时间来实现读和写的目标。我们相信,这是非常重要的,儿童对他们的有特殊需要的同伴寄予梦想,今后,他们仍然是持续的同伴和调解员。

儿童的一百种语言:扩大调色板语言

当我们不能使用社会交往中惯用的沟通代码——口头语言的时候,必然会被迫去运用各种感觉器官,与外在世界进行接触和沟通。当一个儿童不能使用口头语言时,教师负有巨大的责任去探索其沟通方式的变化。这种情形也提醒我们,每个儿童都有属于他自己的个人的发展时间和学习策略,包括发展的差异性,儿童的发展水平与学习经验在一般的教育程序中有着不同的表现方式,我们不能只是看最终的表现结果。

我们尽量把注意力转向儿童的活动动机、活动策略以及儿童为达到最终结果进行的行动。特殊儿童的发展变化可能是微乎其微的,但教师必须及时对这些变化给予价值判断。因此,他们的存在也教导我们要成为更加细致的观察家。我们对这些儿童负有责任,因为与他们的接触,才会让我们有更高质量的教育方法和经验。

有一个非同寻常的例子,一个名叫恩里科的4岁男孩,在安德森学校的第二年被诊断为患有一种遗传性疾病,这是一种尚未确定的心理活动障碍疾病。由于发育迟缓,虽然他的运动技能有所改善,但比其他孩子的发展要缓慢得多。他没有口头交流,但他理解的东西比医生告诉我们的要多!他发展了自己复杂的手语系统,这表明他正在形成自己的基础概念。例如,当他想谈论其他人的时候,他会站出来指出他们的特点。当运用口头语言与他沟通的时候,我们的口头语言因为与他的复杂手语交流,从而变得丰富了。

同年,在我们所有的婴幼儿中心和幼儿园里,我们开展了一个大规模的调查:学龄前儿童是如何看待他们自己的城市的(Davoli & Ferri,2000)。教师问儿童问题,试图从儿童的答案中了解他们心目中瑞吉欧的城市影像。在安德森学校,我们问自己如何去了解恩里科眼里看到的城市,我们通过什么媒介与这个孩子沟通,去设想他是怎么看待这个城市的。这是一项巨大的带有挑战性的工作。我们已经收集了许多儿童在城市郊游活动的各种照片,我们选出预计的10幅图,在教室里的电脑屏幕上播放给恩里科看,我们告诉他,他可以指出代表他喜欢瑞吉欧城市的那幅画或者相关材料来传达他的选择。令人难以置信的是,恩里科用声音和噪音表示,他特别关注的图片是一个萨克斯演奏乐手站在街道一角进行表演。重要的是,要知道哪怕是无法用口头语言进行沟通的孩子,也有着他自己对于"城市影像"的选择。

儿童发展的很多方面并不在于是否用语言表达他的想法。室外花园里充满了调色板一样丰富的色彩,仿佛是在热烈邀请具有不同能力和个性的儿童一起玩耍。

社会建构论：儿童向我们展示他们的生活方式

我认为特殊儿童拥有生活在学校里的权利,他们可以主动建构一种积极的自我表述方式,不断演变发展的自我表述方式。只要我们参照正确的观察思想便会帮助儿童实现他们的表达方式。在档案的构建过程中,我们正是参照了建构理论中关于知识是通过与他人的交往过程构建的观点。主题性核心知识是一种全面的观察,而不是仅仅注意到对于主题活动来源的考虑。要充分理解特殊儿童的困难。因此,我们必须不断地认真反思我们的哲学观念前提。我们必须始终关注构建互动的关系和知识,尤其是让部分成年人充分理解这种互动性建构。而有特殊儿童用特殊的方式,迫使我们把注意力放到自我评价方面,书面形式使我们有可能在与他们的相互关系中进行自我评价。我们赞同杰罗姆、布鲁纳和凯亚(Kayer)的想法,相信我们在构建一个结构或者支架,也是一种密码。这种建构对于我们与儿童的沟通是必不可少的。它可以使我们更多地关注对于自身行动的解释,并了解幼小生命的局限性和创造潜能。

我们从特殊儿童那里所学到的,甚至比从其他儿童那里还要多,我们也认识到儿童的情绪和认知是紧密相连的。如同以上所描述的那样,要把更多的注意力放在超越口头语言的其他表达方式上。特殊儿童促使我们尊重他们的发展时间和节奏,也转变了我们常规的观念分析与解释。我们如何解释这种变化?依据传统的观点,儿童的发展变化应该是正常的运动频率,我们以往的目标是使特殊儿童尽可能接近正常发展状态,这种思想聚焦的是孩子的障碍。

在瑞吉欧,我们正在尝试在与儿童的互动关系中,去发现什么是儿童可能试图改变的现实途径,什么是不可能的途径。其中观念的转变对于我们看待最为复杂条件下的儿童是至关重要的。这是一个漫长的过程,对渴望看到他们孩子发生变化的家庭而言尤其漫长。通常情况下,家长最初只是接受传统途径的变化,经历一种正常的转变过程。我们很幸运能够追随儿童度过这个阶段的漫长时光。在瑞吉欧市的婴幼儿中心和幼儿园,全纳教育的开展已经超过6年时间。因此,我们有责任帮助这些家庭看到他们的孩子发展的可能性,并且理解现实的局限性。儿童经常乐意接受家长以外的限制。我们的经验告诉我们要更加仔细地倾听家庭的声音,并试图了解他们对于特殊儿童发展的期望。与家庭对话和了解他们的期望是十分微妙的,因为如果我们不理解他们的期望是什么,似乎就无法听到彼此之间的对话。我们作为教育工作者,必须学会站在家庭的角度倾听他们的声音。

我们还认识到,如果我们注意儿童之间的差异,尤其是特殊儿童的差异,可以看到每个儿童都表现出一种自己的特有方式。重要的是让儿童向我们展示他们的生活方式,从他们的活动中我们学习如何与他们相处。儿童的生活方式是一种探索,他们试图了解周围的世界,通过非常个性化的方式来尝试了解。我们与儿童及其特殊儿童的经验,提升了我们的工作质量,因为我们已经成为更好的观察家,我们能够更好地讨论自身的局限性,并期望更深地考虑儿童的兴趣。由于他们的身体状况,这种兴趣往往是微妙的,难以察觉的。

在瑞吉欧我们还认识到,每个儿童都有不同的方式去实现自我。我们结合临床诊断的建议和教学知识,帮助儿童成为更加关注他人的人。我们发现,在刺激丰富的环境下,有自闭症倾向的儿童往往通过情感和运动的活动进行主动探索。我们也发现,在丰富的环境和活动中,例如在轮流把球扔进篮子的游戏中,儿童变得更加理解他人。同样,当任何三个儿童围着小桌子开展黏土活动时,他们常常关注对方的工作情况。有一个儿童在参与集体圆圈活动时感到十分不安(这种情况通常是建议将这个儿童与其他儿童分开),但是这个儿童找到了他自己的方法,他坐在圆圈的位置上,自己用手捂着眼睛,他逐渐松开手指,这样就可以慢慢看到整个小组的同伴。他在用自己的方式和时间接受同伴,这意味着这种经验迁移到与同伴的其他活动的交流中的可能。

专业发展:在瑞吉欧提升教师的能力

在瑞吉欧

在瑞吉欧这样一个系统内部,如果要保持项目取得稳定而持续的进展,教师的专业发展是极为重要的。我的角色是作为心理学家和教研员，负责特殊儿童的教育和康复方面的有关项目。不过，我不仅仅是一个人在维护与家庭的文化和历史方面的关系，我的项目范围包括当地卫生服务机构和年轻的教师团队。因此，全市已形成渗透所有学校的教学协调合作团队——教学协调中心组，推进瑞吉欧教育系统的教师专业发展。

考虑到社会处在一个公共财政资源逐渐减少的时代，我们也在寻求其他组织方式，谋求我们婴幼儿中心和幼儿园的教师可以得到更多的支持，谋求更多的专业发展。我们也将支持小学教师的专业发展。我们正在努力创建一个服务于所有教育工作者的专业发展管理平台，因为他们都在为从出生到10岁的特殊儿童开展服务。这种交流是绝对重要且必要的，因为它连接儿童的生活与发展的过去、现在和未来。例如，它可以让儿童今后的小学教师清楚地知道他们在年幼时候的发展状况。

我们更多地关注国家层面给教师提供的专业发展支持，给予教师更加具体的专业化的观测工具。请记住，我们是在一种非常特殊的背景下进行儿童观察。例如，对于一个认知水平发展迟缓的儿童而言，他用积木构建了一座塔，或者准备了餐桌，对他而言都是完成了一项困难的任务。观察后面总是紧跟着计划，包括讨论支持教师和班级教师给予儿童怎样的干预与支持。我从大学学习的相关课程获得资质，旁听或参与支持教师（和其他教师）对残疾儿童康复的相关课程。

在观察中，我们充分利用长期的教育实践经验以及建构主义理论，将相同的方法运用于所有其他的儿童。例如，教师要接近一个4岁的特殊儿童，可以有许多方面的策略调整，需要一种逐步构建的想法，儿童或许可能被你的问题所困扰，或许可以寻求更高的要求，如"你觉得我们可以用这些积木块来做什么呢？"或"你已经做了，你觉得下一步我们应该怎样继续呢？"或"你怎么得出这样的想法？"

对所有的儿童而言，心理表征水平是通过学习而获得提高的，我们期待能够有一种方式实现他们认知活动的选择和可能性，并表示他们的经验。心理表征水平也是一种了解特殊儿童的方式，可以揭示出儿童缺乏的是能力，还是一种计划。通过教师的鼓励，他们开始帮助启动有关的部分，比如他们最感兴趣的是绘画，就可以从绘画活动入手。综合学习马拉古齐、维果斯基和布鲁纳的心理理论,带给我们的启发是,我们应该更加重视特殊儿童的困难,给予细心的建议,帮助儿童逐步找到问题,然后努力采用与教育理念相一致的活动方式,有目的地选择有针对性的方法,虽然速度比通常的方式慢一些。我们必须学会帮助每一个儿童寻找到他们的困难之处。

目前的事实是有新教师进入我们的系统,新教师需要了解儿童如何学习的基本理论。像我们这样的教育系统,有着固化的特殊儿童参与活动的理论知识为基础的良好传统,而随着时间的推移,实践活动不断出现新的挑战,产生一套和以前封闭隔离的做法完全不同的模式,即特殊儿童和家庭完全参与活动。由于科学技术的迅速发展等因素,我觉得我们应该回归学习过程去研究不同的儿童。我们必须始终铭记:我们与二十年前相比有了新生代教师和多元化的儿童,儿童来自不同的国家和经济背景,家长的教育方式也在发生变化……因此,重要的是需要返回到基本活动中,观察个别儿童,并且认同每个儿童都有学习和发展的独特方式。

通过研究,我们也希望增加对残疾儿童的纵向发展的贡献。在启动这一倡议之时,我们已经向提茨安娜·费列皮尼致意,他将花更多的时间支持我们处理在这次合作性的教育论坛所得到文献援助,把从出生到10岁的特殊儿童问题的教育工作者之间的相互关系组织成一个系统。我们在瑞吉欧也试图让政府公立幼儿园的教师成为我们的支持教师。

很久以前,洛伦佐·米拉里在《给教师的信》(Letteraa una professoressa)中写道,(Scuola DI Barbiara,1967),一个平民的、真正民主的学校应提供机会给大家,考虑所有儿童的差异(和社会不平等),让每个人拥有提供自己最好教育的可能性。学校应该没有优势群体与弱势群体的区别,所有的儿童无论他们有怎样的背景,都享有平等的教育权利。米拉里的有关理念与思想已经在瑞吉欧·艾米利亚产生一定的影响,但年轻一代的教师不知道这个宝贵的遗产,因此,我们必须整理并转交给年轻的一代。我意识到,我们的年纪大了,而内心积淀的丰富经验与教育历史,可以帮助年轻教师更多地了解和接触教育经验与历史遗产。例如,今天我们在学校发现的差异以及关于差异的反思是适当的。因为我们生活在一个小城市,我们可以做到这一点,可以扩大在该领域的视野,让教师通过专业发展获得更宽广的知识学习和交流的圈子。

达到并超越瑞吉欧

除了我们在城市内进行教师的专业发展活动,我们经常在瑞吉欧之外的遍及意大利的各种学校举办专业发展会议。在专业发展会议期间借助回看反映这些学校实践经验的录影带,我们观察到这些特殊儿童得到教师很好的照料。然而,我们也观察到这些儿童有时缺少与其他儿童互动。在瑞吉欧学校观看视频材料时,来自其他地方的教师惊讶地发现:特殊儿童可以和这么多孩子儿童产生互动。他们告诉我们,他们的特殊儿童因为无法表达,所以很少接触其他儿童,正因为害怕与其他儿童接触,必然导致他们在互动关系方面产生困难。普通儿童如果害怕走近特殊儿童,也将无法与他们沟通。然而,这样看来似乎是教师会把自己的想法加诸儿童,正是教师认为当其他儿童接近特殊儿童时,会让特殊儿童害怕,并且与特殊儿童无法交流,才导致这种现状。

当他们发现自己与其他儿童的差异时,特殊儿童怎样才能建立自己的主体性,发展自己的自我意识? 我们意识到在许多情况下,教师或治疗师表现出像儿童的贴身保镖一样,试图预测他(她)的所有需求。成年人似乎都有帮助特殊儿童的恻隐之心,而不是帮助他们树立自身发展潜力的坚定信念。在另外一种情况下,成年人是具有临床专业知识的,知道如此多的关于儿童的诊断后,他们往往在接触中,把他们认为一些相关的或可能的东西套在儿童身上,使得他们的活动受到过于狭窄的框定与限制。

在这两种情况下,人为的障碍或限制都影响着特殊儿童的努力发展与自我意识的形成。相反,作为成年人,必须意识到我们可能成为儿童的主体性发展的障碍。最重要的是教师、其他成人和儿童认识到通过这些努力和尝试,可以支持特殊儿童积极的自我表达与自我意识的发展。特殊儿童正在以自己的方式进行互动和学习,无论是在教室里或是在家里。

有时,特殊儿童的某些能力因为教师没有发现而错过了发展的机会,因为他们自己对此是一无所知的。如果我们意识到存在于特殊儿童身上的发展趋势,那么我们可以做一些事情来促进这种发展。其中观察和档案是必不可少的,更多的情况下,我们可以通过观察和记录,为儿童创建发展档案,让我们可以看到这种变化。例如,一个孩子在某种情况下可能封闭自己,必须通过可以进行探索的材料,开展桌面游戏。因此,我们必须准备许多的可能性,然后进行记录和解释。事实上,我会受到很大的鼓舞,当教师与我分享关于孩子行为的不一致情况时,表明他们意识到儿童有不同的方式透露他(她)的所思所想。视频可以记录一些特别微小的变化和艰苦的努力,尤其是在教师不容易察觉的时刻。视频让我们学习和反思离开这个媒介就很难发现的一些内容。我们还可以使用视频揭示儿童整个学期的变化。我们发现在全国性的教师专业发展会议期间,讨论要点放在支持课堂教学策略方面,关键是借助视频展示在过去一年里的活动过程中特殊儿童的经验。这些研讨会使我们能够听到新教师的解释,以及整合前一年与儿童工作的教师们的解释。

我们在学习与特殊儿童一起工作的基础上,需要反思过去的教育经验,在大型城市和其他地方或场所,对于特殊儿童的欢迎程度则要使整个社会更加开放,能够融入他们。我不希望特殊儿童只有在幼儿园和婴幼儿中心受到欢迎,而在校园围墙之外的社会看不见这种欢迎和接纳。我们这些开拓者富有巨大的责任感,我们需要直接与更多的城市规划师、建筑师、设计师来交流与沟通,从而使这些想法在大型社区得以实现。

注释

① 自闭症,于1943年,在世界范围内首次公开发表,不再被认为是一种罕见的疾病。事实上,现在被称为"自闭症谱系障碍发育障碍"的人,在世界各地越来越多。有部分学者认为,"爆炸式"出现的背景原因是环境恶劣或其他因素。而另一些人则认为,该病发病率的急剧上升,反映了社会整体公众意识的不断提高,以及相关诊断标准的完善。由罗伊·理查德·格林柯(Roy Richard Grinker,2007)最近主编的一本书,有几个国家从历史和文化等不同角度做的自闭症报告,包括自闭症儿童的家庭的经验介绍。

② 丹佛模型,或称作早期开端丹佛模型,是一个运用发展的方法来治疗自闭症的服务形式,由美国科罗拉多州大学萨莉·罗杰斯博士开发运用。她首次为自闭症儿童提供学前教育的干预,被称为"戏剧学校模式",用于在儿童游戏活动课程的过程中进行干预。这种模式的理论基础是皮亚杰的认知发展理论。多年来,丹佛模型已经用于一些应用行为分析,制定出行为程序。丹佛模型,像其他关系疗法一样,聚焦于为自闭症儿童提供适合的社会环境,注重对儿童的独特关注,并与他人建立关系。

参考文献

Begeny, J. C., & Martens, B. K. (2007). Inclusionary education inItaly: A literature review and call for more empirical research. *Remedial and Special Education*, 28, 80-94.

Cecchini, M., & McCleary, I. D. (1985). Preschool handicapped in Italy: A research-based developmental model. *Journal of Early Intervention*, 9(3) 254-265.

Davoli, M., & Ferri, G. (Eds.). (2000). *Reggio tutta: A guide to the city by the children*. Reggio Emilia, Italy: Reggio Children.

Gandini, L., with Gambetti, A. (1997). An inclusive system based on cooperation: The schools for young children in ReggioEmilia, Italy. *New Directions for School Leadership*, 3, 63-76. Also published in *Innovations in Early Education: The International Reggio Exchange*, 1997, 5 (3), 7.

Gandini, L., & Kaminsky, J. (2006). To know a child with special rights: An interview with Ivana Soncini. *Innovations in Early Education: The International Reggio Exchange*, 12(1), 1-11.

Gobbo, F., Ricucci, R., & Galloni, F. (2009). *Inclusion and education in European countries. Final report 7: Italy*. INTMEAS Report for Contract. Lepelstraat, Netherlands: DOCA Bureaus for the European Commission's Directorate General for Culture and Education.

Grinker, R. R. (2007). *Unstrange minds: Remapping the world of autism*. New York: Basic Books.

Kaminsky, J. A. (1997). An interview with Ivana Soncini. *Innovations in Early Education: The International Reggio Exchange*, 5(3), 1-6.

McCleary, I. D. (1985). Overview, Italy. *Journal of the Division for Early Childhood*, 203.

McGrath, B. (1999). National policy on inclusion of students with special educational needs inItaly, Ireland, and the United States (unpublished paper). Available at http://www.eric.ed.gov/PDFS/ED436875.pdf.

Nurse, A. (2001). A question of inclusion. In L. Abbott & C. Nutbrown (Eds.), *Experiencing Reggio Emilia: Implications for pre-school provision* (pp. 62-71). Philadelphia: Open University Press.

Organization for Economic Cooperation and Development. (2006). *Starting strong II*. Paris: OECD Publishing.

Palsha, S. (2002). An outstanding education for ALL children: Learning from Reggio Emilia's approach to inclusion. In V. R. Fu, A. J. Stremmel, & L. T. Hill (Eds.), *Teaching and learning: Collaborative exploration of the Reggio Emilia approach* (pp. 109-130). Upper Saddle River, NJ: Merrill Prentice Hall.

Philips, S. (2001). Special needs or special rights? In L. Abbott & C. Nutbrown (Eds.), *Experiencing Reggio Emilia: Implications for pre-school provision* (pp. 48 -61). Philadelphia: Open University Press.

Rogers, S. J., & Dawson, G. (2009). *Early Start Denver Model for young children with autism: Promoting language, learning, and engagement.* New York: Guilford Press.

Scuola di Barbiana. (1967). *Lettera a una professoressa* [Letter to a teacher]. Florence, Italy: Libreria Editrice Fiorentina.

Smith, C. (1998). Children with "special rights" in the preprimary schools and infant-toddler centers of Reggio Emilia. In C. Edwards, L. Gandini, & G. Forman (Eds.), *The hundred languages of children. The Reggio Emilia approach: Advanced reflections* (2nd ed., pp. 199 -214). Greenwich, CT: Ablex.

Vitello, S. J. (1991). Integration of handicapped students in theUnited States and Italy: A comparison. *International Journal of Special Education*, 6, 213 -222.

Vitello, S. J. (1994). Special education integration: The Arezzo approach. *International Journal of Disability Development and Education*, 41, 61 -70.

插　曲
从短信留言到读写活动：儿童的读写经历

劳拉·卢比兹和西蒙娜·波尼劳利的研究

　　劳拉·卢比兹(Laura Rubizzi)是瑞吉欧一名经验丰富的教师,长期在戴安娜幼儿园任教。西蒙娜·波尼劳利(Simona Bonilauri)是联络戴安娜幼儿园的教研员,她一直支持劳拉开展的"儿童读写能力"研究。瑞吉欧的教师帮助儿童交流信息的活动由来已久,参观者总是会注意到,在瑞吉欧所有幼儿园里,都摆放着支持儿童交流的信箱(每人一个)。在这样的交流过程中,儿童逐渐意识到写作的重要性。教师们认为分享信息对儿童而言,意味着他们在学习符号系统的同时还要有思想交流。在介绍以下对话内容前,我们已经从克劳迪娅·朱迪西(Claudia Giudici)那里了解了该项目的基本背景,她是瑞吉欧市立幼儿园与婴幼儿中心研究所主席兼教研员。

　　克劳迪娅："代码",特别是字母代码,在我们的经验中已不是什么新概念。人们往往关注符号化的学习(包括环境和策略上的准备)。这一研究课题在很多年前就已经开始,每所婴幼儿中心和幼儿园都在开展。大家从一开始就一致认为儿童对符号的运用能力是与生俱来的。

　　我们发现,这种能力始于儿童使用语言之前——对肢体语言及对物品的象征化运用。接着儿童能脱离符号所指的具体事物,这样儿童运用符号的能力得以发展。随后便能使用字母和数字了。

　　这项研究的条件和目标是什么？我们一开始提出了书面语是一项文化发明,在传达知识之前,它本身就是一种知识。儿童在学习这种知识的同时,也对它进行了再创造。也就是说,儿童在个体和集体活动的推动下,通过创造原始的语言理论,重建了属于自己的语言系统。

　　我想解释一下,我们之所以说儿童再创了写作,首先不是因为儿童发明了新的字母,而是他们理解字母的建构过程及其产生的规律,换句话说,儿童在读写活动中进行着解构和重新建构。

　　我们注意到,即使是婴幼儿中心那些非常年幼的孩子,在没有任何人要求的情况下,也试图解密字母代码,并且开始区分写作与绘画。这些尝试是自发的,因为与以往相比,当今儿童处于一个交流占主体的信息化社会,我们非常重视并记录了儿童这些自主性的表现。

我们的理论依据与爱米莉·费雷罗(Emilia Ferreiro)和安娜·特伯洛斯基(Ana Teberosky)的研究有关,他们的研究团队,包括克里斯蒂娜·祖可马里奥(Cristina Zucchermaglio)在内,详细阐述了他们的研究。他们的研究是历时性的、跨文化的,并且研究高度重视书面语言的建构过程,特别是针对4岁以前的儿童。

我们特别关注这项研究,因为它是基于社会建构主义理论:

· 他们认为读写在儿童的知识建构过程中,发挥了积极而且有建设性意义的载体作用,儿童不仅接收环境中的各种信息,还要传达和理解信息。

· 他们意识到读和写远比"字母学习"的意义重大,其意义在于不仅仅是掌握读写技能。

· 他们坚信读写能力不仅要获得转换代码的能力,而且还要理解的代码的使用规则。

因此,这些研究将写作的含义从工具化的视角(重视技巧与能力)转向了抽象化的视角(重视过程)。我们的研究证实了,只要我们知道如何观察儿童,我们就能理解儿童学习中主动参与的过程,就能把握促进儿童发展的最佳时机。

让婴幼儿中心和幼儿园充分理解上述内容十分重要,我们所说的读写活动不是小学教学的那种方式,恰恰相反,我们正在尝试对不同的读写模式进行实践。

我们的工作目标如下:

· 探究儿童在尚未受到任何正式指导的情况下,是如何自发探索自己的字母代码的。

· 帮助儿童在熟悉字母代码的使用规则后改变其原先自我定义的理论。

劳拉:我们在信息交流方面(因为这是探究交流与写作的一部分)已经做了大量的工作,然而儿童在遇到书面语时就需要开发其他的活动途径。我想到了交流的许多方面,也想到儿童在展示他们的交流兴趣时的表现,以及现场有教师时的表现。

2009年秋季,我准备改变向儿童介绍书面语的方式,因为我要面对的是一组3岁的新生。我还得到了西蒙娜·波尼劳利及其他教研员的鼎力支持。有了他们的支持,我没有像往常那样放置信箱,也没有跟孩子们谈论"信息",而是花更多的时间用视频记录这些3岁孩子彼此的交流,以及个体与小组间的交流情况。我们使用照相机记录孩子们用面部表情及身体表达自己的情感。

我们拍照,然后给照片中的孩子看,并问他们:"你们在谈论什么?"通常我们拍完照片会当场给孩子们看,然后隔一段时间再给他们看。我们发现孩子们对同一张照片的解释是不一样的。我们还设计了一些游戏,让孩子们猜测自己的同伴想要表达什么。我们创建"情感系列"主题照片来表现孩子们通过眼睛、嘴巴、身体等想要表达的不同情感内容,如"我喜欢那个"或"那很有趣"。这样的目的是看孩子能否用语言以外的方式沟通。

通常情况下,在我们的幼儿园里,4岁孩子会被邀请写出自己的名字,他们变得非常热爱书写文字,因为字母(姓名)代表自己他们,事实上,儿童习惯于创建一个自己的象征符号,也就是运用他们自己的字母编码。来自任何民族的儿童都是自然而真实的,当他们可以书写自己的名字时,其内心流露出无比的喜悦之情。我们经常看到儿童在帮助他们的朋友学会写自己的名字时,会显得更加快乐。

2010年10月,我带的班级的孩子从去年的3岁成长到4岁了。我和他们一起来到4岁班级的教室。在瑞吉欧,教室是根据儿童的年龄不断变化的。

在我们的研究中,本学年是要求他们的父母在一个合适的时间阶段再教孩子写自己的名字或其他词汇。因为我想研究这个阶段针对不同孩子的适宜性。我也向父母解释我们希望研究和记录儿童的这个过渡时期。

我们尽量避免使用个性化的符号,但我们发现家长接孩子放学时,孩子能找出自己的作品给家长看。孩子热衷于记录,并且想让别人知道自己在做的事情。孩子们向我们表达,他们需要标记自己的作品和活动、游戏空间,以及他们的朋友。这时我们就会帮助孩子书写他们各自的名字。我们发现有些孩子已经能识别一些字母了。

意大利语的一个最大优势在于它是拼写式的。儿童首先认识自己名字的首、尾字母，以及朋友的名字的首、尾字母。在 4 岁班级教室的墙壁上，留有上一届儿童的交流痕迹，以及信箱的痕迹。因为我们今年不打算用信箱，所以在原先放信箱的地方写了"你好"（Ciao），变成了一种问候。

儿童看到墙上的字时说："真好，您已经把我们的名字写在上面了。"

"你们确定是你们的名字吗？"我问，"这些看起来和你们的名字一样吗？"

"是的。"他们说。

"你们的名字都和这里的名字一样吗？"我问，"这上面全是你们的名字吗？"

"不是的。"他们说。

"你们的名字怎么写啊？"我问。

西蒙娜：激发儿童的好奇心和引导儿童思考是非常重要的。

劳拉：这时候儿童对自己的名字充满了好奇与动力。我们认为通过这样的方式能帮助儿童理解他们名字的书写方式，了解不同字母及其不同顺序会引起单词的不同发音。通常我们会问 4 岁的儿童："你们想写自己的名字吗？准备怎么写？需要帮助吗？"

通常孩子们会回答："我们需要字母。"（听起来他们觉得这很容易）于是我说："你们愿意写吗？"他们会尝试创编符号，自然也会遇到困难。如果他们成功地写出了一个字母，或者是一个类似字母的符号，比如字母"O"，那么他们通常会因为一个符号或字母有不同的名称而欣喜。我们发现，儿童对自己的名字有强烈的拥有意识，他们很难接受同一个字母出现在多个人的名字中。可能对一些儿童而言，两个（看起来完全不同的）人拥有看起来差不多的名字没什么意义。

当儿童试着写一个字母时，他们很关注自己写得是否正确，或者用他们的话说，要"写一个正确的字母"。

西蒙娜：我们和布鲁纳一起讨论，告诉他儿童已经使用了"正确"（vero）这个词。布鲁纳说，他们并不理解"正确"的真正意义。他们想寻找书写字母"O"的统一的方式。这种行为让我们明白，他们已经可以接受惯例，也就是说，他们想寻找一种"惯例"。

劳拉：这样的时刻，对于他们而言也是在一起共度一年后建立共同规则的时刻。因此,这一阶段是在小组中建立活动规则的最佳时机。

西蒙娜:他们从以自我为中心的与人相处方式转变为了与他人共同相处的方式。

劳拉:他们自己感觉到了建立规则的必要性,而不是我们把规则强加给他们(比如告诉他们,你在学校里要这么做),我们只是鼓励他们去寻找正确的做法。这样每个人就可以互相理解,可以认真做事。我们怎样才能帮助他们建立规则呢?我们可以先在社区尝试一下,根据情况进行调整,这样建立起来的规则每个儿童才会接受和遵循。

这在儿童成长过程中是一个特殊时刻。在儿童发展过程中,他们在这一刻知道了自己的需要,感受到自主决定与选择,以及就某件事达成一致的乐趣。我们见证了在书写方面的这一特殊时刻,这样的时刻也是所有儿童的共同期待。

是啊,他们热爱发明。在过去的两年中,在我的研究工作中,最令我感到惊讶的是这些儿童表现出强烈的自主性。他们从来没有要求我为他们写过什么。他们从来没有说过:"我们该怎么写?"而是说:"等一下,我们试试。"

但是,每年总是4岁组的儿童学会书写的方式。随着时间的流逝,许多儿童5岁了,他们学习包含字母"h"的单词,或者写一个很难拼读的词。有时候他们会在这样的词上花上半小时。在我看来,他们以一个小组进行尝试是十分重要的。他们说:"让我们试试。不……不对。"儿童的目标更高了,他们编写故事,制作报纸,他们一如既往地这样做着。我觉得这很好,因为他们一直坚持下去直到上小学都坚持在写。他们会说:"像您所说的……""在您看来……"或者他们会请教小组中最有能力的女孩,因为他们清楚,学习过程中需要别人的帮助。

现在,这组4岁的儿童经历了漫长而艰难的讨论。我们发现,他们很难区分随意行为与习惯性行为。例如,他们有的是从左往右写,有的是从右往左写。他们不断尝试,但在阅读中也没有形成一定的顺序。

在这次讨论中,他们没有形成定论。然而,我们知道这样的转变过程十分重要。哪个是"正确的"字母?我们让所有的儿童都参与讨论,然后我们把儿童分组,让每个儿童写下他(她)认为"正确的"字母。我们想通过分组来帮助他们取得进展,让他们觉得自己的问题得以理解,自己受到了支持,这对他们来说十分重要。

儿童在此项研究中的发展水平可谓旗鼓相当。我们要让他们明白,只有大家共同努力,才能取得成功。活动过程中,儿童好像自己写下了一整套规则——我们称之为"法则表",属于他们自己的法则。儿童获得了彼此的支持。他们认为自己可以以这种方式学习,可以以这种方式在教室的各个角落书写"正确的"字母。

然后儿童感到更加放松,他们会写所有的字母了,一个又一个。现在,他们能写单词了。

随之而来的是儿童关于书写的理论——一系列的理论。例如,有人建议制作一套字母卡片,并拍照。同时有人提出疑问:"字母是不是太相似了?"

每个儿童都想献计献策,于是又进入到一个新的阶段——所有的儿童都尝试书写单词,不过现在他们是四五个人一组,每个组又分成更小的组。比如,可能有两个孩子一起找另一个更能干的朋友或有独特发现的朋友来帮忙。

我们有关于6个孩子的档案记录。一开始,每个孩子看起来都充满自信。在小组中,他们互相欣赏彼此的作品,也会互相询问。有一个孩子说:"我们需要这个字母"或"我们已经用了这个字母,现在……"他们尽管不认识所有的字母,但还是会努力去读。

西蒙娜:孩子们借助名字来认识字母,至少认识字母的孩子是这样做的。

劳拉:是的,有些孩子们认识,有一些孩子完全想要书写。例如,有两个孩子一起创作他们想要书写的内容,所以他们花了大量的时间来书写字母,并用绘画呈现了一些他们从某个阿姨或妈妈那里所学到的知识。其他的孩子把这两个孩子当作顾问。其他孩子有所质疑是常有的事,他们同样也会质疑教师。

在我们录制的第一个活动视频中,我鼓励孩子们写同一个词,这个词可以是一种动物的名称。我之所以这样提议,是因为孩子们想用动物名称来给艺术教室命名。这是个令人难以置信的目标,因为他们还没有这样的能力。但我还是说:"好吧,那我们先从哪种动物开始呢?"

"哪种动物的名字最长?"我问,"是松鼠吗?"

"是,是的,但是……"孩子们就动物名字的长短讨论了很久。(孩子们总是认为大的物体应该对应长的名字,小的物体应该对应短的名字,他们的思路总是把符号代码和具体形象结合在一起)这对于在场的教师而言,是个微妙的问题,而我希望帮他们找到问题的结点。

比如,我写"ZEBRA"(斑马)这个词,孩子们抄写。

"你真的确定你写的是'ZEBRA'?"我说,"让我看看。"

一个孩子念道"AR-BEZ"。

"不对,"我说,"我写的是 ZEBRA。"

"不,不,"那个孩子指着单词的结尾说,"你得从这边开始读。"

"但是阅读不能随心所欲,有时从左到右,有时从右到左。"另一个孩子说。

以上描述的是我们经常会遇到的情况。

在另一个小组里,有两个孩子能力比较强。我说:"我们试试,你们读字母,我来听写。"在这种情况下,我故意犯错误,让孩子们来纠正我。这使得活动更有趣了。

在一个家庭中,有个哥哥上小学二年级,十分优秀。他参与了我们的研究,而且被其他孩子们视为顾问。对于我来说,能观察这个已经接受过传统读写教育的孩子是非常有趣的。他知道所有关于读写的规则,但他是在与年幼的孩子交流为什么有这样一些规则时,才知道这些规则的。他已经把这些规则当作固定的程序。因此,在我看来,以传统方式学会写作的孩子仍然能从比自己小的孩子那里学到很多,因为后者采用的是自我建构的学习方式。

我最感兴趣的是探索儿童自主学习书写,这是以前我们传递消息时没有探索过的。过去,孩子们要书写重要的信息,总是对我们说:"你能帮我写一下吗?我会抄写一遍的。"那时,孩子们对词汇的建构知之甚少,因为他们看到的是完整的语句,不会注意到局部——单词和字母。这次,我想更多地了解孩子们的学习过程,因为那能够体现他们使用不同策略的情况,能体现他们成为自主写作和阅读主体的情况。

此外,这项研究始于 3 岁儿童。相比之下,我以前(儿童抄写信息的时候)所用的研究体系,只适用于 4 岁儿童,3 岁的儿童只能在信箱里分享物品。新的研究体系提供了良好的开端和工作方式。教师为 3 岁儿童建立一项规则——有哪些东西可以放在信箱,比如,物品和玩具,包装好的材料,剪报,或某个孩子的录音磁带。这种使用信箱的方式与赠送礼物的想法是紧密相关的。这可以满足儿童传递友谊和关爱的需要。有时儿童用个性化的符号表达"寄信人"的情谊,而不用任何字词。对于 3 岁的儿童,剪剪贴贴是更适合他们的方法,他们能够通过自己动手给别人送去特别的礼物。有时教师和家长会在儿童的作品上写上几句话,但重点还在礼物本身。

在这项研究中,我关注的是与 3 岁儿童的交流,而不是教给他们什么。

西蒙娜:有了这些新观点,教师可以发起不同的活动,那么情形会有显著的变化。之前,最年幼的儿童要完成的任务是制作各种各样的物品,但现在的研究完全不同了,3 岁的儿童发现他们能够"读懂"别人的面部表情和肢体语言。

让我们重温一下 2004 年,当时在进行关于儿童读写知识的研究。在那时的研究中,我们不仅关注 3 岁儿童在幼儿园第一年的情况,还关注 2 岁儿童在婴幼儿中心最后一年的情况。任何研究都取决于其所处的背景环境,在开展研究初期,我们十分关注儿童的图画表征。(这个研究的部分内容在"学习的奇迹:儿童的一百种语言"展览中,在"写作的提升"主题内容中)事实上,我们创设了一个与众不同的环境来观察儿童的写作发展过程。我们用比过去更加开放的视角来看待不同事物,所以我们才能看得更清楚、更准确。现在,我们正在把目前的项目与之前的研究相结合。以前的研究也有档案记录,但在 2008 年—2009 年期间才有了视频记录。

劳拉:我们用新方法开始这项研究,当时戴安娜幼儿园所有工作人员正在开展专业发展的研究,受到了摩德纳大学的卡特拉尼教授和瑞吉欧的贾科莫教授的指导。期间,教师们用视频记录了一些特殊时刻,然后在西蒙娜的支持下,进行研究与反思。我们讨论并确定如何使活动继续,并调整和重新发起书写活动。我们对视频内容进行编辑,以供瑞吉欧其他幼儿园的教师学习。这样,其他幼儿园也参与到我们的研讨活动中来。

西蒙娜:那段时间,劳拉是一名指导教师,但是她只在戴安娜幼儿园做具体的实践指导。视频记录呈现了丰富的活动内容,包含了活动的很多重要过程,比如劳拉调整小组成员、调整指导策略等。对于每一个个体的幼儿,我们则能观察到他(她)在一年或一段时期内的发展变化。要想把所有收集的视频内容与外界的教师分享是十分困难的,因为覆盖面太广。我选择了一些故事供他们使用,包括相关研究人员的点评。我们把所有的说明和录音文本都放在里面了。

我们还会追加戴安娜幼儿园最新开展的活动与研究,特别是大家共同关注的读写活动的生成。比如,一个5岁儿童的班级要开一家小店。孩子们参观了镇上几家他们最喜欢的店铺,然后收集物品来出售,他们还定价格、做宣传。他们把小店命名为"印迹"(*Punto Impronta*),意为"留下印象的地方""痕迹""踪迹",比如手印、脚印或其他印迹。这是一个很好的比喻。孩子们做的标记能唤醒他们新的书写技巧,也显示出这个年龄段的孩子在以象征性的手法书写字母时倾注的许多的情感和想法。小店开业那天,幼儿园全体人员都参加了的盛大庆典活动。

最后我想说的是,我们把这个活动称为"正确的字母O"(La Vera O)。这样的活动记录是十分有用的,因为其中包含了重要的原理:儿童的学习不是开始于教师的教学。其实,当儿童需要改变自己的交流习惯时,他们很快就会学着去写。他们会在我们的帮助下掌握书面语言的规范。我们和小学教师讨论了这个问题,因为我们能互相理解。我们知道,在幼儿园和小学两个阶段,这种经验发挥着不同的作用。当儿童升入小学一年级后就会发现,这种经验为他们的规范化写作提供了充分的准备。在意大利总有人反复提出,正式的小学教育应该从5岁开始,而不是6岁。我们希望通过这项研究来反驳这种观点,以达成我们所倡导的目标。

注释

① 克劳迪娅·朱迪西."写作的提升:介于标记和写作之间,儿童如何走近书面语言"(The enchantment of writing: Between signs and writing. How children approach the written codes). 早期教育(Early Education: The International Reggio Exchange), 2011,(春季卷)18(2):1—4。经许可后转载。

插曲

1. 瑞吉欧的教师总是做大量与短信留言有关的工作,使用信箱的相关程序和短信留言式的交流,是探索传统的书写方式和现代的沟通与阅读工作的重要有机组成部分。

2. 戴安娜幼儿园4岁班级的教师们,决定在取消传统信箱之后,尝试一些与众不同的语言交流活动。教师在晚间举行的班级家长会上,解释他们的意图,与家长共同商讨,并要求他们参与更多关注儿童中出现的书写和阅读活动。

3. 教师娜如正在观察4岁儿童的书写活动,并且询问"你想写你的名字吗?你还想做什么?你需要什么帮助吗?"

4. "我们需要字母",孩子们现在想谈论他们名字中书写的字母,用不同的笔和纸进行书写,显然其中一个孩子一遍又一遍地练习"A"。

插曲

5. 另一个孩子很仔细地在书写"O",字母对于孩子往往是很有趣的事情,他们想知道"我写的这个是真正的O吗?"

6. 这个孩子与他的朋友分享书写的"O",他们在认真地讨论并交流观点。

7.一个女孩一边认真地阅读明信片,一边用左手进行字母指读,按照从左到右的顺序,有趣的是这个女孩也习惯用左手书写。

8.瑞吉欧的教师团队在谈论她们观察到了什么和她们将要和儿童怎么做。

插曲

9.孩子们在小组书写和阅读活动中获得许多的快乐,在其中,他们可以相互商讨和帮助。

10. 孩子们在他们喜欢的明信片（即时贴）上写字母和单词，因为可以方便地移动明信片摆放的空间和位置，所以，孩子们可以根据不同的排序，艺术化地布置他们的留言栏，装饰成不同的视觉效果。一天，多张明信片上出现了爸爸、妈妈（MAM MAE PAPA）这三个词，有两个孩子 LUCAZINI 和 ANGELICA 写了他们自己的名字。

11. 经过几周的时间，教研员完成了收集与研究儿童档案的工作，两位教研员在戴安娜幼儿园和教师们见面，共同讨论关于儿童档案记录的事情。

12. 随着时间的延续，全园都卷入到了相关的书写活动之中，5岁孩子们的书写中开始出现越来越多的单词和短语，在5岁儿童教室的留言栏里，女孩正在放置一张长长的纸条，上面写着"谢谢，你是真实的"。

13. 在留言栏旁边，还有着类似的纸条，如：生日快乐；心；你是多么的美丽（大写的C艺术化地环绕着留言）。

14. 现代文学活动吸引了全体儿童,幼儿园各年龄班的孩子们集中在5岁班级的"商店"主题的开放式走廊上,共同参与文学表演活动。

15. 这个商店有着许多的带有字母和单词的标识符号,其中一个橱窗里写着:赶快来买所有的东西吧。另外三处橱窗里标明了商店的名称。

第三部分

档案记录——观察、反思与交流的综合过程

第12章

教学档案记录：
一种协商性的民主化教育实践

格尼拉·达尔伯格

教学档案记录的重要性

本章将要论及瑞吉欧·艾米利亚运行工作中的教学档案记录的实践与经验。简而言之，教学档案记录是通过对话、阐释、辩论和转变，使得教学工作成为直观可视化的过程。它体现的是活动参与者的主体价值，即并不追求

本章的某些部分曾发表于卡利娜·里那第所著的《与瑞吉欧对话：倾听、研究与学习》(In Dialogue with Reggio Emilia, New York: Routledge, 2006)；以及由格尼拉·达尔伯格，皮特·摩斯和艾伦·彭斯所编的《超越早期儿童保育质量：后现代视角》(Beyond Quality in Early Childhood Education: Postmodern Perspectives, Philadelphia: Falmer Press, 1999)。经英国泰勒和弗朗西斯出版社许可再印。

以客观的视角使得观察内容十分的中立。相反,它是通过与其他人,如儿童、家长、教师、政治家或其他市民,一起交流鲜明的、彼此有争议的观点而培育协商气氛的基础。主体性价值还意味着,主体必须对自己的看法负责,其背后没有隐藏假设的科学目标或是由专家提出的标准。

教学档案记录推崇把幼儿园作为一个民主政治实践场所的理念,使市民、年轻人和老年人都可以参与到重要问题的讨论之中,如幼儿教育、儿童保健、教育和知识等。这种实践开辟了一个公共空间,一个属于市民的社会论坛,在其中占主导地位的论述直观可视且可以相互协商。

可以说,瑞吉欧所采用的教学档案记录是关于生活的一种特别态度。它起始于主动的倾听,这种倾听建立在对当前事件的认真参与和好奇探索的基础之上。正如法国哲学家莫里斯·布朗索(Maurice Blanchot)所言,在档案记录中,我们必须尝试去倾听那些文档自身就能显示其意义的东西。这种倾听意味着一种超越自然的倾向,带着信任和肯定,并欢迎无限可能的反应,对此,卡利娜·里那第(2001,2006 年;本书第 13 章)也曾做出深刻和精心的描述。

带着从瑞吉欧早期儿童教育服务中汲取的灵感,世界各地的许多教师都已经开始把使用教学档案记录作为建立与其他人或地方的伦理关系的重要工具,可称之为"感受交流小组伦理学"(Dahlberg & Moss, 2005)。一所学校,能否成为感受交流和民主的场所,取决于教师能否开放地与儿童进行实验,教师是否有勇气接受不可预测的结果。这样一种开放的态度,并不是计划性或交易性的,而是那种以市场为特征的单纯的合同关系。

通过使教学工作可视化以及开展民主的公开辩论,教学档案记录为早期儿童教育在社会上赢得了新的声望并为其合法性提供了机会和可能性。然而在现代条件下,我们还不能增加其合法性,除非早期儿童教育的支出能更加紧密地与公众心目中期望的价值相联系。其先决条件是必须让教育实践和教育目的可视化,让早期儿童教育领域以外的人们了解它,并且成为公众意识和公民话语的一部分。这就要求我们参与各种有关团体的活动,并使得教育实践建立在家长、工作人员、管理人员和政治家等多方参与和协商的基础之上(Dahlberg & Åsén, 1994)。

教学档案记录的重要性还体现在其他方面。教学档案记录并不依靠某些基于标准化尺度的"质量"标准,而是使我们能够为自己的行动和如何去做有意义的事情负责。作为测量和评价的工具,教学档案记录已成为拓展那些日益脱离主体和实践情景,只在表面上看起来客观和民主的测量与评价工具的一种强有力的突破性方式。对于一套既定标准(假定它是稳定、统一和客观的),等级评定量表和类似的常模测量工具只是代表了一种"评价语言",即关于标准和可信度的评价语言(language of standards and accountability)。这种语言建立在实施的高度理性化之上,寻求最佳的方法和程序,以获取预先定义的知识和预定的结果。一般认为,这些最常用的测量技术是可控制的、可预测的,能确保提供客观的和普遍的知识的过程。

图12-1 影子谈话对幼儿颇具魅力,还可以为孩子们创设许多的实验

而教学档案记录则代表了另一种评价语言——揭示意义的语言(language of "meaning making")(Dahlberg, Moss, & Pence, 2007)。这种语言认为,作为走向民主过程的一部分(democracy in a process of becoming),我们必须为自己处于关系之中的行动和实践负责。这种替代性评价语言使得早期儿童教育这一复杂过程开放化,使之面临检测,对有争议的儿童形象,知识和学习,以及环境等提出问题并讨论。使用标准化工具来测量质量时,其目标只是简化问题的复杂程度,而教学活动档案记录则是揭示其复杂性进而

解决问题并从中获取知识的详尽过程。

教学档案记录是挑战主流观念的一种方式

瑞吉欧的教师通过档案记录为他们的工作带来一种特殊的智慧意识,一种平静地跟进儿童与教师的实验和学习策略的方式。这种考虑问题的习惯,使他们能够遵循个体学习和合作学习的过程,从而打开一个空间,使得检查和"超越"通常嵌入在我们关于童年时代、知识、学习和环境的传统经验框架中。甚至可以说,教学档案记录开启了一种崭新的童年价值观。教师一旦进入这一新的界域,就参与到在瑞吉欧占据重要地位的职业发展进程之中,教师和儿童双方均被视为学习者和研究者。

通过档案记录,我们可以更容易地学习和询问有关我们的实践问题。儿童在我们印象里是何种形象?我们带来了怎样的教学与学习的观念?儿童从我们的早期儿童教育机构里听到了何种声音,得到了哪些权利和尊重?我们是否只是在口头上谈论"有能力的儿童"、"创造力"、"参与"和"反思性实践",还是让这些想法具体渗透到我们的实践之中?

这里的出发点是,我们越是能够清楚地认识我们的教学实践,便越有可能通过构建一个新的替代性空间来促进实践的变化。在其过程中,如同瑞吉欧的教师一样,教学档案记录将鼓励教师,使熟悉的东西看似陌生,使无形的假设和价值更加明显,使我们在管理和被管理的方式中缄默的想法能被清楚地表达(Dean, 1999, p. 36)。我们将可能以不同的方式来理解所见所闻,以及交谈和行为,从而能够跨越传统的界域,尤其是得以逾越整个现代化的宏伟蓝图及其计划将所有人类生活与"真理"联系起来的决心。无论是对于教师还是儿童,这都是一个能否控制自己思想和实践的问题。

由于档案记录可以保存并反复查看,并且被视为教育实践的鲜活、生动的记录,所以档案记录的过程也具备能重复查看和检测先前经验与实践的功能。这样做不仅能保持记忆,而且也可能对过去发生的现象做出新的解释和设想。教师们采用这种方式可以建立并利用行之有效的经验,同时在档案记录基础之上构建关于儿童学习和知识建构的新理论。换言之,教师可以参与生产新知识,然而前提条件是,教师采用了比其他人更为有力的形式,参与对所用专业知识持续不断的审议。这需要具备高度的敬业精神,同时可作为深入参与所产生的挑战和灵感。当瑞吉欧的教育工作者和儿童一起开展一个活动项目时,会释放出巨大的创造力,并转化为儿童的探索和学习。档案记录的过程帮助教师遵循儿童的转变和学习的轨迹,塑造关系和连接,产生新的结果。当然,正如马拉古齐一直敦促我们的那样,教师首先必须学会对儿童及其潜能表示惊讶和赞叹的艺术。

教学档案记录可能面临的风险

教学档案记录并非是永远无忧的活动,它总是具有社会和政治影响的。正如米歇尔·福柯(Michel Foucanlt, 1970)认为的那样,我们无法做任何可能面临的风险担保。福柯曾提醒我们注意一个事实,一个建立在正规的中立性和平等性之上的教育系统,尽管有最佳的出发点,却仍然可以被看作是有潜在权力和控制行为的。通过直观的活动呈示、感知和认同,以及通过档案记录与检测技术和设备所证实的东西,在我们的理论和概念框架之外并不存在。因此,如果我们不警惕或保持敏锐的话,教学档案记录就可能会被列为用更为有效的规范和监督过程来"预测和控制"儿童的策略。在这种情况下,档案记录这种观测工具便可能成为筛选工具。通过归类和贴标签,儿童很容易被视为仅仅是我们的理解"对象"。因此儿童的独特性和新颖性便会消失无遗。

考虑到这些风险,我们必须始终警觉关于解释和记录儿童行为的权利以及何为道德合法性的问题。我们不能假设,档案记录能自动地抵制权力与知识的关系。档案记录的过程能否成为民主的过程,必须与它是否实现积极的倾听和能否接纳多种观点有关。如果接受其他理论和观点,档案记录就有可能揭示我们学校构建知识的具体方式,这样便为人类个体的道德责任行为奠定了基础。

开辟论坛

通过将儿童服务机构建设成为可以参与和对话的论坛,教育工作者在容纳儿童及其家庭的道德伦理基础上,在重建福利国家和民主制度,开发新的潜能方面具有重要的作用。我们可以把为儿童提供的论坛服务看作是公民社会的论坛服务，从而为儿童和成年人一起参与具有重要的社会、文化、政治和经济意义的活动提供机会。这些服务因此而被赋予一个特定的含义，即社区，对儿童展开的生活和工作可被视为不仅是对某个特定地域的贡献而且是对更广阔的全球环境的贡献。由此可见，儿童和教师都可以作为公民来参与讨论世界当前和未来最重要的问题（Kemp, 2010）。教学档案记录在构建此类早期儿童教育服务建设中所发挥的作用是极为重要的。它通过其开放性并使得早期儿童教育服务可视化，从而提供了一个不仅可以进行对话，并且关系到社区居民的信任度和本身合法性的重要出发点。

教学档案记录使得每一个儿童、教师，以及学校都获得了公众话语权和可见的角色身份。档案记录可以看作是对儿童、教师以及家长生活的描述，这种描述得以展示学校对社会以及对民主制度发展的贡献。卡利娜·里那第（1995）说道：

档案记录可以向儿童和成年人提供同样的真正的民主机会，它具有通过对话带来的对于儿童差异的认可和直视。这是一个价值观和道德观的问题。

结合儿童具有一百种语言的理念，教学档案记录可以借助对生活的信任，致力于赋予生活以激情。正如马拉古齐曾经说过的，它使我们能够到达具有美学震撼力的生命巅峰。

参考文献

Dahlberg, G., & Åsén, G. (1994). Evaluation and regulation: A question of empowerment. In P. Moss & A. Pence (Eds.), *Valuing quality in early childhood services: New approaches to valuing quality* (pp. 157–171). London: Paul Chapman.

Dahlberg, G., & Moss, P. (2005). *Ethics and politics in early childhood education.* London: Routledge. Dahlberg, G., Moss, P., & Pence, A. (2007). *Beyond quality: Languages of evaluation.* London: Routledge.

Dean, M. (1999). *Governmentality: Power and rule in modern society.* London: Sage. Foucault, M. (1970). *The order of things: An archeology of the human sciences.* New York: Random House.

Kemp, P. (2010). *Citizens of the world: Cosmopolitan ideals for the 21st century.* Amherst, NY: Prometheus Books.

Rinaldi, C. (1995, June). Observation and documentation. Paper presented at the Research

Conference, Reggio, Italy.

Rinaldi, C. (2001). Documentation and assessment: What is the relationship? In C. Giudici, C. Rinaldi, & M. Krechevsky (Eds.), *Making learning visible: Children as individual and group learners* (pp. 78–89). Reggio, Italy: Project Zero and Reggio Children.

Rinaldi, C. (2006). *In dialogue with Reggio: Listening, researching and learning.* New York: Routledge.

第 13 章

倾听教学法：
瑞吉欧·艾米利亚的倾听观

卡利娜·里那第

卡利娜·里那第在《早期教育的创新：瑞吉欧国际交流》(Innovations in Early Education: The International Reggio Exchange)中呈现了本章部分内容的早期版本，并在密歇根州底特律韦恩州立大学教育学院出版，内容如下："倾听教学法：瑞吉欧的倾听观"，2001，8(4)，1-4；"教师作为研究者"，2003，10(2)，1-4；以及"档案记录与测量的关系"，2004，11(1)，1-4。

也有一些内容摘录自卡洛琳·爱德华与卡利娜·里那第编写的《劳拉的日记：关于瑞吉欧日记的看法》，瑞吉欧市艾米利亚婴幼儿中心和幼儿园，以及瑞吉欧儿童科学研究实验里，经红叶出版社圣·保罗同意重印；互联网址为 www.redleafpress.org。

照片来自"劳拉和手表"的活动经验，曾在"儿童的一百种语言"展览中展出。原版的故事于1983年发生在阿克罗巴雷婴幼儿中心，当时里那第是一位教研员。

倾听与探究意义

倾听在实现瑞吉欧教育经验的目标中起着重要的作用,这种经验的特点便是探寻意义。作为教育工作者,我们对自己提出的问题是:"我们怎样才能帮助儿童在他们的所见、所闻、所做和所体验到的事物中去发现意义?我们如何帮助自己这样做?"为了揭示意义,我们必须要问"为什么"、"做什么"、"怎么做"等问题。这也是儿童时常提出的主要问题,无论他们是在家里还是在幼儿园。

对于儿童而言,"意义"是一种尤其难以探寻的东西,他们有许多来自日常生活的参照点:家庭、电视、学校和常去的社会性场合。然而我们不能毫无意义地生活,否则就会失去自我、缺乏希望、看不到未来。儿童知道这一点,他们一出生就有愿望也具有能力去寻找生活的意义和自我感受。所以我们在瑞吉欧,把儿童视为主动的、有能力的、顽强的探索和发现者,而不是预先定义好的、脆弱的、需要帮助的和无能为力的儿童。

无论对于成人还是儿童,所谓理解都意味着能够发展某种解释性的理论,来说明周围事物的意义。在瑞吉欧,这些理论对于我们揭示儿童的思想、问题、对现实的解释,以及他们自身与现实、与教师的关系,都是特别重要的。对他人表达我们自己的理论,便如同将一个原本不属于我们的世界与他人分享。这便是瑞吉欧独特的"关系与倾听教学法"的基础。沟通和对话所必需的相互倾听和相互期待的能力,是思想的特质,也是儿童明显具备的智能。儿童从出生那刻起,就开始发展这种与他人沟通的态度。瑞吉欧的教育者都有机会反思个体与集体学习之间的关系。我们从而获知集体性学习、合作性学习和民主性学习的价值。

什么是倾听?

- 倾听时应该对连接自我和他人的形式保持敏感。我们自身及其理解,均只是一个更广泛、更全面的包容万象的知识体的一小部分。

- 倾听时应是开放的、敏感的,照顾听者和被听者两方面的需要,不仅用耳朵,而且要运用多种感官参与倾听活动。

- 倾听时应辨识人们的表达与交流工具,使用多种语言、符号和代码。
- 倾听自己——"内部倾听"——能鼓励我们倾听别人,而反之,当别人倾听我们时也如此。
- 倾听需要时间。当你认真倾听时,你会进入对话和反思的时刻,即一种不仅由当前而且由过去与将来的时刻所构成的,超越时间顺序的内在时刻。这是一种缄默的时刻。
- 倾听是出于好奇、渴望、怀疑和不确定性的。这并非不安全,而是要确认每一个"真理"都只有当我们认识到其局限性和可能的虚假性时才能接近它。
- 倾听产生问题,而不是答案。
- 倾听即为情绪,它因情绪而产生,受到他人情绪的影响,还能激起各种情绪。
- 倾听应欢迎并开放地对待差异,承认别人的解释和观点的价值。
- 倾听是一个活跃的动词,其中包括给予解释,赋予意义,并重视听取别人的意见。
- 倾听并非易事。它需要深刻的认识,暂时放下自己的判断和偏见。它需要以开放的心态对待变化。要求我们注重未知的东西,克服那些当信念受到质疑时我们所体验到的空虚和不稳定的情感。
- 倾听使人解除隐匿性(儿童愿意让他人知道自己)。它使得我们合情合理地展示给他人。它丰富了听者和被听者的信息。
- 倾听是学习关系的基础。通过行动和反思,学习便在主体头脑中发生,并通过想象和交流而成为知识与技能。
- 倾听在"倾听背景"中发生,听者要学会倾听和讲述,听者和被听者都通过行动、情感、表现与想象,使用符号和图像(即"一百种语言")来表达并提供自己的理论。通过交流和对话产生理解和认识。

因此,倾听教学不仅是一种学校里的教学方法,也是一种对生活的态度。倾听是一种工具,也意味着对我们所分享内容的一种责任感。如果我们需要被倾听,那么从儿童出生的那一刻开始,倾听便成为人类自身最重要的态度之一。在我们出生之前,生活在母亲体内九个月之久,作为人类的天性表露出伴随着周围的对话而孕育成长,而倾听则成为一种敏感地对待所有一切自然的态度，连接着我们和其他事物——不仅包括那些需要在学校学习的东西，而且包括我们在生活中需要的内容。事实上，我们在学校和家庭中可以给予儿童的最重要的礼物是时间，因为有时间便可以倾听和被倾听。

我们仔细倾听自己，倾听我们是谁，倾听我们所希望的，也是必不可少的。有时，我们的生活如此迅速地变化，使我们失去了满足自己的勇气。你在做什么呢？你要去哪儿？这就得要倾听。这种自身内在需要的注意力，就是一种内在的倾听和反思。倾听意味着用开放的心态看待分歧，认识到不同观点和解释的价值。因此，倾听不仅是一种教学策略，而且也是一种思考方法和看待别人的方式。倾听是一种主动的行为，涉及对别人的观点赋予意义和价值，即是一种评估的形式。这样的倾听是一种欢迎他人及其不同见解的方式，一种欢迎不同理论和观点的方式。

我们的倾听方式，意味着用开放的心态对待怀疑和不确定性。此类倾听意味着面临危机，接受挫折。当我在美国时，许多教师由于儿童或教师自己处于危机之中而忧心忡忡。其实处于危机之中并非总是坏事，因为它意味着你正在发生变化。问题是如果你没处在危机中，也许是因为你没有认真地倾听你周围的人。向他人开放意味着要有勇气进入一个房间，并说："我希望在我离开时会有不同的想法，这不一定因为是否同意你的看法，而是因为你的想法使得我产生不同的思考。"这便是为什么档案记录的方法是如此的充满魅力又难以共享。

真正的倾听要求暂时抛弃个人判断和偏见，强调是否有能力倾听公平与偏见之间的关系。这便是公平教育的开始，与倾听教学法相关联。平静可以使一个人明白自己的观点并非是最好的，而是要学习和倾听他人的观点。和睦平静是一种思维方式或学习方式，也是倾听他人的意见，将意见分歧的双方看作相互联系的元素，而不是区分双方的因素的一种方式。在气氛和谐时，我们要牢记并非自己的观点是最好的，需要听取并理解他人的观点。我们发现学校是产生分歧时能够发表意见的发源地，每个人必须有勇气分享和表达自己的不同意见。倾听能提供教师专业发展和个人发展的契机。

当一个人感到能恰当地呈示自己的理论，并表述自己对问题的解释时，即具备了"倾听环境"。在集体学习中，通过倾听别人说话，开放地听取别人的意见，我们便能丰富自己的知识，增强自身主体性。当儿童在一起学习时，每个人都通过学习别人来发展自己的学习过程。如果你相信他人是你学习、身份认同和知识的源泉,那么你已经开启一扇重要的大门,去分享与别人彼此认同的喜悦。我们不会由于分歧而分开,相反由于分歧而相互紧密联系在一起。由于彼此之间的差异才会产生相互帮助,不同的意见恰恰提供了另一种看待问题的角度。集体学习意味着向别人学习,这种学习的直观性不仅是由于档案记录,也在于倾听背景下每个人的理论相互间的分享。

儿童是倾听者

彼此倾听和相互期望,是沟通和对话过程中需要得到理解和支持所必需的重要品质。其实,幼儿天性赋有此种品质,他们是周围万物的最佳听众。他们倾听生活中所有的形状和颜色,他们喜欢倾听他人——成人的和同伴的,他们觉察到倾听对于沟通活动是至关重要的。

从儿童出生之初,他们就能证明自己会发出声音,他们知道如何倾听,也希望被别人倾听。儿童的社会性发展不是通过教育而是在生活中自然习得,儿童是社会的人。幼儿被我们的文化所创造的语言(代码)、方式以及其他人强烈地吸引着,因此,倾听似乎是儿童与生俱来的一种能力,从出生开始就是支持儿童不断进行社会化和适应文化的过程。学校的作用即在于此,学校首先提供一个"多层次的倾听背景",涉及教师和儿童,每个人作为个体参与到群体中间相互倾听。幼儿园提供多层次倾听背景的概念,颠覆了传统的教与学的关系,将教育重点转移到学习方面——儿童的自主性学习,儿童与同伴一起学习,与教师、与其他成年人一起学习。

教师是倾听者:档案记录的过程

当儿童把他们的心理图像或理论与别人交流时,他们同时也在对自己进行表述,发展更为自觉的自我意识,这就是儿童"内在的倾听"。从一种语言转变到另一种语言,由一种经验转变到另一种经验,并对这些变化进行反思,儿童就这样不断修改和充实着他们的理论。当儿童有机会在集体背景下,与他人共同发生这些变化时,当他们有机会倾听和被倾听,表达他们之间的分歧和接受他人的差异时,这种变化才能成为真实。教育者的任务不仅是允许儿童表达他们的差异,还要使他们有可能通过协商进行交流,对各自的想法加以比较。这样不仅能使儿童个体学会如何学习,而且使得集体也意识到这是一个"教学场所",在集体中可以使语言更加丰富,更加精湛,使得他们的语言进行不断提炼和繁衍(衍生),从而通过相互的碰撞和交互而更新他们的语言。除了给儿童提供支持和调解之外,那些知道如何观察、记录,并解释其学习过程的教师,也才能够真正实现自己作为学习者和教育者的全部潜能。档案记录可以被看作是一种直观的倾听:确保既可以自己倾听,又可以被人倾听,产生出各种痕迹,如笔记、幻灯片和视频等各种直观的个体和群体的学习方式。这将确保群体和个体(在学习过程中和之后)均可以从外部的角度观察自己。

各种各样的档案记录(录像、录音、书面说明等),使得每个儿童的学习过程和所使用的策略直观可视,虽然这通常只是局部的和主观的内容,它同样让阅读、编辑和评估这些行为在知识建构的进程中成为一体。最后,它似乎对于元认知过程,对于理解儿童和成人都至关重要。

观察、记录和解释,三者相互交织成为一种螺旋式的活动方式,无法分离。事实上,档案记录不可能没有观察和解释的参与。通过档案记录,记录者的思想或解释成为有形的和可解释的内容。笔记、录音、幻灯片和照片代表着人们记忆的片段。每个片段之中都洋溢着档案记录者的主体意识,但别人也会对之做出解释并作为集体知识建构过程的一部分。这些片段里蕴含着过去和未来的因果关系(即"如果……就会……")。其结果是许多人共同构建的丰富的知识。

我们在瑞吉欧开发的档案记录,并不是在对儿童做出基于经验的结论之后,而是在其过程之中收集记录。传统而言,记录和阅读这些记忆资料是在经验之后才发生的,并可能成为档案记录的一部分。但对于我们来说,档案记录是幼儿园日常教学生活的一部分。这是创建和维护教师和儿童之间关系和经验的途径之一。我们认为,档案记录是一种关怀,一种爱和互动的行为。我们相信,无论教师还是儿童都是学习者。在瑞吉欧的经验之中,档案记录是教师和儿童的教与学过程中的一个组成部分。在档案记录的学习过程中,我们意识到了学习的价值。同时我们对它加以测评,测评也是学习和教学过程的一个组成部分,档案记录和测评之间的关系是教育经验的基础。

这一观念不仅彻底改变了档案记录方法，还有助于理解档案记录和测试之间的关系。我们越来越经常地考虑作为评估工具测试的风险，现实中的测试只能评估儿童的知识，而不是真正的儿童学习活动。

我们对观察记录的解释从一个作为教师和教育者的基本问题发展而来。我们没有必要教儿童去问"为什么"，因为每个人的内心都有理解事物原因的需要，都想要知道我们周围世界的意义和生活的意义。尝试对儿童的问题加以反思，并理解他们为何要问"为什么"是十分重要的。他们有什么联想？有何种反思？他们为什么要问为什么？儿童不仅口头上直接提问为什么，还会通过一百种语言来问问题。他们的提问态度和为理解事物及生命的意义所做出的努力，都兼具实践和哲学意义。

然而儿童不仅会问"为什么"，他们还能为自己的"为什么"寻找到答案，并创建自己的理论。有人或许会问，为什么在瑞吉欧要谈论"理论"和"建构理论"？为什么在诸多的词语之中要选择"理论"这个词？许多人都认为，只有像伽利略和爱因斯坦那样的科学家才能创立理论。儿童可以建立理论吗？如果作为人类，通过实践探索、寻求周围世界的意义是生活中必不可少的活动，那么我们也可以接受儿童的这种行为，我们能够为自己的问题建构答案。我们倾向于建构的理论，是能帮助我们理解内心疑问的一种满意的解释。我们邀请您，读者，去思考这个儿童所表达出来的重要的元素，因为当儿童创建自己的理论并做出令人满意的解释时，这本身就是作为人类的最佳表达。我们观察和倾听儿童，因为当他们问"为什么"时，并非简单地追求答案，其实他们是在寻找多种可能答案的勇气。

儿童也能够较好地发展与他人共享令人满意的解释性理论。理论远非一个想法而已，理论必须能取悦和说服他人，必须是有用的，能够满足我们的求知和审美需求，理论旨在表达我们对事物和对生活的看法。正因为如此，理论需要与他人分享，这样不仅可以获得伦理道德观念，而且可能遇到某些学习和理解过程中不可缺少的元素。所以儿童阐述的理论必须能够与他人分享，并利用所有的语言方式来交流。这便是倾听教学和直观可视档案记录所基于的根源之一，亦即儿童能够对生活加以解释并阐述其理论，保留这种态度对我们人类的发展至关重要。

儿童的这种态度意味着他们是真正的研究者，作为人类的成员之一，我们都是生命意义的研究者。然而我们往往过于寻找快捷的和肯定的答案,如此很可能会摧毁儿童的这种态度。怎样才能支持并保留儿童的这种构建解释性理论的态度呢?一个孩子说:"天上下雨了,因为上帝在哭泣。"如果我们告诉他其实下雨是因为云的缘故,那样便可能轻而易举地摧毁他的理论。如何才能培养儿童的研究意向?怎样培育他创建理论以解释事物的勇气?在童年的态度中,我们可以找到创造力的根源,哲学的科学根基,好奇心的萌芽基础和道德的源泉。从童年的这种建构理论的能力中,我们可以观察到儿童那种自由自在地收集思想的种种元素,并以原始的方式将之统合。在儿童探索答案的过程中,我们看到一种哲学态度的根源。童年时期好问"为什么"的习惯,是维护我们生活中必不可少的好奇心的唯一方式。人类之所以能经历挫折并繁衍存在至今,就是因为我们已经开发出了好奇的能力。寻找原因和信息的过程,基于我们对什么是正确和良好行为的认识,它是道德的基础。

图 13-1

教师是评价者:评估的过程

在瑞吉欧,对于我们来说,"让倾听直观可视化"意味着对儿童的理论持有开放的态度。观察、解释和档案记录的元素彼此紧密联系。观察中不可能没有解释,因为观察是主观的行为。同样档案记录中也不可能没有解释,而若要解释也不可能不做反思和观察。当你选择记录内容时,当你拍一张照片或摄一段录像时,你都在做出选择。也就是说,你对文档资料加以评估并赋予其价值,认为所选的经验内容对于儿童和对你自己都是有意义的学习过程。在做记录的同时,你也在分享儿童和你自己所理解的学习过程,这就是"价值"所在。评估意味着对这种学习情景以及其中的某些经验和互动过程赋予价值。这便是我们对孩子们和同事们的学习过程所提倡的态度。

在我看来这就是评估的起源,因为在产生档案记录时,你生成了有关的价值元素以及所使用的指标,并使之有形化和共享化。从你的档案记录内容中,儿童不仅可以理解他们的学习过程,而且能洞察你为他们学习过程的意义所做出的价值判断。用这种方式,能使得评估变得更为民主。因此,儿童可以看到教师从他们的学习成果中抽取的意义。当你与儿童分享档案记录时,你是在向他们证明,他们的所作所为具有的价值和意义。儿童因此可以发现这些有意义行为的存在,并且可以从匿名的和隐形的变成可见的,他们看到自己所说的和所做的都是很重要的,别人可以听到,对之赋予价值,可以共享、欣赏和理解。

因此,档案记录不能没有评估的参与。当你知道自己的选择和价值观,并了解其道德准则时,评价便成为学习过程的一部分。无论你进入我们的学校或在你自己的学校时,或许你所看到的档案记录并非仅仅是经验而已,还有价值——换言之,与学习有关的元素被视为具有重要的价值。例如,如果我们想建立一个学校,是为了从事教育而不是传送指令和信息,那么我们便希望从出生的那一刻就开始启动和平教育。和平教育是看待他人和思考世界的一种方式,是像儿童一样毫无偏见地看待现实的方式。儿童教给我们许多东西,因为他们欢迎周围的万事万物。他们可以教我们如何开放地接纳他人以及与他人之间的分歧,可以教我们怀有开放的心态去理解每个人的独特性,因为我们是独一无二、互不相同的。倾听可以比作人与人之间的相遇和对话。我们相信倾听教学法。瑞吉欧的教育经验试图通过倾听来表达对儿童作为人类成员的尊重。或许倾听教学法是一种希望人类生活有可能改变的教学方式。

儿童觉得我们注重他们在说什么，因为我们把它录下来，写成文字，还反思它可能意味着什么。儿童知道，我们寻求在他们的研究和学习过程中所经历的各种迹象。首先，他们认为他们的想法被赋予价值，把他们看作重要的独特的个人而赋予价值；其次，他们能感觉到，他们对我们来说有多么重要。从很早开始，儿童就明白画画不仅是一种打发时间的方式，而且是用来见证一个人的思想情感，一种表示思维方式及其表达过程的指标。这是因为教师往往特别重视儿童绘画的价值。儿童也能认出照片和录像中的自己，并意识到自己和集体或朋友们发生了什么行动和情绪状况。他们能辨认出在讨论观点中自己做出的努力，并理解集体合作的价值。他们能意识到自己提供的不同意见，并坚持自己的想法，然而同时，参与建构一个合作性的结果。因此，儿童觉得他们每个人都是有价值的和有能力的。同时，他们也懂得，他们共同构建的知识获得不断的增值，因为它是一个共享的结果，这种学习与知识的共享对于如何通过教育建立社区具有深层次的含义。

通过倾听的过程，使得儿童超越自我感觉，认识到自己的学习和发展进程中的每一种迹象都会受到欢迎。这种情况跨越不同领域的知识，例如，在他们的图画里出现的第一个字母，他们写出的第一个数字，用来表明希望父母为他们制定的桌子尺寸，或者他们初次尝试用自己拥有的乐器演奏出音乐，然后录下来，并倾听欣赏，或作为教室里日常活动的音响背景。每一个这样的学习标志，都显得珍贵且受欢迎。我们还会提供支持性的新材料新活动，以便儿童重复这样的经验，或将之扩展到新的环境中。他们得到了自己学习的证据，因为教师对学习字母、数字、音乐和其他学科的知识给予价值肯定，并使他们的日常教学活动可视化。

当儿童看到图像中、收集的出版物中，或在视频或录像片中显示出他们的课堂学习过程时，他们难以掩饰其高涨的参与热情和自豪感。这些记录结果也会与其他教师或家长在例行的班会上显示和共享。儿童从中感受到的自尊和他人的赞赏，以及意识到作为团体的重要组成部分，这些都成为有价值的东西，不仅作为抽象的目标显示出来，而且还无处不在地、明显地体现在日常生活中的每时每刻和具体行动的经验之中。

一个学习社区因而形成。它涉及那些正在探寻如何体现儿童的活动价值，并因此发展深度责任感和相互作用的教师。然而，除了教师之外，它也涉及父母。对于父母来说,孩子十分重要,他们不仅是孩子而且是具有某种个性或特定的学习方式的个体。孩子需要具有尽可能个性化的权利,包括时间和空间、朋友、材料和方法等。不过父母也发现,虽然他们的孩子是独一无二的,但孩子的权利中也包括其所在社区的所有儿童的共同权利。他们知道,为自己孩子所做的事也是为了所有的孩子。因此父母心中的概念很容易地从"我的儿子"或"我的女儿"发展到"我们的学校"和"他们的权利"。

通过与其他家长一起反思和孩子们玩游戏的方式,并接触其他孩子,家长们可以开放性地开展对话,谈论处理孩子们之间常见问题的各种途径和非正式教育的类型。教育的社区是一个肯定每个人的权利和价值的社区,因此这个学习型社区是一个道德和民主的社区,它具有共同建构知识的民主价值观,它通过档案记录极力鼓舞和激励学校与更广泛的社会沟通。

在此基础上,原本在幼儿园开始实行的档案记录,逐渐超出其原有价值的范围,它的形式可以是展览或书籍,开展不仅用口头语言,还用图像语言的辩论等等。通过我们所说的"一百种语言",孩子们相互沟通,发现新的和意想不到的途径,激起教育所要求的勇气,而家长及其他社会成员和孩子们一起,获取挑战现代生活和丰富变化的价值观的勇气。

图 13-2

教师是研究者：教育即生活

一旦教师把倾听和档案记录作为教育实践的核心部分，他们就会把自己转变成为"研究者"。为什么"教师作为研究者"这一概念如此重要呢？为什么在众多的可能性中，我们强调"研究者"的资格呢？研究是一个具有多种含义的词，让人联想到实验室、化学公式、科学，通常代表一个明确的和公认的方法，意味着客观性。论及研究，常涉及严肃的语气，而且往往让人联想到某些与既定常规程序相联系的人。它通常是一个限于研究型大学或专门研究中心的概念，不是一个在城市的街道和广场上流通的词语。研究并非一个普通用语，不是我们通常认为在日常生活实践中可用的概念。

在学校里，研究这个词通常意味着收集和编撰有关某个主题的已知知识和信息。而与所谓的科学研究相关联的情感和体验，如好奇、怀疑、未知的错误、危机、理论和困惑，通常并不是学校工作或生活的一部分。如果它们一旦进入了学校生活的情景，就会被认为是脆弱或不确定的，必须尽快克服。在我看来，这就是真正的创新难以被接受和欣赏的原因。

它们震撼着传统的教育参照体系，因为这种做法迫使我们用新的眼光看待世界，开辟一个与以往不同的、意想不到的世界。很多时候，我们人类倾向

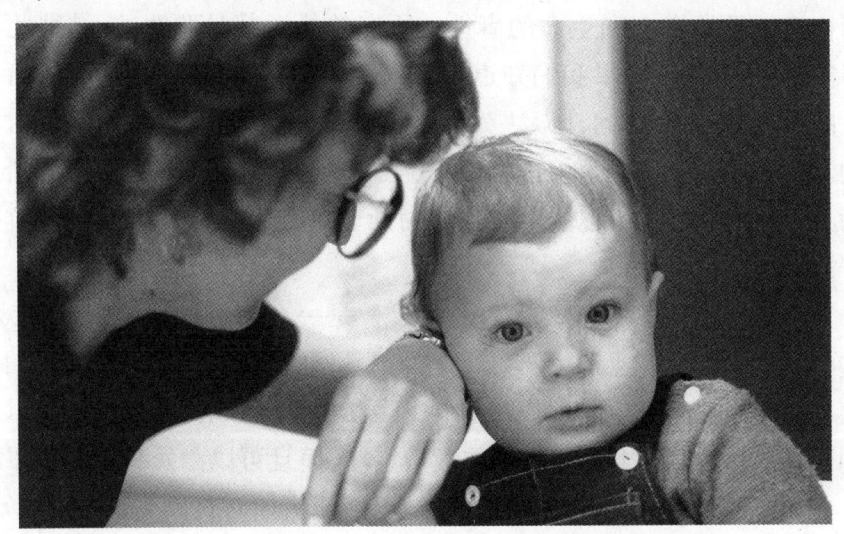

图 13-3

于接受既存事物和现状,以及那些已经知道的和已经尝试过的东西,即使我们并不感到满足,甚至有时感到压抑、困惑和绝望。因此,我们试图捍卫我们的常态、规范、规则和已知的东西,从而抵制创新。然而,只有通过探索和研究,才能使得带领我们前进的新事物出现。相反,保持现状往往意味着在日常生活中排除研究的方法,从而否定疑问、错误、不确定性、好奇、惊叹不已和啧啧称奇等的重要价值。对现状的偏好,就是将常态置于研究的对立面。反之,我想提出一个"常态研究"的概念,它将研究定义为日常生活中的正常态度和方法,不仅在学校生活中如此,而且在校外,在自我思考和与他人共同思考时,在与其他人,与周围的世界,与生活的关系的思考方式中,均表现如此。

我们从哪里以及怎样才能找到这种激进变革的力量和勇气?我们必须再一次强调,从儿童开始。儿童是首要的伟大的研究者,儿童与生俱来的天性,便是探索和研究生命的意义、自我与他人以及世界的意义。儿童从出生时起,就在寻找其存在的意义,就在探寻我们的惯例、习俗和习惯的含义,以及我们所提供的规则和答案的意义。

儿童的问题(如"为什么我们会出生?"和"我们为什么会死?")如同他们的答案一样,都是珍贵的,因为它们具有共性。儿童的理论(例如,"大海是海浪妈妈生出来的","当你死了,你就会回到死亡的肚子里去,然后再生出来")突出了儿童和人类身份的最为强烈的特点:探索和研究的意义,分享和共同构建世界的意义和生命的事件。所有的儿童都是聪明的,是彼此不同的,是不可预测的。如果我们知道如何倾听他们的意见,儿童可以还给我们惊奇的乐趣、惊叹和疑问,以及"为什么"的问题。儿童可以给予我们对未知事物"提出质疑的力量"和"犯错误的勇气"。他们可以传送由探索和研究带来的喜悦,研究的价值,以及对他人和对所有与他人一起而产生的新鲜事物的开放性。

这些概念支持了关于教育和人生成长是一个持续的研究过程的观点。这些概念也是档案记录和倾听可视化的根基,这些都不只是可以传送的技术而已,而且保证了我们的思维始终涉及反思、交流,容纳不同的观点,以及不同的评估或评价。这些不仅被看作教学策略,而且可以激发我们对世界的看法。我们所使用的档案记录资料不仅是用来证明如何获取关于儿童的知识,而且也证明我们获取所有儿童和人类以及自己的知识路径。它们也证明了我们关于教师是研究者的想法,关于学校乃是一个研究和文化发展的基地、一个可以参与共同构建价值和意义之处的观点。一所从事研究的学校,同时也是一所可供参与的学校。

此外,这个常态研究的概念是用来表达我的教育理念的最佳方式,我相信我们在瑞吉欧教育中所体验到的一个特定方面,是在这些复杂时期中最热门的"文化环节"之一:理论与实践之间的关系。理论和实践,这两个在学校和文化领域往往被视为对立面的主要环节,可能在产生理论的研究之中找到一个真正的辩证的综合点,反过来,又产生新的理论和关于世界的新的观点。理论来自实践,但又指导实践的方向,理论是实践的思路。理论使我产生对现实的解释依据。这就是为什么理论在与他人交流中应不断地受到质疑和证实的原因。

当我们说,学校并非是为生活做准备,学校本身就是生活,这意味着教师和学校要承担创造一种环境的责任,在这种环境中,日常生活中的创造、变化、革新、错误、怀疑和不确定性,都可能得到真正的发展并成为现实。这意味着创建一个教与学的关系高度进化的环境,其中某些问题的解决导致新的问题、新的期望和新的变化的出现。这也意味着创造一个儿童能够发现存在

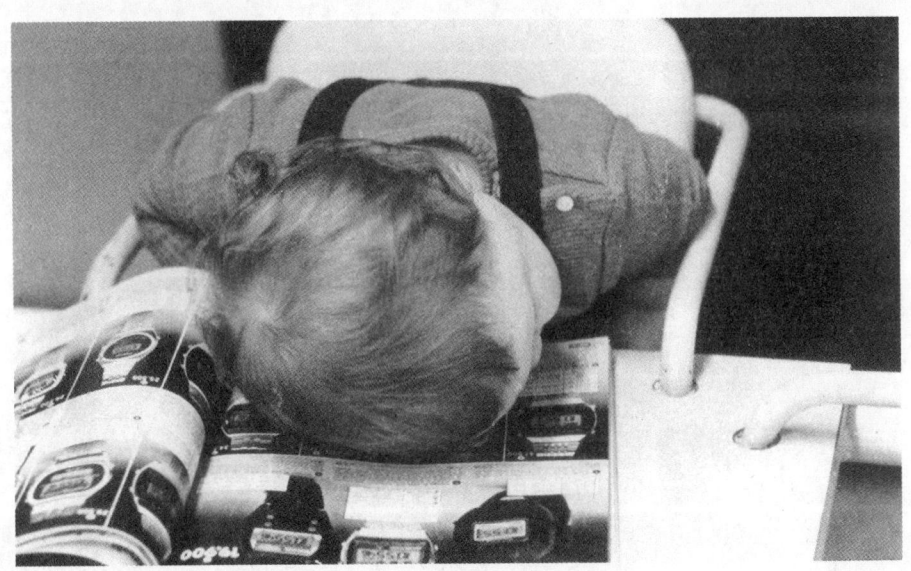

图 13-4

难以解决问题的环境,也许他们无法发现答案,但正因为如此,他们才成为最奇妙的具有"研究精神"的人。即使对于很年幼的儿童,都不应该传达给他们这样的信念,即每一个问题都有一个正确的答案。如果这样做,也许我们在他们眼中会显得更为重要,他们也可能会觉得更安全,然而他们会为这个安全感付出代价,失去"研究的乐趣",失去寻找答案的乐趣,和在别人的帮助下构建答案的乐趣。即使我们显得疑惑,或是我们不知道如何回答,儿童也会爱和欣赏我们,因为他们感激我们和他们一起寻找答案:儿童研究者和教师研究者。只有这样,儿童才能获得作为人类文化建设者的充分权利。只有这样,他们才能感受到因为自己的探索和发现是有用的而受到真正的赞赏。只有这样,儿童才能希望重新获得做人的尊严,不再在身体上和精神上被视为"照顾对象"或"虐待对象"。生活就是研究。

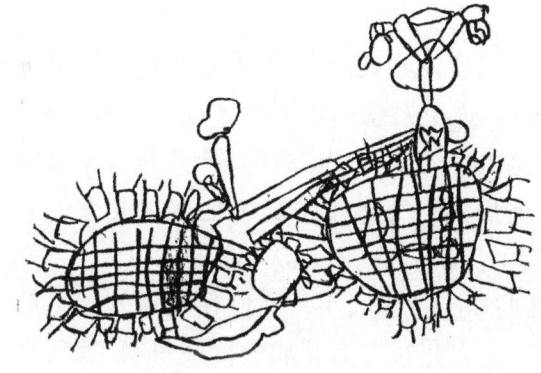

第14章
基于设计、档案记录和交谈的协商性学习

乔治·福尔曼　布伦达·菲弗

教学的反思过程必须建立在理论知识的基础之上,否则便会迷失方向。我们需要有关理论知识的核心界定来作为有效教学的标准。我们采用的是建构主义的理论知识——更精确地说,包括杜易斯、马格尼和佩雷特·克莱蒙特(1975)的社会性建构主义,以及伯杰和勒克曼(1966)、特奇与文特荷夫(1993)、维果斯基(1986)、沃茨奇(1985)等的合作性建构主义。我们认为,知识是由许多人通过相互学习,相互质疑以及真诚地吸收和对原有观点的彼此调和而逐渐建构起来的(Jankowicz, 1995; Palincsar & Brown, 1984)。此外,我们认为,知识永远无法仅通过听取或观察来核实,而要通过协商性的分析沟通过程来加以证明。例如,"这是一个问题还是一个事实陈述"这种分析必须包含可推断的隐性知识,而不仅仅是数据的表面含义(Bruner, 1957;

Polanyi,1958/1998；von Glaserfeld,1995）。

一旦接受这个前提，我们的教育实践便会从学习知识事实转变到研究如何学习，从重视事实转变到重视意义。当代的儿童教育，是帮助儿童学习获取意义的方式，以及在符号化背景下与别人的协商方式（Gardner,1983）、交流方式（Tharp & Gallimore,1988）、叙述方式（Engel,1995/1999；Taylor,1993）和隐喻方式（Bruner,1990）。

认识论的原则与我们已经在瑞吉欧所观察到的实践类似，我们更愿意称之为协商性学习（negotiated learning）。这个概念抓住了刚才提及的社会性、合作性建构主义原则的核心。在协商性学习中，教师试图解析儿童关于事物和社会环境的信念、假设或理论。他们的研究并不是简单地辨别儿童的兴趣，他们的分析揭示了儿童兴趣背后的原因，他们不是从熟悉的原因入手，而是从矛盾或儿童受好奇心驱使而感兴趣的主题入手。他们在项目开始之前鼓励儿童谈谈自己所知道的。同样，允许儿童探索新的物体或材料，这样教师便可以通过观察儿童的策略，推断儿童出于这些策略可能持有的理论（Forman & Hall,2005）。在这种合作建构课程中，教师与儿童、家长以及其他教师一起形成一个学习者的社区（Rinaldi,1996）。

他们一起讨论社会过程和象征性过程，从而协商其核心含义，以达到某个水平上的共同理解。该课程既不是以儿童为中心，也不是仅由教师指导，课程由儿童发起，教师帮着策划。儿童讨论许多感兴趣的东西，例如，在学校的操场上建一个小鸟游乐园。教师把儿童的目标重新构建，转化为更为广泛的概念，比如说，如何使鸟儿不会为远离家乡而感到焦虑（Forman & Gandini,1994）。然后提出具体的后续行动，并与儿童协商，还在更广泛的层面与家长协商（Fyfe & Forman,1996）。

另一方面，课程也可能是由教师提出，儿童参与。这里最重要的是教师在提出的主题上要充分考虑儿童的思想和兴趣。例如，一位教师可能会邀请小组的儿童，和她一起来观察教室窗外正在玩耍的小松鼠（他们以前没有注意到的东西）。当儿童和教师一起谈论他们所注意到的松鼠似乎很喜欢这样游戏时，教师便是在参与探讨儿童的兴趣。教师可能会问一些激励思维的问题，如，"你认为松鼠喜欢这棵树吗？""松鼠是在玩耍还是在工作？""他们为什么收集松果？"以此探索儿童头脑里的活动。一旦儿童参与其中并感到有兴趣，教师便可以帮助儿童提出问题，以继续观察、调查或实验来探索事物的意义。在这期间，教师是在指导和支持儿童获取预期的学习成果，例如，发展关于自然界的知识和探究技能。

我们现在要来明确定义，作为动态系统的协商性学习的原因、结果和反思的三个组成部分。这三个组成部分是：设计、记录和交谈。在一般情况下，这三个组成部分可以创建一个系统，在其中可以把学习技能、从事有意义的解决问题、反思实践和成员之间的交流沟通相互联系起来。例如，当教师记录儿童的工作，并与儿童一起阅览记录的结果时，其结果是改变了自己的角色形象，从关注教学内容变为研究儿童的学习过程（Rinaldi，1996）。此外，要求儿童设计他们自己未来的工作改变了儿童谈论自己工作的方式，他们的谈论变成了预测和解释的话语。

协商性学习的三个组成部分

设计，是指设计者（儿童或成人）将某项计划或预期的解决方案记录下来的活动。如果意在引导未来的读者去建构所画的项目，或是为读者指明系列的行为，那么画画就是设计。例如，瑞吉欧"三月八日"幼儿园中的儿童所画的"丢手帕"游戏中的传统行为序列，使不熟悉该游戏的儿童通过阅读图画，能学到游戏的规则。瑞吉欧拉维拉塔幼儿园的儿童在画喷泉时，知道他们的画会用来指导建造幼儿园户外游戏场地上的娱乐设施。设计中有许多媒介形式：一段黏土喷泉，是为了指导建造由管道和软管制成的喷泉；一根铁丝可以进行舞蹈动作的描绘，指导其他人学习舞蹈动作。由于这些设计以后可供许多人浏览，并引导他人的行为，所以必须予以精雕细琢，表达准确。因此，设计者不仅应考虑规划（方案）的精确性或现实性，还要考虑其可读性。它的确往往是最便于沟通的图式表征。设计的教育价值，是从设计者的特殊态度中流露出来的，这是一种本着与读者甚至与再次阅读时的自己建立某种关系的态度（Dunn & Larsen, 1990; Kafai & Harel, 1991）。

交谈，蕴含了想要理解对方话语的深刻的愿望。交谈比说话的涵义更深一层。交谈意味着对所要说的话加以更多的思索和探究，努力地理解对方，交谈的双方建设性地面对彼此和体验彼此经验的冲突,并在不断转变观点的情景之中寻求立足点。事实上,交谈是一种对沟通和元语言过程的有效分析,在元语言过程中,为求成长和理解不断地对意义产生质疑(Gee,1990;Stubbs,1983)。交谈是我们用来受教育和学习时发出的声音(Goodman,1992),设计和记录则是在协商性学习中用来聚焦、维护和提高学习效果的话语。

记录,包含任何足够充分的细节,以帮助他人理解所记录的行为的档案记录。预设是一种预测或计划,而记录则是对学习过程中的表现加以实录和解释。因此,仅是某个儿童画的一幅画不能视为档案记录,因为它不足以构成对其绘画行为表现的实录。然而,一段关于儿童作画的过程或一系列为了计划最终完成那幅画而对某些部分重新绘制过程的录像,则可被认为是档案记录(一张带有文字描述并解释未记录的有关行为的照片,可视为文件,但对于深刻理解不能算是理想的方法)。档案记录的目的是解释而不只是描述。档案记录不仅仅是"作品样本"。档案记录可公开展示,例如在教室的墙壁上展出附有解释性文字的照片,或可归入文件夹中,以便日后作为收集的资料加以研究。严格地说,档案记录并不是评估儿童个体进步的一种形式,而是对幼儿园中儿童的学习和活动的教育理念的深度的解释。档案记录是协商性学习的核心,本章讨论的主要内容涉及档案记录和其他两个概念,即设计和交谈之间的关系。此处的意见包含了设计和档案记录之间的区别。设计旨在指导;档案记录旨在解释。设计是预设的、前瞻性的,而档案记录具有追溯功能,两者都是超越实践活动的原始记录。因此,我们使用"档案记录"这个词,并不是单纯的"文字记录",我们说设计,并不是排除了教育功能的单纯的作品。

关系图解

为了便于讨论我们的教学系统,特提供下图(图14-1)。此图包含协商性学习的三个组成部分和四个元素(儿童、教师、家长、公众)。我们特意使得这四个元素和三个组成部分之间的连接保持相当宽松的关系。否则图解看起来就会像僵化地纠结在一起而失去作用。我们将在本章文字部分对这些关系加以描述。

设计、档案记录和交谈这三个组成部分，形成了一个互惠的关系系统。设计可以用来改进档案记录的效用。例如，可将儿童的设计图放置在墙面板报上，这样有助于解释儿童学习中所面临的问题。档案记录可用于反复阅览，作为反思性教学的资料，以帮助改善交谈。交谈可以被记录下来，然后用于改进第二轮的设计。我们用这些组成部分之间的流向来组织本章段落。（请注意，为了描述这三个组成部分之间的相互关系，我们将大胆提出一些在瑞吉欧或任何其他地方所不一定能采用的有关实践的建议。）

这些组成部分为各种元素服务——儿童、教师、家长和公众。设想一下，设计这个部分如何帮助儿童。选择性地记录儿童的假设或计划，肯定会有助于儿童，因为他们可以重新审视自己的想法，加深和拓宽他们应用的观念。设计也有助于教师计划后续活动。设计还有助于父母把儿童的学习延伸到家庭，且有助于广大市民了解学校的愿景和目标。

这些成分之间的关系，既不是单一的，也不是单向的。所有的元素往往围绕其中的一个组成部分发生功效，以改善系统中的另一些组成部分。比如教师和儿童一起参与设计活动时，可改善他们之间关于学习设计的交谈水平，而他们关于设计的交谈被记录下来后，教师和儿童重温这些档案记录，反过来又进一步改善交谈的内容。

关系图中的路径

一个有用的理论，不仅描述系统的组成部分，还要说明各组成部分之间相互作用的路径。理论能够告诉我们的是，当遵循某一个路径而非其他途径时，我们可以期待什么。根据图14-1中的流程图，以下是利用档案记录改进交谈路径的案例：

4个孩子画出他们为月球上的一个村庄所设计的图画，包括带有黏性轮子的车。然后，他们用自己的图纸，对要求他们做出解释的同伴们描述那些建筑物和车。教师使用孩子们解释的录音带，研究孩子们关于月球上的事物如何工作的假设。通过分组讨论，教师使用此种经过共享的涉及孩子们的谈话和讨论的录音带，将自己的意见以及如何解释这一活动等的看法，发表在墙面板报上以供交流(教师影响档案记录的话语)。

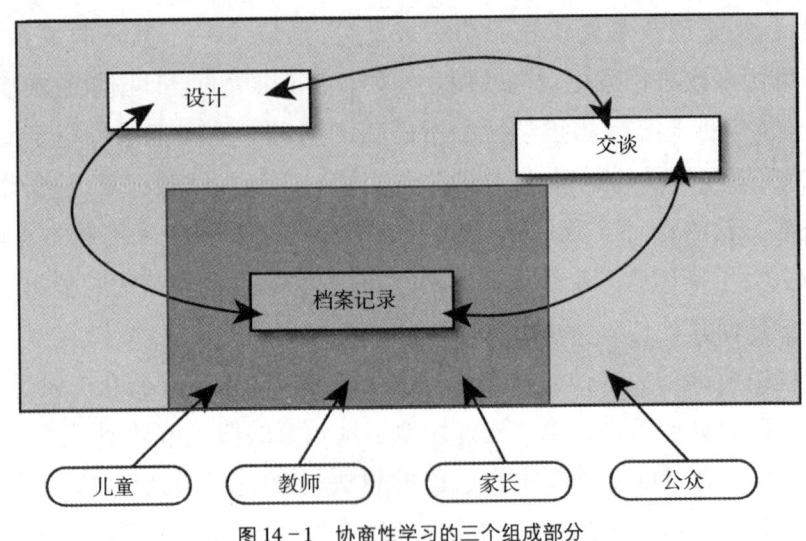

图 14-1 协商性学习的三个组成部分

深入理解的途径

此图可以说明协商性学习的原则。这些原则是从对教学实践的初步认识到更为全面理解的一组信息。我们首先通过对设计这个组成部分的描述，即记录较为狭隘的观点，然后通过更广泛的代表性看法来提出行动的建议。

从描述到设计

正如我们前面简要提到的，设计是一种超越单纯描述的富有启发性的意图说明。设计与描述的差异适用于多种媒体而并非只是绘画。然而为了便于说明起见，让我们设想从绘制某个物体，到成为设计图其间的过程。如果可以被其他人确认的话，那么设计图便可判定为良好的图纸。诚然，一张现实的设计图可能改善交谈，因为它可以作为一个共同的参照，但这样的设计图仍然只是某物体的图片而已。

从另一方面来说，设计是用来构建某样东西或指导别人从事一件事情。设计者需要捕捉特定的动作行为，并且指导读者从事这些所蕴含的动作行为。读者必须能把图纸上的符号转化为一系列为完成设计期望的结果所必要的动作行为。例如，用来建造一艘玩具木船的图纸，可能对木料的质地纹理绘制的细节较少，而对如何将各个部分组合起来的部分阐述得更为详细。

这是因为，如何将船身的两个部分接合起来，要比木料的纹理细节所提供的造船信息更多。该设计还包括对所需从事的行动和序列的动态特性的信息。箭头、数字和序列是图纸中的一些常用的代表行动的画图技巧。从这种对细节的视觉分析，到对一整套程序的表象性内化的转变，是科学和教育意义上的根本性转变（Piaget，1970，1978）。正是这种转变，奠定了协商性学习中的高层次表象的运用。此外，儿童希望解释应如何做某些事情，这意味着需要有听众来参与他们的合作性知识建构（Vygotsky，1986；Wertsch，1985）。对过程性知识和交流的双重强调使得皮亚杰和维果斯基关于协商性学习的观点在这里相互交融。

下面用一个例子来说明设计的过程：

一群孩子对窗外的一棵巨大的向日葵发生了兴趣。他们惊讶地发现，葵花盘上竟然长出了那么多的种子。教师觉得这个多产的花盘应该以某种方式保存在孩子们的记忆之中，因此她建议孩子们用纸张和彩笔来描绘这个葵花盘。孩子们的图画十分精美，他们都很注重突出这巨大的花盘中心的一颗颗种子。教师和孩子们一致认为，如若不是这个绘图活动使得他们不厌其烦地在纸上画出这些细节，他们就不会注意到向日葵的那些细节。

重新思考之后，我们认为这次画葵花活动过于局限。我们问孩子们，他们为什么对花盘里的种子感到那么惊讶。孩子们告诉我们，他们想起了6个星期以前把种子种到地里去，而现在这棵葵花长出来的种子，看起来和他们种下去的种子一模一样。因此，我们要求他们绘制图片，来显示这些种子是如何长成的，也就是说，请他们画出那些看不到的东西，画出他们认为向日葵生产种子的步骤。从本质上说，我们是要求他们设计一个种子工厂。

孩子们的图画纷呈多样，充满智慧，鲜活生动。孩子们并不很注意画中物体的真实性，而是对显示他们关于葵花如何长出种子的想法更感兴趣。一个孩子画了一组画，显示了那颗原先种下去的种子，在向日葵杆子里面往地面上挺进，在最后一张图画里，那同一颗种子竟在葵花盘上顶出头来！通过这些关于种子生长的设计，教师发现了更多的机会来参与孩子们的思维过程，更多地关注他们的理论，而不是仅描绘向日葵本身。

从设计到记录

从设计展示到档案记录,要通过从提供信息到教育的传送路径,从而使教师的视角从观察儿童转变到研究儿童。例如博物馆,特别是科学博物馆,就是达成这种转变的地方。以一个经常看到的展览为例,它展示的是过去十万年间人类头骨轮廓变化的系列剪影。所显示的这些剪影本身并不是进化过程的真实观察记录。它们只是显示了演变过程,让我们知道变化的发生。而另一方面,档案记录则是明确地带领我们对这个过程做出解释。

例如,我们可以在这一排颅骨轮廓上面添加一个标题:"随着人类的进化,额头的厚度减少,颅容量增加,说明头颅防御结构的减退和大脑容量的增加。"现在这一行剪影充分体现了一个有趣的原则,可用于其他体现类似原则的功能研究。如下颚长度的减少可能意味着什么?良好的档案记录可引起我们对图形的研究,因为文字可以帮助揭示比图形功能更为广泛的涵义。

对于协商性学习来说,通过添加对图形的解释和说明,设计展示能够转换成档案记录。在墙报上粘贴去农场郊游的照片,是一种设计展示,一套附有儿童话语的照片,仍然是设计展示。这些照片需要加上评论才能有资格成为档案记录。

想一组附有儿童话语的照片集。一个孩子在观看12只小猪同时吸吮母猪的乳汁时说:"所有的猪宝宝都能吃饱吗?"墙报上方有一处印有文字,说明孩子们如何继续谈论关于一个妈妈的乳汁和12个孩子需求之间的关系问题。一个孩子说:"如果她(母猪)吃很多东西,她就可以喂养所有的孩子。"这种档案记录并非仅仅再现了孩子们的话语,它也反映出隐含着的一般性问题,例如害怕猪妈妈无法养活她的幼小的孩子们。档案记录引发了对儿童思维的探究,并激发了关于有效教学的预测。一组只有图片和孩子话语的系列展示,可以描述,但没有解释。教师的评论是必要的,它使得所收集到的资料成为能说明更普遍现象的例证,并成为可以在新环境中应用的原则。设计展示可以引发愉悦和满意的感受,但无法刻意地导致假设。档案记录就是一种研究报告,可用来改进讨论,而不是仅仅记录过去的事件。

这使得我们想到协商性学习中的档案记录和美国一般学校中流行的儿童档案袋评价之间的区别(Glazer & Brown, 1993;Tierney, 1991)。档案袋评价被誉为较为真实的评估形式,主要是因为档案袋中含有儿童的作品,包括图纸、图画、表格、数学练习、照片，甚至可用作长期的、详细的定性研究资料的录像带，这些内容按照时间顺序排列，呈现出每个儿童独特的进步路径。

我们在这里所说的档案记录，其含义更多的是指向儿童集体，而非儿童个体。即使在档案记录中提及某个儿童个体的特征，也是意在让看档案的人将这个儿童看作一个典型代表。档案记录显现出学校的精神和教学的原则，其中可能在某处提到一个名为肖恩的主角，或者在另一处提到一个名叫瑞的主角。请注意，这个典型儿童的父母的兴趣，可能与其他家长的兴趣不符。其他家长需要得到的信息，是想了解整个记录。

档案记录试图提出儿童的思维和教学策略的问题，并非简单地记录每个儿童的进步。观看档案记录的人，要带着这样一个假设，即看到档案记录中4个孩子发生的事情，它代表着在另一时间所有的孩子都有可能发生。档案记录显现出写下解释和倡议的教师的智慧，然而档案记录本身，并不是对教学的系统评价。评价和记录这两个目标，至少在用某些成就或技能标准来进行评价时，应当分别对待。档案记录不应局限于展现某些能揭示儿童思维，而在标准化资料中无法找到的独特的故事。

从说话到交谈

我们几乎时时刻刻都在说话，有时候为了加深理解，必须倾听自己的和别人的话语。正是这种倾向于说话的元语言态度，即把说话本身作为研究的对象，才能定位教育中交谈的价值（E. A. Forman & McPhail, 1993; Palincsar & Brown, 1984; and especially Isaacs, 1930）。

以下是几个孩子交谈的例子。

艾瑞卡：瞧，我的腿很长，但我腿以上的部位都不分叉。

约翰：是啊，但你的手被分叉成五个手指头。

蒂姆：嗯，你的腿不分叉，只有两条。

艾瑞卡：什么？

蒂姆：只有两条。他们一直都是两条。你可以说"我的腿是分开的"。

艾瑞卡：哦。

蒂姆在思考艾瑞卡的用词。分叉是指"原本在一起，然后又分开"。他肯定是在想，用哪个词才能更准确地描述这个事实。我们把这个对话语意义的协商形式称为交谈。蒂姆想提出一个替代词,以明确替代他所理解的艾瑞卡未来的腿。这是一个真实的例子吗?似乎对于发生在儿童早期(幼儿园到三年级)的对话有些牵强附会。

作为教师,我们可以阅读记录下来的谈话。事实上,从前一段里所提及的方法分析的那段谈话便可作为交谈的例证。教师在研究谈话记录时彼此之间的交谈,旨在发现儿童的理论、假设、错误的前提、误用,以及巧妙的比喻,所有的含糊之处,这些都是教师们经过协商而达成的共享知识。教师会不断地这样说:"那么你能说孩子们都知道将会发生什么吗?"或"我不知道这能不能算是合作游戏,也许是平行游戏吧。"教师努力地理解他们以往习惯用来解释观察意见的话语的含义。这种关于交谈的思维定势,还可运用到教师与家长,与公众,以及与图14-1下方所有可能的关系对象的交谈之中。

交谈也因受到设计和档案记录的影响而改变,当然,交谈同样使得设计和档案记录有所改变。当我们研究儿童的设计,听儿童解释他们的计划,并重新审视我们对这些项目的档案记录时,我们开始对我们谈论的主题、儿童,做出不同的评论。我们谈论的是他们的成长、发展和能力的例证。此外,由于明确地记录下了我们所说的不同的话语,这就使得我们意识到了自身的专业发展。我们不说"孩子们似乎享受这项活动",而是说"孩子们喜欢观看小鸟而不被它们发现"。我们观察到,我们现在讲话时使用的"动词"比"名词"更多,例如,"你用劲把铅笔按下去就会做出标记。"而不这样说:"我看到你用铅笔画了一条黑线。"我们思索自己跟儿童讲话的模式正在发生着怎样的变化。这并不是交谈中使用白话或行话的差异,而是预示着一个人分析问题的方式和有关学习的理论的根本性转变(Solisken, Wilson, & Willette, 1993)。

从记忆到重温

幼儿教师可以充当记忆内存,即一种可以回顾经验的记录。这种功能的体现,可以通过写下幼儿所说的话,以后的某一天,当幼儿试图扩展对某些事物的理解时,再把这些话读给他们听。或者教师可以出示有关经验的照片或重播录像,并要求幼儿反思在照片或录像中看到的自己当时的行为意图、目的、期望和假设。请注意,与静态的照片相比较,录像能够把对实际行为的记忆"上传"到录像机的内存,从而允许幼儿使用他们的心理空间,去思考未看到的东西,如目的和意图,"为什么"做某事,而不仅是做"什么"。

记住曾经做过什么和重新体验那段经验,这二者之间是有差异的。为了记住曾做过的事,儿童得在头脑里简单地罗列他们做过的内容:我们看到了一头猪;我们乘坐了拖拉机;我们从很深的筒仓口望下去。而重温则胜过记忆,重温是回归到一个地方,重新建立或发现那个地方的意义,就好比回到久别的故乡。作为一个游客,你现在是以一个局外人来看待以往的经验。

你不再驻留于经验本身,而是在寻求来自经验的新的含义和新的感受。你不再是那里的居民,但还是渴望回去看看。你用当前的新观点来重建和呈现过去。你寻找着创造意义的模式。你探索着当你居住在那里时的经验之中那些并不显而易见的原因和关系。

一位教师读着一段谈话记录:"你们昨天说,开拖拉机的那个人,让一个大轮子停止转动,车子就转弯了。既然是停止,怎么会使得车子向一个新的方向运动呢?想想看你们当时是怎么想的,试着说出你们的意思到底是什么。"教师邀请儿童重新审视他们关于在农场发生的事件的假设或解释。在影子实验中,教师可能会说:"这是你跳起来时的照片,你正在看你自己在地面上的影子。告诉我,当你跳起在半空中时,你的影子在下面,那时你怎么想的?"教师邀请两个女孩来面对较早些时候的一个好奇的问题,关于人的影子是不是总连在自己的脚上。请注意,教师并不问:"看看照片,告诉我,你的脚是否连在你的影子上?"教师的重点是让儿童对思维进行回忆,而不是用照片来证实答案。在开始时,问题可能引起一些回忆或观察,但教师精心挑选的回忆内容,将把儿童吸引到有关尚未解决的问题或未能完成的行为的谈论中去。这就是重温的目的所在,是要引导儿童思绪往纵深发展,而不是简单地列出他们去过的地方。照片应被视为进入充满可能事件的世界的大门,而不是通往单一时间和地点的窗口(G. Forman,1995)。

视频应被当作向儿童提供的机会,让他们抽象出理论、假设、信念,或产生合理策略的期望,以及使用这些策略,并尽可能创造足够的不和谐,以激励他们重建那些理论、假设、信念和期望。

从符号到语言,再到各种语言

当我们要求儿童表达自己的想法时,重要的是要理解符号和语言的概念。在瑞吉欧,我们经常听到"儿童的一百种语言"这个短语。这是什么意思?它是指儿童可通过一百种方式,用自己的母语来表达他们对事物的一般态度,即所谓的多种形式和多种观点的方式。从字面上看,这可能意味着,如果课堂文化允许的话,儿童可以使用一百个有足够系统性的语法,可以称之为符号系统的语言来表达自己(Gardner,1983)。例如,几个儿童选择使用可让人看懂的姿势,来复述狮子捕捉羚羊的故事。其他儿童使用音乐符号,来捕捉由音调、韵律和节奏表达出来的动作,还有一些儿童采用画出角色行为的方式,显示出蹲伏、猛扑、捕捉这些序列行为。虽然孩子们也许并没有一百种语言可供他们使用,但他们肯定有比用母语说话更多的方式来表达自己。

观点多元化的第一个意义,也许可以最确切地翻译为语音的差异,例如,"他用权威的口吻来说话"或"她用带有经验的口吻讲话"。儿童有一百种这样的语音。我们也知道,语音在沟通方式上,显示出性别差异(Tannen,1982,1989)。虽然语音的概念很重要,但它可能并不是关于儿童的一百种语言的含义所在。让我们更为仔细地来看看其第二层含义,即不同的符号系统。

语言并不仅仅是一组文字符号。语言还包含把这些符号结合起来以传达意义的规则。因此,用一个小动物邮票来代表每个孩子身份的一组照片,并不是一种语言。然而,如果在表示某个孩子的邮票后面,有一个箭头指向另一个孩子的邮票,则可能意味着"艾米喜欢佐伊"。它产生出一个简单的语法,从而形成一种儿童用来创造和探索人际关系的新的语言。同样,一个用黏土捏的泥人是一个符号,但它本身并不是一种语言。而当12个孩子用他们捏出的不同的泥人,告诉其他孩子如何玩"丢手帕"游戏时,这些泥人便成为了一种原始语言的元素。树的叶子,可以在墙报上排成一行,但这不是叶片的语言,因为它不能告诉我们任何有意义的信息。然而,如果儿童尝试着排列这些叶子,来显示强风或弱风的存在,那么这些树叶之间的关系将构成一个原始的语法,儿童从事的这个活动便会激励他们思考树叶的语言,以及这种树叶语言能告诉我们什么。当把这些不同媒介的元素结合起来讲述一个故事时,便形成了儿童的一百种语言。

总之,需要让儿童超越产生符号这一水平而发展到发明语言,从只使用母语,发展到使用许多符号系统,如叶子、手势、橡皮图章、黏土,等等。这些符号之间的关系存在的本质,将媒体转化为信息,这种有目的的信息,推动了儿童协商和分享意义,并共同构建知识。

图14-2　海蒂对汤姆说:"你不能这么做,那是丽莎的名字。"

从倾听到获得信息

我们可以给自己一些时间来倾听儿童。可以说,我们的课堂是以儿童为中心的。我们可以把儿童的交谈记录下来,并肯定他们话语的重要性。我们可以倾听,但我们获得了什么讯息?

在协商性学习中,教师要使用第三只耳朵倾听,以便听到儿童话语的寓意,这是必不可少的。以海蒂的情况为例,她看见汤姆老师戴着一个真人大小的面具,上面是另一位老师丽莎的照片,感到十分困惑不安。"你不能这么做,那是丽莎的名字。"(G. Forman & Kuschner, 1986, p. 216)我们可以听到海蒂所说的确切的话语,我们可以把记录下来的这些话打印出来,然而海蒂的抱怨其深层含义是什么? 我们从她的话语中得到什么讯息?

海蒂和别的4岁儿童一样,可能很难区分词语所指的物体,以及词语所指的文字之间的差异。丽莎这个词,至少是指某一张独特的面孔,一个物体;然而名字,则是指我们用口头语言来辨别那张独特的面孔的词语。海蒂更有可能是将词语当作表示物体的符号。所以当她把面孔说成是名字时,是有她的道理的,虽然那张可卸去的面孔(人脸面具),在心理认知上介于名字和面孔两种概念之间。尽管如此,词语(名字)可以表示另一个词语(丽莎)的想法,是有点超出了一般4岁儿童的理解力。因此,我们在听海蒂所说的实际话语时,用我们的第三只耳朵倾听到了她的心理挣扎,即那种对于她来说更为困难的心理参照形式。我们也倾听到了海蒂反对汤姆假装丽莎的行为。汤姆为什么不戴有自己照片的面具?海蒂是对汤姆戴着"错误"面具的开玩笑行为感到困惑,还是觉得被逗乐了?她的话有很多含义,我们尝试倾听全部内容。从试图理解出发,我们会发现更适宜的后续问题,以帮助她反思自己的假设。

从理解到激励

继续有关海蒂的例子,根据我们的理解,我们可做些什么?

一般而言,会使用协商性课程的教师便可能成为研究者,然而他们必须把对儿童的研究结果转化为教育设计。如果我们只是这样问海蒂:"你的意思是什么?"或"为什么你说名字而不说面孔?"这种直截了当的问题,就好比是问婴儿为什么老是把杯子从高椅子上扔下去。我们必须设计教育活动,使得儿童有机会体验这些概念之间的差异,即代表物体的符号和代表文字的符号之间的差异。

照片面具就是一个这样的活动,尽管这是个未曾计划的意外。我们通过将这些偶然发现延伸到各种不同的情景,来构建协商性学习。理想情况是,教师作为一个团队共同讨论海蒂的意见,再看看档案记录中儿童如何对待这类词义关系的过渡,从而设计用各种方式来引导儿童反思这些不同类型的符号。可以让教师和儿童再次玩照片面具游戏,由丽莎戴着汤姆的照片面具,而汤姆戴上丽莎的照片面具一起游戏。还可以与儿童一起设计一个新的游戏。也许儿童希望把自己的照片贴在最好的朋友的面具上,或将表示椅子的词语标志贴在桌子上,而把桌子的词语标志贴在椅子上。如果儿童发明这种颠倒身份标记的比赛,在第一次时会激励他们思考词语的可能参照物,则最终他们会理解,名字是指一个词(丽莎),而不是一个物体(丽莎的脸)。

从偶遇到探究

在日常的活动室中也会发生有趣的偶发学习情境。在常规活动时间内，可以了解许多儿童的思维、兴趣、性格和情感投入。在可能的情况下，我们对偶发的学习事件的理解，可以将一些有计划的、自发的学习情境扩展到较长时间的探索的可能性上。下面是一个例子。

在美国的檀香山幼儿园里有一组4岁儿童正在户外游戏，突然一阵风横扫整个院子。"这是刮过去的风。"一个孩子说。老师问："刮过去的风是不是还有不同的风？"不一会儿，一阵微风吹拂着他们的面孔，另一个孩子说："在那里，这是一阵轻轻的风。"借助这两种不同的风而引起的短暂讨论，老师安排孩子们到岛上其他地区去旅游。孩子们最终发现并命名了19种不同的风，比如怪物风和山风，他们发明了区分各种风的标志，甚至，在高中学生的帮助下，他们画的关于风的图画变成了动画片。这个关于风的探索活动涉及多项教育目标。

创建具有可读性的示意图符号来表示风的特征；编造各种风的朴素的神话；思考如果两种不同类型的风交叉吹过时会发生什么情况；气流的形状如何受到地形的影响；学习如何在地面上识别一种风与另一种风，等等。探究活动在原来的偶遇情境的基础上，给予连续性的各种接触，并维持高水平的情感投入。儿童不断地重新考虑新的情况，与他们原来的偶遇情境和有计划的可能性相联系。

对于教师来说，发现儿童感兴趣的概念，并且解读儿童的有关这一概念的想法，是十分重要的。光有兴趣是不够的。如果儿童对恐龙感兴趣的话，那就不只是带来更多的恐龙图片和塑料模型而已。在一所学校教育环境中，教师有必要猜测是什么驱使儿童感兴趣，并且帮助儿童解读有关概念，而不一定是兴趣。探究活动的进展，并非使儿童对恐龙获得更多的了解，只有当儿童学习更多的概念，推动他们提升对恐龙的兴趣时，才可认为是进入正确的轨道。例如：如果今天有一只巨大的蜥蜴在森林里走动，这会影响我的安全感么？我能不能有一个猛禽宠物？如果恐龙会绝迹，那么在一段时间以后我们也会绝迹么？当教师把注意力集中在概念上，而不是兴趣表面，则探究活动可以进展到与恐龙无关的其他分支上，例如观看象夫指导大象搬木材的操作，或对气候和当前动物种群之间关系进行调查探究。教师试图找出带动兴趣的因素，如恐惧、矛盾、好奇心，然后提供能量而使得儿童在探究活动中产生更多的情感投入——不仅仅激励儿童，同时也解决他们自己的问题。

在可能的情况下，偶发的学习应当被扩展为探究活动，但不一定是长期的主题活动。探究活动比偶发的学习持续时间更长，可在较多的背景下进行，能激发某些给定的概念，并具有一定的社会氛围，随着活动本身的自然进展，会涉及更多的儿童和更复杂的概念。主题活动具有和探究活动相似的特征，除此之外，在一些重要的主题活动中，儿童还会予以感情投资。这是偶发学习和主题活动之间最重要的差异之一。

在协商性课程中，教师和儿童对所从事的活动充满激情。他们做的事情往往规模庞大，精彩纷呈，例如，为参观学校操场的小鸟们建造一个鸟儿乐园，或举办一场全校的奥林匹克风格的跳远比赛。然而这些主题活动可能是从诸如海蒂和照片面具之间的偶发学习情景所滋生出来的。

在班会上，儿童和教师都认为，把图片放置在错误的地方便可能造成混乱，例如丽莎的照片面具戴在了汤姆的脑袋上。而放置在正确位置的图片，则可能是有益处的。在多次会议中，教师和儿童决定要研究他们在外面看到的图片。一个孩子提及在马路上看到的一幅儿童游戏的图标，提示来往的车辆注意玩耍的儿童。于是孩子们决定在所有的教室和操场上添加图标，以此告知人们该做什么，防止什么，遵守交通规则，等等。

由这个主题演变而产生的一种形式，是在瑞吉欧三月八日幼儿园里完成的。儿童最终发明了一个幻想世界、一条龙、坑里的蛇、被囚禁在高塔中的公主，以及挽救公主的骑士们所需的路牌。这个中世纪的冒险主题激励着儿童发明了这些符号，表现出儿童关于符号如何传达意义的高水平思维。事实上，这些儿童还发明了一个惯例，即任何画在三角形内的图片均意味着"危险"，而所有在圆圈内的图片，都是用来指示方向的。

从测量到研究

我们认为协商性学习中的测量，涉及儿童正在进行的研究。这种儿童的研究促使教师计划出反应性的课程，以支持个人和集体的发展。这样做并非是为了将儿童加以比较，以确定分班方案、类型标签或升级留级。这是为了了解儿童，了解他们的计划、感受、兴趣、性格和能力。这方面的知识使得教师可能制订出既有意义又具挑战性的学习计划。

这种性质的测量，所关注的不是儿童做不到什么，而是他们能够独立地，在一定的帮助下，并在各种不同的社会情景中做什么。它是一个动态的、灵活的过程。其目的并非通过一个分数、排名或等级来量化儿童在某特定时间内的成就或发展。这是一种即时的，随着情境变化的过程，目的是在不断变化的生活经验和情景中了解儿童。档案记录，正如我们所描述的那样，是这种测量评估的核心。

近年来人们非常重视在课堂上促进民主，在学校发展以社区为基础的合作性学习，但在评估这类策略的影响时，我们似乎仅对个体加以测评。同样，我们与家长的合作也仅专注于他们自己的孩子，而不是儿童集体。有时候，我们展示的是集体环境下儿童可以做什么，但通常会用这些在班级小组内发生的行为来表征某些个体儿童，而不是集体。

瑞吉欧的教育工作者，不仅研究和评估个体儿童的发展，同时也评估集体儿童的发展，以及社区学习者、社会爱心人士的发展。他们倡导儿童相互学习的方式。通过对集体行为的档案记录，并联系特定儿童在集体发展中的进步，教师、家长和儿童一起专注于社会互动和学习。通过协商性学习，教育工作者相互合作，奠定关注所有关于儿童权利的社会意识。

从家长的参与到明智的合作

许多教师把家长参与视为家长教育。这可能意味着教师的工作是与家长分享她的专业知识。从这个角度来看，教师可能会考虑组织档案记录的板报，向家长提供有关他们子女的学习资料。如果教师按照这种家园关系的假设来操作，则档案记录就可能被用作单向的沟通工具。家长不参与设计，也不被邀请交谈。教师可能会鼓励家长提出档案记录中的问题，但家长不会对之进行辩论或补充。家长通常把教师看作是教育的信息源。另一方面，如果我们在家长工作中贯彻协商性学习的原则，教师就可以将有关儿童经验的档案记录用于与家长进行沟通，并提供教师和家长之间的交谈焦点。教师通过摄影摄像、轶事记录、日常笔记或儿童作品等档案记录中的观察资料，与家长共享并加以解释，以此作为进一步探究、讨论和分析的基础。正如教师之间彼此分享档案记录，以获得多角度的见解，达到对儿童思维的新的认识一样，教师也可以与家长一起这样做。家长能提供各种不同的见解。他们掌握着儿童在幼儿园课室以外的有关行为的知识。他们的观察意见如与教师的观察意见相结合，便可达到对儿童的思维、感情和见解的更为深入的理解。通过这样的交流，家长和教师可能通过协商而达成对有关儿童学习的档案记录的共同理解。他们成为合作研究的伙伴。这种合作研究的结果，将自然而然地引发他们共同设计儿童今后的学习经验。

在协商性学习中，只要有可能，教师便会邀请家长一起，不仅思考如何支持儿童的学习(Fyfe, Strange, & Hovey, 2004)，而且考虑如何最好地与其他家长沟通。如果板报或其他形式的档案记录提供给家长阅读，那么有什么比邀请家长代表参加咨询更好的方式来测试其可读性吗？另一个说明从家庭参与向智能合作伙伴关系转变的例子是，重视让家庭参与郊游。这是一个绝好的机会，邀请家长或其他成年人，通过摄影、笔记或录像，观察和记录儿童的学习过程。例如，在准备到农场参观游览时，教师可以与那些将参加郊游的家庭成员开会或电话联系，分享她和孩子们期望在旅途中所要探索的内容，然后征求家长或其他志愿者的意见，看他们认为孩子们最有兴趣的学习和经验将会是什么。这样的谈话可以揭示儿童可能拥有的关于农场的先前经验，把重点放在成年人可能提出的各种问题上，以促进儿童思考所遇到的动物、闻到的气味、农夫的工作，等等。这种访问之前的反思性谈话可以帮助家庭成员制订计划(设计)，以便在郊游时观察儿童并与儿童交谈。

协商性学习过程中的一个重要组成部分，涉及郊游之后对档案记录的思考和分析。同样，教师将会与父母或其他家庭成员开会或电话交谈，或者进行电子邮件交流，反思和分析档案记录，持续寻找在意料之外和计划之中的学习活动，考察学习过程以及结果(例如，郊游期间开发出来的或使用过的词汇，儿童提出的问题，儿童和农夫之间的互动)。如前所述，在郊游经验中收集到的档案记录应作为一个平台，用于支持对话、分析和反思(交流)。最后，家庭成员可以与教师一起考虑未来会发生什么，可以设计什么样的经验或谈话，以在学校或家里扩展学习。因此，这种由交流、记录和设计所构成的整个周期，均用于协商性学习，并建立与家庭和儿童的智能合作伙伴关系。

关于家长参与的记录，可以促进学校与家庭的伙伴关系。重要的是要保持任何形式的家长参与(例如，家长教师委员会会议，家长与教师会议，家长参与贡献和组织课堂材料)的记录。记录可以照片的形式,事件的书面说明,会议纪要,家庭庆祝活动或郊游的录影带,家长的问题或意见的书面记录等形式呈现。然后通过与家长一起阅览这些记录,把这些记录转化为文件,从而理解家庭成员在协商性学习中的作用。这些记录可以为交谈提供一个共同的参考,共同的经验记忆或成就,否则这些都可能被遗忘或成为不确切的记忆。这种由记录到文件的转换,可以在未来产生更丰富的经验,例如阅读去年的旅行日记可以丰富今年的行程。如果不重新阅览先前的日记,也许今天的旅行只能产生前一次旅行同样的发现,更糟的是,不能将我们微妙的见解运用于新的经验。微妙的见解最容易被遗忘,需要档案记录的支持,从而在经验中成长。

家长参与的档案记录可以在学校墙报上,或在家长休息室笔记本电脑上展示,还可以在开放活动时用幻灯片演示。这种档案记录应该能让读者认识到许多不同的机会,让家长成为支持课程的明智合作伙伴。这种显示,如果包含过程、目的和参与价值的记录,那就不只是对家长参与的简单数字记载。可以把家长的意见和提出的问题,添加到墙报上,沟通家长的观点和经验。教师甚至可以展示家长和儿童一起观看墙报的照片。捕捉和显示这样的时刻,有助于展现家长参与研究儿童的作品,呈示教师、儿童和家长合作的明确信息,以及表现这种三方合作关系的基本形态。把家长观看墙报的主题活动照片的镜头拍摄下来,能表现出对交谈和协商性学习的"研究之研究"。

有关家长参与的档案记录可以用许多其他形式加以组织和传播,如通讯、手机短信、信息剪贴、录影带、学校或班级的网站或脸谱网等。文件的形式应适应所服务的人群。例如,某班家长定期带孩子到幼儿园或经常在教室里服务。在这种情况下,墙报或视频可能是一个高效的交流方式。另一类情况,如果机构中的某些家长很少参观学校,或只是偶尔来访,那么其他形式的档案记录可能会更有效地沟通和肯定家长的参与。家长会议简报或会议记录,可邮寄到家庭,或张贴在网站上。教室里或室外摆设的图书站可借阅有关家庭参与的多媒体短片,也可在网站上播出或录制在光盘上。使家庭成员能够阅览档案记录是至关重要的,但只有在档案记录是为用于激发对儿童学习的反应和对话而设计的时候,才能促进充分的协商性学习周期的发生。

从合作到共建

设计、档案记录和交谈能够转变教师之间的关系,从日常的合作,转变为真正的合作建构新知识的教学团队。在前一种情况下,团队成员可以保持在某特定的角色定位上加以合作,承认彼此的专业经验,并相互提供物质和心理支持。然而,这种合作不可能导致互学互长互相启发的知识共建。动态的协商涉及创造性地运用对抗和冲突。

在规划会议上集体反思和分析档案记录,能产生更为协调的计划,使教学团队在如何组织和利用时间方面做出更好的决策,以分享彼此的工作,同时保留差别,以便在小组活动中效果最佳地支持儿童的不同需求。支持教师之间合作的教师组织的另一个方面是记录小组讨论和规划。在协商性学习中,教师的规划是复杂且费时的。它涉及集体研究话语和儿童作品,然后设计可能对儿童当前认知模式具有挑战意义的经验。当这种对可能的研究和规划已经完成时,团队必须对如何把计划告诉儿童,使他们产生参与计划的动机所要采取的策略,达成一致意见。教师必须确定规则,使一个或多个团队成员担任促进小组活动的角色,而由另一个成员来监护其余儿童的活动。他们必须制订计划和策略,持续观察、记录学习活动和时间安排;他们必须确定由谁负责组织适宜的观察记录工具(例如照相机、摄像机、录音机、纸张和笔),以及由谁来使用这些工具;他们必须安排时间分析持续收集的档案记录,并安排家长参与档案记录和交谈。随着主题活动的进展,他们还需要考察如何使用档案记录的方式(如照片、幻灯片、录像带,儿童的对话记录,儿童绘画、写作、建构作品等),以维持儿童参与主题活动的兴趣。

会议记录保存了教师所达成共识的集体性记忆,并提醒团队里的成员,如何协调他们的工作。如果没有这种档案记录的话,团队的整体性努力便可能轻易地、不留痕迹地消失。在预设的固定课程中,教师之间很容易进行简单的分工,然而协调性学习系统,则需要在不断的沟通和协作规划范围内协调工作。这样对目的性和可能性的规划、组织和合作建设,使教师以顺应儿童的方式有效而灵活地工作。

从共建到宣传及社区支持

正如与其他利益相关者一样，档案记录可以给教育工作者和公众提供一个共同的平台，来交流发生在幼儿园的事情。它向公众传播的东西既有形可见，又易于接近。如果做得好，便能引起教育工作者、家长和公众之间的对话。它可以为长久以来的信念提供更好的事实证据。以那些松散地放在教室的地板上的约1.2米长的绳子为例。这些绳子在瑞吉欧的许多学校里被用作游戏材料。具有法律意识的市民对这些绳子的初始反应是，它们用作儿童的自由游戏材料太危险了。然而，看到儿童如何使用这些1.2米长绳子的实际照片和影像，如假装消防水管；当作双向的电话线；在地板上拉直线以引导积木搭建筑物；绕在桌子腿上用作滑轮绳；甚至用于拔河比赛用绳等等，那些原本认为这种编织的绳子是危险材料的顾虑便会荡然无存。

当我们试图改变舆论对幼儿园的看法时，常常使用一概而论的方式。我们大声疾呼如下要求：

·儿童在小团体（2—4人小组）中的学习效果最佳！
·儿童需要有操作材料以帮助他们学习！
·教师需要更多的时间用来规划和思考！
·环境是儿童的第三位老师！
·儿童需要有意义的主题活动，而不是机械练习！

我们甚至可以用研究证据来支持这些观点。我们可能会表述这些立场以及获取资源的需求，偶尔在关于学校改革的民意投票中也能侥幸成功。然而，这样的成功往往是短暂的。只有当某人或某团体的呼声更高时，公众民意才容易改变。

所以，如果我们把协商性学习的原则用于获得社区支持的努力的话，我们将较少地向社区宣称自己的成绩，而是更倾向于引发社区成员之间关于教育问题的讨论。我们常常觉得，社区对工作中的细节并不感兴趣，所以提出许多"应该"和"必须"，以争取他们的支持。关于社区成员感到离开我们的主题活动太遥远的假设依然存在。然而，从瑞吉欧的经验得知，档案记录是从事公众反思交流活动的强有力的工具（Rinaldi，1996）。档案记录有助于将幼儿园的工作和儿童的能力向公众显现。

记载学习的真实事例，向公众提供了一种更为特别的知识，授予和激发他们反思、提问并重新考虑或重建儿童形象和获得高质量教育的权利。当瑞吉欧的孩子们采访农民收获葡萄的过程，或向街道工作人员询问有关城市的地下排水系统时，孩子们和他们的老师一起，向社区成员们提供了优秀的幼儿园所具有的儿童主动学习的特点的第一手经验。基于社区活动的档案记录，可以形成小册子返回到社区成员手中。这些小册子可发送给奥都邦协会志愿者，他们曾经帮助我们挂鸟笼，或送给为民服务的政府工作人员，他们在公共工程中帮助添加新的供水口。此类材料也可以张贴在城市的网站上，或写成文章登载在当地的报纸上。这些文件建立起社区中的人际联系，建立起儿童与成人之间的有意义的连接。这些文件通常会增加幼儿园开放活动的出席率，反过来又提供教育工作者、家长和社区成员之间的交谈机会。

教育工作者开始要求社区成员在智能方面做出贡献，而不只是劳力或资金赞助。他们把社区视为面向儿童的"知识基金"（Moll, 1992）。这表达了一种尊重，一种通过共享经验的方式建立连接，以获得共享的观念和归属感。它强化了"我们"的社会身份，彼此关心，帮助所有成员学习去享有更丰富的生活。这些都是有效的宣传成分。

我们不去认为与社会的任何接触都将产生对学校的支持，或者认为这样的接触总是良性的。例如，社区成员参与我们的班级主题活动，需要听到孩子们提出的问题，了解教师和员工们已经准备好带孩子们外出郊游，以及了解郊游的经验在未来几周中将如何在课堂上使用。没有人愿意，只看到部分儿童，或是一趟消防站的参观，一次与真正的教育目标无关的情绪高潮，如同游览某著名胜地之后只留下一个塑料帽子作为纪念。

这又是一种设计、档案记录和交谈三者相结合的活动，以保证更多地与社区成员接触。在与社区成员见面之前，儿童将在小组会议上讨论他们的期望。在教师的支持下，他们将设计活动目的，提出一系列问题，明确旅行的原因。他们甚至可能画出他们希望看到的东西，然后带上这些图画以便检验自己的假说。他们将携带照相机和录音机来记录活动的经验，这一切反过来又将对社区成员表明儿童对于此次行程的重视程度。有时他们可能还会带上画板。正如上面提到的，儿童也将与社区成员分享他们所做的面向公众的记录。这整个周期，从设计经验，到对经验进行档案记录，到活动期间和之后参与社区的交流，对于创建一个载有信息的宣传和获得社区的支持至关重要。

设计、档案记录和交谈的系统总结

为了总结这三个模块是如何相互影响的,我们将遵循图14-1中教室活动的流向。比方说,一群孩子想参加镇里另一所幼儿园的跳棋比赛,有两个孩子了解怎么玩跳棋,但他们不知道如何向别的孩子解释他们的技能。班级决定用孩子们发明的符号系统,将这两个孩子玩跳棋的过程记录下来(档案记录)。然后对记录加以总结和组织,以指导更多的新手儿童(从档案记录到设计)。玩得好的孩子使用这个指南,通过各种版本的设置来带领更多的新手儿童。初学者和熟练者一起讨论指南说明中表述的内容(从设计到交谈)。教师们把教学过程摄制成录像片(从设计到档案记录),使学生可以重温这些教学过程。孩子们讨论教与学的有效性,和跳棋战略的效果(从档案记录到交谈)。父母通过阅览档案记录,不仅惊叹于孩子们跳棋玩得多么好,而且对他们竟然能如此老练地把经验解释给别人听,以及新手儿童如何解释自己的需求以便更好地理解,都感到惊讶不已。家长在研究录像记录时相互讨论(从档案记录到交谈),并计划如何帮助孩子们学习其他棋类的战略(从交谈到设计)。这些计划均将交给儿童让他们讨论(从设计到交谈)。

教师重复阅览关于家长的设计会议以及由熟练儿童主导的教学过程的档案记录(从设计到档案记录到交谈)。他们创建墙报,把视频画面打印出来,并用文字描述活动记录。教师还在墙报上添加自己的评论,解释儿童、教师和家长从这些经验中所学到的东西(从言语交谈到档案记录)。此后新的家长和广大市民来到学校均可阅读到这些墙报。墙报成为继续进行共建合作推动力的讨论中心(从档案记录到交谈,然后从交谈到设计)。

通过采取上述各种不同的方式,学校和社区获得了以下结果:

· 具有设计功能的绘图。
· 描述转变成记录。
· 说话提升为交谈。
· 记忆支持重温经验。
· 符号组合成语言。
· 倾听中包括了解信息。

·理解可激发挑战性。

·偶发情境扩展为主题活动。

·研究可替代测量。

·从家长单纯参与发展到明智的合作伙伴关系,从仅仅抛出一个良好的合作例子,发展为合作共建的现状,塑造了一批维护教学课程胜利成果的公众。

参考文献

Berger, P., & Luckmann, T. (1966). *The social construction of reality*. New York: Irvington.

Bruner, J. S. (1957). Going beyond the information given. In J. S. Bruner, E. Brunswik, L. Festinger, F. Heider, K. F. Muenzinger, C. E. Osgood, & D. Rapaport (Eds.), *Contemporary approaches to cognition* (pp. 41–69). Cambridge, MA: Harvard University Press.

Bruner, J. (1990). *Acts of meaning*. Cambridge, MA: Harvard University Press.

Doise, W., Mugny, G., & Perret-Clemont, A. N. (1975). Social interaction and the development of cognitive operations. *European Journal of Social Psychology*, 5, 367–383.

Dunn, S., & Larsen, R. (1990). *Design technology*. New York: Falmer Press.

Engel, S. (1995/1999). *The stories children tell: Making sense of the narratives of childhood*. New York: W. H. Freeman.

Forman, E. A., & McPhail, J. (1993). Vygotskian perspective on children's collaborative problem solving activities. In E. A. Forman, N. Minick, & C. A. Stone (Eds.), *Contexts for learning* (pp. 213–229). New York: Oxford University Press.

Forman, G. (1995). Constructivism and the project approach. In C. Fosnot (Ed.), *Constructivism: Theory, perspectives, and practice* (pp. 172–181). New York: Teachers College Press.

Forman, G., & Gandini, L. (1994). *An amusement park for birds* (90-minute VHS video). Amherst, MA: Performanetics.

Forman, G., & Hall, E. (2005). Wondering with children: The importance of observation in early education. *Early Childhood Education and Practice*, 7(2). Available at http://ecrp.uiuc.edu/v7n2/forman.html.

Forman, G., & Kushner, D. (1986). *The child's construction of knowledge*. Washington, DC: NAEYC Publications.

Fyfe, B., & Forman, G. (1996). Negotiated curriculum. *Innovations in Early Education: The*

International Reggio Exchange, 3(4), 4-7.

Fyfe, B., Strange, J., & Hovey, S. (2004). Thinking with parents about learning. In J. Hendricks (Ed.), *Next steps in teaching the Reggio way: Accepting the challenge to change* (pp. 96-105). Upper Saddle River, NJ: Merrill Palmer.

Gardner, H. (1983). *Frames of mind: The theory of multiple intelligences.* New York: Basic Books.

Gee, J. (1990). *Social linguistics and literacies: Ideology in discourses.* New York: Falmer Press.

Glazer, S. M., & Brown, C. S. (1993). *Portfolios and beyond.* Norwood, MA: Christopher Gordon.

Goodman, K. (1992). Why whole language is today's agenda in education. *Language Arts*, 69, 354-363.

Isaacs, S. (1930). *Intellectual growth in young children* (with an appendix on children's "why" questions by Nathan Isaacs). London: Routledge & Kegan Paul.

Jankowicz, A. D. (1995). Negotiating shared meanings: A discourse in two voices. *The Journal of Constructivist Psychology*, 8, 341-348.

Kafai, Y., & Harel, I. (1991). Learning through design and teaching. In I. Harel & S. Papert (Eds.), *Constructionism* (pp. 85-110). Norwood, NJ: Ablex.

Moll, L. (1992). Creating zones of possibilities: Combining social contexts for instruction. In L. Moll (Ed.), *Vygotsky and education: Instructional implications and applications of sociohistorical psychology* (pp. 319-348). New York: Cambridge University Press.

Palincsar, A. S., & Brown, A. L. (1984). Reciprocal teaching. *Cognition and Instruction*, 1, 117-175.

Piaget, J. (1970). *Science of education and the psychology of the child.* New York: Grossman.

Piaget, J. (1978). *The development of thought: Equilibration of cognitive structures.* London: Blackwell.

Polanyi, M. (1998). *Personal knowledge. Towards a post critical philosophy.* London: Routledge. (Original work published 1958.)

Rinaldi, C. (1996). Malaguzzi and the teachers. *Innovations in Early Education: The International Reggio Exchange*, 3(4), 1-3.

Solisken, J., Wilson, J., & Willette, J. (1993). Interweaving stories: Creating a multicultural classroom through school/home/university collaboration. *Democracy and Education*, 2, 16-21.

Stubbs, M. (1983). *Discourse analysis: The sociolinguistic analysis of natural language.*

Chicago: University of Chicago Press.

Tannen, D. (1982). Ethnic style in male-female conversation. In J. J. Gumperz (Ed.), *Language and social identity*(pp. 217 – 231). New York: Cambridge University Press.

Tannen, D. (1989). *Talking voices: Repetition, dialogue, and imagery in conversational discourse*. New York: Cambridge University Press.

Taylor, P. (1993). Pluralism, and decolonization: Recent Caribbean literature. *College Literature*, 20(1), 78 – 89.

Tharp, R. G., & Gallimore, R. (1988). *Rousing minds to life: Teaching, learning, and schooling in social context*. Cambridge, MA: Harvard University Press.

Tierney, R. (1991). *Portfolio assessment in the reading – writing classroom*. Norwood, MA: Christopher Gordon.

Tudge, J., & Winterhoff, P. A. (1993). Vygotsky, Piaget, and Bandura: Perspectives on the relations between the social world and cognitive development. *Human Development*, 3von Glaserfeld, E. (1995). *Radical constructivism: A way of knowing and learning*. London: Falmer.

Vygotsky, L. S. (1986). *Thought and language* (A. Kozulin, Trans.). Cambridge, MA: MIT Press. (Original work published 1934.)

Wertsch, J. V. (Ed.). (1985). *Culture, communication, and cognition*. New York: Cambridge University Press. 6, 61 – 81.

第15章
观察记录与评估的关系

布伦达·菲弗

瑞吉欧的观察记录概念与传统的评估概念之间的关系是怎样的？评估这个专业术语在美国、意大利和其他国家的含义是什么？在瑞吉欧的幼儿园和婴幼儿中心里，观察记录这个概念意味着什么？

美国教授多米尼克·古勒（Dominic Gullo）在一本被广泛引用的有关早期教育评估的专著中，将评估的概念定义为"用来决定个体儿童在何种程度上具有某种属性的过程"（Dominic Gullo,2004:6）。他还进一步阐明，评估是决策的工具，其性质可以是正式的，也可以是非正式的。正式的评估可包

本章照片由詹尼弗·斯特兰奇提供。作者感谢本章所论及的詹尼弗·斯特兰奇和乔安妮·福特的合作。

括（学业）准备测验、发展性筛检测验和诊断性测验。而非正式评估，则包括直接观察、访谈、轶事记录、清单检测和收集儿童作品等。

瑞吉欧的幼儿园和婴幼儿中心所采用的观察记录这个概念，是指用来观察学习过程的一种程序，通过它可以回忆、重温、再建、解释以及再解读儿童的学习过程，并以此作为决策的依据。观察记录可以再现一个孩子的技能和知识（或属性），但从瑞吉欧的角度来看，更为重要的是深入细致的观察记录能够揭示儿童的学习路径，以及他们探索事物意义的过程。正如里那第（Rinaldi，2001，p.79）所言：“我们强调观察记录是促进学习过程和调整教学关系的一个组成部分。”观察记录是一种工具，帮助教师与儿童反映以往的经验，倾听对方的想法、理论、见解和理解，然后一起决定未来的学习。因此根据瑞吉欧的观点，观察记录是不能被评估概念所替代的。一般认为，评估是一种精确的科学，寻求通过标准化的计量单位建立数量层级。观察记录中可能包含"学习的痕迹"，但在对观察记录的解释中，任何学习的痕迹都不会受到标准化评估单位的限制。

古勒（Gullo，2004）认为，正式的评估并不是瑞吉欧的观察记录这一概念的组成部分。但有一些非正式的评估方法，如直接观察、轶事记录、收集儿童作品等，如果其目的是为了收集学习的痕迹，从而便于教学反思和解释，则可以视为观察记录的做法，这并不是说，瑞吉欧不运用正规的评估来评估教育课程。此类评估主要用于确定和分析残疾儿童的诊断和进步（Ivana Soncini，本书第11章）。

形成性（发展性）评估与观察记录

关于评估的文献常指向两种基本类型：(1) 形成性评估，通常贯穿整个教育过程；(2) 终结性评估，在某教育阶段结束时进行。如果我们反思卡拉·里那第在"倾听的教育学"（本书）说过的话，那么我们有理由推测说，形成性评估与瑞吉欧贯穿于整个教育经验的观察记录的概念更为接近。

论及形成性评估和瑞吉欧观察记录概念之间的关系时，很重要的一点是它所反映出的关于学习的不同理论和哲学观点，可以将形成性评估的社会建构主义做法，与其行为主义或经验主义的做法相区别。例如，当形成性评估被理解为带有行为主义或经验主义倾向时，便可以视为是由教师到儿童的评判性的、纠错性的或强化反馈性的学习过程。

而基于社会建构主义观点的观察记录过程所采用的方式则是支持学习者参与考察自己的学习过程，从而逐步加深建构或重新建构对事物的理解。正如里那第所解释的那样，它重现学习过程，让学习者得以"从他人的角度观察自己的学习过程"（本书第13章）。教育工作者和家长一起检阅儿童学习的痕迹，如笔记、谈话记录、幻灯片、照片、录像等，同时与儿童分享，让儿童也能考察自己的作品、经验、行为和言语。教师通过提问启发儿童对这些观察记录加以反思，鼓励儿童进一步思考，或激励儿童重新解析自己的想法或行为，并向别人说明。瑞吉欧的儿童学校都能运用观察记录法来回顾或重新思考自己的工作和表达的意见。其最终目标是帮助儿童学会自我检测。

图15-1　密苏里州圣路易斯的枫林里士满山庄的早期儿童中心里的信息角

在社会建构主义理论框架的指导下，教师把学习者看作是评估过程的主动参与者，如同把学习者视为学习过程的主动参与者一样。而如果将学习过程看作是对评估的、纠错的或强化的学习过程的反馈，则学习者便更可能被视为被动的知识的接收者,其行为因外部强化而改变,而不是受到外部反馈的影响而已。

虽然通过观察记录来再现学习过程,对于在此过程中看到自己的言语和作品的儿童来说是一种强化过程,其实观察记录的目的在于帮助儿童反省和回忆经验,或自我评估,而不是塑造儿童的心性倾向从而重复当时的行为或工作。再现学习经验可以支持儿童尝试对自己的理论做出有意义的理解,并处理那些额外检查无法解决的假设。

图15-2 教师和儿童一起看镜子,为儿童画一张自画像做准备

这是一个能说明各种类型反馈的例子。一个孩子说他已经完成了给朋友的信,教师对此做出反应说:"我看到你写了一封信,不过你还要签上你的名字。"(评估性/纠错性反馈)另一个教师可能说:"你的信差不多就要完成了,不过你需要在末尾处写上你的名字,这样收信的人才知道是你寄给他的。"(根据维果斯基的观点,这可以看作是知识的借贷)教师还可以建议孩子仔细看看告示栏中展示的信,问他能否发现什么,"这些信上还有什么重要的东西,可以让收信人知道是谁寄的信呢?"(用可见到的另一个儿童写的信来

引发孩子的思考)以上这些反应都通过形成性评估向儿童提供建设性的反馈,但哪一个教师的反应能够鼓励孩子思考和再思考他自己的关于写信的概念呢?

评估过程是否会限制儿童探索事物的意义?

我们这些有志于倾听教学法的人,都赞同卡拉·里那第的见解,即它能支持儿童探索事物的意义,这种意义通过观察、解释和观察记录的过程而再现和被理解。正如里那第所说:"观察记录可以看也可以听,它确保能让自己听见和让别人听见。这将确保每个儿童都可以(在学习过程中或之后)从外人的角度来观察自己的学习过程。"(本书第13章)

然而,怎样的评估过程才能支持儿童探索事物的意义呢?更确切地说,我们必须自问:我们自己的具体评估过程如何才能支持儿童对事物意义的探求?这些评估过程是否支持,或有时限制、抑制了儿童对意义的探索?前面所提到的那些(从各种哲学观点出发的)教师的反应的例子,可帮助我们反思这个问题。然而,回答这个问题的另一个角度是,考察一下我们对课程和发展性期望的传统的理解,是否可能抑制或限制儿童探索事物的意义。

良好的评估工具具有一个共同的原则,那就是必须与学习的目标或标准相一致。然而,瑞吉欧的教育工作者提醒我们,不要受到预先设定好的分析框架的局限,那些可能提前就限制了我们对有关儿童的观察记录的解读和运用。他们鼓励我们保持开放的心态,超越那些预期的或计划好的学习,以及超越课程目标的学习行为。

达尔伯格、摩斯和彭斯(Dahlberg, Moss, & Pence, 1999)曾对教育工作者过于经常地根据既定的计划来分类和归类的做法表示担忧:

因此,我们只知道,这个或那个孩子离我们所规定的常模还有多远,而不是具体地描述和反思孩子的行为和思维,以及他们对世界的假设和理论。我们可以轻易地做到简单地反映儿童的生活,笼统地把孩子们加以分类,说"某某年龄的儿童就是这样的"。这种简单的匹配、分类和归类,会抹杀儿童个体生活经验的丰富性和复杂性。(p. 36)

在此后的另一部书中,达尔伯格和摩斯(Dahlberg & Moss, 2005)对强调标准化评估是否能视为符合道德的做法提出质疑。他们解释说，在当今社会：

> 质量的概念是为了符合预定标准。它尽可能地寻求接近标准的答案。相反，对于决策过程来说，首先最重要的是建立和加深理解。可以说，教育工作的意义总有可能做出不同的解释。(p.88)

在《学习中的学校》一书中，彼得·圣吉和他的同事们(Peter Senge, et al., 2000)写道：

> 各州都正忙于建立各种标准，并通过测验来评估学生的学习结果。教育工作者的注意力集中在应对决策者所提要求的技术与策略方面，从而往往缩减了课程的范围，并更加强调死记硬背。(p.281)

因此，导致儿童对与课程有关的思考和理解不受到重视，更有少部分的孩子去思考与课程目标无关的教学内容。

回应性课程与协商式学习的概念（本书第14章），将档案记录、交谈和设计作为教学过程的核心，然而在当今的学校系统中却并未得到支持。幼儿园教师虽然并没有被直接要求遵守预定标准和评估结果，但他们也经常体验到来自家长、小学部同事以及公众的间接的巨大压力，以推动儿童接受具体的知识与技能，以便适应将来的各种筛选测验。感受到这种压力的教师，往往会执行以教师为中心的课程。他们感到没有时间或缺乏勇气去支持那种认真考虑儿童的（尤其是与课程目标无关的）想法的协商式学习过程。他们根本不考虑儿童的问题和不确定想法，特别是当学习必须根据评估的目的而加以评估时。

在美国的学校中，评估通常主要用来决定儿童的能力水平，而不是用来探明儿童的理论，或揭示儿童理解事物的学习过程，或成人能够支持的儿童探索事物意义的方式。以往让家长了解孩子学习情况的做法，是根据标准以及和其他孩子相比较，而不是帮助家长深入了解孩子的思想见解。我担心，美国的有关高质量早期教育实践的指导文件中，有一些仍然带有限制儿童想象力的倾向，把儿童框限在预定的对学习结果的期望之内。这种高度重视以目标为导向的教学和评估，与我们支持儿童探索未知领域的开放性的初衷不吻合。在最新版的早期教育职业准备文件（Hyson, 2003）中，第三条标准阐明了采用观察、记录和评估等方式支持儿童及其家庭的重要性。乍看之下，这条标准似乎与瑞吉欧所重视的在学习过程中伴随持续记录和评估的要求是一致的。美国早期儿童教育协会（NAEYC）的这一文件表明，教师对该标准的理解应体现在将与评估有关的活动嵌入课程和日常生活之中，从而使得评估工作成为教师专业职责的惯常的一部分。

该文件还继而强调其一致性："良好的评估是支持儿童发展与学习，以及改善儿童及其家庭结果的积极工具。"（p.33）这里强调的基本概念是好的，然而我担心的是其中没有提到的东西。例如，它很少或根本没有论及利用记录帮助儿童开展自我测评的重要性。它也没有提到让儿童利用记录来反省自己的学习过程或思维过程，没有提及通过和儿童一起解释和再解读来发展儿童自己的有关周围世界事物的理论。美国早期儿童教育协会的这一文件所强调的是利用观察和记录"捕捉每个儿童的独特的品质、优点和需要"，而没有提到利用记录研究和开发儿童的想法、当前的理解模式或理论；没有提到如何利用记录帮助儿童提出好的问题（Forman，1989），以支持他们探索自己的对问题意义的理解。

卡拉·里那第所描述的社会建构论鼓励我们超越对品质、优点、需要和兴趣的识别。瑞吉欧的教师们"寻求解读儿童对所要探索的问题的信念……他们分析并揭示儿童兴趣背后的原因，儿童当前知识的来源，以及儿童对其细节的表达水平"（Forman & Fyfe，1998，p.240；参见本书第14章）。

再次回顾达尔伯格、摩斯和彭斯（Dahlberg, Moss, & Pence, 1999；并参见本书第12章）的建议，他们认为在美国和其他高度重视标准与目标的国家中，评价被认为是必不可少的，但当我们把常模对照（标准或发展量表）与对标准之外的探索意义的开放性这两种不同的框架相结合时，必须考虑到其间的平衡性。这涉及使用多重框架（课程目标、发展性进步、关于学习与思维的开放性问题等）来考察儿童的学习和对意义的探索。

终结性与形成性：收集、组织和解释观察记录

使用瑞吉欧方法的新教师经常只是在经验或主题活动结束时，而不是在其过程中，收集、组织和解释观察记录。哈佛大学零点项目（Project Zero）主任史蒂文·塞德尔在《让儿童的学习看得见》一书中说："在美国，评估经常被

视为评价的同义词,而在美国这一背景之下,评价是一种评估并将个体的工作纳入与其他人的工作的关系之中的价值判断过程(Steven Seidel, 2001, pp. 304—305)。"我认为塞德尔的观察可以解释为何许多美国的教育者观察、记录或收集儿童作品,但要等到某个经验系列结束时,而不是在日常教学过程中,才(作为评价资料)对其进行解释和使用,继而判断或描述最终的学习结果。

评价通常重视评估的终结性而非形成性。而当把评估视为评价时,就会将之看作是评定等级和将学生相互比较的一种工具,只是为了将儿童与某种量表加以对照以决定儿童能力或发展的水平,为了将儿童分类以便进入特殊服务,或为了决定儿童是否可以升级或留级。而瑞吉欧教育者的关于观察记录的概念,则是教师、儿童和家长用来反思学习过程和学习结果的一种工具,并非只为个体所用,它还是一种集体性的工具。

如今,越来越多的深入研究瑞吉欧教学法的教师们把观察记录作为他们日常工作的一部分,而不仅仅是在教学活动结束时。此外,即使只是在某个单元或主题结束时才对观察记录加以分析,也是有价值的。在任何时候,生动的儿童作品、语词或动作实例均可使得学习过程直观并使教师有机会了解儿童的思维和潜在的洞察力。这样做使得家长有机会了解孩子的心智过程并和教师一起思考孩子的学习。虽然与儿童、教师和家长一起利用形成性观察记录的过程中会丢失许多经验信息,然而里那第所描述的那些观察记录则能在任何时候用来解释儿童学习的丰富的基础。这种在主题结束后或长期研究中的解释,也可以被视为形成性的,因为教师可以用来改进未来的教学。当与儿童和家长一起反观此类记录时,记录可以支持他们对自己作为学习者的理解,以及激励他们产生新的研究方向和思路,或将经验和理解运用于其他情境之中。

上一学年主题活动高潮期的观察记录,可以作为下一学年新的学习者的挑战基点。也可作为连接幼儿园与幼儿园,或幼儿园与小学一年级的过渡桥梁,以便衔接儿童和教师之前的学习与经验,创建螺旋式课程并有助于建立连续性的对孩子的经验和学习具有历史意义的文化境遇(Bruner, 1977)。此类观察记录能帮助教师回顾先前的经验与直觉知识,作为更深入学习的基础。很多时候,幼儿教师和小学教师根本不了解何为他们应当培育的深度学习经验和研究。学年末的观察记录可作为这些教师了解此种深度学习经验和研究的链接或桥梁。

在瑞吉欧，每一所学校，或有时每一个班级，通常都会编撰一本呈现长期调查研究或社区主题项目活动状况的小册子。例如，小战士幼儿园的儿童和老师就创建了这样的文档（例如：*Ippolito, Ascoltare con le mani……, Come in un Giardino, Gli Uccellini del Parco*），其内容在主题活动中以各种不同的方式运用于学习过程，而在学年末重新组织再现时，则另有一番使用价值。他们述说整个主题项目发展过程的故事。他们描述个体的学习历程，但更重要的是全班整体的学习过程。用这种在教育经验之后加以组织和呈现的观察记录，来庆贺整个学习团体所获得的成就，这种方法具有巨大的价值。它赋予所有参与学习经验的合作者，包括儿童、家长、教师和公众以集体智慧和成就感。

观察记录成为日常教育实践的一部分

当教师开始看到观察记录对教与学的关键作用时，他们通常会体验到思维定势中的一些变化（本书第14章；Fyfe, 1998; Fyfe, Geismar-Ryan, & Strange, 2000）。其中的一个例子是，他们会转而认为教学过程是一种合作性的探寻过程，一个持续不断的行动研究过程。这个过程要求教师与儿童、家长以及其他教师一起，寻找一种新的组织形式和与儿童的互动形式。合作性行动研究涉及理解组织与合作之间的相互依存性，这是瑞吉欧方法的基本点之一（Gandini, 1993）。这是一种合作性工作方式，要求教师们一起协作，共同思考、计划、实施和解释（Rinaldi, 1994）。这种协作性的调查研究，当运用于评估的概念时，要求教师们协同考察学习的证据和有关学习过程的观察记录。观察记录提供了未经诠释的原始资料，为教学团队提供一个共同的平台，以便大家一起思考学习过程，产生多角度的见解，从而使可能的解释更为丰富多样。

作为一个以合议和研究为基础的活动，这种教学范式有以下要求：（1）再现我们观察到的东西，以便与同事分享；（2）通过对话、辩论和协商的共享解释，相互考虑彼此的见解；（3）一起制订对未来学习经验的假设与预测，以便给儿童提出建议；（4）组织多样化，并根据合约协调彼此的工作（Fyfe, 1998, p. 21）。马拉古齐（本书第2章）提出，这种变化"代表了一种有意识的突破，改变了传统的专业与文化相脱离的状况，及教师之间相互隔离的状态"。马拉古齐曾经谈到很久以前在他的瑞吉欧学校里发生过的转变。这种转变在美国尚未发生。迈克·斯齐莫克(Mike Schmoker, 2006)曾引用大量的研究来证实美国的教师大多数现在仍然是处于彼此孤立的工作状态,他认为这种隔离将阻止改进。他说:

不同于其他专业人员,尽管大家普遍认识到团队工作的重要性,但教师们还是不能在团队中工作。他们不在一起备课和评估,也不在评估结果的基础上一起定期地尝试和改进教学。(p. 18)

可能对于3—4岁班级的教师来说,在教室里形成团队比较容易(准备学习经验,贯彻执行计划,对有效性加以反思),因为这个年龄班常有两个教师同时在场。然而,美国的惯例是一个教师一个助手,而不是如同瑞吉欧的幼儿园每班通常配有两个具同等资历的正式教师。而主班教师并不总是与助理教师保持平等关系,通常并不邀请或支持助理教师参与观察记录或评估数据的收集与分析工作。一些地区的组织结构(例如,在关于工会规章、时间和待遇等方面)甚至直接或间接地禁止助理教师参与这些活动。

朝着这种合作性的持续行动研究方向转变的教育工作者,可以利用教学观察记录重新思考"评估"的含义,对其确定为重要的或次要的学习的评判标准加以质疑。合作性行动研究的性质,是揭示新的问题和提倡新的学习途径,而不只是对预定目标进行评价而已。

安排时间对学习进行集体反思与分析

每周或每两周安排时间,解释观察记录或评估数据,这经常是团队工作和合作性行动研究最主要的障碍。然而根据我的观察,即使是在工作日,时间也常常没有得到有效利用。既然时间如此宝贵,我们就要好好地组织以达到最佳效果。有效地利用这些时间,要求预先计划好会议的日程,团队成员应预先对所要呈示的记录以及由谁负责、以何种形式呈示才便于考察(例如,需要时准备多份文稿和适宜的技术设备,如智能机或计算机屏幕以放映观察记录内容)等问题达成一致意见。会议地点应能避免分散注意并支持集中的和严肃的讨论。

在开会时,不同的见解和解释都应该受到鼓励并接受辩论。团队成员应有充足的时间集体反思观察记录所揭示的儿童的想法、兴趣、感受、意见、假设或工作理论。我观察到,有许多教师在这个过程中进展过快,急于达成对教学的启示。只有对关于儿童的理论、理解和误解的观察记录所揭示的涵义经过相当缜密的分析之后,教师才可能形成与当前儿童的思维相关联的假设、预测和对今后能在特定时间与特定地点对儿童有挑战性的学习经验的推算(Dewey,1998)。最后,教师还必须根据这些解释和推测做组织、变化和协调教学工作计划(Fyfe,1998)。

另一个不太明显的障碍是,教师担心把日常定期的观察记录与评估作为学习过程的中心,会占用并减少了直接用来教孩子们的时间。艾米利亚·甘贝提曾经在访问圣路易斯为教师们做咨询时说,我们必须把这种时间视为"为儿童的时间"。成人花在观察和记录,以及之后对观察记录的解释和再解释上的时间,会使得我们和儿童一起度过的时间变得更加有意义。此外,教师也学会了和儿童一起理解、解释和再解释观察记录的价值。正如卡拉解释的那样,这样做是为了发展儿童的理论,即他们对自己周围世界中的事件所赋予的意义(Rinaldi,2006)。

图15-3 教师们在一起切磋观察记录

在瑞吉欧·艾米利亚以及所有支持合作性探究与形成性评估的学校系统中,教师和行政人员都会规划学校的日程,以便更好地利用时间。重视合作性探究活动的学习型组织的可行性和可持续性便依赖于这个规划结构。广受好评的威金斯和麦克提格(Wiggins & McTigue, 2007)的关于"通过设计而理解"的项目就是基于合作性探究而建立的。他们指出:"当然,发现新的大块时间以供团队工作,乃是一种挑战。这要求参与者具有创造性思维和协商技巧。因为发现'新的'时间通常意味着窃取'原来'的时间(p. 189)。"他们根据在校工作的经验,提供了许多的建议。有一些做法致力于合作性探究和对形成性评估资料的集体反思,与我在美国学校中观察到的十分相似:

·各年级或部门每周分配2小时,由其他团队、管理者、资源专家、实习教师或代课教师代理工作。

·教师午餐后,在整理材料时间,或在预定的时间开会。

·聘用巡回代课教师,为年级组教师或部门人员提供可以利用的时间。

与儿童的相互期望和对话:自我评估和集体评估的基础

那些已经开始理解倾听教育理念的教师,往往表现出明显的洞察力。早在1992年时,我们当中许多人在圣路易斯开展瑞吉欧方法的合作研究期间,在开始学习瑞吉欧方法的教师们的对话中就时常可以听到"慢一点,仔细听"这句话。当教师们放慢进度,仔细询问儿童的意见,听取他们的想法,琢磨某个儿童的见解的含义,或是要求儿童澄清意思,从而检查他们对儿童的理解时,他们总是会对从儿童那里学到的东西感到惊讶不已。

初次接触瑞吉欧的关于观察记录和倾听教育法概念的教师,常需要得到帮助,以解析他们所学到的关于学习过程、教师的角色,以及儿童的角色等含义(Dahlberg et al., 1999;MacNaughton, 2005)。我还要补充一点,即教师们也必须重构他们关于评估的目的和过程的概念。在持续的专业发展系统的支持下,我们圣路易斯组的教师们都能对指导与儿童互动的先前假设加以解构。我们鼓励教师勇敢地改变他们的正常行为模式(例如,从引导、指导和促进,转变到放慢而倾听,与儿童开展真正的对话),并且给他们时间和机会,和同事们一起反思他们所获得的新经验(Fyfe, 1998)。因此,期望得以改变。

教师们报告说,通过倾听,他们有可能真正进入和儿童在一起的"时刻"。通过倾听,他们能更好地自发地支持、激发和扩展儿童的思维。然而,他们也懂得,与儿童的相互期望和对话必须随着时间而发展。许多儿童并不习惯教师试图理解自己的观点和萌发的理论。儿童可能不信任教师的动机,以为教师对自己的想法感兴趣,是为了考考自己,而不是真正的好奇,不是真的对自己的思维感兴趣(Kaminsky & Gandini, 2002)。已经接受了倾听教学法的教师可能必须坚持通过一段时间的被儿童怀疑和不信任。我的观察是,当儿童与成人建立相互信任关系,而那些成人也与儿童开展定期的有意义的对话时,儿童和教师之间便能建立相互期待的对话。

我观察到,接受倾听教育法的教师心目中的儿童形象是,儿童有值得倾听的想法,他们的见解并非只是幼稚可爱,而是想要理解周围世界的睿智的努力。这些教师懂得保持了解儿童的心智框架,对于帮助儿童提出好的问题是至关重要的(Forman, 1989)。我看到,教师越是能发展关于相互期望的倾听教学法,在教师、儿童和家长的心中,儿童的这种形象就越能巩固。

瑞吉欧学校中的相互期望还不止于师幼关系。通过相互期望,组内儿童的主体性以及各组发挥有效学习团体功能的能力,均能得到加强。儿童通过集体学习经验,不仅学到如何支持相互学习,而且还进一步对彼此的学习负责。

在瑞吉欧的幼儿园和婴幼儿中心里,学习小组的形成、功能和理解尤为受到关注。零点项目(Project Zero)的玛拉·克里斯琴斯基教授(2001)发表了由瑞吉欧教育者提出的有关早期儿童学习小组的七种主张。其中最后一点主要指出学习团体的支持性和示范性理解。与之有关的指标是"评估和自我评估在学习小组中极为重要,并作为学习过程的指南"(p. 247)。

在美国的幼儿园里我观察到,虽然口头上重视儿童学习如何在集体中从事适宜的活动,但我们却很少(通过评估和研究)对理解学习小组,以及集体和个人学习结果赋予价值。我们能考察和评估个体儿童对集体讨论的贡献,或为完成某项任务而与同伴合作,但我们很少重视学习的动力以及集体学习的成就和背景。在瑞吉欧·艾米利亚学校里,儿童被同时视为个体学习者和集体学习者(Giudici, Rinaldi, & Krechevsky, 2001)。教师和儿童都不仅对个体的活动及其对集体的贡献作出反思和评估,而且对集体性的努力与合作,以及对使得集体是否达成目标的各种互动加以反思和评估。我们在瑞吉欧·艾米利亚看到的许多观察记录都刻意地聚焦于本校师生的相互关系、主体性和相互依存性。这其中常常会显现出被称之为集体学习者之间的传播认知或情景认知(Kirshner & Whitson, 1997; Ross, 2007; Salomon, 1997; Woodhead & Light, 1991)。这也揭示了年幼儿童参与相互学习的能力,以及建立一种对彼此的学习负有责任的学习团体的能力。这些都说明了参与性文化及其民主价值是如何渗透在参与这一概念之中的(Giudici et al., 2001, p. 42)。

在美国,评估过程很少注重学习过程中的关于儿童社会性和集体性的方面。教师、家长和儿童都能受益于对儿童的评估观念的扩展,超越那种只关注个体学习者的看法,转向既重视个体学习,又关注集体学习的思路上来(正如本章开头 Gallo 所描述的那样)。

总　结

本章中所涉及的儿童观察记录和评估的一些照片是在枫林里士满山庄(Maplewood-Richmond Heights,下文简称 MRH)的早期儿童中心拍摄的。这个中心位于美国圣路易斯附近的城市公共学区,是为多种族裔、各种经济阶层的3岁到小学一年级儿童服务的。我和韦伯斯特大学早期教育专业的同事们在过去几年内,通过一种嵌入式专业模式与这个学区开展合作。詹尼弗·斯特兰奇,韦伯斯特大学的一位教授,和该校老师和校长一起,每周2—3天在学校里共同工作,指导他们建立瑞吉欧式的教育模式,并协助他们做观察与记录。詹尼弗有 20 余年主班教师的经验,如今是全国咨询专家,直接与 MRH 教师一起工作,同时也致力于将这些学校的专业发展与韦伯斯特大学教育学院的师生之间建立联系。

我想通过分享詹尼弗·斯特兰奇和 MRH 的一位教师乔安妮·福特的一段书面反思来结束本章内容,他们回顾合作工作的第一年里,为理解倾听的教学理念以及为观察记录效力经历了一个转折。

圣路易斯的枫林里士满山庄早期教育中心,包括幼儿园和小学一年级,开始阅读和思考并根据瑞吉欧的理念和灵感指导儿童学习,已经有一段时间。2006年秋季聘用了一位来自瑞吉欧的教研员和师生一起工作,开始了认真学习瑞吉欧的工作过程。

在幼儿园教室外面走廊里的墙报上开始出现儿童的照片。该活动是由教研员发起的,在一旁同时展出儿童的自画像。各班教师好奇并随之迅速地启动,支持孩子们持续地开展这项活动。随着走廊展示板上照片的出现,全校的教师、孩子和家庭成员们都开始前来欣赏每一个孩子的形象。

幼儿园的教师们很快就认识到这些自画像与儿童的学习以及他们自己的学习的重要关系。一位教师说:"起初,我对培养孩子们画自画像的技能不以为然,然而,当我想到我们既然可以支持并改善孩子们书写字母,那么,用相似的语言和技能来支持画画,也就似乎是合理的了。"孩子们也表达了他们对自己努力结果的愉悦感受。一个孩子说:"我画了我的牙齿,它们看起来很像我爸爸的牙齿!"当教师们记录下这些反应时,尚不能充分预料到这些画像如何能成为交流这种新的思维方式的工具。

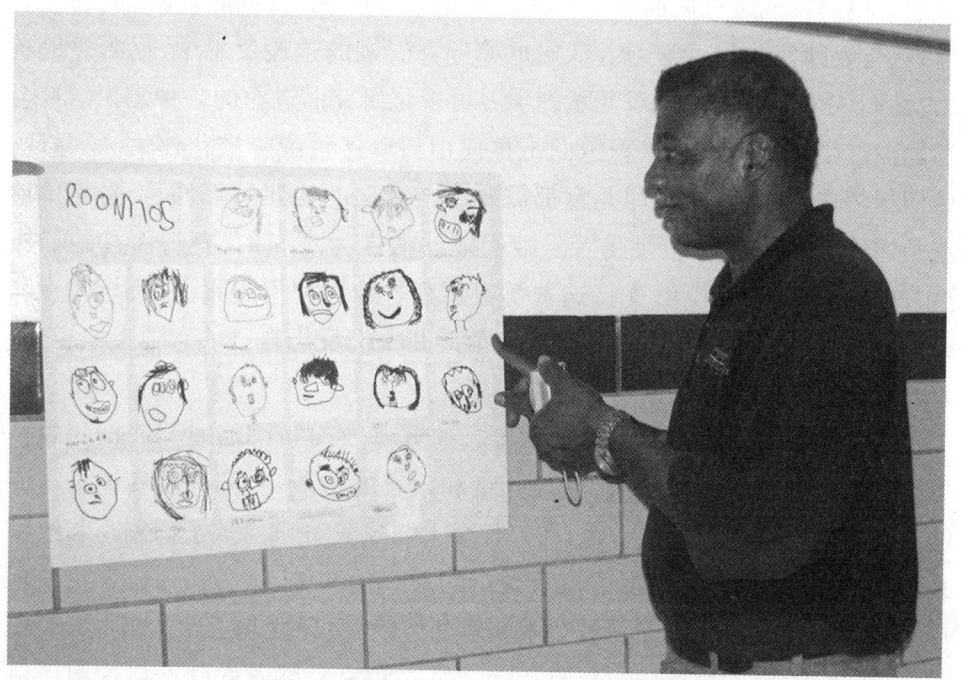

图15-4 一位父亲驻足欣赏孩子们的自画像并拍照片

有天早上，教研员来到走廊里，她看到一位家长正在为自己孩子的自画像拍照。她为这位父亲如此兴趣盎然而感到高兴，并好奇地问他为何要拍照。他回答道："孩子们的这些画实在太好了。我要拍下来挂在客厅里。"教研员深深地为之感动。所有的教师都越来越意识到家庭成员对这些画像的兴趣。

在为秋季家长会做准备的协作会上，教师们决定利用自画像作为与家长谈话的中心。教师为家长描述孩子作自画像的过程，便于家长洞察教师和孩子在合作完成这项有意义的任务时所建立的师幼关系。在与家长的交谈中，孩子们发展中的观察、表达和反思技能得以体现。这一次的家长会与以往的较为强调评估清单和标准化评估的家长会截然不同。家长和教师在会面结束时都为孩子的作品满怀赞赏之情，并充满激情地期待下个月可能出现的惊喜。

我相信这个故事描述了教师们在将观察记录与评估概念相联系的方面做出的努力。这些教师改变了他们以前的有关评估应严格注重评价结果的概念。他们发现父母们通过交流在观察记录中所见到的和所提的问题及其解答，与教师彼此相互学习。从詹尼弗和乔安妮的这段反思中，很明显地看出，她们认为评估是通过对儿童的学习可视化研究而进行的一种知识的社会性建构过程。这并非意味着她们不再使用清单评估或标准化评估，而是说，她们相信并体验到，家长和儿童都需要参与意义的构建过程，而不是简单地成为评价信息的被动的接受者。她们把评估视为意义的构建，而且她们知道，良好的观察记录能够支持这种学习过程。她们利用观察记录，与儿童和家长建立关于学习的相互期望。他们帮助儿童们反思自己的和他人的想法，并相互检测彼此的想法和对集体的贡献。

如今 MRH 的一年级教师，比如希瑟·贝利（Heather Bailey），每两年轮换带幼儿园大班和小学一年级，在与儿童和家长的交流中，都把观察记录与评估联系起来。希瑟最近报告说，在家长会上与家长分享了孩子们编写和改编故事的过程之后，班上出现了家长参与的新一轮高潮。例如，一位家长从他自己对年龄较大一些的儿童教学中获取的经验，主动发起了幼儿园中大班幼儿与一年级学生持续进行的交流活动。另一些家长感激教师开启这扇了解儿童思维和经验之窗的做法，说这样做能赋予儿童的学习进步报告单以新的改进意义。这位一年级教师和他所教的儿童,通过对他们的学习成果和学习经验的观察记录内容加以集体性评判,提高了对自己和彼此的期望。

对于这些教师、儿童和家长来说,观察记录已经成为旨在促进和检测个体和集体性学习而创建有回应的课程的一种必要的动力。

参考文献

Bruner, J. (1977). *The process of education.* Cambridge, MA: Harvard University Press.

Dahlberg, G., & Moss, P. (2005). *Ethics and politics in early childhood education.* London: Falmer Press.

Dahlberg, G., Moss, P., & Pence, A. (1999). *Beyond quality in early childhood education and care: Postmodern perspectives.* London: Routledge-Falmer.

Dewey, J. (1998). *Experience and education: The 60th anniversary edition.* West Lafayette, IN: Kappa Delta Pi.

Forman, G. (1989). Helping children ask good questions. In B. Neugebauer (Ed.), *The wonder of it: Exploring how the world works* (pp. 21-24) Redmond, WA: Exchange Press.

Forman, G., & Fyfe, B. (1998). Negotiated learning through documentation, discourse and design. In C. Edwards, L. Gandini, & G. Forman (Eds.), *The hundred languages of children: The Reggio Emilia approach to early childhood education* (2nd ed., pp. 239-260). Norwood, NJ: Ablex.

Fyfe, B. (1998). Questions for collaboration: Lessons from Reggio Emilia. *Canadian Children*, 23(1), 20-24.

Fyfe, B., Geismar-Ryan, L., & Strange, J. (2000). The potential of collaborative inquiry. *Innovations in Early Education: The International Reggio Exchange*, 7(4), 7-19.

Gandini, L. (1993). Fundamentals of the Reggio approach to early childhood education. *Young Children*, 49, 4-8.

Giudici, C., Rinaldi, C., & Krechevsky, M. (Eds.). (2001). *Making learning visible: Children as individual and group learners.* Reggio Emilia, Italy: Project Zero and Reggio Children.

Gullo, D. F. (2004). *Understanding assessment and evaluation in early childhood education.* New York: Teachers College Press.

Hyson, M. (Ed.). (2003). *Preparing early childhood professionals: NAEYC's standards for programs.* Washington, DC: National Association for the Education of Young Children.

Kaminsky, J. A., & Gandini, L. (2002). The role of culture and community in children's learning and development: An interview with Barbara Bowman. *Innovations in Early Education: The*

International Reggio Exchange, 9(3), 4-12.

Kirshner, D., & Whitson, J. A. (Eds.). (1997). *Situated cognition: Social, semiotic, and psychological perspectives*. London: Psychology Press.

Krechevsky, M. (2001). Form, function, and understanding in learning groups: Propositions from the Reggio classrooms. In C. Giudici, C. Rinaldi, & M. Krechevsky (Eds.), *Making learning visible: Children as individual and group learners* (pp. 246-269). ReggioEmilia, Italy: Project Zero and Reggio Children.

MacNaughton, G. (2005). *Doing Foucault in early childhood studies: Applying postructural ideas*. London: Routledge.

Rinaldi, C. (1994). Staff development in Reggio Emilia. In L. Katz & B. Cesarone (Eds.), *Reflections on the Reggio Emilia approach* (pp. 55-60). Urbana, IL: ERIC Clearinghouse on Elementary and Early Childhood Education.

Rinaldi, C. (2001). Documentation and assessment: What is the relationship? In C. Giudici, C. Rinaldi, & M. Krechevsky (Eds.), *Making learning visible: Children as individual and group learners* (pp. 78-89). Reggio Emilia, Italy: Project Zero and Reggio Children.

Rinaldi, C. (2006). *In dialogue with Reggio Emilia: Listening, researching and learning*. London: Routledge.

Ross, D. (2007). *Distributed cognition and the will: Individual volition and social context*. Cambridge, MA: MIT Press.

Salomon, G. (1997). *Distributed cognitions: Psychological and educational considerations*. New York: Cambridge University Press.

Schmoker, M. (2006). *Results now: How we can achieve unprecedented improvements in teaching and learning*. Alexandria, VA: Association for Supervision and Curriculum Development.

Seidel, S. (2001). Understanding documentation starts at home. In C. Giudici, C. Rinaldi, & M. Krechevsky (Eds.), *Making learning visible: Children as individual and group learners* (pp. 304-311). Reggio Emilia, Italy: Project Zero and Reggio Children.

Senge, P., Cambron-McCabe, N., Lucas, L., Smith, B., Dutton, J., & Kleiner, A. (2000). *Schools that learn: A fifth discipline fieldbook for educators, parents, and everyone who cares about education*. New York: Doubleday.

Wiggins, G., & McTigue, J. (2007). *Schooling by design*. Alexandria, VA: Association for Supervision and Curriculum Development.

Woodhead, M., & Light, P. (1991). *Learning to think*. New York: Routledge.

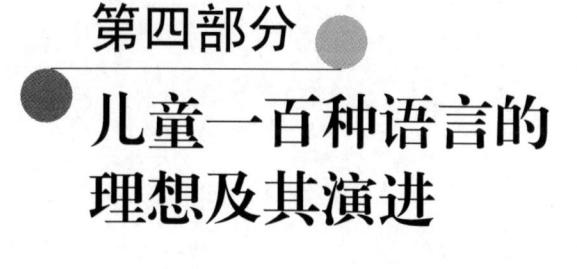

第四部分

儿童一百种语言的
理想及其演进

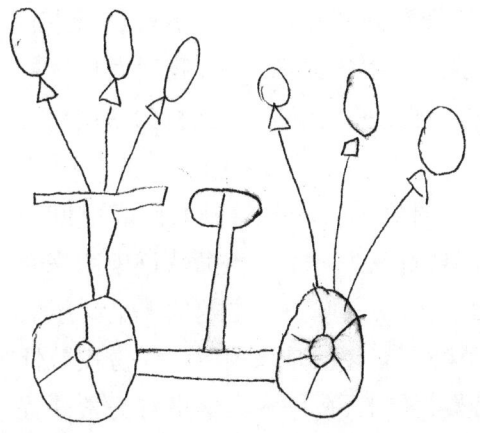

第 16 章
美是一种认知方式吗?

玛吉·库珀

如果我们生活在一个时代,这个时代对教与学之间关系的理解模式不断变化,我们是否会意识到这种变化?我们是否会表示乐意接受这种变化?我们是否愿意将这种变化作为自己应尽的责任,从而进一步探寻对自己教育者角色的深刻见解?

可以说,我们专业领域最近一次的"重要"转变是社会建构主义理论家的贡献,他们加深了我们对于"他们"(包括儿童的同龄伙伴和成年人)所带来的重要且必要的影响力的理解。这种影响通过我们构建学习和意义的方式而实现。我们的领域承担着一项责任:要为人类的学习建构最积极的有价值的条件。因此,要是我们遗漏或是误解了其他重要且必要的影响学习的因素

本章的早期版本出版于 Cooper, M. (2009). "Is beauty a way of knowing?" Innovations in Early Education: The International Reggio Exchange, 16(3), 1-9 (Michigan: Wayne State College of Education)。

和条件,那该怎么办?

由瑞吉欧·艾米利亚教育者提出的这一百种语言的理论提供了一种新视野,这种视野让我们见证儿童建构和提高自身理解力方面的才华。透过对学校真实生活中儿童和成人将近50年的细致观察,对这些观察和经历进行严密的社会化解析,以及对儿童和成人学习过程的详细记录,我们发现这一切都指向人类具有的一个重要天性,这种天性使每个人在其独特的发展历程中既受到不断鞭策又得到满足。

这种天赋或敏感度或许就是美学的一种特质。一旦得到时间和空间条件的允许而与各种人文设施关联发展时,它就成为一个人生命轨迹中用来驾驭和连接学习的强大工具。迄今为止,正如相关领域中该主题的大量文献著作所证,"美学"已经属于哲学和艺术的范畴。有趣的是该领域中一份权威性刊物指出:"美学作为一个学术探索领域蒸蒸日上,在许多大学里对美学课程的需求已经等于或者大于任何其他哲学课程的需求。"(Gaut & Lopes,2005:xviii)。

与此同时,经过50年的经验积累,来自瑞吉欧·艾米利亚的学者们,带着一份自信,如今能够更清楚地意识到并且更好地描述他们做出的与美学维度的现状和贡献相关的研究与理论。下文是一段关于这些观念的讨论,出自于2009年4月在瑞吉欧·艾米利亚的一次为期一周的研究经历。那一周充满了阳光、强烈的紫外线和挑战性的思索。令我印象特别深刻的是维·维奇的贡献,当时她已经在戴安娜幼儿园做了30年的艺术资源教师。2000年退休后,她继续和瑞吉欧儿童合作,特别是在出版、展览、研究项目以及"艺术工作室"的概念和一百种语言的理论等方面进行合作。她在那一周的贡献不仅仅来自她所说的话,还来自她的激情、精神、愉悦和积极的能量传递。从她当时的开场白我们就能瞥见未来会遇到的复杂局面。

如果没有对教育文化的背景讨论,我们就无法对艺术工作室展开讨论。同时我也认为我们无法在缺乏诗学、美学、认识论和伦理学的条件下展开讨论。这些概念相当深奥,但恰恰是艺术工作室观念的框架。一旦没有这个框架,艺术工作室就变得很空洞。仅仅把艺术工作室当作活动场将会是一个潜在的风险,我们确实可以很好地利用各种工艺和材料,但问题在于,无论是孩子们还是老师们,我们的姿态可能都显得仓促,忽略了我们和手头上进行着的活动之间的关系。只有当我们通过艺术工作室将所做的行为赋予意义,我们的工作才能得到质的提高。赋予意义是核心……

我们这周需要考虑的一个问题是,要是学校文化欢迎诗情画意的语言、给予艺术审美方面的考虑,并将两者作为建构知识的重要元素,那么学习和教授的过程会通过何种方式进行改善和丰富?这不是一个抽象的概念——在这儿的婴幼儿中心和幼儿园里,它已成为现实。

那一个星期对"艺术工作室"概念的讨论是我所见过的对"创新研究"最强烈的投入。克劳迪娅·朱迪西是一位资深的教研员。她在儿时也曾就读于戴安娜幼儿园。她追溯隐匿在艺术工作室物理场地和艺术资源教师个人档案背后的初步思索:"我们的研究直觉暗示我们,学校需要加入一个新元素,让工作更加复杂以匹配儿童对周边世界的复杂认知方式。"

图16-1 戴安娜幼儿园附近一所公园的入口

毫无疑问马拉古齐和他的同事们都感受到,富有表现力的语言是一开始就可以用于学校经历的现成的文化资源。但有趣的是,如朱迪西所倡导的那样,若要塑造一个焕然一新的教育模式,其核心驱动力是对一种理解的急迫追求。这种追求针对"儿童认知周边世界的复杂方式"的深入理解,并缔造出更有益于儿童的教育方式。这也鲜明地反衬出现存的一些理解上的偏差,比如我们有时候会把艺术工作室简单地认为是搞艺术创作或模仿手工艺品的地方,把艺术资源教师简单地认为是教艺术的老师,他们提供一些用于表现的材料,并从外领域专家的视角来教授一些艺术技能和技巧性的东西。更好地诠释艺术工作室的形象是将它看作一个丰富的、设施齐全的研究环境,而艺术资源教师则是一个深思熟虑、富有技能,对儿童与成人认知方式进行探索的研究员,同时他们在和儿童、家长、同事的相处中始终充当一个在游戏中提供丰富资源的伙伴。由此,我们也不得不将概念推广至整个学校环境,将整所学校喻为一个艺术工作室。

马拉古齐把"艺术工作室"称作"对通常将富有表现力的教育当作微不足道或辅助性角色的有力驳斥……(以及)对早期儿童教育基于词语和无实际意义的机械性礼仪这一观念的回击"(Gandini, Hill, Cadwell, & Schwall, 2005, p. 7)。艺术工作室这一选择是对表达力、创造力以及审美力是教育浑然天成的本质组织这一观念的强有力的宣言,也是对人类追寻理解和意义的行为的有力宣言。

因为学校是支持、扩展和创造儿童与成人学习的文化场所,艺术工作室在瑞吉欧·艾米利亚婴幼儿中心和幼儿园中的出现从一开始就促进了他们对学习本质的共同理解,并对本领域中持续不断的对认识论的好奇做出了重大贡献。通过植根于观察、解释和档案记录的方法,瑞吉欧的教育者们用第一手方式见证了儿童的学习,包括初始阶段和其"最小限制性环境"里的见证。"最小限制性环境"是借用了美国特殊教育领域中的一个概念。最小限制性环境在这儿并不是指"怎么样都行"的混乱环境,而是指一种从错误界限和外部警告中解放出来的环境。这些错误界限和外部警告可能在不经意间阻碍或乏味地解析了儿童发展的复杂性。相反,艺术工作室的出现对瑞吉欧婴幼儿中心和幼儿园整个学校环境的影响却是积极的。教师不断努力激发儿童寻找意义的天性,激发他们给自己和他人提问题,并解释他们自己亲身经历中的种种现象。

在20世纪30年代初期,约翰·杜威对马拉古齐及其同事所诠释的核心基础做出了重大贡献。虽然他在教育学和社会学的许多方面都成果斐然,但正是他那篇影响深远的《艺术是一种经验》(Art as Experience)给马拉古齐及其同事们提供了一个新的反驳传统教育方法的有利观点。在讨论空间中人的经历和日常普通经历互相交融的重要性时，杜威首次将审美与经验这两个概念结合起来：

"要理解[原文强调]美学最终被大众接受的形式，就必须从它未加工的原始状态开始，从它吸引人注目的事件和情景开始，继而在听的过程中激发兴趣并保持注目……当一个人拨弄燃烧的木棍时，他会说这么做是为了让火烧得更旺；但不可否认他仍然会着迷于眼前上演的色彩缤纷充满变化的一幕，并想象着参与其中。"(Dewey, 1934:3)

瑞吉欧的教育者经常会用"丰富的日常教育活动"这一短语来描述他们所不断追求的物理的、社会的、情感的与认知的环境，呼吁将更多重大的关注用于展望那些普通的日常生活环节与活动瞬间。因为正是这些日常生活环节与活动瞬间的串联，人生最终在岁月流逝中不断积累而显现质量。同样的道理，这些普通瞬间的串联也最终赋予婴幼儿中心和幼儿园形态和质量。各地的教育者都深刻地意识到不断出现的专业化服务的需求。这种需求体现在教师和儿童以及家庭成员们一起创造的每一天，需求迅猛增长，日积月累，最终组成一个健康成长的童年。尽管我们所关注的由瑞吉欧·艾米利亚的教师和儿童所做的长期项目活动引人入胜且充满魅力，但我们不可能完全理解，除非我们更细心地留意，更深入地检验这种日常生活风格。它包围、伴随，并造就了这条充满我们的想象力和情感的更为持久的研究之旅。

我们在北美地区幼儿园中对于学龄前儿童日常生活的平凡活动给予了多少积极关注？比如儿童在日常活动中自然表达的肢体动作，包括用手指尖沿围栏滑动，在空地里旋转和奔跑，深呼吸自然界的芳香，从各个角度玩耍、观察某个物品。这些广泛的活动方式出自儿童用多重感官探索世界的自然天性。儿童这些天性中蕴含审美。这种审美用朱迪西的话来说就是一种在认识论上"对可爱、和谐，以及各种关联的平衡、姿态、平稳和敏感性的追求"。杜威和马拉古齐总结过，审美并非独立于教育经验之外，而是教育经验的一部分。

杜威(1934)用山作比喻来传达这一整体性的概念：

"山峰并不是无基石的悬浮，也不是直接坐落在地上。它们是大地形态的一种表现形式。对于那些关注地理地貌相关理论，也关注地理学家和地质

学家的人来说,他们的义务就是把这一事实从多个角度显现出来。"(p. 2)

同样地,瑞吉欧·艾米利亚的教师也是儿童认识论中的地理学家和地质学家,他们的任务是揭示出儿童认识论的各种"表现形式"。从创新研究的方面来说,瑞吉欧·艾米利亚的儿童和成人最初的贡献就是孕育了"儿童的一百种语言"这一新理论。这一理论强调了审美性、多元性和复杂性与学习过程和知识构建相联系的重要性。

当代著名物理学家斯蒂芬·霍金指出:"我们生存的宇宙充满了怪异和美妙。它的年龄、体积、威力和美丽都需要具有超凡的想象力才能欣赏。"(Stephen Hawking, 2005, p. 3)他的论点进一步支持了杜威和马拉古齐的立场,即科学思想和想象力并非各自独立的心理活动,而是人类智慧复杂性的两个不同方面的体现,这两方面帮助人们构建对宇宙和对自我身份和生活意义的认识。杜威(1934, p. 14)提出,艺术家和科学家唯一的区别在于看待世界的方式有所不同:"因此,审美与智慧就是记录生命体与环境互动而产生的连续韵律中的不同重音。"

图16-2　考察团在布鲁诺·穆纳里幼儿园

下面引述一些维·维奇的话,这些话始终令我激动,至今我还在思考它们的内在意义。其中有很多观点在她的新书中也被提到(Vecchi, 2010)。

很难简单地说我们所讲的审美维度意味着什么。可能首先想到的是一种对周边事物移情的态度;或是一种对品质的需求,促使你选择这个作品而不是那个,选择这段音乐而不是另一段,或者喜好一种食物味道而不是另一种,在其他更为复杂的情况中,这是一种关心和关注事物的态度。因此,审美维度或许可以定义为冷漠和盲从的反义词,与不参与和不投入截然相反的一种状态。所以,清楚的意识加上审美维度可以提升学习过程的品质……

鉴于我们人类属于整个浩瀚宇宙的一部分,如果我们忘记自己是世界的一部分并与其他一切相关联,也就失去了对我们的经历至关重要的东西。每种语言都是由理性和想象力组成——"所有的"语言都是如此,不光是艺术如此。一种将各学科单独割裂的教育文化,将失去事物聚合才拥有的丰富意义。

我们人类生物结构的一部分就是复合式思考。如果认识不到这个有着复杂特性的部分,我们的思维方式和学习过程就会变得空洞而贫瘠。想象力需要认知和理性作为支撑,在所有学习过程中,这些要素都保持着密切的关联。这不是一件容易的任务,有时做不到,但这应成为我们努力实现的目标。

美丽的作品见证缤纷璀璨的美丽历程。对美丽和可爱的追求是我们所有人天性流露的一部分。回想起旧时的物件,包括艺术作品以及日常生活用品,比如花瓶、珠宝和衣服,你会发现这些每个时代、每种文明中最单纯、最日常的物件中保留着人们对美丽事物、美好情感的追求以及对作品的形状和形式的关注……我始终相信是"美"拯救了男人和女人。我认为审美意识应该被当作人的权利而不仅是需求。

我们所谓的审美——一种对关系、联系、敏感性、自由和表达的催化剂——近乎于伦理道德的东西其实是自然产生的。就教育而言,我们不能不把审美和道德联系在一起……两者一起即成为暴力和压迫的最大屏障之一。体验美学意味着思想上的自由与开放。而前卫的研究总是受到独断者的压迫,这也并非是历史的巧合现象。美感超越视觉语言的界限,与所有其他的学科融为一体。曾有一位数学家这样说:"当上帝唱起歌来,他唱的是代数。"这一说法传递出数字的美丽,"而绝不会因为美丽而削弱数字学习中的严密和认知"。

通过这些对一百种语言理论的至关重要的核心概念的简略介绍，我们可以认识到该理论对认识论深刻思想的独一无二的贡献。这些核心思想不断被建构着而趋向丰富与完善。我们能观察到他们对关系、联系、多元性、差异性和表达性的倾向造就出新的观点。用卡利娜·里那第的话来说，这些新观点就是"知识的艺术"。里那第在她的讲座中说，这里的"艺术"并非指一个学科而是指"学习经验中整合与融合的部分"。就这样，各地的教育者都获得了新的发展潜能，用来充实与加强儿童在婴幼儿中心和幼儿园的经历。

我内心常常回顾起4月里那个学习周的经历，来自瑞吉欧·艾米利亚的同事们在交谈中一起欢笑、互相善意打趣，并互相提出严肃的批评和建议。我重新意识到，这些并不是微不足道的细节，而是献身于捍卫和提升儿童权利事务的教育者的真实表达。沿着同样的道路，他们也探究、捍卫、保护和促进了儿童教育的权利，去接纳将美作为人类核心经验的那些知识形式。参观他们的婴幼儿中心和幼儿园即是见证了这种方式所带来的丰硕成果。

思考瑞吉欧·艾米利亚的教育项目活动常常让我们反思和质疑我们北美地区的儿童教育项目。一直以来深深触动着我的是：瑞吉欧市属婴幼儿中心和幼儿园所体现出的奉献精神、决心、认真、趣味的良好氛围；人们坚持对所进行活动的意义进行持久讨论的意愿；教师思考、创造和设计项目活动的能力；以及展现了瑞吉欧·艾米利亚团队深谙艺术和科学领域中的过去和当代的文献资料。

我渐渐相信，如果我们借鉴瑞吉欧·艾米利亚的"倾向和态度"的技巧和范例，那么我们这些在北美的儿童工作者就能对儿童、家庭和教师有更好的认识。从这个特殊学习周里获得的最深刻的信息是：美提供给我们学习的机会。在艰难曲折的思考过程里，充斥着愉悦、和谐与平衡，它们赞赏、激励和维持人们进行实践反思的漫长经历。我希望我们所有人在不断追求更为卓越和优质的教育过程中，像维·维奇询问我们一样扪心自问、自我反思，是否我们真的无法拥有这样的教学过程：在教和学的互动之中包括奇妙、道德、美丽、愉悦和严密——所有这些，而不只是有倾向性地选择其中一部分而忽略其他。

参考文献

Dewey, J. (1934). Art as experience. New York: Berkley Publishing Group.

Gandini, L., Hill, L., Cadwell, L., & Schwall, C. (Eds.). (2005). In the spirit of the studio: Learning from the atelier of Reggio Emilia. New York: Teachers College Press.

Gaut, B., & Lopes, D. (Eds.). (2005). The Routledge companion to aesthetics (2nd ed.). New York: Routledge.

Hawking, S. (2005). A brief history of time. New York Bantam Dell.

Vecchi, V. (2010). Art and creativity in Reggio Emilia: Exploring the role and potential of ateliers in early childhood education. New York: Routledge.

第17章

艺术工作室：
与维·维奇的对话

莱拉·甘第尼

甘第尼：请告诉我们"艺术工作室"是如何产生的？它的源头在哪里？

本章的内容基于：1. 曾在英文版(1993,1998)和意大利文版(1995)的《儿童的一百种语言》(C. Edwards, L. Gandini, & G. Forman, Eds.)中发表的莱拉·甘第尼对维·维奇的访谈；2. 维奇于2004年发表的论文《将诗化语言作为对抗暴力的一种手段》(Poetic Language as a Means to Counter Violence)，该论文出版在由克劳迪亚·朱迪西和维·维奇编写，意大利瑞吉欧儿童中心出版的《儿童、艺术和艺术家——儿童富有表现力的语言，阿尔贝托·布里的艺术语言》(Children, art, artists: The expressive languages of children, the artistic language of Alberto Burri)一书中(第137—143页)；3. 莱拉·甘第尼于2009年10月和2010年对维·维奇的两次访谈。

维奇:20世纪60年代,罗里斯·马拉古齐为瑞吉欧·艾米利亚的每家幼儿园都引进了一个艺术工作室,并配备了一名具有艺术专业背景的教师。这在当时是一个非同寻常却十分勇敢的选择。而现在看来,它代表了一种强有力的实验证明,说明了想象力、创造力、表现力和美学在儿童发展与知识构建的教育过程中的重要意义。正如马拉古齐所言:

"对我们来说,所谓艺术工作室,它不仅应当成为综合设计的一部分,同时也是一个用来进行探索的附加空间。用一种更好的方式来形容,它是为了让孩子们通过视觉艺术的实践,亲历动手动脑,提升观察的精锐度。这个地方必须能够提升品位和审美,并可以在其中对项目进行独立探索。而这些项目与幼儿园每一间不同的教室中所策划的活动丝丝相扣。艺术工作室应当是一个能从孩子们的涂鸦中探究儿童活动动机和主题活动理论,并在孩子们所使用的工具、工艺和材料中寻找变化的地方。它还应当是一个鼓励孩子们规划富有逻辑性和创造力的蓝图,并熟悉地掌握口语和身体语言之间相同与不同的地方。"(Gandini, 2005)

图17-1 维·维奇和卡利娜·里那第在戴安娜幼儿园的艺术工作室里交谈

甘第尼:"艺术工作室"存在的用意是什么?艺术资源教师在幼儿园

里如何开展工作?

维奇:"艺术工作室"有两大功能。第一,它让儿童邂逅、接触各种趣味盎然并颇具吸引力的情境。在这些情境中孩子们可以探索门类繁多的有表现力以及组合可能性的材料和工艺。第二,它帮助成人理解儿童学习的过程。比如,它可以帮助教师理解儿童如何发明他们自己的工具,用来表达富有表现力的自由、认知层面的自由、象征意义上的自由,以及沟通的途径等。艺术工作室的存在使传统的教育理念得到改良。马拉古齐(本卷第2章)对此有所提及,并阐述了我们的看法。

接着,我要跟你谈谈像我这样的艺术资源教师如何与幼儿园的其他教师一起开展日常教育工作。我和幼儿园的教师们每天都要碰几次面。一般在早上,我会把每个教室巡视一遍。让我特别感兴趣的是一天刚开始的时候发生的事情,无论是大型的正持续开展着的项目,还是规模较小且较独立的活动。教师会和我简要地讨论一下如何向儿童介绍某些东西,预期可能发生的情况是什么,以及接下来该如何应对。有时候,我也会建议运用一些特殊材料。通常,我会在上午10点左右再进行一次巡视。我一定会去那些可能会发生特别有趣的活动的教室。有时也会有教师来找我询问意见或请我过去观察。接着,在中午之前,我会和每一个教师进行不少于15分钟的交谈,我们通常情况下是聚集在一起进行讨论。

我工作的一项重要职责是确保教师们之间的沟通顺利进行。我是他们名副其实的常务顾问。鉴于我的教育背景,我能帮助他们发现原先并不明显的艺术主题和项目。我甚至会直接来到儿童中间,用具体实验去实现一些其他人还没意识到的可能性。

让我通过一个具体的例子进一步说明,这个幼儿园有大量丰富而宝贵的材料,用于揭示和诠释成人如何观察儿童、采取能动性,并记录下儿童各种反应的顺序。下面是两个小故事,是关于成人的鼓励和儿童的回应。

一个大人用胶带将一只纸做的小鸟粘到幼儿园的一扇大玻璃窗上。早上,耀眼的阳光透过这扇玻璃窗照射进来。两天以后,几个3岁大的孩子在地板上发现了小鸟的影子。一位教师建议说,他们可以用一支粉笔勾勒下小鸟影子的轮廓。孩子们描完小鸟影子的轮廓便出去玩了。当他们回来的时候,小鸟的影子变大了,超过了他们用粉笔描画的轮廓。他们的猜想是:一定是老师犯了个错误,不然的话,就是这只小鸟自己想要飞起来。

孩子们现在想阻止小鸟移动,并将小鸟留在身边。因此他们开展了一场兴致勃勃的研究,尝试用各种方法解决问题。起初,他们试图在地板上用胶带搭建一个鸟笼,但是小鸟的影子还是在移动,甚至笼子还没造好,小鸟的影子就已经在笼子外面了。接着,他们试着用面包屑引诱小鸟留下来,但小鸟不为所动,依旧在地板上移动。孩子们又用砖块和积木搭建了一个房子,他们甚至将一些诱人的玩具放在里面,可是小鸟影子非但没有进到屋里,反而爬上了墙。

这些3岁大的孩子们没有点子了,所以他们跑去4岁孩子的班上求助。4岁的孩子们提出了各种假设,但没有一个人给出一个确切的解决方案。问题还是没有解决。第二天,3岁班的孩子们注意到小鸟的影子又在移动,而且按照与前一天同样的轨迹,于是他们又和4岁班的孩子们讨论起这个问题来。

艾伦(4:1):我知道它为什么老是走一样的路线。

维罗妮卡(3:6):因为它喜欢。

丹妮拉(3:8):是太阳帮它把自己映照在那儿的。

艾伦:太阳把它的反射光投到小鸟身上,因为小鸟的影子认识这条路,就好像我们认识回家的路一样。一大早的时候,影子还在睡觉。然后它起来去找太阳,太阳放出光线,我们就看见小鸟的影子了。第二天太阳升起来,光线就明白要走跟前一天一样的路线了。

丹妮拉:啊,原来是太阳在操纵着方向盘。

还有一次,我注意到阳光从窗外的一棵树后面照进来,在玻璃上留下了一片树叶的影子。于是,我把一张半透明的白纸粘在玻璃上。这天早上孩子们进来看到纸上的影像,都惊喜地喊叫起来。后来有一天,两个6岁左右的小女孩碰巧在窗边停下看,他们互相谈论着。

安格尼丝:这是一幅用太阳的小点画成的画。

塞西莉亚:就好像太阳的小叶子。

安格尼丝:这是反射形成的叶子的影子。

塞西莉亚:那这到底是太阳画的画,还是影子画的画?

安格尼丝:这就像是一只钟。我昨天也看到了,还有之前的一天也看到了。当图画出现的时候(指着透明纸上的图案),就是吃午饭的时间了。

这是艺术?还是科学?智慧非凡的孩子们不会把对现实世界的探索割

裂成一个个独立的区间。观察和档案记录就好像是文化的动画师,也好像是通往进一步阐释和深化理解的阶梯。随着时间的推移,这种研究态度不断建构出新型的教师和艺术资源教师。

当然,我一直紧密关注所有主要的和长期的项目。我总觉得当下正在做的那个项目是最有趣的、最好的,因为对我来说,我们从每一个经历过的项目中取得进步,总能学到更多一点的东西,所以我们能够更加和谐地和儿童一起工作。比如说,我们发现影子提供了不同寻常的教育机会。这个关于影子的项目在我们的著作《除了蚂蚁,什么都有影子》(Everything has a shadow, except ants, Sturloni & Vecchi, 1999)中有详述。书中谈到了视觉表征的运用和检验科学假设的结合。这远远超出了我多年前刚开始工作时对审美表达和知觉探索的关注。

甘第尼:艺术工作室对幼儿园的运作有什么影响?

维奇:我深信,在学校建一个艺术工作室能够让教育过程和儿童的学习经历更趋完整。这种具有表现力的语言其实和正式学科一样至关重要,它绝不是可有可无或微不足道的。我更加深信,在艺术工作室中所使用的表现性语言的特殊结构(包括视觉的、音乐的、其他的),能将情感共鸣和理性认知以一种自然的、不可分离的方式编织在一起。这种交融继而促进想象力的发

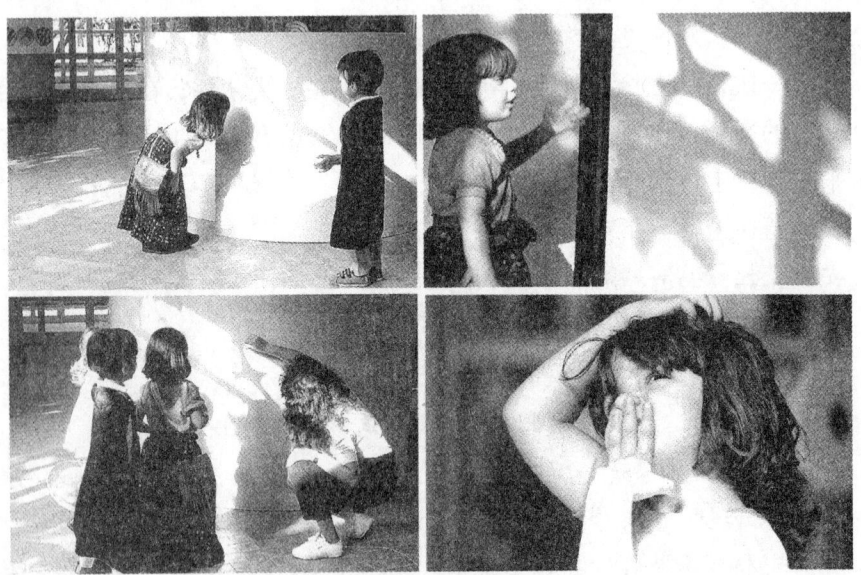

图17-2 粘贴在窗户上的纸制小鸟和地板上小鸟的影子之间有什么关系呢?

挥,营造出更多理解现实世界的方式。同时,它也衍生出一种更为宽泛和清晰的视角应对学习。我认为这些概念将成为深入反思所不可或缺的基础。

在我们的项目中,各种学科与艺术工作室中的语言交织联系,常常让人重新认识已有观点,鼓励儿童用更具整合性的方法解决问题,并揭示出存在于各种学科和特定问题内的元素。这些元素富有表现力,交融情感,也关乎审美。因此,数字技术的融入对瑞吉欧·艾米利亚的幼儿园所产生的影响和它对其他众多学校所产生影响是大不相同的,而这一点也是不足为奇的。对于前者来说,这种经历极富想象力,它促进社会化,并且充满欢乐的情绪。

我很清楚地知道,如果以为只要每所幼儿园都引进一个艺术工作室和一名艺术资源教师就足够了,就可以指望所有教育活动都能自动转型,滋润地发展起来,那么这种想法未免过于天真幼稚。我认为,要成功实现这种转型,唯一的办法是将整个教育体系建立在丰富而有活力的教学活动基础之上。不仅如此,我相信在当今时代,如果要让艺术工作室有效地发挥作用,必须在四个方面开展有的放矢的工作。

首先,我们必须考虑到艺术领域常常能作为刺激源。它暗含对新概念的探索和推敲,提供诗情画意、反对墨守成规的观点,对现实世界抱有非常规的解释。因此,我相信只要我们确保儿童和年轻人是他们个人规划中的主人翁,艺术就该继续成为学校中探究与灵感的主要来源之一。我们不想把它们放在文化角度上一个微不足道的位置,只关注那些离我们更遥远的情境,更为繁复世故的文化背景中所诞生的艺术活动。有一点很重要,不要单单只着眼于艺术作品本身(这也是较为常见的现象),而是将精力更多地投入到儿童在思考创作过程中的想法和理念上。

其次,我们要通过观察和档案记录,用显而易见的方式,实现学习中认知和想象的生动结合。我们还必须揭示出每一种表征中都具有的个人层面和社会层面的元素。这些元素都是由生动的教与学的形式所支撑的。同时,我们必须肯定艺术工作室的贡献。通过档案记录,它对各种知识领域的项目发展推波助澜,比如文学、数学、科学领域等等。

第三,我们要更加关注通过数字媒体进行的学习过程。这个领域儿童还涉及得太少。通常,数字化经验局限于其功能性和技术性上的形态。然而,除了技术方面,如果它能被更富创意和想象力地使用,就能挖掘出更深的潜力和进化的可能性，比如在表现力、认知，以及社会化等方面。我们有必要反思，并更好地认识数字化语言给学习理解过程带来的变化。我们要关注它在今日的学习中带来了什么，去掉了什么，修改了什么。正如过去几年在我们学校所呈现的一些经验所示，通过对数字化材料的运用和探究，艺术工作室的作品和活动表现出了惊人的创造力。

第四点也是最后要考虑的一个方面，是学校和城市的关系。艺术工作室的沟通结构有力地支持着这种学校与城市的关系。这些沟通结构包括构建对话的情境、可视性和对幼儿与学龄儿童特定文化的了解。这样的文化，一经正确接受和认知，可带来对城市的彻底的重新审视和对生活质量的大大改善，这种影响不可与通常想象的同日而语。档案记录也是一种民主的方式，使人了解、分享和讨论学校中所发生的事情，并且提醒人们教育的价值和重要性。

甘第尼：总的来说，你有没有在生活和空间上看到风气的转变？

维奇：最重要的，艺术工作室给学习过程带来了意外的、非同寻常的能量和乐趣。它带来一种理念上的变化，让我们用诗意的镜头看待日常的现实生活。有人说这种看待方式就是所谓的"美学项目"，但事实上，这是一个显而易见的人类生态过程。这一过程是丰富多变的，它颠覆各种陈词滥调和平庸陈规，重新找回学校和社会文化中经常被忽略的儿童生活和思想的方方面面，并将这些方面的内容放置于舞台中央。这是因为它们意味着一种不可预测的过程，无法轻易测度也无法被人控制。但是，他们对于文化活动的起源而言是不可或缺的，这些活动令我们成长和前进，假如没有了它们，生活也将失去内容与趣味。

虽然我无法断言，作为艺术资源教师，我们从未辜负众望，但至少我相信，在每所幼儿园建一个艺术工作室，对我们整个体系中缓慢呈现的教育性身份，有相当深远的影响。当然，艺术工作室本身也随时间而产生了多种变化与进展，但其基本哲学思想始终未变。每个艺术资源教师的不同个性和风格，也必定让各个艺术工作室不尽相同。他们通过和教师们一起工作，或是陪伴儿童开展主题活动，不断发现彼此在面对面地——如同照镜子一般地——互相学习，并一同向儿童学习。就这样，我们尝试以一种全新的方式教育儿童，一种前所未有的方式。视觉语言被诠释，并和其他语言相映成趣，意义非凡。

甘第尼：在艺术工作室里工作有没有给你的想法和工作带来一些改变？

维奇：随着时间推移，我们的兴趣逐渐转向对学习过程的分析，以及儿童的不同想法、经历和表现的交互联系上。所有这些记录（包括书面叙述、儿童口头表达转录成的文本、照片及录像带），成为我们每天（无论是单独进行还是集体进行）用来严谨地"阅读"和反思我们的生活经历和正在探索的活动项目不可或缺的资料来源。这些资源使得我们在构建理论和假设的时候避免了成人式的武断和虚伪，也避免了随意给儿童强加意愿。然而这样的工作过程需要花费大量时间，有时甚至经历艰难的过程。

图17-3 戴安娜幼儿园的孩子在艺术工作室作画

甘第尼：儿童、艺术和艺术家的相互关系是怎样的？我知道你已经对他们之间的关系做了大量的反思。

维奇：是的，人们常问起儿童和成人艺术创作之间的联系。检验儿童如何创作和评判成人艺术作品的方式是截然不同的。经常会出现这样的情况，当儿童的作品极具原创性时，会被用来和知名艺术家的作品相比较。但这种比较很危险且充满不确定性，尤其当人们一再坚持进行比较时，它会导致错误的结论，比如认为儿童的创作行为与生俱来，或是创作的结果比过程更重要。若超出了对简单、诙谐的相似之处的比较，反而显得比较者无论对儿童还是艺术家都了解得少之又少。

从另一方面来说，我也认为艺术探索，即艺术家们所做的概念性突破，应当围绕学校中的成人,因为我们能从他们那学到东西。总而言之,一切都那么有趣,帮助我们与儿童一同开辟新的途径。

甘第尼:艺术工作室在社会建构主义的教育中具有怎样的作用?

维奇:当儿童在各种知识领域中探究时,所有这些材料对于儿童的个体和群体探索的解读与再解读都是不可或缺的。同时,也使得我们可以对那些有趣的工作建立起理论和假说,并试图在不打扰儿童的情况下纳入儿童的观点和他们的工作。

艺术工作室在学校中的存在,成为知识构建过程中,捍卫其复杂性的主要手段。目标在于将想象力作为整合不同活动的要素,并将"美学知识"(马拉古齐曾提到"美学共鸣")看作我们固有的原动力,驱使我们在各种思维模式和视觉形象中做出选择。格雷戈里·贝特森对我的思想和工作影响很大。他曾深入研究我们周围事物关系的复杂性。他曾反思到,将美学作为联结现实世界各种元素的主要及关键手段有着极其重要的意义。他对"美学"的定义十分接近我的想法。他的叙述如此之美,让我不禁将原文引述如下:"我所指的美学,就是要对相互有联系的模式具有敏感性。"(Bateson,1979)。这个明白易懂的陈述以及这种方法,帮助我们探究和突出现实背后隐藏着的模式,创建新的映射以拼接逻辑和情感的过程,并把技术性和表现力联系在一起。这些成为学习的绝佳背景,也成为在学校和教育中永远具有生命力的目标。

在瑞吉欧·艾米利亚的婴幼儿中心和幼儿园的艺术工作室里,视觉语言并未被当作从属于传统活动的一个单独的学科来看待,而是被看作询问、探索世界的一种方法。这种方法在不同经验和语言之间架起桥梁,使认知和表现过程紧密相连,并不断与教学方法对话,寻找出各知识领域间的联系而非隔阂。

我的关注点总是集中在儿童身上。如果条件允许,为了将实践反思表达到最清晰的程度,我会描述儿童个人或小组一同进行创作的过程,这也是教师们和艺术资源教师们敏锐观察和细心记录的内容。事实上,我总是在我的会议演讲中演示和讨论这些过程,将其作为所有讨论主题必须具备的开场白。这些档案记录材料,每一次都让听众大为惊讶与赞叹,比如儿童处理问题时表现出出人意料的敏锐度;他们能够自主寻找到克服困难的种种奇妙方法;他们表现出超出所有人意料之外的甚至有时是无法想象的活动潜能。值得强调的是,由于我们所处的文化和社会环境不停地变化,我们应该认识到儿童和他们的心理特质水平(比如感知、理论和作品)并非一成不变,相反,它们伴随不同情境的生长而变化。视觉表现也是一种语言,但它在成为正规的艺术表现形式之前,一般都得经历停留在概念性层面和文化性层面等阶段。

这些探究和记录工作使我们意识到,其实我们对于儿童所采用的教育策略和活动原则知之甚少。我们必须不断扩展、修正和更新关于儿童的知识。我们的任何一项活动与项目的关键性开端都应当源于儿童。

我们意识到视觉语言的价值在于其持续不断的行进过程,以及对其他语言形式的贡献,但也同样认识到视觉语言自身也能在和其他语言的对话中得到修正和强化。这些联系是我们在工作中始终特别关注的,我们体会到这种方法将我们区别于学校环境中传统意义上的"艺术教育"。

作为教师,我们的主要任务是建立能试验、培养和发展儿童创造性活动过程的情境。这就意味着要设计和落实具有生成性的环境,关注操作程序,以及创建合适的条件使我们所维持和鼓励的创造性过程的目标能够开花结果,有所成效。

甘第尼:那么儿童呢?

维奇:所有这些活动的开端总是源自一个或者一群儿童,以及他们的心理意象和实践探索策略。我们想要做的,就是当我们观察记录下儿童的探索策略时,努力增进我们对他们构建知识和进行表达的过程的理解,促进丰富教育情境的创设,以及鼓励儿童尽可能多地接触适合他们天性的材料,并最终使他们能够怀着极浓的兴趣,积极而有质量地参与活动。有些人对我们说这些过程根本不可能实现,但多年以来,我们已经意识到这些捕捉和记录下的片段弥足珍贵,也意识到这些片段让我们和儿童走得更近,对他们的智力和情感更加尊重。这让我们的活动计划更周密、更多被讨论,也更具有不确定性。但我们也期望我们的计划不要与儿童背道而驰。约瑟夫·布洛茨基(Joseph Brodsky,1995)曾写道:"表面上看,创造力是让人迷恋或羡慕的对象,而从内心来看,它意味着在不确定的、缺乏安全感的浩大学堂中不断进行尝试(p. 300)。"

图17-4 把玩材料的时刻

我们希望对教师而言,归根结底强调的一点是要运用尽可能多的倾听的策略。没有倾听,没有对他人想法的反应,也就没有教与学。

甘第尼:最近我们聊到在北美巡回展出的一个新展览"学习的奇迹:儿童的一百种语言"。其中有一点常常不够清楚,所以需要特别强调,即艺术工作室对瑞吉欧·艾米利亚教育档案发展的贡献。这种教育档案通常使用两种语言进行记录:书面语和图像语。

维奇:如同我们在"学习的奇迹"中看到的一样,档案记录,特殊沟通结构的一部分,这种沟通方式在教育中并不常见。卡拉·里那第和我将它定义为"视觉倾听"。艺术工作室在学校里营造出一种视觉文化,教师进行档案记录的过程,与瑞吉欧教学法中高度关注美学维度(或者用杰罗姆·布鲁纳津津乐道的定义来说,一种诗意维度)相呼应,这对于儿童和成人的学习同等重要。婴幼儿中心和幼儿园教师的记录总是具有双重意义,不仅让我们看到儿童作品更深刻的意义,提供儿童和成人互动行为的令人欣慰的证明,同时也用民主的方式使人了解、分享和讨论学校中发生的事,并且告示市民教育的价值和重要性。

档案记录和其他课题一样能用不同方式来检验。我们坚信只有通过实践讨论和经验分享，教师们才能持续而长久地成长进步，而档案记录恰恰为这种反思提供了最肥沃的土壤。当然，为了能一同思考，根据一段纪实的旅程写下的记录（例如观察笔记、图像和儿童作品样例），必须让当时不在场的人也能够理解和讨论。不管教师们用什么工具（当然，并不存在一个唯一的、预先固定的模板），不管他们收集和准备的档案是哪种类型，这些构建所蕴含的意图都必须是为了验证这些活动。它必须能让不同观点相互交流和比较。如果这个意图在一开始就很明确，那么随着时间推移，档案记录就能不断进行重要而有价值的再精细化。

"学习的奇迹"所展示的最新颖的内容之一，就是我们为增进其沟通结构做出的新的努力。要增进沟通结构，就要对原创性工作活动的意义进行认识和深化。在这次新展览中，我们期望阐述和证明的一个交流主题是：儿童的"当代"形象。这里的"当代"，其实是指一个投射于未来的形象。我不愿将它只形容成一种"现代的"或"实际的"形象。就如同今日的沟通交流一样，涉及的不单单是当下发生的事，更包含了一种指向未来的复杂喻义。举个例子来说，"学习的奇迹"充满灵活性，可以根据展览的不同场地和环境而调整。它包含了一些不易简单交流的概念，这些概念在不同环境下可能生出不同理解和诠释。比如说，不同地域对教育法有着形形色色的观点，除此以外，其他由于社会的、政治的或经济条件的各种缘由，都可能需要我们更改放置和展示的方式。对于身处瑞吉欧·艾米利亚的我们而言，这种灵活性极其重要，也正是我们想要的。我们希望这个展览能成为一个露天广场，让各种想法在这里汇聚讨论。它们可能来自距离瑞吉欧·艾米利亚很遥远的地方，比如中国、印度和日本。我们想将一个复杂的儿童形象在不同地域进行交流探讨，然后反过来，我们也从来自遥远地方的教育经验中受到哺育，得知我们未曾获悉的东西。

甘第尼：你和我也曾一同参观过在马拉古齐国际中心举办的"阿里阿德涅之线"的展览，那是对1981年至2008年间瑞吉欧的婴幼儿中心和幼儿园的档案记录的重温。展览的名字来自于希腊神话，英雄提修斯在公主阿里阿德涅的帮助下杀死了牛头人身怪。公主给了他一把宝剑和一团红线，使他能在牛头人身怪的迷宫中找到回来的路。

维奇：我也想说说这个展览，以及它如何展示我们的想法和经历的发展。

它包含两个项目的一些片段。一个叫"人群",另一个叫"雨中的城市",这两个项目都是在20世纪80年代相继进行的项目。当时,我们就已经意识到,再小的东西也和大的事物一样包含巨大的复杂性。一件小事可能和一座大城市一样复杂。"小"或"大"的分类,并不是复杂度轴线的两个端点,相反,它们都是复杂的。我清楚地记得,某天我们在学校里讨论时就曾提到这一想法。

"阿里阿德涅之线"中还有一段儿童研究梧桐树叶的描述出自《寻找梧桐树叶》(In Pursuit of a Plane Tree Leaf),作者为瑞吉欧婴幼儿中心和幼儿园。(Reggio Children, 1996)事实上,当时我在萌生研究梧桐树叶这一想法时,就已经考虑到一片树叶自身包含着高度的复杂性(宛如一座城市),以及提供各种探索和使用材料的可行方式。从这个理念出发,我摒弃学院派式看待绘画的方式,而思考怎样能和儿童一起把复杂性表现出来或者重新解释一番。比如形状、背景和系统——所有这些内容都能从儿童绘画的细节中一一探究。

深思熟虑之后,我特意做了这样一个选择:我想看看我的理论研究和反思是否能支持儿童开展一次有意义的活动。我们已经和孩子们一同研究了身体的各个组成部分,比如双手、眼睛、耳朵和嘴巴。这些部分都可以通过拍照和画画来考察它们的具体细节和复杂性。由此,我们开始探究梧桐树叶。如今,人们对生态环境的意识更为强烈,因此当观察叶子的时候,通常也需要考虑叶子和树的关系。然而,我们展示这些早期记录并不意味着今天的活动也要依样画葫芦。实际上,我们希望和现在的教师们分享过去的种种经历,从而使我们新的检验建立在所有以往经验和意识的层面之上。我们可以提出这样的问题:今天你们会怎样探究一棵树?你的做法和我们曾经做的有什么异同?这样的讨论对幼儿园和小学的教师都适用。

回顾20世纪80年代,当我们制作档案记录时,我们还没有引用儿童所说的话,因此错过了一些后来发现的很重要的东西。但非常重要的一点是儿童对叶子的"生活"进行了观察。(他们想象自己进入了树叶,成为另一种生物)我们的探索也包含了儿童用各种比喻来感知和定义树叶的方式。我们选择材料,并构建出探索的场景之后,儿童就可以从我们安排好的选项中自由选择。儿童对树叶"生活"状态的反思是抽象的,即类似于一种鲜活的生命体,他们给树叶编写了一些十分生动有趣的解释性比喻。工具、材料和儿童使用的工艺由我们成人来选择,而儿童则负责做实验,一会儿让光照过来,一会儿又在逆光的窗玻璃上实验。他们也研究不同环境下的树叶,比如雨水中的树叶或阳光下的树叶,湿润的树叶或干透了的树叶。

如今我们的做法有所不同。我们给予儿童更多的时间处理各种变化,也给他们更多可供选择的表达媒介。我们对儿童选择工具和工艺的能力有了超越以往的信任。这一转变缓慢,日积月累而成,且在我看来,很可能正是观察和记录引领我们更多地意识到儿童的能力。现在我们对孩子们更有信心,也更加信任他们了。

今天我们关于儿童的言论和与他们共同进行的活动都是慢慢形成的。我年轻的时候,常常不懂如何创造更多机会使教师更深入地理解儿童的各种经历。通过教师专业培训,我们才得以进步。马拉古齐为我们指明了这条道路,但我需要他的支持和鼓励帮助我继续向前走。我们俩都惊叹于儿童能够通过比喻的方式玩耍或表达。6个孩子自发地躺在幼儿园"广场"的地板上,用自己的腿和躯干勾勒出叶子的形状——5个尖角和一条长长的茎。他们大喊:"我们拼了一片树叶!"接着,我们又想出另外几种方式,让孩子们用肢体进一步研究树叶的形状。

"雨中的城市"这个活动项目始于戴安娜幼儿园(出自"雨中的城市",Reggio Children,1996)。当时马拉古齐意识到这个主题(就像对树叶的研究活动一样)蕴含儿童对感知觉(包括通过声音)的多种探索机会,所以他向拉维拉塔幼儿园、聂鲁达幼儿园和安娜幼儿园等几个幼儿园推荐了同样的主题。我们中的一些教师也去其他学校拍摄照片,试图捕捉儿童欢快地与雨水和地上的积水玩耍的情景。我们的探索总是充满了乐趣和情趣。或许如果我们当初多支持一下儿童的表达,水塘也能成为项目活动的一个重要主题。

我们发现,有些事情虽然在不同的幼儿园发生,却有着惊人的相似性。于是我们首次开始检验对比儿童理论。来自不同幼儿园的教育实践却殊途同归,如同组成了一个规模宏大的合唱团,共鸣的声音十分美丽与壮观。这和最近一个全市性项目"瑞吉欧市全景图"(Bonilauri & Filippini,2000)有异曲同工之妙。校与校之间联系紧密,渴望互相交流。

即使是在过去的那些时光,我们在许多方面都很关注儿童。然而我们不清楚该在什么时候、以何种方式离开教室最为恰当;我们不知道该怎样留给儿童足够的空间以激发他们的主观能动性;也不知道该怎样记录下儿童的主观思考。我们备有档案记录,却未能充分记录下学习过程。然而通过最新的研究经历,我们给自己设定了一个目标。用詹姆斯·希尔曼(James Hillman,1999)的话来说,就是将颜色和味道、声音和结构,重新归还于世界万物。如果我们的想象力没有经过锻炼,或者我们缺失了某种张力(这种张力让我们不再视而不见,而是带着好奇心建立我们与周遭事物的移情纽带,并在这个过程中不断刷新它们,同时也刷新我们自己),那么我们就得承担风险,用被日常琐事麻痹的感官和心智来应对这个敏感的世界。想要充分把握并且从机会中获益,我们须确保自己的感官、好奇心、期望和兴趣保持持续而长久的活力。

参考文献

Bateson, G. (1979). Mind and nature: A necessary unity. New York: E. P. Dutton.

Bonilauri, S., & Filippini, T. (Eds.). (2000). Reggio Tutta: A guide to the city by the children. Reggio Emilia, Italy: Reggio Children.

Brodsky, J. (1995). On grief and reason: Essays. New York: Farrar, Straus & Giroux.

Gandini, L. (2005). From the beginning of the atelier to materials as languages: Conversations from Reggio Emilia. In L. Gandini, L. Hill, L. Cadwell, & C. Schwall (Eds.), In the spirit of the studio: Learning from the atelier of Reggio Emilia (pp. 6–15). New York: Teachers College Press.

Hillman, J. (1999). Politica della bellezza [The politics of beauty]. Bergamo, Italy: Morettie Vitali.

Municipality of Reggio Emilia Infant–Toddler Centers and Preschools. (1996). The hundred languages of children: Narrative of the possible. Catalog of "The Hundred Languages of Children" exhibit. Reggio Emilia, Italy: Reggio Children.

Sturloni, S., & Vecchi, V. (Eds.). (1999). Everything has a shadow, except ants. Reggio Emilia, Italy: Reggio Children.

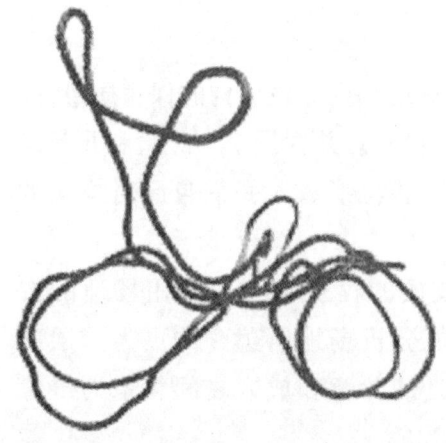

第 18 章

联通关爱和学习的空间

莱拉·甘第尼

下面是儿童们对"地方"的一些想法：
- 这儿是一个地方。(贝娜蒂塔,2岁零3个月)
- 你用空气来确认一个地方。(马泰奥,5岁)
- 一个地方就是一座城市,我在里面吓唬小鸟,还有那些假狮子雕像。(萨拉,3岁零9个月)
- 你走进一个地方……然后你的身体决定你接不接受它。(彼得罗,4岁)
- 你逛一逛,看看那儿有什么。(加布里埃尔,5岁)
- 我妈妈就是一个地方。(彼得罗,2岁零7个月)
- 你能听见某个地方的声音,比如说一棵树的声音会告诉我们有风。(彼得罗,4岁)
- 要听(某个地方)得用脑子。(露西亚,4岁)
- 当我极其安静,我就能听到这里静悄悄的。(奥马尔,4岁)

——摘自 Vecchi, Filippini, & Giudici, 2008:14-15

教育学和建筑学

场所和空间是教育手段的本质要素

任何幼儿机构的来访者往往都会根据场地来推测该机构的保育质量,以及作为项目基石的一种选择。我们总是留意环境,并根据个人经验和儿童发展的知识来"读取"其中的信息或涵义。这些也形成了我们自己对童年的看法。

然而,如果我们观察在场参与人员放松的程度和充分运用场地的方式,我们就获得了更多的教育选择能力,能分析场地所蕴含的更为深层次的含义。这样就能够了解在那儿度过时光的儿童和成人之间关系的价值和意义。

在瑞吉欧·艾米利亚一所幼儿园的门口,我们就已然察觉到该幼儿园对交流和信息公开的重视程度。他们在门厅里显眼的位置展示学校的概况,通常会在前面陈列学校的发展历史,配上每个年级每个班级的两位带班教师的照片,接着是艺术资源教师的照片,还有厨师和后勤职工们的照片及他们的名字,全体员工都微笑着欢迎每一位来访者。在同一面墙上通常还会贴有活动的日程;教师职业发展系列课程;各年龄组儿童家长见面会、全园大会、与其他学校的交流会、实地考察和庆祝典礼等等相关资料。

在另一面墙上,通常会贴有儿童对于自身权利的表达:"我们要拥有权利,否则我们会沮丧。"有时贴有对观察进行诗情画意的比喻的句子:"叶子掉了下来,因为他们只有一只手抓住。"我们发现,除了儿童的话语和其他象征性语言的表达,他们的照片对个人身份也极其重要,每一个员工是否具有强烈的归属感取决于照片的展示方式。

我们也意识到学校空间里展示的信息特别指向每天上、下午来幼儿园接送孩子的家长们。我们从门口走进去,会看到一片宽阔敞亮的中心区域,似乎邀请每一位来访者去探索和加入。

多年以来,瑞吉欧·艾米利亚的教师渐渐发展出一种哲学,这种哲学是基于儿童、教师、家长、教育协调者和社区之间的合作关系。他们已经成功地为0到6岁儿童发展出系列项目,而近一段时期意大利的其他城市都不得不放弃市属的区域化活动项目,而让位于全国性系统。由于缺乏资金和动力,有些城市已经失去了他们的城市学校,而这些学校在创办初期曾耗费了大量的心血、公共经费和地方的支持。

在他们的教育项目发展初期,参与合作者都认同空间对教育的重要性,并为此投入大量精力进行整体规划和开发。瑞吉欧·艾米利亚的教师越来越多地关注教育学和建筑学间的关联,并将美学的力量视为两者连接的纽带。通过用新的方式不断推敲这些理论观点,他们持续进行着学校空间的组织构建。

教师们为儿童设立的各种引人入胜的空间结构和材料,成为促进儿童积极探索的重要因素。每样东西都是斟酌之选,它们被特意放置以提供交流的机会,包括人与人、人与物之间的交流互动。这些互动发生在一张布满各种可能的连接和结构的关系网络图谱之中。这个过程让每个人都参与对话,并提供和空间环境相关的工具、材料和策略,让大家可以延伸和反思那些想法,并将这些想法组合在一起,或是将它们改头换面。

成人组织、利用空间环境和儿童一同探索学习,儿童因此将成人视作一种支持的环境。与此同时,一个更大的组织体系(即整个学校的教职员工、教研员、家长和社区的合作体系)也在学校环境内外直接或间接地给教师提供支持,让他们在工作中高度参与儿童的活动。

美国的教师十分清楚环境的重要性。比如他们富有想象力地利用户外空间场地使之成为绝妙的教育资源。相比之下,意大利的教师们往往在高度城市化的环境中工作,他们无法轻而易举地获取这样的资源。但美国教师也常常因经费限制而被局限于室内活动环境。教育者最不愿意见到的后果是:部分儿童保育中心因为缺乏系列支持性的物理条件,尤其是缺少自然采光,空间结构显得杂乱无章。

神经科学与社会科学的研究证实了,我们每个人的发展不仅因为基因上的遗传,也源自我们对环境的体验。我们通过与环境互动而发展感觉和认知能力。儿童就是各种感觉的实验室,每一种感觉都能激活其他的感觉……因此,儿童所处的环境不应仅仅视作学习或者被动进行活动的场所,其实,环境也是学习的一部分,并为活动进行身份定义。(Zini, 2005:22)

位于学校、城市周边以及更广阔区域的建筑规划用地和扩展空间

通过规划教学项目中动态变化的哲学观点与相应的选择,并使这个过程更为明确清晰,瑞吉欧·艾米利亚的教师们筹划并落实了空间的结构和安排。考虑到早期儿童教育立足于社区的关注和责任,理想中的儿童中心应当是城市规划中的重要组成部分。而且现在城市中有各种类型的学校,有些学校是刚刚设计和建造的,有些是从公寓楼里辟出来的,或者是旧校舍的翻新,甚至还有建在别墅里的学校。学校在居民区内展露无遗,儿童和教师的生活成为社区的一个明显参考点。在社区中设有学校就宣告了对所有儿童与家庭的权利的尊重。当选择把学校造在城市的市郊位置,即那些低收入家庭、工人和外来移民聚居的地方时,这种意义更加鲜明。尼奥多·优迪(兼设婴幼儿中心和幼儿园)是其中一所,还有重修过的洛卡特利奶酪工厂和仓库也是其中一所,而马拉古齐国际中心就建造在里面,包括幼儿园和一些小学低年级教室。

对于每一幢建筑物,无论是全新建造的还是旧屋翻修的,教育协调员、教师和家长都会和建筑师当场一同规划。这些人会在那儿工作或停留好几个小时,参与到具体的每一项工作选择中。在这种以合作关系和互动为重的教育方法中,一面过高的墙或一间缺乏分隔物的教室可能会影响师幼互动的质量或可能性。

实际上,正如提茨安娜·费列皮尼所指出的,瑞吉欧·艾米利亚的教师们不仅将空间描述为一个"容器",鼓励社会互动、探索与学习,也视其具备教育性的"内容"——即包含教育性信息以及对互动体验和建构性学习的刺激(Filippini, 1990)。因此,室内的空间结构往往和瑞吉欧·艾米利亚的教育项目中的其他所有要素一同进化。

在1992年的一次和维·维奇就戴安娜幼儿园的空间进行的访谈中,罗里斯·马拉古齐曾说道:

1970年的时候,我们还在处理很多当时还无法完全实现的东西。当然,有些东西当时已经到位了,比如透明的墙体、充盈的光照和室内外联为一体。我们当时已经拥有幼儿园的"中心广场",但直到我们住进去才赋予其完全的重要性。广场不仅仅是教室的延伸,它能激发儿童多种不同的相互接触和活动,并且我们还在拓展它其他的用途。对我们而言,它代表了意大利城市的主广场,一个人们聚集、交流、讨论政治、做买卖、街头卖艺以及示威抗议的地

方。广场是一个连续的通道,无论是儿童还是成人之间的交流质量在这里都得以加强。成人和儿童间碰面越多,他们互相传播的点子就越多,产生的想法也就越多。可以说,广场就是人们聚集和传播各种想法的地方。

访谈进行到这里,维·维奇评论道,传统的学校也有这样的大型中心区域,而问题的关键不是是否具有这个场地,而是如何充分运用它。

马拉古齐:没错,这些大型场地是用来休息、用来"娱乐"的,因为上午10:00到10:30之间应该有一次课间休息。然而,事实上那儿既没有物品也没有建造物,一点意义和目的都没有。提供一块空地给孩子们做半小时他们想做的事,只是一种伪善和无知!

维奇:这正是我要提出的。如果我们把那块中心区域叫做"中心广场",那就意味着我们已经有一套如何使用它的理论。不同的空间看起来或多或少相似,但如果它们变成文化的一部分,并以教学反思为其主要用途,它们的意义就被完全改变。在戴安娜幼儿园的这个空间里的物品和建造物,显然是有目的地营造出儿童各种邂逅与汇聚的可能。

马拉古齐:"中心广场"也是一条宽阔的走廊。其中的物品构建出这个空间的一部分,同时还有儿童的活动空间。广场的设计让儿童得以自由穿梭、行走或者随心所欲地徘徊迂回。必须记住的是,环境对于情感、认知和语言的习得有极其重大的影响。环境是个体的一部分,所以任何对成人和儿童间互相提出要求的回答,都会受到环境及其特点的帮助或阻碍。一般来说,当建筑师问"你们有多少孩子?20个?30个?这块地方是用来放课桌的吗?"我们就知道他们所构想的幼儿园是用来坐下学习的。而当有这么一所学校,其中的儿童总是站着或者走来走去地学习,那么这些衡量方法就失去意义了。我们必须考虑到每一个孩子都是一个有机的个体,他们需要私人空间,他们的行动按照个性化的方式进行。这是我们必须反思的,不能够只是依赖卷尺来测量。

维奇:一个建筑师和一个教研员可能造出一所美丽的学校,但假如在那儿工作的教师既没有反思,也没有做好准备深入理解生活在某个空间中的意义,那一切都是白费力气。他们必须要回到做出空间规划的决策所依赖的最初想法中去。比如说,根据尊重儿童的哲学理念而塑造的空间能将简单的卫生保健转化为真正的关爱儿童身体的场所,将与物体的操作互动转化为相互交流。如果一个空间缺乏生活在其中的教育体验所赋予的哲学基础的话,这个空间将丧失应有的功能。实际上,令人担忧的问题在于儿童生活在与空间环境失去联系的体验中。人们常常走进一幢精心建造的用于早期儿童教育的学校大楼,然后看见其空间场所中的许多东西违背了其自身重要而正面的教育特性,造成了一种不协调和隔离感。(Malaguzzi and Vecchi, interview, 1992)

教师们也常常注意学校周围空间的特别之处,即所谓延伸的课堂。教师工作的一部分就是带孩子们去考察周围居民区和主要的城市地标。就拿一个学校的拓展项目来说,它由多个学校和拉维拉塔幼儿园共同参与,并历经数月。活动中,孩子们外出考察城市在暴风雨中的变化。一开始,孩子们和教师们考察没有下雨的城市状况,给那些熟悉的或是不熟悉的地方拍照片,然后就雨会怎么改变它们做出假设。由于那一年的雨季姗姗来迟,孩子们有好几个星期来准备工具和装备。这些工具和装备在他们看来可以帮助观察、搜集、测量、拍摄和记录所有关于雨的一切。与此同时,孩子们的期待与日俱增。每天,教师们和孩子们都要爬到学校的屋顶平台上,满怀希望地注视天空,孩子们也获得了很多关于云的形成和风的方向的知识。

图18-1 戴安娜幼儿园的中心广场

一场好雨终于落下来,多么令人狂喜雀跃。孩子们注意到行人如何改变步行速度和姿势,光线经水塘的反射和四溅的污泥如何改变了街道,以及雨点滴在路面、车顶或树叶上的声响有何不同。接着,在体验过暴风雨之后,按照瑞吉欧·艾米利亚的惯常程序,儿童投入到展现其各种面貌的活动中去。这就继而引发了更多的问题、假设和探索,教师与艺术资源教师把这些都完全记录下来。整个考察活动最终被记录在"儿童的一百种语言"展览的"雨中的城市"部分中,向我们展现了将熟悉的城市变成活动的舞台和建构性探究的多种方式方法。(Municipality of Reggio Emilia Infant–Toddler Centers and Preschools,1996)

近年来,教育学与建筑学的对话日益密切,这为瑞吉欧·艾米利亚婴幼儿中心和幼儿园的教育蓝图中对于幼儿空间的思索和设计指明了方向。对话的参与者包括教师、教研员、设计师和建筑师,这种对话通过加强他们的身份认同来促进一种尊重儿童权利的文化的形成。这样的促进是通过把关系与参与作为学习的核心概念来思考而产生的。教研员保拉·卡瓦佐尼(Paola Cavazzoni,2007)指出:"日常生活环境不断被其中的主人公——包括儿童、教师和家长——通过探索和研究所激活和修改。这些活动在事件活动的踪影中,在全社会或个人的故事中,留下印记,成为了一个移情的地方,用来学习并暗示行动与改变。"

教育学和建筑学发展对话的一个关键在于一种关系的存在,关系的两端分别是瑞吉欧市政府和那些活跃于城市各个角落的建筑师群体。在瑞吉欧·艾米利亚市为0到6岁的早期儿童教育而建造和设计场地的进程中,这种关系是强有力的要素。特别值得一提的是,市政当局已经接手处理一个困境:一方面家庭对自己孩子所在的婴幼儿中心和幼儿园有不断增长的空间要求,另一方面可用的场地数量有限,同时这个城市由于出生率日益上升(这在意大利并不常见),这些场地都有长长的候选名单,这还不包括大量移民家庭的涌入(如今在意大利已司空见惯)。

瑞吉欧市属婴幼儿中心的建筑设计体现了一种努力,这种努力是为了能创造出确保儿童和教师一同构建学习时有良好状态的场地,同时也欢迎作为积极参与者的家庭成员。马拉古齐将这些地方描述为"亲切的空间"。从20世纪七八十年代开始,新建的大楼成为瑞吉欧·艾米利亚的各个居民区的优雅的装饰。这些地方作为各个家庭和市民的聚会场所,成为社区的参照性标志。

这种特色建筑的选址、楼房的描述性品质历经岁月已被教研员团队、教师和艺术资源教师们共同精心加工,由瑞吉欧儿童和多莫斯设计学院共同出版的《儿童、空间、关系:幼儿环境的元项目》(Children, Spaces, Relations: Metaproject for an Environment for Young Children)(Ceppi & Zini, 1998)一书收录。该书分析了一系列的描述和术语(关键词及比喻),它们相互关联,并由建筑师和教师在协同工作中发展而来。对瑞吉欧·艾米利亚学校经历的严格检验形成了某些通用标准和情境,并指出了幼儿环境所需的特征及品质。以下几段内容所阐述的几个观念,均基于通过观察与倾听来追随关系、构建教育经历的基本原则。

整体的柔软。柔软是一种比喻。这里指的是空间的心理学品质,以及创建亲切、适宜居住和宁静的地方。传统来讲,幼儿空间往往是按照机械的方式来布置,分隔出不同区域用于幼儿园里不同的活动。这种有意的分隔是为了保护教室和教师的自主权,但问题在于它也可能限制了教师与儿童的交流。因此,另一种选择就是既能起作用,又能意识到不同维度和关系之间的共存,使其中的人可以一同交流和工作(比如让婴幼儿中心和幼儿园的孩子们共用同一片场地)。这怎么可能呢? 这可以通过合作、组织以及使用倾听和欢迎作为策略来实现。若能敞开心扉、关注他人,就能开展对话进行交流(这也是瑞吉欧·艾米利亚哲学的价值观之一)。这么做的目的就是为了创造一个体验环境,在这种环境中,倾听成为尊重儿童的各种不同表达(甚至包括沉默)和尊重成人的想法和意图的方式。

关系的空间。通过分享具有创意的想法和策略,网络联系和交流使成人和儿童间特殊的探索、调查和建构成为可能。成人和儿童身份不同,但他们可以通过建立关系,以及诠释学校里所发生的事而和谐共处。通过一起学习,并交流关于探索新途径的观点和想法,这种关联可以促进我们对人际关系的价值和令人愉悦的审美情趣的认识。

与周边环境的联通和社会衔接。人际关系可以延伸为与世界上的物体的对话(比如物体通过它们的形状和被摆放的位置来传递信息)。而且,人际关系衔接起所有学校空间内外的东西(包括户外空间对你的影响)。与学校有社会联系的事物渗透进学校,也被学校自身的价值观和教育哲学(一种事先已经和家长分享过的哲学)有选择地过滤。培养幼儿园与社区、其他儿童机构及组织、图书馆、公园、城市地标等等之间日益丰富的关系十分重要。

多重感官体验。婴幼儿通过感官探索来了解现实世界,同时构建知识和记忆。这种体验世界的个性化方式可以广泛应用到群体探索。

如何支持这种探索?如果在一个环境中设计各种特征、提供具有刺激性的感知,并帮助儿童意识到这些感知,那么这种环境引发的感官体验是极具意义的。这种注意能帮助儿童建立联系,促进认知探索。在这儿,与儿童的交流和对话显得至关重要。值得一提的是,空间场所(或环境)的质量由很多因素决定:规模和形状、功能性布置,以及对颜色、光线和材料的感官体验等等。这正如米歇尔·兹尼(Michele Zini, 2005)所说的:

我们发现所有的设计过程都利用了颜色、光线、声音和气味。其原因是这些元素符合幼儿的认知特征。因此,学校的形象不仅仅取决于空间的陈列和装饰,还取决于所用材质所提供的丰富的感官刺激。

颜色。颜色意味着有必要使用充满各种色调的色彩领域。这远非成人常做的,将平庸简单的红、黄、蓝三色与儿童相关联的常见做法。相反,我们的目标应是为儿童提供一个更为精致的色谱,有更多的颜色。

光线。光线应来自于照亮空间的多种光源,包括白炽灯、荧光灯、蒸汽灯、卤素灯等等,以便最大程度地优化利用各种可能的资源。光能产生影子,白炽灯可以产生影子,但荧光灯就不行了;照明中应该既有集中的光线也有扩散的光线;还有光线中不同的色温,如暖白色、冷白色和玫瑰白色。

材料。所用的材料应当丰富多样。材料的表面,有的光滑,有的粗糙;有的潮湿,有的干燥;有的不透明,有的半透明,有的全透明,有的显得明亮,这样才能建立一个多感官的环境。这些材料应有不同品质,有些能随时间而变化(如木头、石头、花和织物),有些则不会变(如玻璃和钢铁)。(p. 24)

对于这些元素的组合并不存在某个最佳的方案,因为我们在感官阈值上存在差异。最好能避免过度刺激,而选择一种较为温和的基调,并给出多种感知觉供选择,让每个个体找到一个舒适的位置。

灵活性和适应性。用来学习的空间应该具有灵活的适应性,这样日复一日待在空间里的儿童就可以提出自己修改的需求,或者干脆直接在使用空间

图18-2　室外空间也可以成为艺术工作室

的同时更改它。这种灵活性可以促进集体学习,因为儿童经常在既定教育环境里通过集体行动来创造改变。如何尊重所有儿童和教师的意图呢?学校中的成人肩负着共同的责任,去致力于维持儿童及教师之间的积极对话,以共同理解学校社区的动机和需求,即提问、回答和协商都是儿童学习中的重要策略。

社区和参与。受到关系、尊重和参与的启发,学校中的社区以儿童、教师和家长为中心。所有这些人都参与到学校的教育设计和日常生活中来。优质的空间能够容纳个体于学习经历之中,给人以归属感和享受感,这样的空间往往能促成对话、互惠和交流。

社会建构主义。学校好比一个工厂或实验室,而知识在其中不断被建构起来——并非通过线性或渐进的方式,而是一个动态、活跃的过程,且常常是在社会环境下进行。个体的知识是在和他人的交流中共同构建的,无论是在成人之间、成人和儿童之间,还是儿童和儿童之间。通过分享和交流,知识点、技能和策略被修改、否定、肯定、巩固、联系、融汇、提炼和修正。基于对儿童的观察,教师们负有创造性的责任,即找到或创造某些经历,并提供各种材料和工具,作为探索发现的资源。这些经历加上教师脚手架式的辅助,就成为了共同学习的来源。

叙述。杰罗姆·布鲁纳(1991,2004)说,假如我们不讲述自己的经历,我们就不复存在。就我们所讨论的哲学情境而言,我们倾向于认为学校应该追求两个层次的叙述。交流是必需的,场地空间则提供了一个强有力的可能性,即走进学校的人能够了解教师对幼儿福利和学习的关心,了解教师自身的专业度,也了解家长的参与。这是学校中的一种叙述。教室的可见度和透明度反映出这个空间里正在发生的事。然而,只有通过档案记录才让儿童和教师的研究及行动过程得以显现。可以准备各种各样的档案记录。词汇、图画、材料、颜色和物品都能记载儿童的声音和思想,即使当儿童不在场也能讲述他们的故事。这就是教室和学校中的第二种叙述。

日益丰富。当我们每天观察和倾听儿童,就能看到他们在学校这个小小世界的里里外外神奇的发明和发现。在一个精心布置和经过周密考虑的环境中有很多学习的机会。幸福感来自和谐、平等以及不同元素间的积极互动。从某种程度上来说,就好像交响乐。多种不同要素间的平衡组合带来丰富、强烈、充盈和有趣的常态,"就好像太阳发出的白光其实是光谱中所有颜色的总和"。(Cappi & Zini, 1998:27)

《儿童、空间、关系:幼儿环境的元项目》出版的重要意义在于它使深思熟虑的教育学和美之间形成了一种长久的联系,这种联系通过瑞吉欧·艾米利亚市属幼儿园和婴幼儿中心的多年经历逐渐发展而成。这一观点的形成颇新,而目前也已成为公开的观念,它在瑞吉欧·艾米利亚市各私人或公共部门人士日益增加的参与(包括努力创建新企业)、配合下,成为了在城市公共空间中可见的各种项目和活动发展的决定因素。

由于多个对建筑项目的馈赠,比如对罗里斯·马拉古齐国际中心的修缮和翻新这项令人钦佩的建筑学壮举,还有其他一些我们主动邀请而收到的对于建筑项目的贡献,使城市和幼儿园的关系日益增进。例如,塞拉维拉幼儿园是基于安娜和詹尼·优迪的馈赠;马拉莫迪基金会于2005年给予馈赠,通过和瑞吉欧·艾米利亚市政当局及婴幼儿中心和幼儿园签署协议,并在瑞吉欧儿童的组织和支持下,该基金会建造了一家婴幼儿中心。这种公共和私人部门间的协同效应似乎为这座城市解决了由于出生率和移民人口增加使人口不断攀升而带来各种需求的问题。

一个新的婴幼儿中心的诞生

马拉莫迪基金会的馈赠是为了纪念朱莉娅·马拉莫迪,一位在女装设计制作艺术和工艺史上的杰出代表人物。她为发展和传授女装制衣法所做的工作,正是著名设计品牌麦丝玛拉 Max Mara 的起源。

2004年,马拉莫迪基金会和瑞吉欧儿童合作,由瑞吉欧·艾米利亚建筑师协会赞助,宣布举办一场竞赛,要建造一家以朱莉娅·马拉莫迪命名的新的婴幼儿中心。竞赛招标对象是35岁以下的建筑师和工程师。该比赛的主要目的是为艾米利亚·罗马格纳地区的青年才俊提供机会,让这些年轻人能够为那些被高质量的教育方法和建筑标准、建筑价值所激励的儿童设计教育教学空间。

图18-3 幼儿凝视他们的新婴幼儿中心朱莉娅·马拉莫迪

2009年9月,访问了马拉莫迪婴幼儿中心之后,我们对一位跟随和支持该校相关建筑活动的教研员鲍拉·卡瓦佐尼和一位叫做卡洛·马吉尼的建筑师进行了采访。以下是谈话的内容:

卡瓦佐尼:最终,建筑师弗朗西斯卡·法娃和卡洛·马吉尼的方案被选中了。他们的方案体现出对年幼儿童的经历的密切关注。他们设计了一个对外开放的空间,包含可移动的艺术工作室,在冬天时可以放在更接近楼房的位置,而在夏天时放置在更接近户外的空地。这一选择基于空间观念的延续性,是瑞吉欧·艾米利亚价值观的一部分。他们的计划书是针对一幢楼房的,这幢楼房包含有同"环境的元项目"一致的关键概念,比如移动性,透明性和转换性。同时,这份计划书给予文本和物理文化空间极大的关注。我们选择了卡洛·马吉尼和弗朗西斯卡·法娃的方案,因为它包含了对关系的悉心关注,这也是我们的基本价值观之一。我们也发现了他们方案中另一个积极的方面,即他们考虑到了内外部空间的连通。在他们的设计中有一个花园,花园中的颜色和芳香都有具体的说明,且皆显而易见,可供这个教育社区中的儿童和成人使用。他们的设计里还包括了一个和家长们一起种植的菜园。

甘第尼:今天倾听和观察了教师们一会儿,看他们怎样在这个新式、特殊,且需要用非常细腻的方式来进行特别护理的空间里生活,我感到很有趣。

卡瓦佐尼:这些教师们都很年轻,他们觉得待在这个婴幼儿中心里简直就是一次非比寻常的历险记。

甘第尼:我听到教师们问自己,"如果我们给这块空间加上这个或那个,会变成什么样?"显然这对他们而言是全新的经历。

马吉尼:实际上,不断变化的理念正是一项基本前提。这是我们计划的一个基本点——用可以移动的部件创造一个可连续变换的空间。我们现在的想法和曾经一样,即变换转化应能够在空间的日常使用和生活中进行。正如你所看到的,我们还在试验中。我们意识到,必须要在一个安心熟悉的空间和一个能被儿童和教师的行为和兴趣所改变的空间之间找到一个微妙的平衡点。

甘第尼:你们有没有找到机会观察儿童的各种建构过程以及教师们记录这些过程的方法?那是美妙而复杂的,儿童似乎对一同工作充满热情。

马吉尼:儿童似乎被建筑结构所影响。看孩子们怎么利用这个空间是很有趣的。比如和大玻璃窗会擦出什么火花,和光与影一同玩耍,或者在天气变化的时候试图捕捉雨滴,这些都是有力的证明。儿童利用空间的方式对我们很重要。我们确实已经考虑到很多种可能性，但亲眼看他们如何行动依然那么美丽。

甘第尼：教师所提供的材料和儿童周围的空间建立了一种关系。各种各样的建构是如何产生和形成的？是教师间谈话的结果吗？还是身处这样一个新场所中的儿童渐渐自发进行的？

卡瓦佐尼：教师们先设想出可供选择的适宜建造的材料，然后要求家长把各种建筑材料带到婴幼儿中心（译者注：原文中使用 nido 一词）中。儿童察觉到成人赋予这些材料的重要性，很显然，他们会使用这些材料的语言。这对他们来说就是一种直白的邀请。

甘第尼：当然，儿童对建筑的兴趣并非纯属巧合。他们知道这幢房子有多新颖惊人。婴幼儿中心的档案记录中有一些照片，画面中的孩子们站在远处指向这个建筑物，对他们来说就像一座用积木搭起来的房子或者一件玩具。

马吉尼：房子的结构像一个玩具……

卡瓦佐尼：这个活动是我们价值观的一种体现。我们不是有意要把建筑项目从一个地方搬到另一个地方。关于价值观的问题，也是每一个项目的一部分。

在后来对卡洛·马吉尼和弗朗西斯卡·法娃两人的一次采访中（2009年12月），更详细地描述这些概念。

甘第尼：卡洛，你说过这个项目耗费了你们两人很多心血，你们常常感到有必要回去看一看那个婴幼儿中心。儿童和老师对于空间的哪些使用或变更让你们俩感到最意外？

马吉尼：儿童用他们的颜色和温情诠释空间，使得空间美轮美奂，不断转变。我们无数次地访问总能看到新的释义，着实让人满足。我想这就是弗朗西斯卡和我成为建筑师最重要的理由之一吧。我们规划的每一个细节都在婴幼儿中心中呈现为各种形态。我们觉得这就是以倾听为中心的建筑学的成果……倾听场地，倾听现在和以前住在这个儿童乐园中的人。那样的倾听方式使我们得以维持和教育学家、教师以及儿童间的关系。在筹备方案和建造这个婴幼儿中心的过程中，或许弗朗西斯卡和我就像玩耍的孩子，再一次回到了小时候。

法娃:在最近的一次访问中,由于场地的透明性,卡洛和一个小女孩互相报以微笑。起初,她有点害羞,接着他们开始玩起捉迷藏来,感情时隐时现,最后以一个美好会心的大笑收场。空间是一种元素,能够促进儿童在发展和变化中的交流。(Gandini,2010)

教育和保育的场地

迎接场地反映出多层面的文化

就像我们在一开头所讲的例子一样,当走进瑞吉欧·艾米利亚的幼儿园,立刻感受到一种备受欢迎的感觉,一种探索和宁静的气氛。此外,还给人留下一种综合的印象,包括儿童活动的质量和种类的丰富性以及成人具备的专业素养和关爱。这些印象来自于环境的细心布置,特别是来自于观察儿童、教师和家长在学校的表现。但所有这些是怎么产生的?罗里斯·马拉古齐(1990年6月访谈)说:

"毫无疑问,我们的学校是我们工作最明显的对象。我相信学校给我们多重感知与信息。它们背后是几十载的历练。它有经验丰富的教师。每一个婴幼儿中心和幼儿园都有自己的过去和发展史,有自己的经验层次,自身独特的风格和文化程度。我们从未期待把它们变得雷同。"

空间从很多方面反映出创建者的文化,如果细心观察,还能揭示出这种文化影响的不同层次。首先,这些学校的设计非常注重美与和谐。这从那些功能性的令人愉悦的装潢家具上就能看出来,而它们经常是由教师和家长一同发明创造的。从墙壁的颜色、透过大窗的日光、健康的绿色植物和其他许多细节比如对场地的精心保养上也能看出来。这种特别在意环境的外观审美,在意怎么样让家中的居住空间井井有条,以及设计有利于社交互动的空间,都是意大利文化的基本元素。

在进行活动和日常生活的环境构造中,也有一些利于合作的特色,比如规划供小组使用的空间。这是艾米利亚·罗马格纳地区一个具有强烈社会政治意味的概念。在该地区,已经长达百年的生产者和消费者的合作企业组织如今依旧繁荣。更多地方性的感触可以从语言中听到,从一些材料和器具上看到，也从厨师每天准备的新鲜的符合儿童口味的典型食物中感觉到。这座城市的文化也能从墙上有关城市地标和市民的户外活动记录中嗅到，其中一个著名的活动就是去参观那座位于城市集市广场中，永远等待着儿童的石狮子。

图18-4 布鲁诺·穆纳里幼儿园4岁班级教室里的教师和儿童

另一个层面的文化是每一所独特的学校的文化。学校本身通过每一个直接和间接参与进来的人，构成了一种文化。从房子如何选择、设计、建造的特殊故事开始，到每一个孩子和每个家庭从家里带来的经历，以及父母们参与学校生活的方式，所有这些都促成了一种独特的文化，分享那些特别事件和日常琐事。在瑞吉欧·艾米利亚，学校环境除了有欢迎的气氛外，还要呈现历经3年，在学校度过无数个小时的儿童的活动与发展轨迹，这一点尤其重要。这里有精心记载的个人和集体的故事，还有每天对常规活动进行的编辑整合，对每个参与者的人生来说都是有意义的垫脚石。所有这些都促进了象征符号和比喻的诞生，并被大家一同精心构建，成为共同话语的一部分。

儿童和家长们带到学校来的材料促成了一种独特的文化。有些是来自大自然的材料，比如松果、贝壳的陈列；按大小、形状或颜色排列的鹅卵石；孩子们带来透明的小盒子,装着从一次特别的旅行或只是在学校周边的花园里找到的宝贝;有些是从家里的厨房、针线盒,甚至工具箱中带来的工具和物品。儿童把这些物品和材料带到学校,而家长则帮他们把这些东西放进来回携带的透明袋里,让学校和家庭生活联系在一起。

更进一步地说,儿童的行为是塑造空间的一种特殊方式。以前在此学校待过的儿童创造了环境的特色,而成人灵活而饶有兴趣地不断更新着。环境映射出新的关系,而新的关系带来新的想法,继续滋养着学校生活。

这些东西使得每个学校都不一样,各自形成一种特殊的文化。儿童和家长带来的创造性解决方案、对环境的关怀、对细节的关注以及对现实的反映是这个体系中的共同要素,但它们在每个学校留下完全不一样的痕迹。

空间和时间

环境是一个活生生的、不断变化的系统。不仅仅是物理空间,它还涉及时间被构建的方式以及我们所要扮演的角色及其人际关系。环境影响我们的感觉、想法和行为,并在很大程度上决定我们生活的质量。在我们的生活中,环境既可能对我们有利,也可能对我们不利(Greenman, 1988:5)。

当观察瑞吉欧·艾米利亚学校里的儿童和成人时,就会察觉时间和空间存在特殊的联系,环境实实在在地起着作用。对儿童的自身需求和行为节奏的考虑决定了对空间和物理环境的具体安排。儿童自主支配时间让他们可以按照自己的步伐利用和享受幼儿园里精心布置的空间。实际上,瑞吉欧·艾米利亚教育方法中对时间的思考方式受到至少三个要素的影响。首先,自1963年第一所市属学校成立以来,他们的经验不断扩充,而那所学校是基于家长运营的,是在"二战"之后很快建立起来的。因此,我们所看到的空间布置来源于很长一段历史经历中诸多的改变和学习。因为如此,教师们不会急功近利地设置空间环境。

第二,父母和他们的孩子与整个教育项目之间有长期的密切关系,因为很多家长在子女1岁之前就把他们送到了婴幼儿中心,当他们长到3岁时,这些孩子就自然转到接收3—6岁儿童的市属幼儿园。这一体系让教师可以和同一群孩子共同度过从入园到毕业的3年。在这段长期相处过程中,同一群孩子、家长和教师建立的关系共同塑造了空间,继而成为他们熟悉的一个生态环境。由于在完整的学年时间里他们都未曾分离，就不必重新适应新关系，也没有为达成某些新目标而产生的极大压力，比如在休整期前将一年的工作清理完毕，或者每一学年从零起点开始起步。

　　第三，意大利幼儿的公立教育并不区分教育和保育。项目间确实有差异，但仅限于它们面向不同年龄段的孩子，并且既提供保育也提供教育。这些项目被视作社会公益服务，时间灵活。尽管大部分儿童待在市属教育中心的时间是从上午8:30到下午4:00，有些家长需要在早上7:30就把孩子送来，而晚上6:20才来接，也有家长希望一吃完午饭就来接孩子，大约在中午12:30或下午1:00。事实上大多数儿童要在中心度过好几个小时的集体生活。因此，教师们要为他们提供一个悠闲从容的用餐环境，一个宁静安全的午睡环境，以及多个可以用来不慌不忙地进行大量有趣好玩的活动的区域。他们共同提供一种安全感、自我尊重以及解决问题的机会。马拉古齐曾这样评论："我们必须尊重成熟、发展、操作和理解工具所需要的时间，以及儿童时而全面、时而缓慢、时而夸张、时而清晰，又千变万化的能力；这是对文化意义上和生物意义上的智慧的衡量。"（见本书第2章）。

社交空间、活跃的空间和手与脑的空间

　　对瑞吉欧·艾米利亚的教师来说，社会交流是学习的本质。通过共享活动、交流、合作，甚至冲突，孩子们共同构建对世界的认识，用一个孩子的想法启发另一个孩子，或是他们彼此探索未知的途径。因为社会发展被看作是认知发展的内在本质，所以空间被设计成便于儿童之间相互见面、互动和交流的场所。这个场所必须同时确保每一个孩子和整个集体的福利。同时，这个场所也被设计成利于教师、员工和家长之间以及他们和儿童之间的关系和互动。例如，成人可以碰面，聚集成或大或小的团体开展工作、讨论问题，或一同在学校吃饭。在学校工作的成人的福利，和进行自己的活动前将孩子送到学校的家长对学校的信任，这两者是教育项目计划得以有效开展所必需的。如马拉古齐所述（摘自1990年6月访谈）：

　　我们始终尝试促进和维持工作和研究之间的密切关系，学校员工和家庭成员之间的健康合作，对儿童潜质和能力的恒久信心，以及时刻准备好进行思考和讨论我们所做之事的意愿。

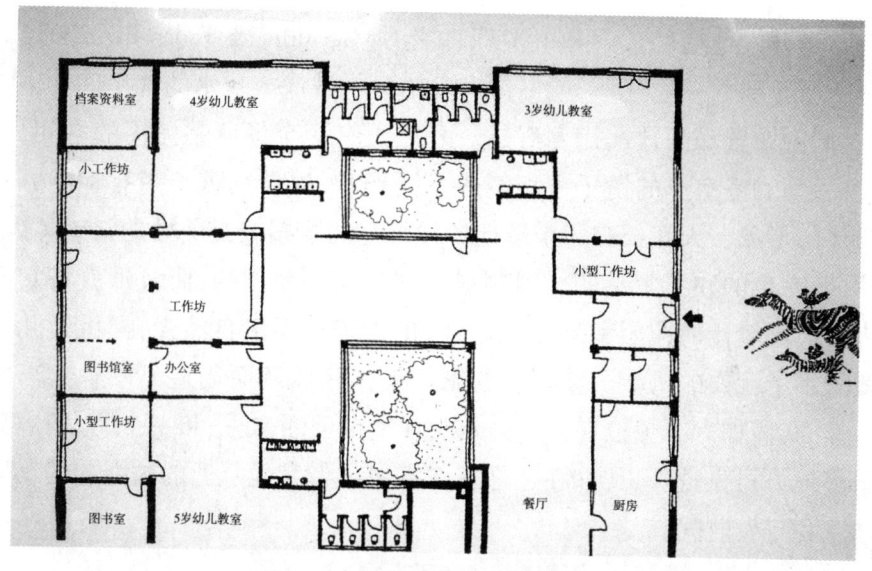

图18-5 戴安娜幼儿园的楼层平面图

在戴安娜幼儿园(见图18-5)中,3岁、4岁和5岁儿童教室的门正对着一块较大的公共空间区域,这块空间和城市广场有着同样的名称,即"广场"。其他室内空间的入口也正对着这个"广场"或类似的公共空间。教室继而被划分成两到三个区域,因为教师们相信小一点的空间能够提供给儿童在小组中顺利开展工作的机会,去倾听和被倾听从而实现交流。这种布置亦能让教师有机会设计一些激发建构性探索和行动的场景。

戴安娜幼儿园中正对广场的其他室内空间包括:一个大艺术工作室、一个配备电脑的图书馆、一个档案馆和一个储藏室。幼儿园里所有的儿童和成人都可以使用这个艺术工作室(一个作坊或是工作室)。负责工作室的教师,即艺术资源教师,接受过专门的艺术教育或各种越来越常见的表现艺术,比如舞蹈、音乐和设计等的训练。艺术资源教师是儿童和教师活动经历的共同组织者,也是校内活动档案记录的编辑者和设计者。每个年龄组有一个教室(一个大房间),紧靠着的就是一个迷你艺术工作室,将大艺术工作室的工具和活动分至幼儿园的各个部分。

继续沿着园舍参观,我们看见了厨房。通常这也是一个重要的地方。在这里,厨师及她的助手们每天都会和几个孩子一起准备食物。最近得到极大关注的是口味和食物的"语言",以及由儿童轮流负责整理布置餐桌的活动,这有益于开发他们的数学和审美理解能力(Cavallini & Tedeschi, 2007)。餐厅是一个重要的关系场所,就好像有水槽可供洗涤或玩水的洗手间和浴室一样,它们的布置和摆放实用而舒适。总之没有一个场所是无用的空间,比如说,洗手间和浴室里的镜子被切割成不同形状,以鼓励孩子用有趣的方式观看自己的形象。天花板被用来悬挂各种腾空的雕塑或是美妙的活动体,都由透明的、有色的和不常见的材料制成。这是儿童制作的,而教师就将它们挂起来。玻璃墙让内花园和外花园连通,也带来了很多自然光,提供给儿童与光线和影子玩耍的机会。玻璃墙也隔开工作区域从而创造了一种共享的感觉。然而,假如有人想独自待一会儿或者独自干活,或是和一个朋友私聊,也有很多地方可供选择,比如在迷你工作室里或者其他舒适的被圈起的小区域里休息和打发时间。

图18-6 拉维拉塔幼儿园里的迷你艺术工作室

一日的活动安排和对活动空间的布置,不仅体现对整个儿童群体的关注,也体现了对个别儿童的关心。每天早上9点左右,当所有儿童都来到学校,每个班级都会开一个晨会。有些学校里,晨会地点设在类似于露天看台的地方。然后,一旦儿童选好活动或是继续某个正在进行中的项目,就能在桌子上、光台上、画架上或是其他方便拿取的地方找到需要的材料和工具。他们能在井井有条的开放式架子上找到所有需要的东西,架子上放满了回收的和其他的材料。这些材料预先经过挑选,在教师的帮助下整齐地摆放在透明容器内。

对空间的布置和使用至关重要。这些空间可用来开展活动,对材料进行建构性探索,或是开展项目活动或主题活动。马拉古齐说:

实际在学校里进行的是对我们所有人的一项基本考试。持续的活动对我们是最重要的事,代表了最能为我们的兴趣和思想行为的持续性活动保持新鲜(一个杜威喜欢的术语)的东西。我相信我们的学校已努力尝试,把教育活动项目和工作组织计划、建筑和功能性环境布置融合在一起,从而使转换、互相依赖性和互动都达到最大化。(Malaguzzi,访谈,1990年6月)

为了说明建立激励型空间和有意义的活动中心,马拉古齐用来举例的情境之一是"市场里的货摊",每一个顾客在里面寻找自己感兴趣的商品,进行对比挑选,并投入到活跃的互动之中。

适用于不同年龄和发展程度的空间

在婴幼儿中心里,关注所具备的物理环境是人们的一种特殊品质,这会提醒人们最年幼的孩子也需要亲密的关系,渴望互相交流。在入口处,舒服的藤椅让家长可以歇下来陪伴婴儿、与其他家长会面,或是和教师交谈。铺着地毯和放着枕头的房间让儿童可以安全爬行或是依偎在教师身边看图画书或者听故事。有一块地方有适宜的设施,供儿童与滑轮推车和斜坡进行互动性试验。这些小推车是由一个家长制作的,孩子们可以站在车里面或是推着车走。还有一个空间位于两个供年龄最小的儿童使用的房间之间,是用来如厕、洗手和更换尿布的场所。有一个值得关注的细节,在换尿布台的上方挂有一面镜子,作用在于邀请儿童参与更换尿布。还有一个艺术工作室,让儿童用颜料、记号笔、面粉、黏土等等更多材料来探索。婴幼儿中心特别使用玻璃来作为空间的隔离,使儿童可能产生更大的空间感觉。透过玻璃墙,儿童可以看到厨房的内部、看到更换衣服的房间里面,也可以来回看不同房间里各年龄组的儿童玩耍。有一本书描述了较年幼的儿童逐渐发展出对整个婴幼儿中心的归属感的过程,这本书还提供了彩虹婴幼儿中心的楼层平面图和著名的"劳拉和手表"的故事背景（Edwards & Rinaldi, 2009）。

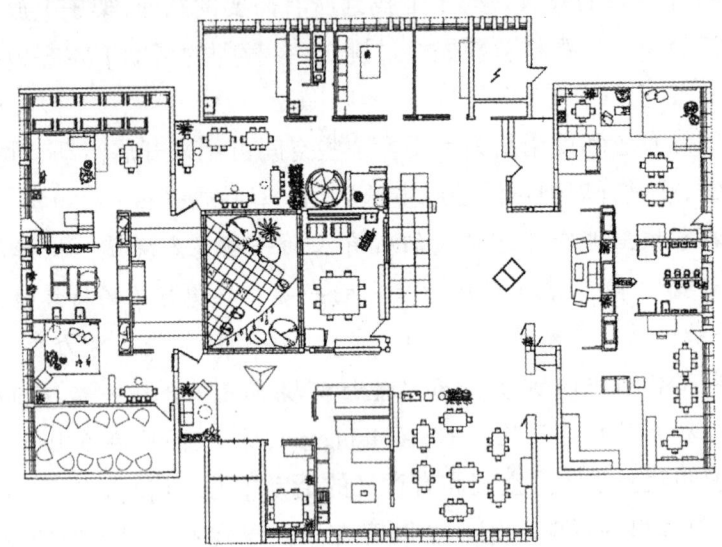

图18-7　彩虹婴幼儿中心的楼层平面图

类似的空间设计在幼儿园里还有很多，最小儿童组所在的教室里，更多的空间留给了开放性的材料，比如积木、乐高积木、玩具小动物和回收材料。铺有地毯的区域面积较大，能让儿童在地板上玩耍。此外，家政区域很宽阔，放满了家中常见的陶瓷和玻璃器皿的小型复制品，大大小小的装有意大利通心面的罐子，和不同颜色的豆子。

在深秋进入一个迷你工作室，你能注意到儿童正在探索三种材料的属性：黏土、纸张和金属丝。每一种材料，他们都要花上好几个星期来研究。在之后的几个月里，教师和儿童回过头来再看这些材料，但运用的是更深入的技能和理解。经过一年，他们收获更多自我肯定时，儿童也在艺术工作室里进行各种探索和开展项目。

记录的空间

罗里斯·马拉古齐说："我们幼儿园的墙壁会说话和记录。这些墙壁暂时或永久地展示着儿童和成人所做的工作，就好像有了生命一般。"（本书第2章）

这片空间震撼参观者的一点,正是学校周围到处陈列的儿童作品的数量和质量。事实上,这也是儿童和教师塑造学校的空间和构建特定园本文化的一种方式。他们在艺术资源教师的协调下完成这些作品,艺术资源教师和其他教师们小心翼翼地挑选和准备展品。大部分情况下,这些展品包含了教师的想法,并且在儿童的作品边上,配以照片说明整个过程,加上一段对整个活动或项目的各个步骤与进展的描述。这些描述非常有意义,是儿童自己关于这段特别经历所说的话和对话(经常用录音记录)的文字。因此,这些展品除了设计精美、增加了空间的整体愉悦感,还提供了对特定活动、教育方法及过程步骤的档案记录。

通过观察和搜集各种记录并进行解释,档案记录的过程本身就给教师进行灵活的课程选择提供了机会,以评估儿童活动的过程和结果。其实,档案记录对他们的专业成长有显著的促进作用。当然,它也让孩子们意识到成人对他们作品的重视。最后,记录下教育过程也是一种手段,让家长、同事和参观者认识到儿童的潜质、发展中的能力,以及学校中正在进行的活动。马拉古齐对档案记录的评论是:

如今,我们需要其他形式的空间。很显然,当某个地方的儿童被看作是具有主动性和创造性的,那么该处的空间形式、分布、大小和布置都要加以考虑。一种是会说话的学校;另一种则是沉默的学校。如果这是个会说话的学校,那么我们就得考虑帮助它说话。我们应该创建一个包含记录的空间,让家长能够驻足停留。我想要建立一个特殊的空间,有舒服的扶手椅,家长可以在歇脚的同时收到一连串不断变化的信息。我们要布置一个地方,让家长、参观者和教师可以对话并交流想法、观点。归档成为我们工作的一大重点,这并不是随意的。档案馆的建立源自我们对档案记录的切实需要。但是如果一个人做记录,他是在为谁做记录?我只对包含家庭成员的组织进行记录,否则所有的信息就遗失了。我想说的是,档案馆和档案记录彻底改变了学校里每一个人的专业程度。这种彻底的改变之所以会发生,是因为当一个人必须做档案记录,他做的不仅仅是记录,还需要预测——也就是说要细心思考记录什么和为什么记录这个特定的事件而非别的。当然,我们的学校建筑必须扎根于陆地,但从象征意义上说,它应该是一艘航行中的船,这意味着家长们一直和我们一起在甲板上观赏不同的风景、变化和现象,等等,而这恰恰也是跟随儿童兴趣时我们所能看到的。父母们必须有一个动态的学校的观念，因为儿童总是不断地变化，不光是指身体上的，他们的思想和社会性也在不断变化，就和他们的语言一样。我们须对学校投去这种开放的眼光。（Malaguzzi and Vecchi，访谈，1992 年）

教育的空间

这里指环境对儿童起着教育作用；其实，环境是每个班级两位教师之外的"第三位教师"。

要成为儿童的教师，环境必须是灵活的：它必须能经受儿童和教师的时常修正来保持与时俱进，并响应他们在建构知识过程中做主人公的需求。学校周围所有被校内的人使用的东西——包括物品、材料和器材——都不应被当作被动的元素。恰恰相反，它们被视作一种既影响儿童和成人行为又受其影响的元素。用马拉古齐的话来说（Personal communication，1984）：

如果一个空间有能力在不同年龄的人之间组织和促成愉快的人际关系，创建一个漂亮的环境，提供变化，促进选择和活动，并具备激发各种社会、情感和认知学习的潜力，那么这样的空间是我们所珍视的。所有这些特性都给儿童带来一种幸福感和安全感。就像曾经说过的那样，我们认为一个空间也应该像一个水族馆，可以映射出其中人的各种想法、价值观、态度和文化。

因而瑞吉欧·艾米利亚的这些学校不可能随处存在，而且它们中也没有一所学校可以作为一个经典的模板被照搬别处。但它们还是具有一些共性，值得各地的学校思考。每所学校中布置独特的花园、墙壁、高大的窗户和漂亮的家具似乎在宣布："这里是成人精心考虑环境质量的地方。"每所学校都充满光线、多样性和快乐的感觉。另外，每所学校都体现了教师、家长和儿童在一起工作一起玩耍的过程中是如何创造了一个独特的空间——这个空间反映了他们的私人生活、学校的历史、多层次的文化以及一连串经过深思熟虑的选择。

我们所希望的是对周围环境的敏感接触能够形成一种积极的元素，去参与并有意识地团结他人以及我们周围的一切。这是对未来民主与人际关系不可或缺的态度。（Vecchi，Filippini，& Giudici，2008，p. 11）

图 18-8 从中心花园看新学校的艺术工作室

参考文献

Bruner, J. (1991). The narrative construction of reality. Critical Inquiry, 18(1), 1-21.

Bruner, J. (2004). Life as narrative. Social Research, 71, 691-710.

Cavallini, I., & Tedeschi, M. (Eds.). (2007). The languages of food: Recipes, experiences and thoughts. Reggio Emilia, Italy: Reggio Children.

Cavazzoni, P. (2007, April). Pedagogy and architecture encounters. Lecture at the University of Modena and Reggio Emilia.

Ceppi, G., & Zini, M. (Eds.). (1998). Children, spaces, relations: Metaproject for an environment for young children. Reggio Emilia, Italy: Reggio Children and Domus Academy Research Center.

Edwards, C. P., & Rinaldi, C. (2009). The diary of Laura: Perspectives on a Reggio Emilia diary. From a project originally by Arcobaleno Municipal Infant-Toddler Center, Reggio Emilia, Italy, in collaboration with Reggio Children. St. Paul, MN: Redleaf Press.

Filipini, T. (1990, November). Introduction to the Reggio approach. Paper presented at the annual conference of the National Association for the Education of Young Children, Washington, DC.

Gandini, L. (2010). The relationship between architecture and pedagogy in the experience of the Reggio municipal infant-toddler centers and preschools. Innovations in Early Education: The International Reggio Exchange, 17(1), 1-11.

Greenman, J. (1988). Caring spaces, learning spaces: Children's environments that work. Redmond, WA: Exchange Press.

Municipality of Reggio Emilia Infant–Toddler Centers and Preschools. (1996). The hundred languages of children: Narrative of the possible (catalog of "The Hundred Languages of Children" exhibit). Reggio Emilia, Italy: Reggio Children.

Vecchi, V., Filippini, T., & Giudici, C. (Eds.). (2008). Dialogues with places (catalog of the exhibit). Reggio Emilia, Italy: Reggio Children.

Zini, M. (2005, April). See, hear, touch, taste, smell and love. Children in Europe, 8, 22–24.

第19章
数码媒介在瑞吉欧·艾米利亚的运用

乔治·福尔曼

眼下,数码媒介在瑞吉欧·艾米利亚幼儿园里的运用让人又惊又喜,现代教育技术的运用确实能够增加人们对早期儿童教育和幼儿能力的理解。本章主要探讨早期儿童教育实践中运用教育技术方面的创新,首先是综述他们当前对数码介质的熟练运用方式。有时,我会对现在利用数码媒介所做的和以前没有数码媒介时所做的进行比较,比如以前是用醋酸纤维素薄膜(一种透明的塑料薄膜)而不是图像处理软件来覆盖图片。这样,我们就能探讨这种改变的基本原理以及思考改用数码媒介的得与失。

这里所说的数码媒介指的是存于电脑中的任何形式的文件,即使这些文件之后会打印在纸上或者录制成录像带。数字格式提供了极大的灵活性,包括对于内容的分布、存储、编辑、恢复、混合,以及与其他象征符号的叠加,比如为文本添加视频,或者为照片添加动态效果。

数码媒介的使用趋于常规化,而我们在瑞吉欧的巡回展览中也看到,那些无法轻易复制的大型悬挂式展板,被轻型的独立式专栏取代,而专栏里存储的数码图像,随时可以用来复制。最新的巡回展览"学习的奇迹:儿童的一百种语言"(Reggio Children, 2011)新增了七、八个电脑显示器,可以循环播放 DVD,或者让参观者控制播放的内容。我们已经看到,人们越来越多地使用电脑来打印图像和文档,用来美化学校的墙面,也愈加频繁地将光盘寄到家中,送给家人作为毕业礼物。

  带回家的光盘包含文本文件、记录儿童声音的音频文件、视频文件,以及一个反映儿童 3 年生活内容的文件菜单。这些光盘捕捉了儿童学校经历的实际过程,这在以往的实践中是不可实现的。以往传统的做法是给孩子们一个档案袋,里面装满了上一年的笔记、照片和图画。这些数码照片来自一个大型档案库,在制作墙上的档案板时可以被利用和再利用。照片数字化的现实让儿童、家长和参观者能够更加方便地使用一个大得多的数据库,这个数据库远没有以前的那么笨重。在以往,大型的墙面展板都被堆叠在书架上保存。

  在很多艺术工作室里都有打印机、扫描仪、显示器和投影仪。儿童会被教授怎么用这些装备在纸上画出图像,或是在电脑屏幕上做出图形、动画和视频片段。有一些小组使用了乐高头脑风暴积木(计算机模型),可以设置程序,使它对光线、声音或物理障碍物做出反应。

  我也观察到,人们越来越多地使用数码录像来和儿童一起重温一段经历,或是供成人来研究一个项目或探索活动。例如,在一个针对档案记录和评估的高级研究学习周(2009 年 10 月)中,一个由艺术资源教师、教师和指导教师组成的工作组,向各国来的参与者播放了一段 20 分钟长的录像,内容是三个男孩合作捏制微型黏土椅子的过程,他们要把椅子的大小和之前制作的黏土桌子做成同一个比例。很显然,在"学习的奇迹"展览中放映的样片之外,还有长达数个小时的录像。毫无疑问,这段录像胶片不会被堆放在剪辑室的地板上,而是成为一种数码资料库,用来和儿童一起回顾、评价、规划和宣传。

数码媒介和儿童

瑞吉欧·艾米利亚教师的签名

  使用数码媒介听起来时尚,却也并非超乎寻常。那不妨让我们走访他们,并仔细听听他们是怎样使用这些媒介的。我觉得你会看到数码媒介的常规使用和以往30年媒介教学原则在定义瑞吉欧工作之间的重叠。比如说,教师们常常把"关系"列为主要的核心目标。你肯定会好奇在拉维拉塔幼儿园的一个项目如何利用电脑操作的积木来支持这一原则。乔瓦尼·皮亚泽塔和埃琳娜·加科皮尼对此作了报告。院子里有一棵树因为昨晚一场暴风雨而折断了一大根树枝。孩子们把这根树枝带到学校的庭院中,但接着就产生了疑问:这根树枝("孩子")会不会因为离开那棵树("妈妈")而感到孤独。于是孩子们运用乐高头脑风暴积木,创造了一种让树对树枝打招呼的方法。这些积木上带有传感器,通过打开其他开关就能对光线做出反应。当早晨的太阳升起,阳光就被摆在树上的镜子反射,到达孩子们放在树枝上的光传感器上。这时,光传感器就会触发一段音频:"早安,妈咪。"

我想说的重点是,这是多么棒的瑞吉欧教师代表。大多数教师都和儿童一起做过一个电动积木,一拍手就会停下,一撞到椅子腿就会后退。对我来说,瑞吉欧的特色之处在于找到一条将机械世界同社会世界融合的途径——用电脑操作积木的智能来重建一棵树及其断枝间的亲密关系。对电脑操作的积木进行移情化的重新设计使我会心一笑。

栗子也数码

在《小鸟的乐园》录像(Reggio Children,1992)的制作过程中,我看到教师们把塑料膜重叠放置在画上,帮助儿童思考事物的内部及其成长的过程。在一个案例中,儿童为表达一棵向日葵的形态变化,把向日葵的生长阶段画在重叠的塑料膜上。在另一个案例中,孩子们在他们之前画的肉眼能看到的喷泉上面,覆盖上一层塑料膜,在上面画出水经过喷泉喷出的路线。这种在多层塑料膜上绘画为了显示被覆盖在下面的画的方式,而今凭借新的技术,可以在电脑上使用图像处理软件或者其他图画程序来实现。但是为什么人们想要这么做?

毫无疑问,各种理由在员工会议上已经讨论过了。我们并没有假定新媒介肯定比旧媒介具有先天的优势。在瑞吉欧,肯定会有一个理由,它是从理解儿童如何学习和媒介能提供什么而出发的。这里有一些例子,关于如何借助数字技术改进旧有的技术。

在"学习的奇迹"这个新展览中,我们可以来研究一下孩子们做出的关于罗里斯·马拉古齐国际中心里的一大块空地的调查。说它空,是因为作为著名帕马森优质乳酪的大型仓库和工厂的遗址,这个中心才刚刚开始翻修。这竖着圆柱的一大片空地对于儿童来说,就好像邀请他们在柱子间穿梭奔跑,沉醉于这个空间里各种各样的通行路径。他们注意到圆柱在天花板上消失成一个黑点,继而推测那里住着一种生物,确切地说,是一只瓢虫,她会爬出来,到这大大的空地上,自由地探索、迷路或重新找回来的路。

瑞吉欧的教师们知道,关于这个瓢虫的故事既可以激发又可以协调未来几周要进行的项目,包括用橘黄色的纱线在真实的空间里摆放出瓢虫的行进路线,制作一个和场地成比例的模型来代表这条路线,最后用图像软件中的处理阿尔法通道功能来制作瓢虫从空地上移过的动画及其飞行的动态。

图 19-1 图画和文字均为戴安娜幼儿园的儿童所创作

关于瓢虫及其习性的拓展性和个性化的故事由教师们帮助酝酿,用的方法和我们曾在瑞吉欧目睹的做法一致,比如第一次我们读到斑马闯进戴安娜幼儿园的食堂的故事,还有一次读到在拉维拉塔幼儿园的后院里,被用警戒线隔离出来的一小块一米见方的土壤里落户居住的蚂蚁和虫子,周复一周被用来研究的故事。由于和故事主人公有着亲密的关系,孩子们用新兴媒介制作而成的作品,其创造性、精细度和多样性令人难以置信。孩子们用图像处理软件做出来的飞行中的瓢虫,被压扁、触电,又重生。不同凡响的艺术诠释并非来自于技巧,而是来自于想要表现的内容,来自于儿童把自己的感受投射到了瓢虫身上,比如需要伪装、需要触角在偌大的地方找到来时的路,而对于这个地方,孩子们一开始也自感敬畏与折服。关于这个瓢虫,孩子们有一个完整的故事。这个大大的房间里面所有让他们感兴趣的东西,都被编入了故事里。瑞吉欧的教育者们再一次教导我们,创作是由一个人与主题素材之间的私人关系催生出来的。

图像处理软件的使用帮助他们体现细节,而这些细节无法用记号笔、纸张和纱线轻易表达。比如说,一张摆在房间里用彩色纱线做成的瓢虫的路线的照片,在电脑屏幕上显示为一幅图像。接着,孩子们用图像处理软件在照片上绷紧的线上,再添上蜿蜒曲折的路径。瓢虫的旅行一边上演,孩子们还能一边轻松地给瓢虫换上各种不同的艺术表现形式,如触电的样子、被压碎的样子、复活的样子、振动翅膀的样子,以及翩翩起舞飞行的样子。

虚拟与真实

教师连续铺设虚拟层、真实层和表征代码层。在那个瓢虫的路线图中,儿童用触感笔在图形输入板上作画,就能在电脑中的数码照片上画出瓢虫的路线。这个图像并非大众化的库存图片,而是儿童用橘黄色纱线标记好路线之后拍摄的真实照片。这些私人照片帮助儿童记住所有在摆放纱线时,油然而生的情感、对话和玩笑。儿童在电脑上制作的时候既是在回忆,也是在发明创造。

这种把儿童的真实世界放入虚拟世界的策略有一个很大的优点。甚至在瑞吉欧教育者拥有数码媒介之前,我们就曾见过他们采用这种策略,比如帮助儿童"走进"一个投影,投影里是放大的由儿童自己拍摄的公园喷泉的照片(Forman and Gandini, 1992;Piazza, 1995)。幻灯片放映机把喷泉投影在孩子们身上,于是儿童扮作喷泉,或者是在喝喷出来的水,或者是在躲避喷射的水花。将虚拟与真实相压缩,对两者都赋予了新的意义。

儿童对着有圆柱和其他地标的空地拍摄数码照片。教师问:"你们拍这张照片的时候站在哪儿?"从而鼓励儿童通过将虚拟联系到现实来"读懂"这张照片。但是要注意,教师并没有说:"你能从房间里找到照片上看见的东西吗?"关于视角的问题更有意思,因为它代表了知者和被知者、拍摄角度选择者和拍摄画面之间的关系。这种虚拟和现实的关系帮助儿童理解其中的差别。"现实"是一种视角问题，是人如何构建一段经历，甚至是整个经历的问题。同样的圆柱，可以显得拥挤，可以变得错落，也可以隐藏起来，这取决于儿童所站的位置。

虚拟和现实的融合同样适用于儿童制作瓢虫的动画和捕捉其翅膀动态，图像处理软件的图层可以依次被揭开显示，来模拟动作的过程。孩子们首先把瓢虫制成剪纸画，然后经过讨论、剪切、修剪和折叠这张纸，他们按顺序做出飞行需要的其他造型。接着，这些剪纸画被扫描进图像处理软件，成为独立的编有号码的图层，按恰当顺序排列，然后儿童将其缩放、旋转，做出一只瓢虫在飞翔的效果。将纸质模型转化成一个编好号、精确放置的序列，给儿童带来一种更为常见的关于移动的知识。移动可以理解为一组离散的顺序位置，每隔一段标准长度而出现一个，而这一概念恰恰是微积分的基础。而这一更为抽象的表征，也部分地受到源自纸质模型的直观认知的"辩护"。

图19-2　孩子们首先把瓢虫制成剪纸画，然后经过讨论、剪切、修剪和折叠这张纸，他们按顺序做出飞行需要的其他造型。接着，这些剪纸画被扫描进图像处理软件，成为有独立编号的图层

创建代码来整理经验

我们也许还记得"雨中的城市"("儿童的一百种语言"展览中的一个主题,瑞吉欧儿童,1987/1996/2005)。在这个项目中,儿童记录下了雨点拍打车顶、池塘和路面的声音,以及汽车在湿漉漉的道路上开过而发出的嗖嗖声。他们把这些声音转化成记号,根据所录声音的质量和韵律,或记成一排排的圆点,或记成一圈圈盘绕的漩涡。这种跨感官的表征模式沿用于数码媒介的使用中。儿童对着电脑说话,然后在屏幕(光谱仪)上看见各种表示响度和频率的符号。根据这种实时的、机器生成的对自己声音的表征,他们在使用纸笔时就创造出新组符号。引述《和地方对话》(Dialogues with places, Vecchi, Filippini, & Giudici, 2008)中所述:

> 儿童通过在不同语言之间创建关系来认识世界。在这项研究中,这门语言(我认为他们指的是光谱仪)似乎能帮助儿童更好地理解'声音的语法'……韵律,即抑扬顿挫,是每一种语言的基本部分。我们感到这儿有一条通道,连接着儿童偶然发出的声音,和他们通过创作研究而成的声音。(p. 118)

换句话说,原始经验的世界可以被当作一个音乐作品,通过韵律的主题、行进和重复,被有序排列和理解。首先,电脑在拟音(人声)和数码(光谱仪)之间生成一一对应。然后,孩子们用纸和笔重新创建其中的一些规律,并划下记号以表示声音。孩子们是在发明代码,帮助自己"看见"声音中的细微之处。即使对电脑图像研究得再仔细,如果没有这部分发明,也无法将数字编码和模拟经验整合起来。在此我们看到了建构主义教育法在瑞吉欧·艾米利亚的完美演示。理解即是发明(Piaget, 1973)。

使现实变形来理解它

数码媒介或许比大多数其他的媒介更能够让人创造一个全新的现实——即对现实的重新呈现。通过绘画可以把一个人的一半画成山羊,但电脑可以在几秒钟内就让屏幕上的马特奥的脸渐变成乔治娅的脸。在戴安娜幼儿园里,孩子们已经试验过这种变形技术。几个阶段下来,一个人可以越来越像背景中的树。传统上用作伪装的形态,渐渐变化直至(人)消失无形。数字化媒介让儿童对渐变的过程更有掌控力:从我,到伪装的我,再到隐形的

图19-3 儿童通过在不同语言之间创建关系来认识世界,声音的视觉表征(光谱仪)帮助儿童理解声音的语法

我。当然,这最后一步(隐形的我)不是一个直观的刺激物而是一个推论。只有当你见证了这个变化过程,你才知道那是最后一步里的"我"。数码媒介,干得漂亮。

　　数码媒介把让现实变形的方法交到孩子们手中。正如我在其他地方提到过的(Forman & Hill, 2010),儿童对操作器,或者说,对变化的方法的理解,是其对于物理世界和社会世界有更完整的理解的基础。我该怎么处理这幅我的图像,使它和树丛混为一体,然后再多"这么"做一下,让我的样子无法被察觉,以至于使一个过路人完全看不到我,尽管我知道从哪儿可以看到原有形象的蛛丝马迹?我不能把脸涂成绿色,我也不能让身体轮廓弯曲变形。我必须更加仔细地思考,观察中的眼睛是如何工作的,它是如何在图案中找到不连续的地方,从而将一个物体和另一个物体区分开来。所以当我在用电脑来让现实变形的时候,我其实是在了解现实是怎样工作的。与此同时,我也在学习,到目前为止这些独立的分类(全景、伪装和隐形)是如何成为实际情况中同一个变化操作器上的不同变体的。

数码媒介的功效

像颜料画、铅笔画、拼贴画、黏土、电脑图像和数字视频等每一种媒介,当被用来讲述或解释时,这种媒介都对应有一系列对象可以简单清晰地表达,至少较之于其他媒介来说,该媒介的表达是简单清晰的(Forman,1994)。当一个孩子画一幅画来告诉别人他所理解的人群时,他的铅笔就画出一张张脸部表情不带身份辨析度的面孔。把这些人物剪下来当作单独的个体,就给这个孩子(提供)机会,使他简简单单就能改变人群中来往行人的行走方向(Rinaldi,1998:122—125)。的确,剪纸画的收集几乎就好像是直接告诉孩子们,要采用改变方向这一方法。瑞吉欧·艾米利亚的教师已经长期适应了不同媒介的功效,时常邀请孩子一同讨论哪种媒介可以最有效地表达他们想表达的东西。

图19-4 孩子们利用图像处理软件,在四张罗里斯·马拉古齐国际中心的照片上,摆放出瓢虫的路线。这一数码手段使得儿童能够在原本空落落的房间里,为角落、圆柱和台阶,添上用途和故事

数码媒介可以将功效和其他媒介相对比。剪纸画可以重新改变方向放置,但电脑上的版本可以制成动画让它自己移动。为什么不直接用手移动剪纸画?当儿童通过敲打键盘和移动鼠标来"命令"图标在电脑屏幕上移动时,

他们往往观看后续的移动,当作是一种形状,一种事件的形状。电脑生成的移动容许对事件进行编码。经过编码的事件(例如,"先往上一点,再往下,再水平运动")被"图式化",这个术语是认知心理学家杰罗姆·布鲁纳(1986)的最爱。经验的图式化让这段经验在未来的使用中被提取和编辑,保留优点、修改缺点。

数码媒介可以进行多层次的符号系统分层,去表达同一现象中,仅仅具有细微差异的不同方面。事实上,"多媒体"和"数字媒体"被当作同义词来使用。让我们再回到那段儿童所制作的瓢虫飞行动画,文字可以解释动画所没有解释出来的内容,而动画则填补了文字未能表达的信息。文字负责讲解意图和未表达的内容,动画则用来展示时间和变化。把一种符号形式精确绘制到另一种形式上,增强了我们理解理论与实践之间关系的能力。想象一下,如果打印的文字还包含弹出式的视频窗口,这样展现的解释力该有多么丰富。电子媒介能展示一种将理论原则进行从原理到实例的绘制,即通过简短的视频来举例说明理论,并将其置于上下文的情境中。文本的内容能够被看到,继而被分享,甚至在一群读者中成为辩论的内容。我们曾经在一次阅读/观看的经历中,目睹文本解释主旨的力量,和视频呈现细节的威力。"应该做"和"怎么做"混合在一起。这种仔细的绘制有助于我们理解游戏的教育意义、儿童思想复杂性的逐步进化,以及儿童群体中有可能压抑乐趣的细微动态。借助数码的表现形式,教育者可以有多种方法,将文字解释与数字化录像并列播放。

数码媒介和教师

档案记录的民主化

多年以来,我们观察到瑞吉欧·艾米利亚幼儿园中拍摄儿童的照片,照片中的儿童正参与长期的项目活动,有的是他们热情高涨地开展研究的瞬间,有的是全镇出席一个学校活动的欢乐场面。我们能看到印刷出来的当时孩子们所说的话,但听不到他们真正的声音,而且我们对技巧纯熟的教师提供的合适工具、鼓励性的言语,或是让孩子们的一天更为充实的具有启发性的话语,知道的就更少了。几年下来,我们确实有过一些录像带,但总的说来,巡回展览、档案记录的墙面展板,以及瑞吉欧儿童的很多书籍,都是静止不动的印刷品。

渐渐地，我们目睹对于录像的更为广泛的共享，这在某种程度上是得益于数字化录像可以轻松便捷地通过电脑传播。我敢肯定，这些延迟只与教育者在意工具的使用有关。然而，当取而代之使用录像记录的方式确立之后，外界会意识到这样做有很多好处。其一，我们能更好地理解儿童所完成的作品。当一个3岁儿童能够用记号来代表声音，我们不仅仅是惊讶，现在还能知道教师如何通过一系列促进式的指导、帮助儿童移情于这个课题中，最终支持这种思维方式。其二，我们能够理解他们所使用的术语，比如倾听教育法、回顾或者如在本节前文论述代码时所引用的创作性研究。我们过去的很多困惑都来自于用我们自己的"移动形象"解释他们的术语，却不知道我们的解释到底能有多准确。其三，当我们现在进入到和瑞吉欧·艾米利亚的对话中时，足够深入的案例与细节让我们惊讶于所见的内容，让我们询问关于在共享的录像片段中看到的行为的背后推理，并让我们像共同参与者一样互相辩论。

这种借助数字化视频而实现的文档记录的民主化，一定能促进良好实践的形成，即便这种实践被运用于其他文化中。也许，当我们的意大利朋友给出他们更喜爱的回答"这要看情况"时，我们现在就能从视频录像里知道，到底要"看什么情况"。

让我们再回到那个3名男孩制作黏土椅子的录像带，我想解释说，观看这段录像距离这个活动实际发生才1天时间。我们这么快就来了，包括来自20个不同国家的70位教育家，我们一同工作，寻找意义，并揣测儿童的意图，这甚至是在当地教育家还没动手这么做之前就开始了，当然，我们还是要和他们一同合作的（对这个项目的描述还请看爱德华编写的本书第9章）。这个视频给了我们访问一个真实课堂所无法给予的机会，即使访问的当天没有学生缺席。这段视频让我们联想到儿童间的互相往来、教师们的设计安排，以及重温回顾当时的情景。同一个视频短片由三个小组观看，然后我们所有人聚到一起，基于各小组自己的分析，分别给出三个独立的报告。有些组注意到技术较好的制作者如何帮助缺乏技巧的制作者。有些组注意到一个孩子使用的策略，此策略确保椅子能合适地摆放到黏土桌子的下方。有些组注意到这些男孩在选择词语，界定问题和提出解决方案中的机智表现。还有的组注意到，这些男孩在进行黏土制作的90分钟里，当他们兴趣减退时，是什么让他们重新点燃兴趣。对我们来说,这段录像的确是一种共享的参考,其中充满信息,而当我们和意大利的同行们围坐一桌时,可以共同构建出重要的意义。那一天真是太美妙了。

用数字视频讲故事的能力

你也许会问,这一章既然是讨论数码媒介,那么我所说的是否是不同于一般视频的数字化视频。没错,作为工具,数字化视频有其他类似视频不具备的优势。数字化视频片段很容易就能进行剪辑和编辑,可以发给家长们带回家,上传到安全的网站上,贴上标签存储在视频数据库中以备未来检索之用,进行无限量的复制,也可以方便地插入到一页文档中,用来解释案例而不是仅仅描述这个案例。这些差异并非琐碎而微不足道。想象一下,如果每一所学校都将儿童与教师在工作和嬉戏中的视频片段做成索引,那么一所学校将能创造多少历史,提供多少知识的储备。要是还能获取到多年前我们和儿童之间,关于像人群这样的话题展开的绝佳对话,那该有多么强有力啊。如果罗里斯·马拉古齐国际中心的档案记录团队能创建一个视频数据存储库,以供记录所有好的或不够好的实践,那该会有多么超乎想象的作用啊。我在档案记录和教育研究中心见到过这么一项事业的开端。我们还不知道细节如何,但我们可以想象,它们的进化将成为对世界范围内各种事件发生的要点重述——用视频索引将历史存档,也将未来开创。

我们知道专业知识是基于两项要素:大量基于内容的经验储备,和在应用环境下提取所需相关事实和策略的能力。存放在硬盘里的视频或许可以代表一种经历,但要把它转换成知识,就必须将它编入索引,然后机智地使用那些目录,去指导在物理世界和社会世界交织而成的情境中的实践行为。长久以来,我们都是使用瑞吉欧项目活动的标题和小故事的标题,去"索引"我们对他们实践行为的理解。我能想到的有"劳拉的故事"(一个将耳朵贴在印有手表的照片上的1岁小女孩,Edwards & Rinaldi, 2009);在走访原野之前和之后,绘画罂粟花的经历(Reggio Children, 1987/1996/2005);"蚂蚁和小鸟的眼睛里看见了什么"(20世纪90年代初期,在拉维拉塔幼儿园进行的一项对院子里一小块1米见方的土地进行的调查活动);在"小鸟的乐园"里发生的西蒙和佐治亚的大辩论(Forman & Gandini, 1992);以及在跳远项目活动中,关于"跑步者的障碍"的一段（女孩子们是否应该在更接近起跳线的地方开始跑？详述见于Forman，1993）。这些都是小片段，抓住了我们想要记住的内容的些许本质，这些内容被用作参考，而不是死记硬背的技巧。我们不太可能把它们当作死记硬背的技巧，也正是因为它们都是故事，都具备一个叙述结构，本就可以也可能向不同的方向发展。故事结构被连续的视频录像捕捉下来，促成了一种更为有用的将经历编入索引的方法。这个索引帮助你记住这个故事，而这个故事为你开启更好的应用之门，比失去上下文和背景情境的行为准则，或是在文字上经过精心选词而成的绩效标准都好。所以从这个意义上来说，建立索引的数字化视频可以提供对某一情境下相关经历的提取，从而为我们展示各种潜能，包括对于我们当前正在观察的内容，和我们已经在真实课堂里建立的文化。

数码媒介的扩散能力

很多年前，儿童一直待在父母身边，或者至少是母亲身边，直到他们去念小学一年级。如今，日益增长的对优质早期教育的需求和渴望，也伴随着我们失落感的增加。我们正在失去和我们的孩子在一起的私人时间，并且我们几近疯狂地想知道孩子们在幼儿园里是如何度过一天的。

我认为这种失落感是一个重大原因，它解释了为什么美国公众高度关注儿童档案记录，并将其看作是"瑞吉欧教育法"的一个决定性特点。墙上的告示板，打印出来带回家的新鲜事，都弥补了家长对自己孩子在幼儿园内生活的一无所知。然而，瑞吉欧的教师们不只是描述，他们在进行诠释。想想看，当这些档案记录还包含了照片和录像，家长们岂不是更为满意吗？

北美地区的幼儿老师已经开始初步使用博客，让家长们不断获悉新近的动态，并邀请他们加入进来，一同分享经验，并提供信息，说说在学校里所做的如何在家中继续进行。然而这些创新都还停留在早期阶段，还没扩展成为一种集体的、扩散的对学习时刻的分析或评价。然而，数码媒介扩散至所有组成部分的强大威力，其中核心位置必定还在以强大社区意识著称的农业地区——艾米利亚·罗马格纳。

参考文献

Bruner, J. (1986). Actual minds, possible worlds. Cambridge, MA: Harvard University Press.

Edwards, C., & Rinaldi, C. (Eds.). (2009). The diary of Laura: Perspectives on a Reggio Emilia diary. St. Paul, MN: Redleaf Press.

Forman, G. E. (1993). Multiple symbolization in the Long Jump project. In C. Edwards, L. Gandini, & G. Forman (Eds.), The hundred languages of children: The Reggio Emilia approach to early childhood education (pp. 171 - 188). Norwood, NJ: Ablex.

Forman, G. E. (1994). Different media, different languages. In L. G. Katz & B. Cesarone (Eds.), Reflections on the Reggio Emilia approach (pp. 41 - 54). Urbana, IL: ERIC Clearinghouse on Elementary and Early Childhood Education.

Forman, G. E. (2010). Documentation and accountability: The shift from numbers to indexed narratives. Theory Into Practice, 4, 29 - 35.

Forman, G. E., & Gandini, L. (1992). The Amusement Park for Birds (DVD video). Amherst, MA: Performanetics Press.

Forman, G., & Hall, E. (2005). Wondering with children: The importance of observation in early education. Early Childhood Research and Practice, 7(2). Available at http://ecrp.uiuc.edu/v7n2/forman.html.

Forman, G. E., & Hill, F. (2010). Constructive play: Applying Piaget in the classroom. Amherst, MA: Videatives. (Available as an e-book at www.videatives.com)

Piaget, J. (1973). To understand is to invent: A structural foundation for tomorrow's education. New York: Grossman.

Piazza, G. (Ed.). (1995). The fountains. Reggio Emilia, Italy: Reggio Children.

Reggio Children. (1987/1996/2005). The hundred languages of children: Narrative of the possible (exhibit catalog). Reggio Emilia, Italy: Preschools and Infant-Toddler Centers, Istituzione of the Municipality of Reggio Emilia and Reggio Children.

Reggio Children (2011). The wonder of learning: The hundred languages of children (exhibit catalog). Reggio Emilia, Italy: Preschools and Infant-Toddler Centers, Istituzione of the Municipality of Reggio Emilia and Reggio Children.

Rinaldi, C. (1998). Projected curriculum and documentation. In C. Edwards, L. Gandini, & G. Forman (Eds.), The hundred languages of children. The Reggio Emilia approach—advanced reflections (2nd ed., pp. 123 - 126). Greenwich, CT: Ablex.

Vecchi, V. (2010). Art and creativity in Reggio Emilia: Exploring the role and potential of ateliers in early childhood education. New York: Routledge.

Vecchi, V., Filippini, T., & Giudici, C. (Eds.). (2008). Dialogues with places (catalog of the exhibit). Reggio Emilia, Italy: Reggio Children.

第五部分 结 论

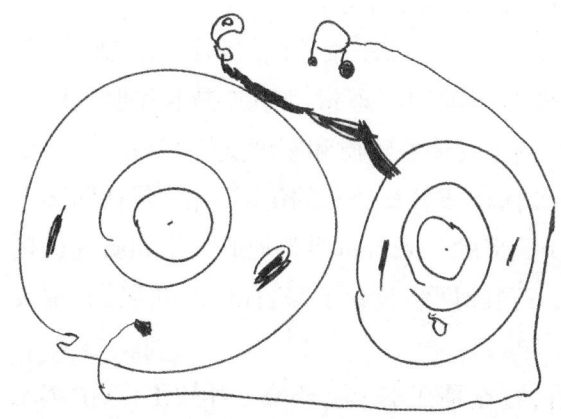

第20章
最终反思与教学指导策略

卡洛琳·爱德华兹
莱拉·甘第尼
乔治·福尔曼

本书介绍和概述了瑞吉欧·艾米利亚早期儿童教育的经验。整个教育项目的目的,用教育工作者的话来说,就是为了培养一个"重新整合而成的儿童",他(她)能够通过综合所有表达性、交流性和认知性语言来构建自己的思维能力。但是这个重新整合的儿童并不是一个孤立的探索者。相反,这个儿童的感官和心智需要得到他人的帮助,以感知美丽、秩序和美德,以及探索在他人、想法和事物产生新关联时蕴含的意义。所有年幼的儿童都是主人公,是他们自己成长发展的社会舞台上的主角。

合作和交流的价值

本书就像瑞吉欧·艾米利亚体系构成一样,是很多有效合作的产物。本书也是正在持续和加速的国际交流进程中一项小小的成果和证明。如今,罗里斯·马拉古齐国际中心为瑞吉欧儿童的国际理想,为其"捍卫和促进所有儿童的权利与潜能"的长期目标提供了具体的物质和制度支持。在众多的以考察团及其他各类名目前来学习如何构建教育经验的访问者中,包括国际上著名的专业人员与决策者的代表,更多的是来自世界各地的大学和研究机构的学者、教师、学生等。瑞吉欧儿童国际网络包含了来自欧洲、北美洲、南美洲、亚洲和大洋洲的附属小组。

但是国际化研究网络最明显的特点是在本土化环境下开展工作,由本土的教育管理人员安排教育机会,促进儿童和教师日常工作的变化与创新。这些创新的范围、意义和品质稳步增长,这一点可以从各国的消息源处得以确认:澳大利亚是简·米莉肯(Jan Millikan);韩国是闵佳奥(Moonja Oh);苏格兰是帕特·华顿(Pat Wharton);瑞典是哈罗德·高瑟森(Harold Göthson);美国是《劳拉的日记:关于瑞吉欧·艾米利亚日记的看法》(Edwards & Rinaldi, 2009)中的罗那德·拉莉。其他国际合作的故事在多期《早教创新》(Innovations in Early Education (e.g., Fall 2008, 15[4]; Fall 2007, 14[4]; Fall 2003, 10[4]; Winter 1999, 6[4]))中都有所涉及。从考察团中萌发的合作是建立长期关系和探索教师成长与变化的尤为强大的出发点。(例如,Fu, Stremmel, & Hill, 2002)。

而且,除了和实际操作的专业人员(一线教师)一起工作,国际合作的研究项目也吸引了瑞吉欧儿童投入越来越多的精力。一个有代表性的范例是和哈佛"零点计划"一起承担的关于儿童个人和集体学习的研究项目(Giudici, Rinaldi, & Krechevsky, 2001)。

随着国际对话的扩展和更多人的加入,实践中提出的问题也越来越复杂,交流的内容流传更为广泛,交流发生的背景和情境更为多种多样,而且这种观点的流动与传播过程呈现出其自身强大的生命力。正如大卫·霍金斯告诉我们的(本书第3章)那样,大量进口国外的模式并不是最有效的方式,每一个社会、城市都必须自己解决问题。我们知道教育创新永远不可能未经大量翻译和改编就能够从一个国家移植到另一个国家,教育经验也不可能原封不动地从一种文化背景移植到另一种背景之中,然而,这一事实并不意味着教育理念和实践做法不能够通过"文化扩散"来辐射传播。值得庆幸的是,文化传播从人类历史之初就出现了,并且每当经过人类不同族群,不通过群体的相互联系,便会没有固定方向、没有预先计划、也不受任何专家操控的自然而持续地发生。贸易物品、工具和技术、科学发现、语言模式、音乐、游戏、服饰以及其他各种文化习俗都处于不断的流动状态之中。这些扩散过程尽管稀松平常,却正是不同寻常的无尽的人类发展与文化进步的源泉。

因此,至于从瑞吉欧·艾米利亚发源的经验和观念,只要是对他人有用,能帮助他人解决自身问题,我们就期待这些想法广为流传。瑞吉欧·艾米利亚的教育者更希望我们用语言讲述或者描述的是他们的"经验"(而不是他们的"方法"或"模式"),是他们"加入到与其他背景的教育者对话中"的经验(而不是"指导"、"改进"、"通报"的经验)。我们认为这样的语言最能够传递出:真正的伙伴关系;对知识、智慧的尊重;以及我们这些非瑞吉欧地区的、但可能被瑞吉欧·艾米利亚的教育实践所"启发"(而不是"跟随"或"照做")的教育者们所坚持的意义体系中体现的文化完整性。

你可能要问,所有这些为了国际对话和交流而进行的大量的旅行、翻译工作,以及其中偶尔可能发生的走错路、会错意是不是都具有价值?我们要说,精心准备是必须的,但是没错,这种跨文

图20-1 儿童凭借所用的地图考察拉维拉塔幼儿园的场地,为他们要建造的小鸟乐园确定位置

化的交流就像是充满了期望和回报。它是丰富的、多层次的,是"内部人"(那些在某地土生土长的、属于本土文化群体中的成员)与"外部人"(那些成长和隶属于其他区域的不同文化群体的人)交锋带来的不同观念的结果,"内部人"和"外部人"会就动作、言语、事件和想法的内涵一起交谈(Edwards & Weisner, 2010; Tobin, Hsueh, & Karasawa, 2009)。从文化学视角来看,内部人和外部人都能提供有价值、有见地的观点——互补性的解释——并且这种并联会产生一种关于瑞吉欧·艾米利亚经验在其他背景下的意义,映照出更完整的"当今的真相"。

对跨学科性的追求

除了合作交流,本书还体现了另一种我们编者想要提倡的价值观:将学术科目(艺术、人文科学与自然科学)渗透到早期儿童教育的专业领域中,或者说是两者的相互贯通。艺术、人文科学和自然科学的知识基础在幼儿园课堂上的应用似乎普遍过于肤浅和缺乏启发性,也许这是因为教师们感到他们并没有充足地备课或是"不擅长"这些学科。相比之下,瑞吉欧·艾米利亚的经验显示了教师们是如何通过档案记录和团队合作,布置幼儿园环境、筹备活动来发展儿童去感知、学习和描绘他们周边美好有序的自然界与文化环境的能力。

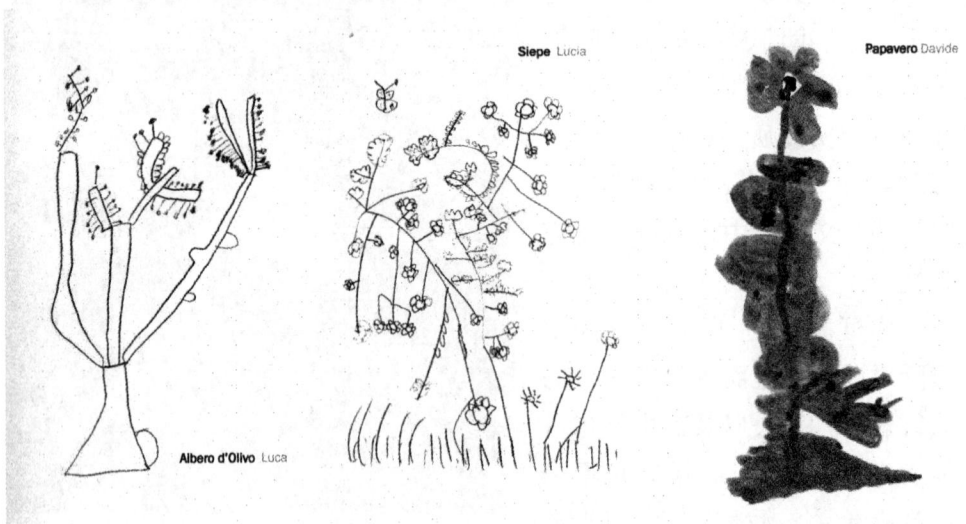

图 20-2 描绘小战士幼儿园植物的儿童绘画

马拉古齐说过:"从一开始,好奇心和学习就不是单纯与孤立的。儿童向往探索复杂环境的方式和各种环境的关系。"(Municipality of Reggio Emilia Infant-Toddler Centers and Preschools, 1996, p. 30)瑞吉欧教育者近年来进行前所未有地大力传播的内容是,他们致力于将美、和谐与秩序的审美价值作为儿童的一种认知方式和作为早教环境中的一项必要条件(例如,Ceppi & Zini, 1998; Vecchi, 2002, 2010; Vecchi & Giudici, 2004)。这种强调对北美和其他地方的早期儿童教育影响深远(例如,Curtis & Carter, 2003; Gandini, Etheredge, & Hill, 2008; Gandini, Hill, Cadwell, & Schwall, 2005; Cooper,本书第16章)。从而,凭借有指导的探索、玩耍和自我表达,儿童以适当的方式被引入成人的重要表征与知识体系中,吸收其与审美相关的以及与科学、数学和其他学科相关的价值观。儿童更早地获得了对他们的历史、遗传和文化传统的深入感知。

新的问题和方向

那么,正如我们在本书的第一版和第二版末尾所追问的那样,在这本书第三版结束之际需要再次追问:未来往何处去?瑞吉欧·艾米利亚的经验含有独特元素的组合,但其关于教和学的基本哲学前提是国际上的早期儿童教育者们所熟知且引起共鸣的。比如说,尽管美国十分强调自治和个人主义的价值观,但许多美国的教育者也在寻求促进更大程度的合作、社区交流和民主参与,从而建立属于我们自己特有的文化力量,即开放式接纳创新与变革、愿意成立各种协会和志愿者组织来解决问题等等。即使美国的教育者可能发现某些情景中他们更倾向于使用序列式或行为式的方法,但我们根本上仍是依据以儿童为中心的整体论。伟大的哲学家们、心理学家们、过去的教育改革者们给我们和欧洲人留下的共同的智力遗产,促使大西洋两岸许多同样的问题产生共鸣,并本着同样的希望和基本目标,在早期儿童教育、婴幼儿保教和家庭支持体系等方面不断进行许多类似的实验。

以更具深度和批判性的分析来继续研究瑞吉欧·艾米利亚所进行的教育工作是值得追求的。如本书所表明的,我们已经开始理解瑞吉欧的教师们与政府人员、家长、市民和儿童自身一起展开工作的方式。但是,我们在本书中提出的一些话题还需要额外的研究和更关键的检验。这些话题包括以下几点：

- 城市满足公共服务需求的能力。
- 移民儿童与其家庭融入婴幼儿中心和幼儿园的程度。
- 接纳具有特殊教育需求的幼儿。
- 指导新教师和专业持续发展的方式。
- 家庭和市民参与的新形式。
- 儿童转型的过程（例如，从婴幼儿中心到幼儿园，从幼儿园到小学）。
- 转型城市中的教育计划的可持续性。

有一些美国专业人员关于瑞吉欧·艾米利亚经验最常问起的问题（"儿童升上小学以后会怎样？""关于瑞吉欧·艾米利亚经验对儿童的长期效益有什么研究成果？"）。无法基于经验数据来回答，对教育责任的不同概念在意大利比在美国更为盛行。美国社会不同于意大利社会，美国社会在教育领域需要有足够的数据来支持教育决策，并且美国社会相信取得相关政策的支持有赖于用统计分析支持或驳斥可研究的假设，以及定义问题。

然而，瑞吉欧的教育者的兴趣在于将他们的工作运用于年龄稍大的孩子来做更进一步的教学研究。比如说，马拉古齐国际中心是一所新的幼儿园，但同时也是设有一、二、三年级的小学。这些教室是瑞吉欧教育者们的一个实验场所，来验证他们对幼儿的经验是否能适用于年龄大一点的儿童。这些儿童的个人和集体学习过程被紧密跟踪和记录下来。此外，幼儿园儿童升入市立小学的转变过程是教研中心组的一项全系统范围内讨论和研究工作的焦点。

因此，虽然瑞吉欧教育者可能不会用测验分数来衡量进入婴幼儿中心和幼儿园儿童的"额外收益"，但他们也非常渴望用实际的形式来评估他们的经验是否具备持续的影响力——不是在个人层面而是在群体层面。对城市的生活质量产生切实的作用才是目的所在。实际上，瑞吉欧教育者们试图让社区能切实感受到他们的工作，他们对相关领域内的社区进行广泛扫视——比如，通过多种多样的针对所有年龄层和背景的举措。瑞吉欧教育者们鼓励社区居民在马拉古齐国际中心的大礼堂里开展活动——和教育有没有关系都可以。瑞吉欧·艾米利亚市政机构支持像"雷米达日"（ReMida Day）这样的延伸到大范围社区的活动。这些努力表现了市民的投入,且可以推广到所有类型的市民,可能延伸或放大早期儿童服务的潜在影响。一项重要的对结果的考量是这些所做的努力是否被认可和是否可持续。

除了继续审视瑞吉欧·艾米利亚早期儿童服务的品质和影响力之外,我们还应该放眼其他意大利的和国际上的成功教育案例(例如,Corsaro & Molinari, 2005; Gandini & Edwards, 2001; New & Cochran, 2007)。瑞吉欧·艾米利亚当然不是意大利甚至欧洲唯一的有趣的创新地。亚洲社会的早教体系也在经历迅速的变化,将艺术、日常操练、数学能力和其他学科用成功而独到的策略介绍给儿童。西欧社会长久以来在对社会服务的公共支持和全国性的生育政策上都走在北美前面,因此,北美人民需要了解其他地区的全国性经验,如我们所争论的是否需要及如何通过公共财政支持早期儿童的保教和教育,并思考一些重要的问题诸如环境设计和课程规划、给儿童分组的不同模式、成人角色定位和参与性的建立。有很多可用的资源,比如,《欧洲儿童》(Children in Scotland 出版的刊物)记录了欧洲人在诸如儿童的政治权利、对移民和服务不足的群体的服务、幼儿与科学、早期儿童教育工作人口等话题上的重要谈话。《幼儿》、《国际儿童教育》还有其他早教刊物通常都会报道国际上的最新发展。

至于如何使我们对瑞吉欧·艾米利亚经验的研究实现其价值、把它们"带回家",有多种可能的途径。许多受瑞吉欧影响的主要的教育家把他们对瑞吉欧理论与实践的知识翻译成在他们自己的语境下适用的术语,这就提供了一个大概的指向(例如,对美国人,Cadwell, 2003; 对加拿大人,Fraser & Gestwicki, 2000; 对澳大利亚人,Millikan, 2003)。专业书籍也推动了观察和记录的实践做法在儿童护理人员、课堂教师和其他面向幼儿工作的从业人员之间的传播。对于专业的受众,经过深思的教育方法经详细阐述和精简,使瑞吉欧启发式的策略用于:

- 小学(Wein, 2008)。
- 婴幼儿中心(Raikes & Edwards, 2009; Smith & Goldhaber, 2004)。
- 开端计划的教室(Scheinfeld, Haigh, & Scheinfeld, 2008)。
- 孤儿院(Cotton, Edwards, Zhao, & Gelabert, 2007)。

在每种情况下,教育者发现他们必须回应某一年龄组特别的专业课程需求，从而符合进步主义的、以儿童为中心的视野。他们必须考虑小学科目内容的要求，婴幼儿中心的需求，以及各种风险可能带来的伤害，比如贫困儿童在学业上的失败或者被弃儿严重的发展迟滞。这意味着瑞吉欧·艾米利亚的专业技能只是多重性教育和看护方式的一个部分而已。但是，新的方向是光明和引人入胜的，比如说：

· 生成课程和艺术与对儿童的学习与成绩的期望相结合。

· 基于相互关系而生的关怀促进婴幼儿中心中的持续性、归属感和关联性学习。

· 在服务城市贫困儿童的幼儿园教室里，将玩游戏与强调自我管理以及语文、数学，以及其他学前准备的内容结合起来。

· 将日常档案记录纳入纪念册，帮助福利机构的儿童建立自传体式记忆和自我意识。

教师培训人员也采用类似认真的步骤来创建职前教育项目，在年轻有抱负的教师中推动建构主义式调查和观察记录的实践行为。（参见 Broderick & Hong，2005；Cox Suarez，2006；Edwards et al.，2007；Hong & Trepanier-Street，2004；Kaminsky，2009；Kline，2008；and Moran & Tegano，2005）。这些努力中有很多是围绕着协助职前教师掌握数字技术工具和记录儿童学习过程的图像技巧。其他主要方面还包括把学生带到一个合作团队中，并在成人和儿童之间培养一种询问与智力参与的文化环境（Goldhaber & Goldhaber，2007）。

重视社会正义和无偏见行为的教育者的意见与瑞吉欧·艾米利亚的教育经验有共同之处。他们发现瑞吉欧教育者帮助我们所有人感受到民主参与的原则和教师作为社会变化代理人的形象（Pelo，2006）。致力于教育学记录必然会引发成人对儿童权利的关注和倾听儿童声音的更大的能力，可以从儿童的观点来考察诸如公平和权力这样的问题（Hall & Rudkin，2011）。

这个问题已经基本解决。我们不再担心是否存在一个"最佳"方式来响应和追随在瑞吉欧·艾米利亚听取的理念或观察到的策略。那些理念，如果是适宜的，自然会通过交流和扩散传播开来。当然，可贵的是有些教育者做得过于规范化，他们把园舍和教室建得尽可能紧密体现瑞吉欧·艾米利亚经验中重要的核心前提，从而真正成为了其他想要在这个国家的文化环境下学习运用瑞吉欧经验的公认"参照点"。但是,那些做得不规范的教育者也可能有所收获,他们试图把从对瑞吉欧经验的接触中搜集到的某种或者某些观点纳入他们正在做的工作中,而不管是在哪种背景或哪种教育层次下工作。两种方式都可能卓有成效。

实际上,所有想要合并别人的理念和方法的尝试都是局部的,不完整的。即使我们拥有所希望得到的全部财力、自由度和资源,也不可能把瑞吉欧教育经验中所有的事重新做一遍或者准确无误地引进,没有必要也无需这样做。毕竟,瑞吉欧·艾米利亚有30多个市属婴幼儿中心和幼儿园以及额外的附属合作社——每一所幼儿园和婴幼儿中心都随时间而形成了各自的特点——没有一个单独的、静态的"它"能用来做模板。因此,问题就简化成了我们能承担一个多有雄心、多复杂和影响多深远的项目:股东和同事能提供哪些可用的资源与支持,现行计划或体系的哪些部分最需要改变的,以及有多少维度需要尝试同时考虑。在所有的情况下,最佳的(最可持续的)变化过程都是那种逐渐地、细心地、最重要的是协作地发生的过程,伴随着缓慢而稳定的同化和适应,而不是胡乱而突然地从一种教育方式向另一种倾斜。

随着从瑞吉欧·艾米利亚经验中得到的观念和知识与其他教育者共享,他们自己相互之间和跨国界之间的对话越来越多,我们预计对他们的意义和重要性的争论会不降反升,而对是什么构成了瑞吉欧·艾米利亚的经验和如何将理论转化为实践的共识则会不升反降。

所以那个"未来往何处去"的问题提出了无限的可能性。我们希望这段探险历程是充实的,时而懵懂无知,时而豁然开朗,时而出现冲突,时而不断进步。

教学指导策略

这里我们列出了一些——肯定还不够完整,也或许过于简化的——关于教师、儿童互动的指导建议,希望这个浓缩的综合版本可以对读者有所帮助。

1. 绘画:教师首先应该帮助儿童建立起和所画物体或者事件之间的关系,比如一趟到罂粟花田地里的旅行、一次对镜中自己的仔细端详,或者是一次穿越马拉古齐国际中心空地的奔跑。于是绘画就成为了儿童表达自己和该物体或事件之间关系的媒介,而非单单只是对所见事物在观测后的绘图。这种关系常常是通过使用小生物衔接而成,例如地上的蚂蚁、住在马拉古齐中心里的瓢虫、游乐园中的鸟儿,或是一截思念母亲树的折断的树枝。

2. 使用艺术媒介的技巧:年幼的儿童有大量的探索介质与材料的机会,而当教师发现这种需要时,儿童就被用非常直接的方式教授如何使用艺术工具,比如怎么给画笔蘸上少量颜料和怎样移动手用黏土来制作一条蛇。小心翼翼地使用艺术材料源自于维·维奇所强调的将美感作为一种共情和敏感的形式。

3. 利用媒介自创的方案:应该鼓励已经掌握基本技巧的大一点的儿童自创方案。教师则应记录下儿童的方案,把其中的思想看作是这项活动的目的。在某个案例中,黏土做的树干一开始太脆弱,承受不起树枝,针对这个问题,老师最后发现了四个工程解决方案。

4. 重温与共同构建:和直接教会儿童正确答案或是最有效的解决做法相比,教师们更感兴趣的应该是帮助儿童对他们所做的选择及假设前提有所意识。这种态度可以创造一种课堂文化,鼓励同伴间的讨论和知识的共同构建。

5. 特殊教育:可以理解,要教那些有学习障碍的儿童掌握一件新事物,比如学习一个正确的动词形式或是记住其他孩子的名字,需要在一开始有特别的铺垫。这种教导性的时刻应该在社会环境中尽可能多地体现。特殊儿童的机能自主性和得到改进的社交策略则是长期的目标。

6. 第二天:教师们更常用前一天记录的一段片段作为当天的开场,而不是参照某本书上的一般性的活动或课程。但是,在使用这个片段之前,至少要有两个成人对该片段蕴含的主要思想进行过商讨并达成共识。

7. 比喻的作用:教师们要注意儿童所讲的带比喻性的话,不能仅把它当成"俏皮"而忽略。教师应该假定比喻是出自于一种真实的世界观。比喻性的语言,例如用"窃贼"来形容变换的影子,或用"慵懒"来形容一阵轻柔的微风,应该看作是儿童对复杂关系的独创建构,值得去加以分析、重新考察和延伸。

8. 强化还是反思:教师的职责应该是提高儿童对他们的观念、理论、前提假设和规则的意识觉悟,而不是去强化"良好的行为"。这是通过给儿童提供重温其思想的方式(借助绘画、录音与录像、打印儿童的谈话记录)来实现的。这种思维所隐含的是对儿童对不管用的前提假设进行重构的能力抱有坚定信心。

9. 功效：教师应该给儿童用不同介质(纸张、金属丝、黏土、木头)来表达同一个概念的机会，这样他们就能意识到每种介质的不同功效——发挥某一种介质而非另一种在捕捉某个概念的特定方面上所具有的特殊优势。以"爱"为例：线团可以表现爱之纠结，而折纸可以表现爱之不可琢磨。

10. 光的重要性：教师布置环境时应该让房间里照明充足，让透写台上的物体从底部和中间都受到照射，能在地板上形成影子，在墙上通过吊式投影仪形成投影。强调这一点是鉴于对光能够吸引我们注意力的一种深刻理解，光能够吸引我们注意到颜色、形态和动作的变化，以及按我个人观点来说，注意到一种能将不相干的物体优雅地联系起来的无处不在的融合性源泉。

11. 集体中的个体性：教师要认识到儿童渴望让"一个"和"多个"和睦相处但又不想失去任何一方。儿童们把一组光秃秃的柱子装饰得各不相同，接着将它们视作一个整体，在其中跑来绕去。在一个有关"人群"的项目中，他们做了很多黏土小人，就像西安兵马俑，各有独特长相，但这些小人共同按不规则的密度排列，就形成了一个群体。城市中的雨声无数，其图形显像各有不同，但它们都是雨的一部分。教师要帮助儿童搞清楚一组离散的元素组成的集合与一组交叉关联的元素组成的集体之间的区别。

12. 制作前的计划：教师会花好几天或好几个星期来帮助儿童就某件他们想完成的事情制订计划。儿童在重新装饰屋子前可以先做一个房子的纸板模型。他们可以把游戏规则或是舞蹈步骤画成大型图示，从而更好地与小组成员商量怎么改变。他们可以用电脑图形设计一个障碍训练场，来检验复杂性。这些计划不单能够揭露可能发生的错误，也可以为小组讨论提供一个共享平台。

13. 思考与技能：教师的工作是符合她自身心目中有能力的儿童形象的而不只是为了取得某些成就上的里程碑。对于一个研究影子的项目，如果它偏离为一个研究如何在黑暗中找到走出来的路的项目，却让儿童进行高水平的思考、精心仔细的表现、有质量的回顾和对新想法的整合，那么这个项目还是可以被视为正确切题的。

14. 疑惑:教师要认识到内容一定来源于儿童内心的担忧和疑惑。一个还没有成形就已经被回答了的问题是毫无意义的。一开始如果没有鲜明的疑问,那么事实就始终是事实,而不会成为证据、解答或解释。

15. 支持共同构建:教师会写下儿童的一些议论,然后寻找有没有相对的观点可以引发一场有趣的辩论。教师可以复述一下两种意见,就它们的相互矛盾表示疑惑不解。教师应该辩证地看待争论和冲突,因为它们可以共同构建对某一内容的更完整的理解。

16. 进行检验:教师应该倾听和支持儿童的猜想。当某一个假设产生,教师可以问:"我们怎样才能知道【这个预测】会不会发生?"在教师的指导下,例如,儿童用粉笔画出太阳光斑的连续变化轨迹来记录它行进的规律,把石头放在光的阴影上面来看它会不会停下来;或者剪切一些纸片人偶,移动它们直到把它们排列成看上去像一群人的样子。

17. 对常见概念的重组:教师有时候可以发起一个项目或研究,对常见概念重新构造。比如她可以提出说某幢大楼需要"礼物",瓢虫的随机移动是一种可能"迷路"了的标志,街道的声音是"音乐",或者被挖出来躺在地上的一棵树的顶部和底部都长出了"树枝"。

18. 错误概念的价值:教师不应该把儿童的错误概念当作可以草率替换掉的东西,而应该当作是出自某种有趣的并看似合乎逻辑的东西,有待得到理解。教师以类似一个同伴的身份参与,通过和儿童一起疑惑来进行倾听,并形成一种主观的关系,由此和儿童一起理解正确的概念。

19. 小组对话:教师建立课堂惯例、安排家具布置、设置情绪激动点,并设立小组,鼓励儿童互相谈话。教师不是谈话的中心。她甚至可以向一个被公认有此类天赋的儿童提议,让他(她)来做领导者。教师要帮助小组中的儿童既能成为合格的观众,又能成为善于表达的思想者。小组对话经常被记录下来,可以作为重启一项探索活动或是开展一项全新经历的起点。

20. 小组的组成:教师不应该硬性安排哪些学生依次在艺术工作室工作。谁能在艺术工作室里工作应该根据项目的进程来决定。

21. 情感和知识:教师应该理解的是和研究对象之间的情感联系,而不只是激发努力的驱动因素。一种情感代表了构成探究情境的一个内隐的提问。快乐、恐惧、惊讶和厌恶本来就是儿童关于这个社会性和物理性世界的组成部分。作为教师,他们将情感所代表的内隐假设与项目及其解决方案融合在一起。怎样做才能使解决方案带来更多快乐、减少恐惧、改变厌恶,或是解释惊讶?

参考文献

Broderick, J. T., & Hong, S. B. (2005). Inquiry in early childhood teacher education: Reflections on practice. The Constructivist, 16(1). Available at http://www.odu.edu/educ/act/journal/vol16no1/index.html.

Cadwell, L. (2003). Bringing learning to life: The Reggio approach to early childhood education. New York: Teachers College Press.

Ceppi, G., & Zini, M. (Eds.). (1998). Children, spaces, relations: Metaproject for an environment for young children. Reggio Emilia, Italy: Reggio Children.

Corsaro, W. A., & Molinari, L. (2005). I compagni: Understanding children's transition from preschool to elementary school. New York: Teachers College Press.

Cotton, J., Edwards, C. P., Zhao, W., & Gelabert, J. M. (2007). Nurturing care for China's orphaned children. Young Children, 62(6), 58–62. Available at Young Children: Beyond the Journal at http://journal.naeyc.org/btj/200711/pdf/BTJEdwards.pdf.

Cox Suarez, S. (2006). Making learning visible through documentation: Creating a culture of inquiry among pre-service teachers. The New Educator, 2, 33–55.

Curtis, D., & Carter, M. (2003). Designs for living and learning: Transforming early childhood environments. St. Paul, MN: Redleaf Press.

Edwards, C. P., Churchill, S., Gabriel, M., Heaton, R., Jones-Branch, J., Marvin, C., & Rupiper, M. (2007). Students learn about documentation throughout their training program. Early Childhood Research and Practice, 10(2). Available at http://ecrp.uiuc.edu/v9n2/edwards.html.

Edwards, C. P., & Rinaldi, C. (2009). The diary of Laura: Perspectives on a Reggio Emilia diary. From a project originally by Arcobaleno Municipal Infant-Toddler Center, Reggio Emilia, Italy, in collaboration with Reggio Children. St. Paul, MN: Redleaf Press.

Edwards, C. P., & Weisner, T. (Guest Eds.). (2010, July). Journal of Cross Cultural Psychology (special issue), "The Legacy of Beatrice and John Whiting for Cross Cultural Research," 41(4).

Fraser, S., & Gestwicki, C. (2000). Authentic childhood: Experiencing Reggio Emilia in the classroom. Albany, NY: Delmar.

Fu, V. R., Stremmel, A. J., & Hill, L. T. (2002). Teaching and learning: Collaborative exploration of the Reggio Emilia approach. Upper Saddle River, NJ: Merrill Prentice-Hall.

Gandini, L., & Edwards, C. P. (Eds.) (2001). Bambini: The Italian approach to Infant/Toddler Care. New York: Teachers College Press.

Gandini, L., Etheredge, S., & Hill, L. (Eds.). (2008). Insights and inspirations from Reggio Emilia: Stories of teachers and children from North America. Worcester, MA: Davis.

Gandini, L., Hill, L., Cadwell, L., & Schwall, C. (Eds.). (2005). In the spirit of the studio: Learning from the atelier of Reggio Emilia. New York: Teachers College Press.

Giudici, C., Rinaldi, C., & Krechevsky, M. (2001). Making learning visible: Children as individual and group learners. Reggio Emilia, Italy: Reggio Children and Harvard Project Zero.

Goldhaber, D., & Goldhaber, J. (2007). Reggio-inspired teacher education. In R. S. New & M. Cochran (Eds.), Early childhood education: An international encyclopedia (Vol. 3, pp. 700 – 702). Westport, CT: Praeger.

Hall, E. L., & Rudkin, J. K. (2011). Seen and heard: Children's rights in early childhood education. New York: Teachers College Press.

Hong, S. B., & Trepanier-Street, M. (2004). Technology: A tool for knowledge construction in a Reggio Emilia inspired teacher education program. Early Childhood Education Journal, 32, 87 –94.

Kaminsky, J. (2009). Transformation and challenge in Reggio – inspired teacher education programs: An interview with Carol Bersani, John Nimmo, and Andrew Stremmel. Innovations in Early Education: The International Reggio Exchange, Part I, 16(2), 10 – 18, Part II, 16(3), 10 – 19.

Kline, L. S. (2008). Documentation panel: The "Making Learning Visible" project. Journal of Early Childhood Teacher Education, 29(1), 70 – 80.

Millikan, J. (2003). Reflections: Reggio Emilia principles within Australian contexts. Castle Hill, Australia: Pademelon Press.

Moran, M. J., & Tegano, D. W. (2005, Spring). Moving toward visual literacy: Photography as a language of teacher inquiry. Early Childhood Research and Practice, 7(1). Available at http://ecrp.uiuc.edu/v7n1/moran.html.

Municipality of Reggio Emilia Infant – Toddler Centers and Preschools. (1996). The hundred languages of children: Narrative of the possible (catalog of "The Hundred Languages of Children" exhibit). Reggio Emilia, Italy: Reggio Children.

New, R., & Cochran, M. (Eds.). (2007). Early childhood education: An international encyclopedia. Volume 4: The countries. Westport, CT: Praeger.

Pelo, A. (2006). At the crossroads: Pedagogical documentation and social justice. In A.

Fleet, C. Patterson, & J. Robertson (Eds.), Insights: Behind early childhood pedagogical documentation (pp. 173–190). Castle Hill, Australia: Pademelon Press.

Raikes, H., & Edwards, C. P. (2009). Extending the dance in infant and toddler caregiving: Enhancing attachment and relationships. Baltimore: Paul H. Brookes.

Reggio Children. (2011). The wonder of learning (catalog of the exhibit). Reggio Emilia, Italy: Author.

Scheinfeld, D. R., Haigh, K. M., & Scheinfeld, S. (2008). We are all explorers: Learning and teaching with Reggio principles in urban settings. New York: Teachers College Press.

Smith, D., & Goldhaber, J. (2004). Poking, pinching, and pretending: Documenting toddlers' explorations with clay. St. Paul, MN: Redleaf Press.

Tobin, J., Hsueh, Y., & Karasawa, M. (2009). Preschool in three cultures revisited: China, Japan and the United States. Chicago: University of Chicago Press.

Vecchi, V. (Ed.). (2002). Theater curtain: The ring of transformations. Reggio Emilia, Italy: Reggio Children.

Vecchi, V. (2010). Art and creativity in Reggio Emilia: Exploring the role and potential of ateliers in early childhood education. New York: Routledge.

Vecchi, V., & Giudici, C. (Eds.). (2004). Children, art, artists: The expressive languages of children, the artistic language of Alberto Burri. Reggio Emilia, Italy: Reggio Children.

Wein, C. A. (2008). Emergent curriculum in the primary classroom: Interpreting the Reggio Emilia approach in schools. New York: Teachers College Press.

补充资料

图书

Cadwell, L. (1997). *Bringing Reggio Emilia home: An innovative approach to early childhood education.* New York: Teachers College Press.

Cadwell, L. (2002). *Bringing learning to life: The Reggio approach to early childhood education.* New York: Teachers College Press.

Dahlberg, G., & Moss, P. (2005). *Ethics and politics in early childhood education.* London: Routledge.

Dahlberg, G., Moss, P., & Pence, A. (1999). *Beyond quality in early childhood education and care: Postmodern perspectives.* London: Falmer Press.

Edwards, C., Gandini, L., & Forman, G. (Eds.). (1993). *The hundred languages of children: The Reggio Emilia approach to early childhood education.* Norwood, NJ: Ablex.

Edwards, C., Gandini, L., & Forman, G. (Eds.). (1998). *The hundred languages of children: The Reggio Emilia approach, advanced reflections* (2nd ed.). Greenwich, CT: Ablex.

Edwards, C., & Rinaldi, C. (Eds.). (2009). *The diary of Laura: Perspectives on a Reggio Emilia diary.* St. Paul, MN: Redleaf Press.

Fleet, A., Patterson, C., & Robertson, J. (Eds.). (2006). *Insights: Behind early childhood pedagogical documentation.* Castle Hill, Australia: Pademelon Press.

Fraser, S. (2000). *Authentic childhood: Experiencing Reggio Emilia in the classroom.* Scarborough, Canada: Nelson Thomas Learning.

Fu, V., Hill L., & Stremmel, A. (2001). *Teaching and learning: Collaborative exploration of the Reggio Emilia approach.* Upper Saddle River, NJ: Prentice Hall.

Gandini, L., and Edwards, C. P. (Eds.). (2001). *Bambini: The Italian approach to infant/ toddler care.* New York: Teachers College Press. (With accompanying video, available through Learning Materials Workshop.)

Gandini, L., Etheredge, S., & Hill, L. (Eds.). (2008). *Insights and inspirations: Stories of teachers and children from North America.* Worcester, MA: Davis.

Gandini, L., Hill, L., Cadwell, L., & Schwall, C. (Eds.). (2005). *In the spirit of the studio: Learning from the atelier of Reggio Emilia.* New York: Teachers College Press.

Hall, E. L., &Rudkin, J. K. (2011). *Seen and heard: Children's rights in early childhood education.* New York: Teachers College Press.

Hall, K., Horgan, M., Cunningham, D., Ridgway, A., & Murphy, R. (2010). *Loris Malaguzzi and the Reggio Emilia experience.* New York: Continuum International Group.

Hendrick, J. (Ed.). (1997). *First steps toward teaching the Reggio way.* Upper Saddle River, NJ: Prentice Hall.

Hendrick, J. (Ed.). (2003). *Next steps in teaching the Reggio way: Accepting the challenge to change* (2nd ed.). Upper Saddle River, NJ: Pearson Merrill/Prentice Hall.

Hill, L., Stremmel, A., & Fu, V. (2005). *Teaching as inquiry: Rethinking curriculum in early childhood education.* Columbus, OH: Allyn and Bacon.

Katz, L., &Cesarone, B. (Eds.). (1994). *Reflections on the Reggio Emilia approach.* Urbana, IL: ERIC Clearinghouse on Elementary and Early Childhood Education.

Kinney, L., & Wharton, P. (2007). *An encounter with Reggio Emilia: Children's early learning made visible.* London: Routledge.

Lewin, A. (2005). *Possible schools: The Reggio approach to urban education.* New York: Teachers College Press.

Lewin, A. (2008). *Powerful children: Understanding how to teach and learn using the Reggio approach.* New York: Teachers College Press.

Malaguzzi, L. (1995). *Volpino, last of the chicken thieves.* Bergamo, Italy: Edizioni Junior.

Milliken, J. (2003). *Reflections: Reggio Emilia principles within Australian *contexts*. Castle Hill, Australia: Pademelon Press.

Pelo, A. (2007). *The language of art: Inquiry-based studio practices in early childhood settings.* St. Paul, MN: Redleaf Press.

Rinaldi, C. (2006). *In dialogue with Reggio Emilia: Listening, researching and learning.* New York: Routledge.

Scheinfeld, D. R., Haigh, K. M., & Scheinfeld, J. P. (2008). *We are all explorers: Learning and teaching with Reggio principles in urban settings.* New York: Teachers College Press.

Smith, D., &Goldhaber, J. (2004). *Poking, pinching and pretending: Documenting toddlers'explorations with clay.* St. Paul, MN: Redleaf Press.

Thornton, L., &Brunton, P. (2007). *Understanding the Reggio approach: Early years education in practice.* London: Routledge.

Vecchi, V. (2010). *Art and creativity in Reggio Emilia: Exploring the role and potential of ateliers in early childhood education.* New York: Routledge.

Wien, C. A. (2008). *Emergent curriculum in the primary classroom.* New York: Teachers College Press.

瑞吉欧儿童中心的图书和影音资料

Many resources for educators are published by Reggio Children: International Center for the Defense and Promotion of the Rights of all Children, Reggio Emilia, Italy: http://zerosei.comune.re.it/inter/rc_publications.htm.

They are also distributed by Learning Materials Workshop, Burlington, VT: http://learningmaterialswork.com/index.php.

Audio-Visual Materials

The Amusement Park for Birds(1992). DVD.

A Message from LorisMalaguzzi (1993). VHS.

Not Just Anyplace(2008). DVD and VHS.

Landscapes(2009). CD of slide images of infant-toddler centers and pre-schools.

Books and Print Resources

The hundred languages of children: Narrative of the possible(catalog of "The

Hundred Languages of Children" exhibit) (1987/1996/2005).

Children, spaces, relations: *Metaproject for an environment for young children* (1998).

Everything has a shadow, except ants (1999).

Brick by brick: *The history of "XXV Aprile" People's Nursery School of Villa Cella* (2000).

ReggioTutta: *A guide to the city by the children* (2000).

The future is a lovely day (2001).

Making learning visible: *Children as individual and group learners* (2001).

Along the levee road (2002).

Theater curtain: *The ring of transformations* (2002).

Charter of the City and Childhood Councils (2003).

Children, art, artists: *The expressive languages of children, the artistic language of Alberto Burri* (2004).

REMIDA Daymuta menti (edited by the International Association Friends of Loris Malaguzzi) (2005).

Dialogues with places (catalog of the exhibit) (2008).

The languages of food: *Recipes, experiences and thoughts* (2008).

Browsing through ideas (2009).

The black rubber column (2009).

Indications Preschools and Infant-ToddlerCentres of the Municipality of Reggio Emilia (2010).

The Municipal Infant-Toddler Centers and Preschools of Reggio Emilia: *Historical notes and general information* (2010/2000).

Bikes-lots: *An educational, ecological, urbanistic project dedicated to the bicycle* (graphic design from the installation Bicitante [Bikes-lots]) (2011).

One city, many children: *Memories of a present history* (catalog of the exhibit) (2011).

The wonder of learning: *The hundred languages of children* (catalog of the exhibit) (2011).

Books in the Unheard Voice of Children Series

The fountains(1995).

A journey into the rights of children(1995).

Tenderness(1995).

The little ones of silent movies(1996).

Shoe and meter(1997).

Advisories(2002).

Books in theCoriandoli Series

The park is . . . (2008).

We write shapes that look like a book(2008).

Other Resources

The North American Reggio Emilia Alliance (NAREA) contains much information on their website (http://www.reggioalliance.org/index.php) about resources for educators, including information about professional development resources and opportunities for educators interested in the Reggio Emilia philosophy of education. The Innovations Periodical pages include information on acquiring CDs of back issues as well as summaries of issues published since 2003 of NAREA's journal, *Innovations in Early Education: The International Reggio Exchange*. In the Print & Video Resources section, there is an Articles page and a Buy Now page that list recommended articles, book chapters, and books related to the Reggio Emilia philosophy. The Schools & Organizations Map includes information about NAREA member school, centers, universities, and programs in North America. The Fundamental Workshops and Conferences & Initiatives pages list professional development initiatives related to the Reggio Emilia philosophy in various contexts throughout North America. The Study Groups pages include information about opportunities for North American educators to participate in study tours to the municipal infant-toddler centers and preschools in Reggio Emilia, Italy. The Related Links page includes a growing list of professional organizations that may be of interest to early childhood educators and teacher educators.